献给卡米拉

……巴黎自行其是，刺激了法国，迫使她跟随，后来她平静下来，鼓掌欢迎，这是我们国民生活的形式之一。公共马车驶过，打着一面旗子：它是巴黎来的。那面旗子不再是旗子，它是火焰，一路上的人类火药都在它后面着了火。

　　它始终有其意愿，这就是关于巴黎的事实。你觉得她睡着了，不，她在许愿。巴黎的永恒意志——转瞬即逝的一个个政权不足以意识到这点。巴黎始终处在预谋的状态中……云朵经过她的视线。有朝一日，万事俱备，巴黎发号施令。法国忽然被召唤，服从号令……

　　这种气息流动——巴黎在中心而法国在环它而行的轨道上，这种较量就像地心引力的摆荡，这种交替出现的抵抗和遵从，国民对这座城市爆发出来的愤怒和之后的默许，都明确意味着，巴黎这个首脑不仅仅是一个民族的首脑。运动是法国的，推力是巴黎的……

——出自维克多·雨果（Victor Hugo）
为《巴黎指南》所写的引言，1867年

目 录

序　I
前　言　VIII

第一部分　围　城

第1章　地球上最大的展览　3
第2章　衰落中的帝国　18
第3章　灾难的六周　44
第4章　巴黎备战　79
第5章　封　锁　97
第6章　左翼的麻烦　113
第7章　三重灾难　134
第8章　凡尔纳的风范　159
第9章　"计划"　178
第10章　大出击　193
第11章　内部的外来者　212
第12章　饥　饿　230
第13章　山的另一边　254

第14章　轰击下的巴黎　　274

第15章　断裂点　　295

第二部分　公　社

第16章　不安的间歇　　325

第17章　蒙马特尔的大炮　　349

第18章　公社夺权　　364

第19章　红色幽灵　　380

第20章　梯也尔先生宣战　　398

第21章　再度被围　　412

第22章　雅各宾派的回归　　427

第23章　"共和七十九年花月"　　449

第24章　"五月流血周"（一）　　473

第25章　"五月流血周"（二）　　491

第26章　"让我们不再杀戮"　　513

第27章　余　波　　540

注　释　　559

出版后记　　568

序

1940年6月的危机中,由保罗·雷诺(Paul Reynaud)领导的法国政府放弃了巴黎,艰难地向图尔和波尔多转移,给巴黎警察总监罗歇·朗热隆(Roger Langeron)留下了严格的指令:他要带着手下的所有市政警察留在巴黎,以防政府缺席时发生共产党政变。他们要等到德军指挥部到来,确保在克里希(Clichy)、贝尔维尔(Belleville)和东郊、东南郊没有设置任何街垒。当然,毫无政变迹象,那时候的法国共产党很大程度上处于群龙无首的状态,完全陷于混乱。德国当局一到来,朗热隆先生就同他们取得了联系,并向他们保证,巴黎的1.5万名警察可以听从调遣。秩序得以维持。

当然,朗热隆先生和他的上级自过去的经验中吸取了教训,深知历史的可怕重量,在那种秩序下,在巴黎和法国明显无止境的冲突中,历史记忆和先例异常强烈的拉力。1795年5月,牧月时期的崩溃和军队对圣安托万郊区(Fauborg Saint-Antoine)的占领让巴黎过上了35年之久的太平日子,这也在一定程度上创下了纪录,日后将得到证明。由于临时政府的明智决策——坚持让反法同盟军迅速部署到城内,1814年和1815年的权力翻覆并没有引发惨痛后果。巴黎保持了平静。路易十八甚至在一座他哥哥遭到谋杀的城市里建立了宫廷：这一做法体现了他自己的信心，由于大量王家近卫军的存在，此种信心也得以增强；它还是惊人的例证——他无比希望以"协和之王"（*le Roi de la Concorde*）和"宽恕之王"的形象来统治。就这两个目标而言，他都取得了引人注目的成功。然而他既老且病，而愚蠢的后继者看上去没有忘记或原谅任何事情。

因此，蒙受祝福的 35 年间歇期过后，在 1830 年残忍血腥的"七月事变"中，整个可憎的状况重演了，受害者有数百人，他们的名字后来被刻在七月柱上，以示纪念。为了避免进一步流血，查理十世离开圣克卢宫（Saint-Cloud）前往朗布依埃（Rambouillet），从容不迫地到了海边，乘船前往英格兰。与此同时，愚蠢得不可救药、故作姿态的拉法耶特（Lafayette）再次现身，如同基督复临，来到了旧市政厅的阳台。在那里，他说服了篡位者路易-菲利普（Louis-Philippe）披上三色旗，这种伎俩奏效了，至少是在当时。

然而七月王朝据说几乎从一开始就显得缺乏魅力，因此令人厌烦，这是任何现代法国政权所能犯下的最严重罪行。人们称，法兰西人的国王自己就彻底无趣无聊，他讲话太多（特别是召集消防员时），还带着一把绿伞。他明白事理的首相基佐（Guizot）任职时间也太长了（事实上只有 8 年），所以也得跟着这位资产阶级的国王一起下台。时人这样评论拉马丁（Lamartine）："德·拉马丁先生是那种为了消遣而去革命的人。"当时和他一样的人还有很多（事实上，今天也是如此）。这在 1848 年 2 月带来了新一轮杀戮。路易-菲利普和他的前任查理十世一样，保留了体面，得以默默离开。他在纽黑文（Newhaven）登陆，首先去了伊斯特本（Eastbourne），然后在萨里（Surrey）安顿下来。

那一年的选举中，外省的温和保王派获得了大多数选票。这些选举也被看作针对巴黎的大规模投票（其本意也是如此）。接下来是"六月起义"，通常的荒唐行径随之出现：进军华沙（的确是非常长的一次进军）和东部主要城区突然涌现的大片街垒。这场战斗一方是暴动者，另一方是自西部城区或外省调来的军队和国民自卫军，其过程相当野蛮，双方都出现了暴行，包括巴黎大主教在内的人质遭到当场处决。随后的镇压相当残忍，许多暴动者被射杀，还有许多被放逐到阿尔及利亚，因此创造出了新一代志在复仇的巴黎人：特别是那些受害者的遗孀或女伴。

奥斯曼男爵对巴黎的改建加重了不同城区之间的阶层差异，从而在巴黎东部和东北部创造了工匠聚居区，因此让事态明显恶化了。穆兰山丘（Butte des Moulins）被夷为平地，不守规矩的人群被迫东迁，自那以后，王宫区（Palais-Royal）就翻不起什么风浪了。然而，这种改建也让富裕的西部城区变得更加富裕，成了中产阶级家庭和他们众多用人的专属领地，通过将讷伊（Neuilly）、沙约（Chaillot）、帕西（Passy）和布洛涅（Boulogne）纳入巴黎城范围内，这一区域进一步向西延伸。

所以，阿利斯泰尔·霍恩（Alistair Horne）这本非凡著作的首要主题，也是书名《巴黎陷落》富有表现力地阐述的主题，就是对这个地区几近夷为平地的决定性毁灭。因此这可能被看作一个富有希望的主题，尽管是通过异常惨痛的人命代价实现的：受害者比1793年和1794年的恐怖时期要多得多。阿道夫·梯也尔（Adolphe Thiers）最为坚决地打定主意清算这个暴力而危险的城市和它对革命普遍性的尖锐宣称。历史学家笔下对此人多有贬损，至少在帕特里克·伯里（Patrick Bury）和罗伯特·图姆斯（Robert Tombs）最近那本资料翔实的传记对他进行重新评估之前确实如此。从本书中可以清晰地看出，他突然将政府迁往凡尔赛，并将城市交给迷茫、毫无方向的公社，不仅决策果断，而且根本没有别的行动路线可供选择。他（和手下的部长们）离去了，在不幸的路易十六失败之处获得了成功。在不同的时间点上，许多顾问建议路易到鲁昂（Rouen）或布尔日（Bourges）去，而这些顾问都没有费心去研究地形或查看地图。梯也尔至少让他那仓促组建的政府和一帮鱼龙混杂的将军去了相对安全的凡尔赛。剩下的事情是令人惊讶的公社领导人完成的，他们在人数依然占优势的状况下并没能再追到那里。因此可以说，考虑到最后发生的事情，这位小个子以规模在19世纪空前绝后、骇人听闻的血洗为代价，将法国从它的首都拯救了出来。为此，他理应获得可观的声望。当然，冲突并非仅仅如此——临时政府在一边；争吵不休的公社领导人在另一边，后者获得了东部和东北部各区居民的支持。还要将普鲁士人考虑进来。作者一直恰如其分地注意到，应该将他们放进这幅图景，贯穿始终。结果，他们的在场一定程度上帮助梯也尔政府完成了任务——封锁了首都北边的大多数出口。

就同任何事件的编年史一样，不管是戏剧性的还是平平无奇的（在这个案例中是前者），通常都有各种各样的人——恶棍、傻瓜、明智者、受害者和处境凄惨者，还有不受约束的单纯旁观者，在这种情况下大多是英国人和美国人。恶棍非常容易辨认：罗什福尔、皮阿、里戈（Rigault）、费雷（Ferré）。傻瓜组成了一整支大军，法国的"民族炮筒"和她的"民族救火队员"维克多·雨果在后面，夸夸其谈，大事鼓吹"光明之城"巴黎的普遍主义。正如霍恩先生的转述，他在这里呼吁法国的和平城市起来，捍卫它们极度（而且理由充分）厌憎的首都。"里昂，"他熟不拘礼地命令道，"拿起你的炮；波尔多，拿起你的枪；鲁昂，拔出你的剑（这是致法国最平静、最谨慎的城市的）；你，马赛，唱起你的歌，变得恐怖起来！"值得欣喜的是，它们都没有对这类慷慨激昂的呼告做出答复。后来出现了更加雨果式的夸大其词。"巴黎，"他宣称，"决心埋葬在自己的废墟之下，而不愿投降。"他收获了废墟。后来这个老傻瓜责备我们英国人在"文明之都"遭到围攻时袖手旁观。所以听到一位英国编年史家将雨果的一场演讲描述为"愚蠢无可比拟"时，我们相当满意。他活过了公社时期，当然踏上了流亡之路，在布鲁塞尔变成了个麻烦人物，因此比利时当局明智地让他搬家，他在卢森堡了却余生。其他傻瓜还有一大堆，尽管都不能和雨果相提并论：包括装腔作势的甘必大、无法容忍的路易丝·米歇尔（Louise Michel）、令人厌烦的叶卡捷琳娜·季米特里耶夫（Elizabeth Dimitrieff）、爱出风头的贝热雷。

明智者中，首先要提及耐心的朱尔·法夫尔（Jules Favre）。然而格莱斯顿（Gladstone）和他的外交大臣格兰维尔（Granville）都值得花些笔墨。他们都对法国的困境抒发了同情，然而坚决拒绝卷入其中。有些人可能会指控他们装模作样，但是我觉得，他们只是展现了卓越的判断力。

这些可怕事件的受害者数不胜数，至少有 2.2 万人，他们中许多人没有留下名姓，尽管可以通过万塞讷（Vincennes）的临时军事法庭文件考证出一部分。立刻就能想起的是两位著名受害者：一位是顽固而值得尊敬的路易·罗塞尔（Louis Rossel），正规军军官，法国新教徒和苏格兰女子所生，最终出于爱国主义加入公社，试图将最小限度的纪律带入公社军队当中；另一位是法兰西大主教达尔布瓦（Darboy）阁下。

让这部战争和暴力编年史更加恐怖的是让人想起西斯莱（Sisley）早年画作的地形：塞纳河谷、马恩河谷、经常泛滥的河流、积雪下的河畔村庄，一串让人安心的地名，不少自巴黎步行可达；还有那些让人联想起周末和开开心心休闲时光的：维利耶尔（Villiers）、尚皮尼（Champigny）、茹万维尔（Joinville）、奥尔日河畔埃皮奈（Épinay-sur-Orge）、布吉瓦尔（Bougival）、吕埃尔（Rueil）、热讷维耶（Gennevilliers）、伊西（Issy）、破晓（Le Point-du-Jour）山。赭色石材修建、带有绿色百叶窗的舒适房子被掀开了屋顶，墙上大洞一个又一个，白杨树被折断了，参差不齐。战争来到了恬静、之前平平无奇、相当漂亮的乡间。

在这份对战争和革命、起义、镇压的记录中，几乎没给幽默留出什么空间。然而我还是能找到一些："讽刺的是，卖给一名英国通讯记者的羊肉其实是狼肉。"以及当"流血周"时，整个巴黎陷入火海，自圣日耳曼观景台（Terrasse de Saint-Germain）上式样入时的亨利四世亭（Pavilion Henri Ⅳ）越过塞纳河大转弯看过去，不少建筑物似乎着了火，其中之一像是卢浮宫，"一名大块头女子喊道：'但愿烧的不是百货商店！'"她似乎能分清轻重缓急。

* * *

在《巴黎陷落》新版中，作者吸收了此书1965年首版以来的许多学术成果，包括1971年公社百年纪念时出版的大量著作。

对战争本身、漫长的围城、几近断粮、在节日的欢乐轻松氛围中近乎偶然成立的公社和其后糟糕透顶的事件经过，他这本书提供了几乎最全面的记述。这是对法国现代史上最阴沉时刻之一的精彩描绘。在另一场革命的二百周年之际，我们最好记住，革命不光是在街道上跳舞、人民的节日和共同狂欢的愉悦场合。它同样意味着私刑处决和横死街头。

理查德·科布（Richard Cobb）

伍尔弗科特（Wolvercote），1989 年 5 月

前　言

今天，由德国和法国再引发一场欧洲大战的想法，似乎已属于一个非常遥远的年代。过去半世纪的和平（已经比普法战争到1914年的间隔要长了）依然是饱受批评、不受欢迎的欧洲共同市场的卓越历史成就。然而本书的构思要追溯到20世纪50年代，当时我还是个驻德国的年轻外国通讯记者，生活在法德两国最后一次战争较量留下的可见遗产当中，那时这种敌意依然太实在、太切近，让人不自在。然而，法德两国关系——在我长大的那个世界里，这是邪恶的根源——已经发生了奇迹般的转变；出于这个让人开心的事实，我开始考虑写一本书，它可能追溯之前一个世纪里这些致命的关系。战争以一种古怪的方式让更加平和的历史趋势"结晶"，指明中间那些年里的发展；后来我发现西奥多·泽尔丁（Theodore Zeldin）在他那本让人印象深刻的《法国，1848—1945年》（*France 1848-1945*）[1]中评论道，法国军队尤其也"作为一面放大镜，反映了国家问题、私人矛盾的方方面面，比在公民社会中能够看到的更加清楚"。

因此，我计划要写的书会环绕三场重大战役展开，它们不光在相应战事中起决定性作用，在更宽泛的历史背景下也是如此。

它们是1870年的色当（Sedan）、1916年的凡尔登（Verdun）和1940年的色当。许多纽带（战术的、战略的、历史的、心理的）将法国这个血淋淋角落里发生的战役联系了起来，让我的写作计划看上去引人入胜。然后，我第一次来到险恶的凡尔登战场，这在我心中激起的情感再未离开。随着我读得越来越深，凡尔登在我头脑中占据了主导地位；主观来说，它看上去几乎是那场战争中**唯一**的核心事件——虽然它在我出生7年前就结束了，其阴影却笼罩了我整个童年。而且，同我读到过的其他任何一场会战相比，它不光更能象征整场战争，对各国命运的影响也远远超出了实际冲突。渐渐地，它覆盖了三部曲的其余部分，出现了一本描写它的书：《凡尔登战役：荣耀的代价，1916》（*The Price of Glory: Verdun 1916*）。接下来是三部曲的第三部，《输掉一场战役：法国1940》（*To Lose a Battle: France 1940*）。

然而，写作《凡尔登战役》时，我发现经常需要回头参照1870年，并且我知道，完成手上这本书以后，我会回到那里。然后，大地又一次开始在我脚下移动。历史研究就像自动升降梯：有一件事确定无疑，当你走到终点时，会离起点很远很远。随着我启程前往普法战争，在色当的短暂相遇（这决定了第二帝国的命运）开始因旷日持久的巴黎围城而黯然失色，不再是战争中的重头戏。在色当，法国人就没有过机会，就军事而言当时大局已定，而且是在别处；在巴黎却有过机会，哪怕不是事实上赢得战争，至少也可能是在随后的讲和时赢得没么丢脸的条款。法国在巴黎输掉的比区区一场会战多得多。

撰写巴黎围城相关内容时，最大的难题是将它同德国人离开后爆发的那场异常残酷的内战分开。说到底,这两个插曲被证明不可分割;又一次,自动升降梯猛烈颠簸着上前,我发现自己面前是公社:从历史角度来说,这两个事件中,它更具预兆意义。

纯军事方面,6个月里巴黎陷落了两次;第一次陷入俾斯麦之手,第二次则是梯也尔统辖的法国政府军。然而她的陷落同样不止一种意义;骄傲,以及她作为欧洲权力的主要中心的传统角色都卷了进来(后者再未恢复),而且最终,随着公社遭到镇压,出现了冷酷的道德堕落。

本书中的一些情节对现在出生的法国人来说可能很不愉快,记录这些时,作者必然要面临显而易见的指控。凡尔登之战(虽然对两边来说都是可怕的悲剧)被不乏理由地认定为"法国的光荣时刻",然而围城和公社都在光谱另一端某个地方。埃德蒙·龚古尔(Edmond Goncourt)自己就是巴黎人,在围城期间劝告说:"我们的后辈不应该擅自向将来的世代讲述1870年巴黎人的英雄主义。"1871年5月公社崩溃后,大约2万名巴黎人遭到同胞屠杀;而且,这类事情竟发生在世界上公认最文明的城市里,鉴于我们最近的状况,现代人的心灵会对此大感惊恐。

把特定插曲置于恰当的历史背景中,并不总是轻而易举。然而事实上,这一切都发生在不久之前;我写作《巴黎陷落》时,目击了本书中讲述的许多事件的英国年轻人埃德温·蔡尔德(Edwin Child)的女儿依然在世;围城战期间,贝当(Pétain)是巴黎城外的一名学童,他活了下来,在两次世界大战中起到了至关重要的作用,他漫长而悲哀的生命结束于1951年;霞飞(Joffre)当时是巴黎土堤上的一名志愿炮手,自1914年起统领法军,直到凡尔登将他摧毁；命运要是出一丁点岔子，蒙马特尔区长克列孟梭（Clemenceau）就会被公社分子或政府军射杀，他活到了将1918年《凡尔赛条约》强加到德国人头上的时候。公社被镇压四年半以后，温斯顿·丘吉尔（Winston Churchill）出生；法普战争爆发前几个月，列宁出生；当时卡尔·马克思52岁。此外也存在同过去的联系：用雄辩来捍卫巴黎的那一大群人当中就有维克多·雨果，他年纪足够大，还记得拿破仑一世的大军团，他父亲就是其中的将领之一；普鲁士一边的观战者中还有伯恩赛德（Burnside）将军和谢里登（Sheridan）将军，他们都是老兵，参加过更晚近的美国南北战争。

卡尔·马克思关于公社的论著《法兰西内战》必须被评定为史上新闻经典之一——他写作时，"流血周"还在巴黎肆虐（虽然他本人到过的离战场最近的地方就是大英博物馆）。撰写手头这本书的另一个主要难题是，关于公社，几乎难以找到任何不带严重偏见的出版资料：不是偏向马克思主义者，就是偏向资产阶级。与之类似，关于围城的法方记录严重受到当时情绪的影响，必须小心对待。幸运的是，当时还存在丰富的"中立"新闻报道，而此后的两次"世界"大战中找不到这类资料。英国（还有美国）并未参战，围城和随后的公社期间，英国主要报刊的通讯记者行踪广泛，出没于两边军中。新闻工作当时还是光荣的行业，他们的记录不光颇富文采（经常极其出色），而且客观平允，还得到了其他材料支撑，例如机敏而冷静的美国公使伊莱休·沃什伯恩（Elihu Washburne）的官方报告。随着电报的出现（还有后来自巴黎飞出的气球），加上没有任何形式的审查，关于法普战争的新闻报道速度、准确度都空前绝后。[2]

进一步追求客观性的过程中，我在许多美国和英国的期刊上登广告，打听关于围城和公社的未出版史料，期望收到可能三四个回应。事实与此相反，而且让我吃惊，我最终收到了一百多个，其中不少包含了气球携带的书信，它们事实上是从被围困的巴黎飞出的。本书中的许多原始史料都承蒙这些来信人的好意和信任，我感激不尽。遗憾的是，由于篇幅所限，我无法向他们所有人一一致谢，然而我觉得必须特别感谢几个人：E. 蔡尔德小姐，她将她父亲埃德温·蔡尔德的书信、日记、纪念品提供给我，这些未出版史料相当丰富，后来被捐赠给伦敦国王学院；少将 E. L. 斯皮尔斯（E. L. Spears）爵士（准男爵），提供了写给他外祖父爱德华·路易·哈克（Edward Louis Hack）的书信；[3] 默文·赫伯特（Mervyn Herbert）夫人阁下，授权我使用艾伦·赫伯特医生（Dr. Alan Herbert）的文件；西弗斯的斯图尔特-麦肯齐（Stewart-Mackenzie of Seaforth）夫人，借给我她祖父约翰·斯坦利（John Stanley）上校阁下的书信；南希·米特福德阁下和莫斯利夫人阁下，让我查阅斯坦利家族的文件和她们祖父托马斯·吉布森·鲍尔斯（Thomas Gibson Bowles）的作品；克莱尔·布朗特（Edward Blount）小姐，借给我爱德华·布朗特爵士的书信；C. H. 科尔（C. H. Cole）夫人，提供了她叔祖父本杰明·威尔逊（Benjamin Wilson）的文件；基思·布朗（Keith Brown）先生，提供了他祖父威廉·布朗的书信；还有我的法国来信人，特别是 G. 安托万·吉罗（G. Antoine Girot）先生，让我参考他曾舅祖父路易·佩居雷（Louis Péguret）的文件。

此外，我必须对这里和美国的以下人员与机构一一致谢，他们欣然借给我各种文件或提供帮助：R. C. 巴斯（R. C. Buss）先生、E. G. 皮尔斯（E. G. Pierce）先生、海伦娜·B. 劳伦斯（Helene B. Lawrance）小姐、罗斯玛丽·梅内尔（Rosemary Meynell）小姐、H. T. 格洛弗（H. T. Glover）先生、佩兴丝·哈博德（Patience Harbord）小姐、劳拉·斯特朗（Laura Strang）夫人、M. F. 卡特（M. F. Carter）夫人、弗雷德里克·J. 伯恩利（Frederick J. Burnley）先生、W. M. 德纳姆（W. M. Denham）夫人、斯蒂芬·Z. 斯塔尔（Stephen Z. Starr）先生、C. H. 吉布斯·史密斯（C. H. Gibbs Smith）先生、莫里斯·莱昂（Maurice Lyon）先生、V. 扬（V. Young）夫人、弗朗西斯·C. 布朗特（Francis C. Blount）先生、达特茅斯（Dartmouth）皇家海军学院、泽西社（Société Jersiaise）、华莱士典藏博物馆（Wallace Collection）。

我特别感谢《法普战争》（*The Franco-Prussian War*）的作者迈克尔·霍华德（Michael Howard）教授（他杰出的著作让我受益甚多，本身就值得单独致谢），以赛亚·伯林（Isaiah Berlin）爵士和 A. L. 罗斯（A. L. Rowse）博士，以上几位在写作本书的不同阶段给予我忠告和建议。早期阶段的大量辛苦研究工作、对未发表史料的筛选是迈克尔·惠勒-布思（Michael Wheeler-Booth）先生帮我完成的，他的帮助对我来说价值无量。我同样非常感谢罗伯特·K. 温德贝尔（Robert K. Windbiel）先生和罗伯特·耶特曼（Robert Yeatman）先生，这两位用批判性眼光阅读了手稿；特别是维尼夏·波洛克（Venetia Pollock）夫人，她为我更早的一本书《荣耀的代价》做了同样的工作；最后是雷妮拉·霍恩（Renira Horne）夫人，她提供了宝贵的批评和支持。不用说，文本中任何遗留的错误都属于我自己。

最后，我必须向C. M.詹姆斯（C. M. James）夫人和A. R.布鲁斯（A. R. Bruce）夫人郑重致谢，她们承担了抄写我的笔记、录入手稿的艰苦工作；詹姆斯夫人还替我准备了文献目录、在各方面协助我的研究。

* * *

之后几年里，我受惠于大批来信人和别的作者，他们提供了颇有助益的评价和新材料；在这许多人当中，我要特别提及弗兰克·杰利内克（Frank Jellinek）先生、桑德赫斯特议员W. M.麦克尔威（W. M. McElwee MC of Sandhurst）先生和圣弗朗西斯科的迈克尔·罗森（Michael Rosen）先生。尽管篇幅受限，在这一新版中，只要有可能，我就试图将更正、修订和新材料囊括进来。中间这些年里发生了不少事件，它们可能改变了此前的认知，特别是对公社而言；能立刻想起来的就有越南、阿富汗、黎巴嫩内乱和巴黎自己的1968年"五月风暴"。然而，就算出现了这些认知变化，就我个人来说，并没找到多少足以对1870—1871年的历史记载进行根本性修订的新材料。本书最后的文献目录修订版中列出了一些近期作品，除了具有里程碑意义的两卷本《法国史，1848—1945年》——我在牛津圣安东尼学院的同事西奥多·泽尔丁倾尽毕生心血的力作，和尤金·韦伯（Eugene Weber）让人兴奋的《农民变为法国人》（*Peasants into Frenchmen*），我还要特别提醒大家注意罗伯特·图姆斯的《对抗巴黎之战，1871年》（*The War Against Paris, 1871*），此书就梯也尔的"凡尔赛军在从公社手中夺回巴黎的过程中发挥的作用提供了思考深入的新观点。

阿利斯泰尔·霍恩

特维尔（Turville），1989 年 3 月

本书地图均为原书所附地图

地图1 巴黎及周边地区

地图 2　普法战争形势图

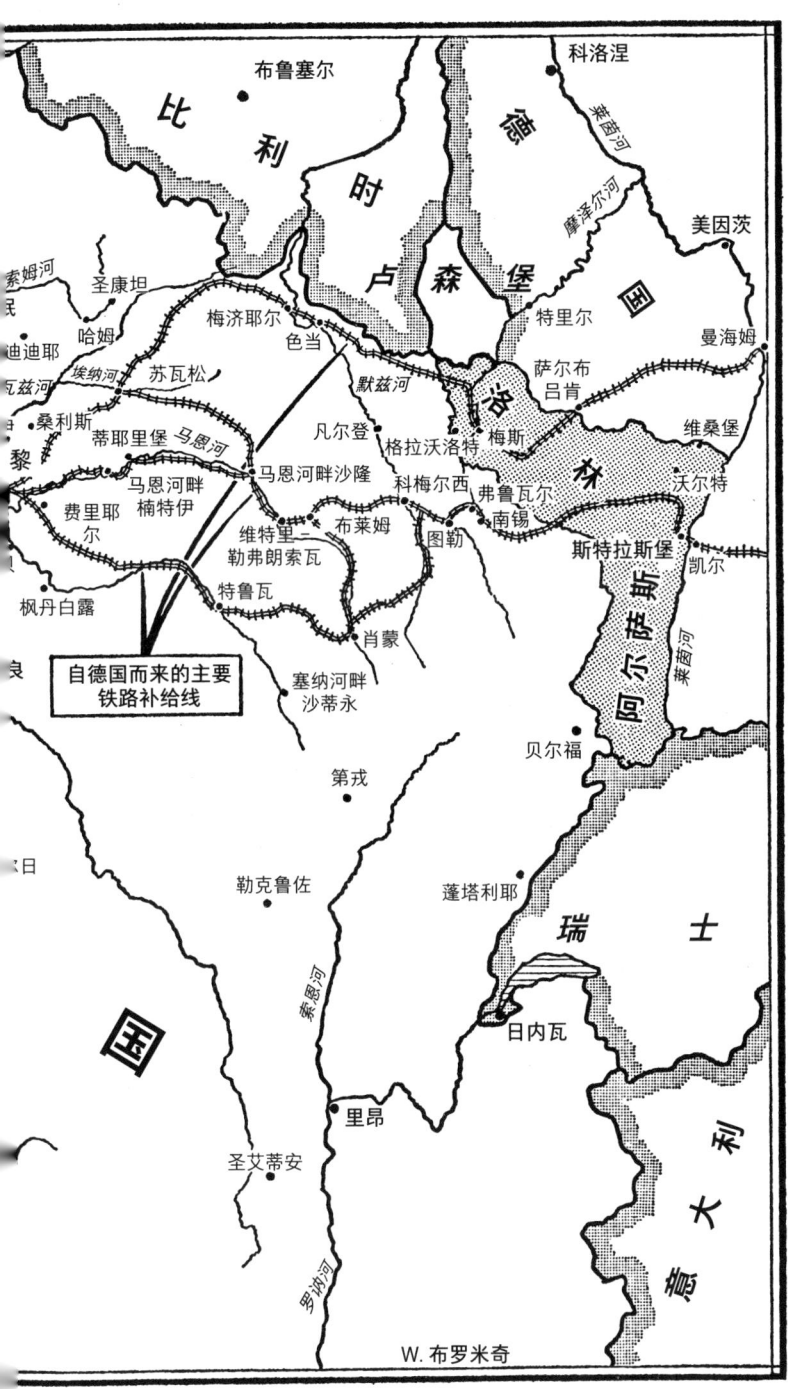

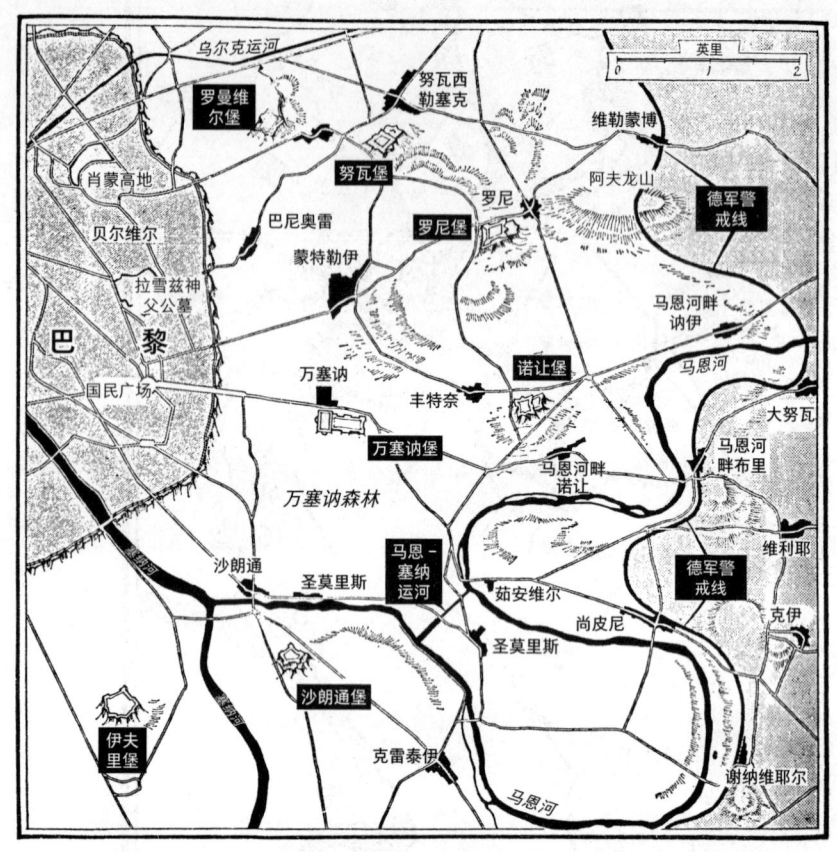

地图3　大出击

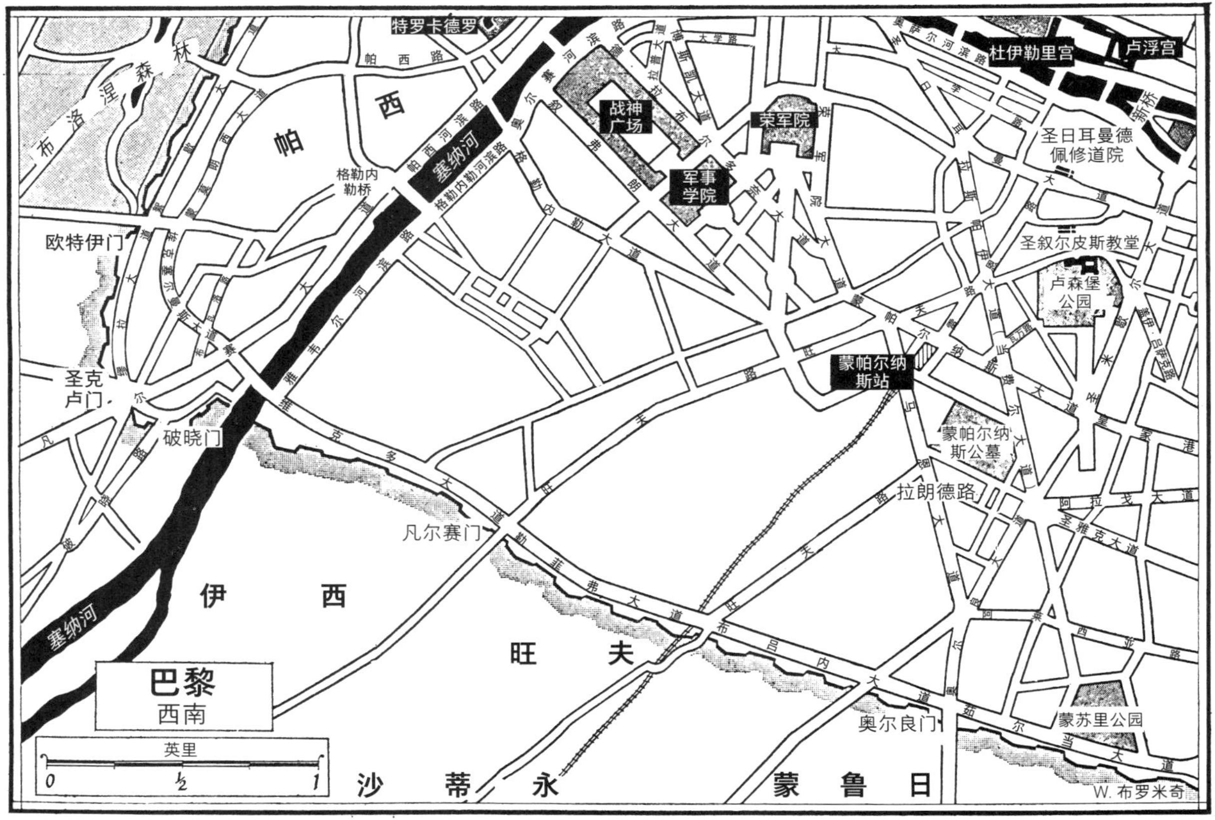
巴黎
西南
英里
0
½
1
特罗卡德罗
杜伊勒里宫
卢浮宫
新桥
布洛涅森林
帕西
战神广场
荣军院
军事学院
塞纳河
格勒内勒桥
圣日耳曼德佩修道院
圣叙尔皮斯教堂
卢森堡公园
欧特伊门
圣克卢门
破晓门
蒙帕尔纳斯站
蒙帕尔纳斯公墓
拉朗德路
凡尔赛门
奥尔良门
蒙苏里公园
伊西
旺夫
沙蒂永
蒙鲁日
W. 布罗米奇

地图 4　巴黎西南

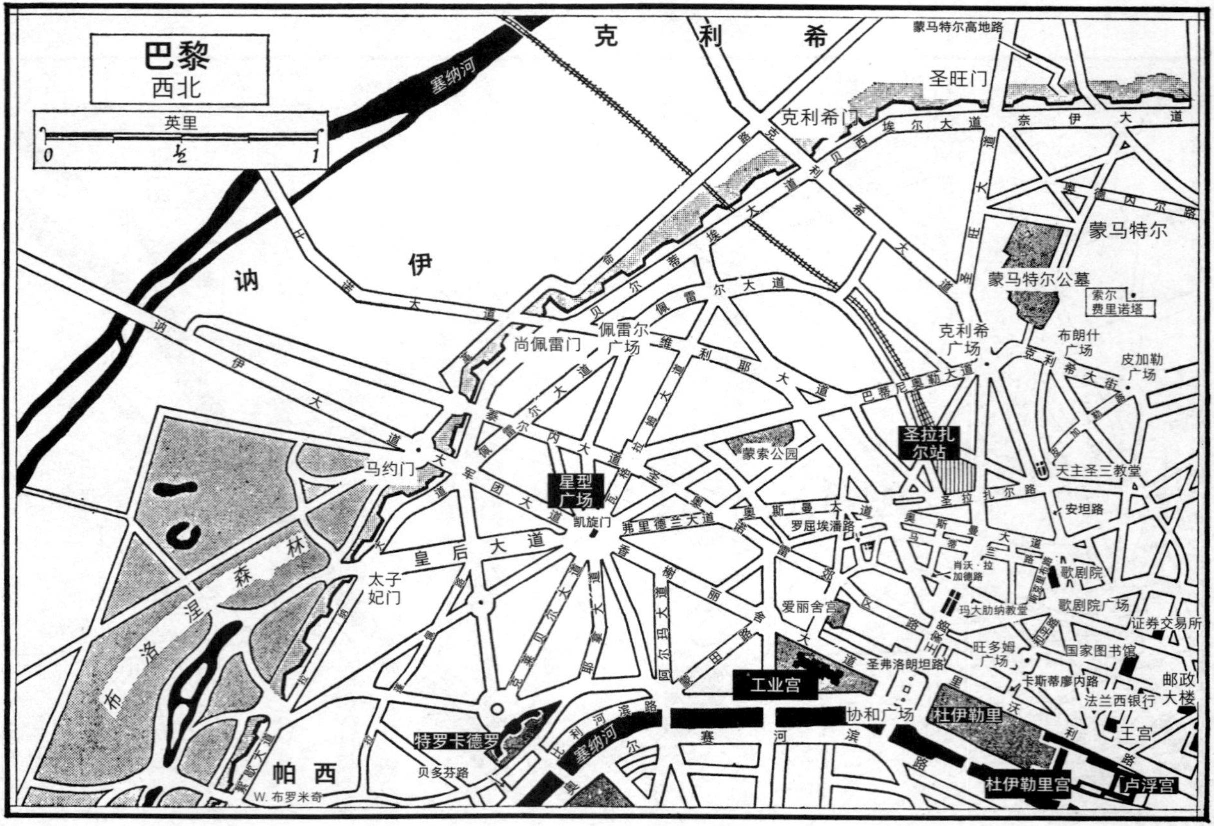

地图 5　巴黎西北

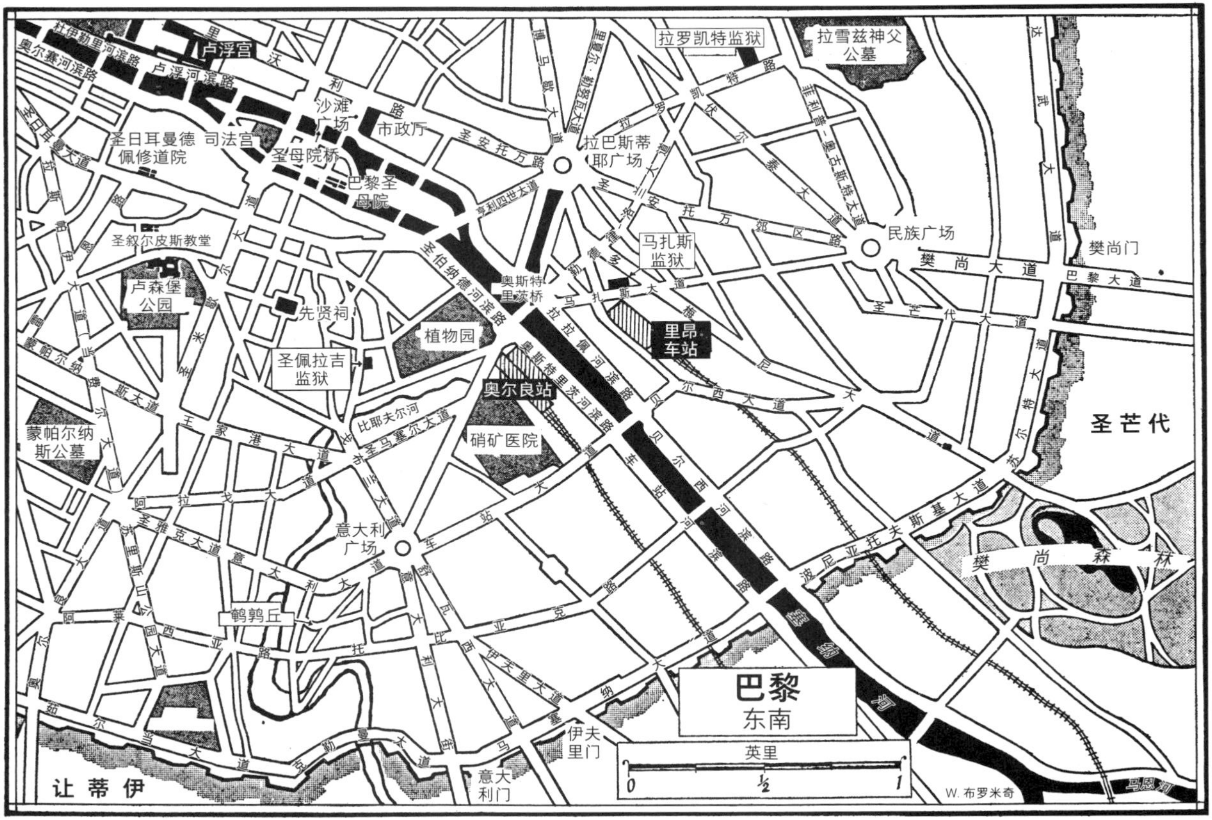

巴黎
东南
英里
0
½
1
卢浮宫
杜伊勒里河滨路
奥尔赛河滨路
卢浮河滨路
沙滩广场
市政厅
圣日耳曼德佩修道院
司法宫
圣母院桥
巴黎圣母院
圣叙尔皮斯教堂
卢森堡公园
先贤祠
蒙帕尔纳斯公墓
圣佩拉吉监狱
植物园
奥尔良站
硝矿医院
比耶夫尔河
意大利广场
鹌鹑丘
伊夫里门
意大利门
让蒂伊
拉罗凯特监狱
拉雪兹神父公墓
拉巴斯蒂耶广场
民族广场
马扎斯监狱
里昂车站
奥斯特里茨桥
圣伯纳德河滨路
拉拉佩河滨路
奥斯特里茨河滨路
贝尔西河滨路
樊尚门
樊尚大道
巴黎大道
圣芒代大道
圣芒代
樊尚森林
塞纳河
马恩河
圣安托万路
圣安托万郊区路
菲利普-奥古斯特大道
亨利四世大道
圣马塞尔大道
王家港大道
阿拉戈大道
圣雅克大道
意大利大道
波尼亚托夫斯基大道
W. 布罗米奇

地图 6　巴黎东南

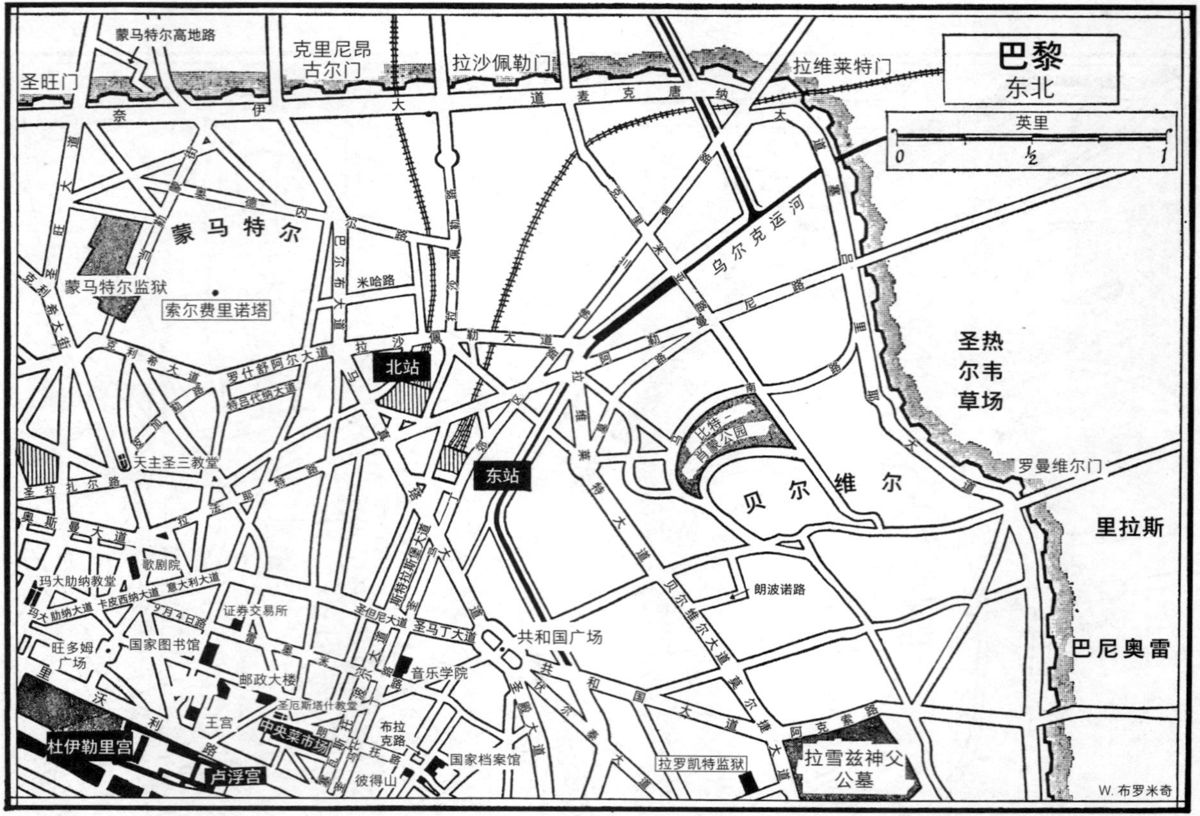
巴黎
东北
英里
0
½
1
蒙马特尔高地路
圣旺门
克里尼昂
古尔门
拉沙佩勒门
拉维莱特门
麦克唐纳大道
乌尔克运河
蒙马特尔
蒙马特尔监狱
索尔费里诺塔
米哈路
北站
东站
罗什舒阿尔大道
特吕代纳大道
克利希大道
天主圣三教堂
圣拉扎尔路
奥斯曼大道
歌剧院
玛大肋纳教堂
玛大肋纳大道
卡皮西纳大道
意大利大道
9月4日路
证券交易所
国家图书馆
旺多姆
广场
邮政大楼
圣厄斯塔什教堂
王宫
中央菜市场
杜伊勒里宫
卢浮宫
布拉
克路
国家档案馆
彼得山
斯特拉斯堡大道
圣但尼大道
圣马丁大道
音乐学院
共和国广场
共和国大道
拉罗凯特监狱
拉雪兹神父
公墓
朗波诺路
贝尔维尔大道
贝尔维尔
比特-肖蒙公园
圣热
尔韦
草场
罗曼维尔门
里拉斯
巴尼奥雷
W. 布罗米奇
地图 7　巴黎东北

第一部分

围　城

第1章
地球上最大的展览

　　1867年之前的那个冬季似乎永远看不到尽头，这种情况在巴黎堪称罕见。春天本身在一定程度上也只是雨雪季节的延伸，这种惨淡的氛围加重了沉沉压在路易-拿破仑的第二帝国头顶的阴影。悲观主义者和似乎无所不在的当局批评者心急火燎地做出预言，巴黎世界博览会（它被当成点缀着这一政权的灿烂宝石浮雕，可以分散人们心中的不安）将永远不会取得进展。事实上，博览会于4月1日正式开始，而在开幕前仅仅10天，街道上还有着大片淤泥，皇帝因此无法从杜伊勒里宫（Tuileries）乘四轮马车前往战神广场（Champ-de-Mars）视察进展。第二天，500名劳工被指派去清理街道，与此同时，一支规模比前者还要大的临时队伍正在展览会场匆匆进行准备工作。

　　让大部分巴黎人吃惊的是，那些悲观的预言家这一回失算了。1855年举行的上一届世博会有维多利亚女王出席，开展日期延后了两周，然而展品还没有从包装箱里取出来（这让愤世嫉俗的巴黎人联想到一座剧院，大幕已经拉开，演员们却无影无踪），这次却与之不同，巴黎世界博览会开幕的时间分毫不差。确实，由于冬季和赶工的迹象还没有被彻底抹去，有些人产生了这样的悲惨预感——就像是参加"一个似乎出生就是为了死掉的孱弱孩子的洗礼"。然后随着4月过去，太阳忽然出来了，立刻将全部阴影一扫而空，就连奥斯曼男爵治下养尊处优、富丽堂皇的巴黎都不得不承认，她已经诞下了新纪元的奇观。

展览的焦点是一座巨大的椭圆形玻璃建筑，和现在埃菲尔铁塔矗立的位置隔着几码。它长482米，有着精巧的钢铁框架，和伦敦自己的水晶宫没多少不同。它的穹顶高耸入云，泰奥菲勒·戈蒂埃（Théophile Gautier）对此大为吃惊："人们要借助机器才能登上去，它屋顶上的红色拱廊刺破蓝天，带来一种古罗马大斗兽场般的壮阔感。"在这座巨大的展览馆内部，这一崭新工业时代的所有主要国家都摆开了描绘人类文明所达到的顶峰的展品。"在这里，艺术和工业挨挨挤挤，"戈蒂埃补充道，"雪白的雕塑立在漆黑的机械旁边，绘画和来自东方的富丽织物并排悬挂。"展览馆被划分成7个区域，每个代表着人类努力的一个领域，世界上的众多国家就在这里展示它们的最新成就。那一年，利斯特（Lister）介绍了灭菌法，诺贝尔（Nobel）发明了黄色炸药；在其他活动领域，俄国兼并了突厥斯坦，美国自俄国手中买下了阿拉斯加。美国刚刚从内战中恢复，它送来的展品中包括一套完整的野战卫生勤务系统——或者按照当时的说法"战时救护所"，这代表着那个时代军事医学的顶峰。然而人群对此并不留心，把更多注意力放在了一种新奇的美国家具上，它被描述成"摇椅"。英国送来了火车头和让人印象深刻的几样重型机械，还有一大批维多利亚式的东西，它们试图将优雅和舒适结合起来（然而在巴黎看来，取得的成功相当有限）。一种新的极轻"奇迹"金属"铝"

也得到了展示，它是如此稀少珍贵，以至于皇帝本人都特意订制了一套铝餐具。展出各种机械的科学区域是这场展览的核心，那里还出现了一些用人称"石油"的物质加工而来的不可思议产品。没有人想到，不出几年这个名字就会在巴黎引起一场特别的震动。

除了其他物品，普鲁士还送来了可敬的威廉一世（Wilhelm I）国王的骑马像。巴黎人觉得它稍微有点可笑，却出于礼貌没有说出来。更引人注目的是埃森的某位克虏伯（Krupp）先生送来参展的一尊50吨重的大炮，他最早是火车轮制造商。这尊大炮发射的炮弹重达1000磅，其弹重相当于两尊小型加农炮，是世界上出现过的最大炮弹，也因此赢得了一个奖项。1851年在水晶宫，克虏伯先生也展示了一些他生产的钢制火炮（世界上别处当时还在用铜铸造火炮），虽说女性觉得它们"迷人"，他事实上却没有接到订单。因此这一次他迈出了大胆的一步，将那尊巨炮献给了自己的国王——这件礼物虽然奢侈，却不算合适。去年，这个盛产滑稽教授和痛饮啤酒的牛皮大王的国家在一场短得难以置信的战役中痛击了奥地利，整个欧洲为之震惊，法国军人或许因此给了克虏伯的展品更多的关注。然而此刻全世界一片和平，凶险的漆黑火炮看起来就和附近展台上食人族的滑稽武器（它们是由传教士收集的）一样属于过去。整个巴黎对此都没有留下深刻印象，这比那些留着络腮胡子的严肃普鲁士官员带给她的印象强不了多少，他们对法国所有宏大要塞的地形图（主人勤快地把它们也带到了展览会上）表现出了异常奉承的兴趣。此外在巴黎看来，和它的先祖们一样，克虏伯大炮是粗野而丑陋的，因此不需要加以重视。

路易-拿破仑自己贡献的一尊斜倚在狮子身上的强健裸体塑

像（题为《和平》）似乎要比克虏伯展出的冷酷产品更加切合当下的情绪。就和人们可能预测的那样，美丽琐碎之物成了法国展品的一个重要组成部分，几乎占了整个大展览馆地面空间的一半。一名在巴黎充当珠宝匠学徒的21岁英国人埃德温·蔡尔德对珠宝的"难以置信"相当折服。在日记（之后4年波澜壮阔的事件当中，他一丝不苟地保持着写日记的习惯）里写到这些珠宝时，他眼珠子都快瞪了出来："昂贵的孔雀羽，不知名的各种鸟类的羽毛，钻石、红宝石和祖母绿等的冠冕，它们如此丰富，甚至能和阿拉丁的神宫相提并论……对它们的描述怎么都写不完。"然而要是将展览会看作整体，它的一大主旨就没这么琐碎了，皇帝本人对此也表露了特殊的兴趣——崭新工业时代里工人的生活。一片特定展区用于呈现"便宜百货"（虽然有些人高傲地评论道，它给人的印象有点接近寒酸的集市）。外面的公园里散布着完整的"模范"工人住宅，路易-拿破仑本人就是参展者之一（他被巧妙地授予了一个奖项）。贝尔维尔和其他卫生状况不宜居住的巴黎工人阶层贫民窟的居民前来，默默凝视着这些，大感惊异——这些是从怎样的布尔乔亚乌托邦梦境中产生的。一座令人印象深刻、题为"劳动史"的展馆位于展览会的最中心地段，它概括了第二帝国的社会业绩（它们当然毫不琐碎）。然而这里漏掉了一两个事件，可能因为时代太近，也可能因为似乎无关紧要。同样在1867年，一位流亡于伦敦的德意志-犹太学者出版了一部举足轻重的著作，题为《资本论》。而在巴黎，当盛大的世界博览会即将到达光辉璀璨的高潮时，"国际"在洛桑召开了第二次代表大会。在法国，这一年里罢工次数也多到了很不寻常的地步。

"劳动史"展馆旁是"美术"展馆。它的展品非常壮观，然而，院士们的"死亡之手"故意将存在争议的后起之秀全部排除在外。墙上挂满了安格尔（Ingres）、柯罗（Corot）和泰奥多尔·卢梭（Théodore Rousseau）的作品，然而毕沙罗（Pissarro）、塞尚、莫奈、库尔贝（Courbet）和马奈被拒之门外；尽管后两位自己出了一大笔钱，设法获准在外面建起了私营展馆，只要出 50 生丁，就可以对《草地上的午餐》(Déjeuner sur l'herbe) 大加嘲弄。事实上，博览会的主要魅力真正体现在环绕着巨大穹顶的外部空间，这种魅力会把参观者的注意力从内部更加"凝固"的陈列上引开。走过这片区域，就像环游世界，那个时代的参观者会突然震惊地第一次发现，电报、蒸汽船和即将通航的苏伊士运河让世界看起来大大"缩水"了。几乎听不到法语。每个参展国都设立了大小摊点，漂亮姑娘或凶狠的部落民穿着奇异的民族服饰招待客人。俄国人带着他们的草原矮马，在雅库特人（Yakut）和吉尔吉斯人（Kirghiz）的圆顶帐篷之间闲逛；墨西哥人穿着艳丽的斗篷，注视着在这里重建的罗马地下墓穴；拖着辫子的中国人安静地绕着布尔萨绿色清真寺的模型漫步。来自拜恩的丰满少女将啤酒分发给阴郁的安达卢西亚人，反过来，披着华丽长袍的阿拉伯咖啡小贩向她们献殷勤，不断沙哑地呼叫。经由安特卫普港，可以抵达印加宫殿；守卫着埃及神庙的斯芬克司大道通向古斯塔夫·瓦萨（Gustavus Vasa）的瑞典房屋。在神庙里，一具死于两千年前的木乃伊被解开层层缠裹，露出发黑的血肉。龚古尔兄弟目睹了这一幕，深表惊讶。

这座非凡的全景式巴别塔之上，一只双层系留气球起起伏伏、悬于空中，像是对没那么遥远的未来的预言，然而当时无人读懂。著名摄影师纳达尔（Nadar）带着游客（每次 12 人）乘上气球，飞过展览会场地。而在塞纳河上下游，能够搭载150名乘客的新观光船首次亮相，它们被称为"苍蝇船"。

不管你是从空中的"巨人"（Géant）号或"天堂"（Céleste）号气球上来观看，或是从河上眺望，还是仅仅步行，都能目睹战神广场那让人难以置信的壮丽、平庸和可憎品味的组合，其色彩的光怪陆离程度，甚至超过了那个过分绚丽的新画派（当时它尚未得名"印象派"）的调色板。在这个苏伊士运河和印度"纳瓦布"、日本版画和欧洲初次入侵中国的时代，东方的影响力是压倒性的。薄暮之后尤其如此，那时候龚古尔兄弟评价道："摊点、尖塔、穹顶、信标让黑暗退入了亚洲夜晚的透明和慵懒……横幅、火苗和临风招展的国旗让我们觉得，似乎置身于中央帝国的街道上。"夜幕降临后，战神广场上的生活也获得了新的诱惑力。便宜的食品、酒水和娱乐吸引了整个巴黎，花上80生丁就可以美餐一顿，埃德温·蔡尔德记录道，他哪怕靠着微薄的学徒津贴，都吃得起"一顿棒极了的牡蛎晚餐，配着白葡萄酒"。与此同时，在一家俱乐部里，他也指出（尽管远非故作正经）："那些面具简直讨厌……近乎淫秽。"事实上，确实有些东西是老少咸宜的。纯朴的外省人过来，目瞪口呆地注视着城里女人穿着展现曲线、富有诱惑力的新款服装，就在那一年，英国女装设计师沃斯（Worth）最终将有箍衬裙（出于防护目的，它一层接一层，如同波浪）撑下了历史舞台。层级各异的半上流社会成员自巴黎各处聚拢过来，公鸡（cocodés）和母鸡（cocodettes）、交际花（lorettes）、大平躺家（grandes horizontales）和小衰仔（petits crevés）推挤着一身黑衣出售《圣经》、对此不以为然的那些人。皮条客和扒手混在大群街头表演者和江湖郎中之间，这些江湖郎中兜售专利生发剂和用砒霜调制的返老还童药，莫尼公爵（Duc de Morny）据说就因此丧命。整夜整夜，周复一周，卡普阿式（Capuan）的狂欢在摊位间继续，撩逗人心的姑娘们身着民族服饰，提供各种各样的乐趣，只要不是精疲力竭倒了胃口，就都能得到满足。连对第二帝国的生活司空见惯的龚古尔兄弟，也明显震惊于所见所闻：

> 在博览会的英国自助餐区，那些女性有着粗糙苍白的面孔和鲜红的秀发，这一切都带着奇异的光彩。她们就像《启示录》中的娼妓，恐怖、可畏、非人。

一周周过去，贵宾和观光者自世界各个角落涌入巴黎。这座城市就像巨大的旅馆，在入口处挂着牌子"客满"。物价飙升，拉丁区的学生由于租金突然飞涨，被撵出了阁楼，为表抗议，他们威胁要"去卢森堡公园露营"。煽动他们的是一个留着浓密胡须的愤怒年轻人，名叫拉乌尔·里戈（Raoul Rigault），后来在公社时期，他恶名昭彰，然而此时，谁都没有过多留心他们的困境。占据心神的其他事情实在太多了，有什么能比众多君王和他们随从的华丽光临更加重要呢？威尔士亲王来了，对他崇拜的这座轻佻城市露出赞赏的笑容；还有英国的大公主，她过时的礼服震惊了巴黎。埃及帕夏，土耳其苏丹，希腊、瑞典和丹麦国王，比利时和西班牙国王夫妇，日本的亲王，普鲁士国王，全俄罗斯的沙皇和皇后都到场了。缺席的只有奥地利的弗朗茨-约瑟夫，还有他那郁郁不乐的弟弟——墨西哥的马克西米利安。这般群星会聚的场面几乎史无前例。其中包含了，正如普罗斯珀·梅里美（Prosper Mérimée）的冷嘲，"一张餐桌，就像憨第德（Candide，伏尔泰小说中的人物）在威尼斯碰见的那张一样可笑"。这个光鲜亮丽的新巴黎似乎是奥斯曼男爵特意为这些参观世博会的访客修建的，它绝不比战神广场上的宿营地逊色。宽阔笔直的林荫大道让马车队列更显华丽铺张，两翼由百人卫队（Cent Gardes）护送，他们的胸甲璀璨夺目，因此整个人都光彩熠熠，如同神话中的神祇。埃德温·蔡尔德搜肠刮肚，只想出了"仙境"（féerique）这个法文词汇，来描述眼前的一切。几乎每天都有列队游行，皇帝似乎总是等在车站，迎接一列列王家列车。

宣布普鲁士国王和沙皇将于 6 月初接踵而至时，巴黎兴奋异常。虽然后者才是真正的贵宾（高层政治要求如此），然而吸引所有眼球的是普鲁士国王威廉和他魁梧的首相冯·俾斯麦伯爵。在列车上，他们经过了这位老国王曾在 1814 年占领的阵地，在如今东道主伯父垮台的过程中，他当时也出了一份力。国王心醉神迷地恭维巴黎人："从我上次到这里算起，你们完成了多么了不起的事情呀！"尽管有些巴黎人察觉到，国王流露出了典型的条顿式直来直去，然而整体来说，他们认为国王的行为无瑕可指。事实上，他总是做正确的事，因此"偷走"了许多人的心。例如，他对刚刚病愈、身体虚弱的法国皇储表现得相当友好亲切。他是个让人舒服的角色，形象如同仁慈的乡绅，因此使紧张的法国人轻松了起来，他的确看上去也完全放松了，坦然自若。事后有人刻薄地评价道，他探索巴黎，仿佛打算某一天再回来。就连吓人的俾斯麦都明显洋溢着善意——他高大的身材让美国公使馆的威克汉姆·霍夫曼（Wickham Hoffman）想到了阿伽门农。巴黎社交界的美人环绕着他，赞赏他耀眼的白色胸甲骑兵制服和闪闪发亮的头盔上巨大的展翼鹰，还尝试激怒他，然而徒劳无功。同路易-

拿破仑会谈时，他认为去年的普奥战争属于另一个时代，并和蔼地补充道，"多亏了你，我们和维也纳宫廷之间不存在永远的竞争理由"。节日气氛暂时掩盖了这句话的全部威胁意味。

4月12日，皇帝出席了奥芬巴赫的歌剧《热罗尔施泰因女大公》（*La Grande Duchesse de Gérolstein*）的首演，这是迎接那些王家贵宾的最盛大娱乐活动之一，由不朽的奥尔唐斯·施奈德（Hortense Schneider，说服她很是费了一番功夫）担纲主角。《热罗尔施泰因女大公》的首演是国际性的重要事件。群星璀璨的阵容当中，没有谁比雅克·奥芬巴赫（Jacques Offenbach）这位来自科隆犹太教堂合唱队的移民更能代表第二帝国的精神，展现它那讽刺和轻浮的享乐主义。多年来，森林管弦乐队的保留曲目全是出自《地狱中的奥菲欧》（*Orphée aux Enfers*）和《美女海伦》（*La Belle Hélène*）的轻快调子，军团乐队演奏的也是奥芬巴赫，就在去年，巴黎还因出自《巴黎人生》（*La Vie Parisienne*）的康康舞曲而如痴如狂。此时此刻，他再次大获成功，这部歌剧讲的是一位多情的女大公的故事，她来自的那个德意志诸侯国成了插科打诨的对象，由于首相普克（Puck）男爵需要消遣，就开始了一场无意义的战争。统率该国军队的德意志将军名叫博姆（Boum），也成了笑柄，他既无能又无畏，时不时朝天开枪，用火药味让自己打起精神来。这出闹剧同欧洲私下里对"荒唐的条顿人"的看法如此接近，讽刺意味异常直白，一望可知。沙皇前来观看时，他的包厢里据说回荡着不合皇家身份的大笑声。阵阵欢笑之间，法国宫廷的成员偷偷观察着俾斯麦的表情，一半是恶意，一半是恐惧，他们好奇，这或许是对威廉国王上次造访巴黎时不够圆滑的言行的报复，不知是不是有点过头。然而，似乎没有谁比"铁血宰相"本人表现出的快乐更明显、更无拘无束。几乎会有人疑心，他自己想起了某些非常私密的玩笑，因此愈发乐不可支。幕间休息时，王公贵族你争我抢，想要进入奥尔唐斯的化妆间，较为幸运的那些人会有幸成为她的入幕之宾，她因此赢得了"君王通道"的刻薄绰号。一夜之间，《热罗尔施泰因女大公》就成了世博会的瑰宝。

日复一日，熠熠生辉的娱乐活动继续着。4月29日晚上，古诺（Gounod）的新歌剧《罗密欧与朱丽叶》首演，在巴黎人看来，这是他最出色的一部歌剧。6月21日，路易-拿破仑允许《欧那尼》（Hernani）重新上演，来证明帝国变得多么自由宽大，而且承担得了这么做的代价。这部剧的作者是无可救药的老纵欲者维克多·雨果，当时正流亡在外，自1852年起，它就被禁演了。这几乎事与愿违：在让雨果回国的强烈呼吁中，出现了吵吵嚷嚷的反波拿巴示威。（幸运的是，大部分来参观世博会的显贵到这时都已经回家了。）而且无论何时，饭店的包间与私室里都回荡着咯咯轻笑声和大笑声，遥相呼应。对所有等级的妓女来说，巴黎成了前所未有的天堂。香榭丽舍大街上，龚古尔兄弟之一无意中听到一名流莺向朋友吹嘘道："我跟你说实话，赚了800法郎，300拿来过日子，500存到银行里。"普罗斯珀·梅里美写信给朋友帕尼兹（Panizzi），描述了苏丹如同滑稽歌剧的到来，他表达了这样的想法："这些不得了的大人物都来拜访特蕾莎（Thérésa）小姐[4]和门肯（Menken）小姐。这些女士生意兴隆，像屠夫一样提高了价钱，她们卖的也是鲜肉，或通常认为是这样的东西。"批评政权的人当中，有些比较守规矩的表示："要我是皇帝，人们为了公开纵欲而来拜访我，我才不会觉得荣幸。"

几乎每晚都要举行盛大的舞会,第二帝国对此异常拿手。在宏伟的大使馆里,他们随着施特劳斯最新一首圆舞曲《蓝色多瑙河》跳起华尔兹,直到天明。在杜伊勒里宫,皇后举行了一场欢迎俄国来宾的舞会,伟大的施特劳斯亲自指挥管弦乐队,一条条新发明的电灯带将花园装点得更加妩媚迷人,让奢华的制服和珠宝流光溢彩,再一次,在人们脑海中涌现的只有"仙境"这个词。水自特意修建的喷泉层层倾泻而下,红绿两色的孟加拉烟火倒映其中,席卷过灰泥塑成的岩石。"看上去如同微型的火山岩浆炽烈迸发,"一位宾客写道,"没人想跳舞。所有人都想倾听华尔兹舞曲,听听施特劳斯是怎样指挥演奏的!"然后皇帝和皇后翩翩起舞,舞伴分别是比利时王后和普鲁士王储。

这《一千零一夜》般的幻梦何时才会结束,替代它的又将是什么?不过,整场活动的最高潮即将到来,是在隆尚(Longchamp)进行的盛大阅兵式。又一次,阅兵式的安排主要是为了取悦沙皇,可是路易-拿破仑一直记得,能让普鲁士国王印象深刻的莫过于一场出色的阅兵式,而给此人留下深刻印象恰恰异常重要。参与其中的军队本应有6万之多——虽说到头来,只成功召集了大概3.1万人。然而在耀眼的阳光下,他们那神气十足的派头相当程度上掩盖了数量的不足。瓦莱里安山(Mont-Valérien)上的宏大要塞高高坐落于跑马场之上,其中的一门大炮声如雷鸣。皇帝到场,由骑着优异黑色军马的斯帕希骑兵(Spahis)护卫,右边是沙皇,左边是普鲁士国王威廉。由身经百战的康罗贝尔(Canrobert)元帅指引,法军徒步或策马在皇帝面前行进:戴着高筒帽的掷弹兵,身着黄条纹束腰外衣的轻步兵,佩着绿色羽饰的猎兵,配有长长骑枪、头盔威风八面的骑兵,身着红蓝两色制服、裹着头巾的凶猛朱阿夫兵。娇小的随军女商贩像圣伯纳德犬一样，将小桶白兰地悬在脖子上，随着大军一路调皮地蹦蹦跳跳。然后是炮兵，披挂着各种装饰，像是要参加一场皇室锦标赛，带着擦得锃亮的武器，它们曾经在克里米亚和索尔费里诺战场上效力。对那些检视过战神广场上"克虏伯怪物"的人来说，这些小巧的黄铜火炮看上去的确有点像是古董。目光如炬的俾斯麦注意到了这一点，毫无疑问，它为观看《热罗尔施泰因女大公》时令他乐不可支的私密玩笑增加了滋味。然而在这个醉人的6月夏日里，这些忘恩负义的想法被铺天盖地的大喊"皇帝万岁！"淹没了，每支队伍经过皇家看台时，都会爆发出这样的声浪。为这次阅兵收尾的是一支庞大的骑兵部队，由1万名胸甲骑兵、卡宾枪骑兵、侦察骑兵、枪骑兵、骠骑兵组成。距离皇家宾客5码时，他们整齐划一停下脚步，军刀出鞘致礼。在观众们无比热烈的掌声中，沙皇和普鲁士国王向东道主庄重致礼，向欧仁妮皇后鞠躬，然后热情地祝贺了康罗贝尔元帅。就连反波拿巴分子都不得不承认，拿破仑三世在位期间，最值得铭记的或许就是今时今日。这是空前绝后的一幕。

　　沙皇当然大为震撼，对东道主的赞美之词简直如同火山喷发，滔滔不绝。路易-拿破仑龙颜大悦。由于普鲁士给欧洲事务带来的新危险还没有得到注意，世界博览会期间，他最重要的任务应该是在奥地利不幸缺席的情况下拉拢沙皇亚历山大二世，后者的这次到访开始得也不算太吉利。他起初就严肃考虑过是否应该前来巴黎，不管怎么说，他的伯父亚历山大一世的莫斯科就是因这位法国新皇帝的伯父而烧毁的，关于克里米亚的记忆也足够新鲜、余痛未消。他抵达时的行进路线是路易-拿破仑精心设计的，绕了一大圈，好避开塞瓦斯托波尔大道（Boulevard Sébastopol）。然而，尽管小心防范，人群里还是响起了"波兰万岁！"的喊声，到达杜伊勒里宫时，沙皇也心情不佳。但是，初夏巴黎的迷人柔软魅力、特意为他安排的华丽铺张场面、东道主的体贴好客让俄国人心底的坚冰开始融化了。当他们一起自隆尚出发时，沙皇的情绪空前高涨。接着，忽然发生了非常糟糕的事情。一名22岁、名叫贝雷佐夫斯基（Berezowski）的波兰爱国者跳出人群，用手枪冲沙皇开火。他没有击中目标，可是一匹马受伤了，俄国皇储的白手套溅上了血点。路易-拿破仑心烦意乱。"先生，"他殷勤地表示，"我们一起面对了枪林弹雨，现在我们是战友了。"对降临在他身上的可怕死亡命运的这次预演几乎成功了，沙皇因此战栗不已，冷若冰霜。刹那间，路易-拿破仑同俄国达成协议的那些梦想似乎无一幸免，比之前任何时候都遥不可及。

有人称，当晚在杜伊勒里宫举行的盛大舞会将要取消。不知怎么，射向沙皇的那一枪让因世博会而生的灿烂光芒熄灭了一部分。在帝国和蔼、近乎自由的尊容下，警察国家的真面目又一次显露出来。巴黎市民中的"颠覆分子"遭到了严厉打击，甚至"叛逆"艺术家们也被告知，他们在战神广场以外的私人展览不许继续进行。6月11日，沙皇离开了巴黎，依然怒气冲冲。三天后，普鲁士贵宾也动身了，而礼宾长官们伫立在火车站，寻思自己刚才那些善意的陈词滥调现在听上去是否有点空洞。光芒暗淡下去，所以人们重新注意到了藏在阴影中的那些事物。不久之后，更多坏消息到来。6月19日，墨西哥皇帝马克西米利安一世，弗朗茨-约瑟夫的弟弟，路易-拿破仑的傀儡，被他的法国保护人抛弃，任由墨西哥民族主义者处置，在克雷塔罗（Querétaro）遭到射杀。10天后，路易-拿破仑接到了这个消息，当时他正在土耳其苏丹身边分发奖品。这一回，所有庆祝活动都立刻取消了，因为随着郁郁不乐的马克西米利安去世，波拿巴最后一场海外冒险投机的希望也破灭了。马奈以最快速度创作了一幅表现这场悲剧的巨型画作，然而被禁止悬挂在他自己的画廊里，原因是这可能被解释成对帝国政策的反思。接着到来的是关于老惹事精加里波第的报告，他又在意大利蠢蠢欲动，奥尔良党人梯也尔也正在立法团里捣乱。有人预测，法国会遭遇歉收，这意味着食品价格将会上涨。阿尔及利亚也传来了霍乱和饥荒的消息。

尽管如此，夏秋季节，世界博览会和随之而来的种种狂欢都在满不在乎地进行。收尾阶段，奥地利皇帝弗朗茨-约瑟夫姗姗来迟，不过，弟弟之死令他悲悼，弟媳则被这场悲剧逼疯，法国对他的伤害也实在太大，所以他无法提供路易-拿破仑迫切需要的友谊或同盟。9月初，因梅毒而瘫痪的波德莱尔在疯人院里去世，享年46岁。两个月后，工人开始了沉闷枯燥的任务：拆除这场盛大世博会的所有建筑。塞纳河上，驳船排成长龙，来运走杂物——那些华而不实的亭台和寿命短暂的摊位的纸裱残骸已经难以辨认。很快，战神广场变回了一片白地。随着最后一批宾客离开，又被重重阴影环绕的路易-拿破仑开始因结石而痛苦，过去的兴奋对他来说就像分散注意力的麻醉剂。曲终人散的落寞气氛笼罩着整座城市。有些人感觉到，世界博览会是帝国的最后一场灿烂庆典，烟花落尽，此时剩下的只是火药气息。头脑清醒的人们开始合计账目。表面上，毫无疑问世界博览会取得了巨大成功，就连美国公使馆的助理秘书威克汉姆·霍夫曼都不得不勉强承认，它是"有史以来最成功的一届世博会，除了我们自己在费城举办的那届"。参观者总共有 1500 万之多,数量惊人,三倍于 1855 年那届世博会。然而,它对失业者所做的是否和对工业进步一样多?它会给法国国内带来新的繁荣局面吗,最重要的是,让她交到新朋友了吗?或者说,前来做客的外国人在离开时只是更加清楚地认识到了她的虚弱,对她的胜利更加不满?当然,没有谁会对弗勒里(Fleury)伯爵的这句著名评价提出异议:"无论如何,我们过了一段见鬼的快活日子。"它形容的好像不光是世界博览会,而是整个第二帝国时期。可是三年后更难过的日子里,戈蒂埃在战神广场上沉思时,怀旧之情油然而生,对他来说,自 1867 年算起,似乎过了一个又一个世纪。

第 2 章

衰落中的帝国

太美了!

这句话可能一定程度上出于后见之明,然而1867年仙境般的那几个月里,帝国看似达到璀璨顶峰之时,谁又能预见不到四年里,法国(特别是巴黎本身)即将面对的悲剧性命运逆转?谁能想象,辉煌大胜的景象、杜伊勒里宫的舞会都将同那么大面积的巴黎中心城区一道,化为劫灰?皇帝声名扫地、流亡他乡,帝国不过是昏暗模糊的记忆?关于古希腊悲剧作家所言的"情节突变"——自傲慢不可一世的高度,惨不忍睹地摔落,历史上可能没有比这更惊人的例子。当然在近现代,没有一个如此壮丽恢宏、物质成就如此丰富的国家,曾在如此之短的时间内遭受如此之糟的侮辱。世界博览会结束仅仅三年,惨败而归的法国士兵就在战神广场上露营;"光明之城"被那位亲切有礼的普鲁士国王包围,由于缺乏燃料,她的灯光熄灭了;她讲求口腹之欲的居民被迫以老鼠为食。再过几个月,那位国王将在之前东道主的倾颓帝国的尸体上荣登帝位。他的加冕礼之后,就是有史以来一个欧洲国家强加给另一个的最严酷和平协定之一。

谁在1867年能预料到所有这些？然而，更糟的事情还等在后头。同普鲁士侵略者的战争结束、巴黎第一次解围后不到两个月，就是1871年3月那场永远同巴黎公社之名联系在一起的野蛮内战。这场新的冲突结束之前，在1871年5月最后的绝望日子里，约2万名男人、女人和儿童在巴黎街道上被同胞屠杀；相比之下，连1793年到1794年的恐怖时期——15个月里处决了2500人——都显得克制收敛了。到那时为止，屠杀的人数也超过了普鲁士围城的四个月里在对敌行动中丧命的人数。自公社在巴黎的短暂革命统治中滋生了一种根深蒂固的怨苦，这种怨苦主要源自对它的残酷镇压，它直至今天依然侵蚀着法国政治的心脏。

公社提出了一系列与围城时期截然不同的问题。以重要性排序，整体上军事问题已经被社会和意识形态主题所取代。如果没有源自公社的教训和传奇，可能就不会有1917年布尔什维克革命的成功，它对法国在1940年的军事灾难的影响也不可忽视。自那之后发生的一切来看，公社好像是这两个事件中更具历史意义的那个；在今天的共产主义世界里，人们当然还这样认为。尽管围城和公社看起来似乎构成了两个截然不同的主题——关于哪一个的文献都汗牛充栋，可是实际上，并不应该将它们分别看待。公社直接源自围城。没有围城，1871年的公社就不可能出现；没有关于公社的记载，对围城的叙述就不完整。这两个事件中，许多引人注目的角色是重合的，而且最重要的是，巴黎本身成了宏大悲剧中的女主角，在两幕中都是如此。

然而，不管点燃公社的火花可能追溯到围城之时这个事实多么清晰，照样存在同围城无关的背景因素，它们从根本上促成了巴黎无产阶级的爆炸性举措。为了理解这点，需要回过头去检视隐藏在第二帝国迷人外观下的病症；至于为何路易-拿破仑的军队在世界博览会上呈现出来的样子如此绚烂辉煌，却在短短三年后表现得那样沉闷暗淡，也必须如此审视才能找到原因。

* * *

随着人们对世界博览会的记忆逐渐淡去，帝国迅速走向灭亡，它剩下的三年生命里，狂欢之声依然不绝于耳，化装舞会还在继续。就像在英格兰，维多利亚时代道德观念变得同君王的名字密不可分，从建国之初，第二帝国社会最忠诚的表现就是热心遵循爱寻欢作乐的皇帝指出的路径。逃离路易-菲利普治下中产阶级的洁身自好后，上流社会在统治之初有意识地力图重建路易十五时代的天堂。枫丹白露森林里，交际花同情人一道打猎，用那个时代的羽饰帽子和蕾丝来装点自己。在巴黎，再没有什么比那些化装舞会更能奠定时代基调、更能代表它。路易-拿破仑为之神魂颠倒，喜欢打扮成17世纪的威尼斯贵族出场。面具让佩戴者得以遁入一个瓦尔特·米蒂（Walter Mitty）式的幻想世界，所以这些场合孔雀般的铺张奢华本身就让人眼花缭乱，分散了他们对表面之下更让人不快的现实的注意力。每场舞会都比上一场更豪华放纵，路易-拿破仑在位期间，杜伊勒里宫的那些舞会如此规律，几乎像一场不停歇的狂欢节。

1866年在海军部举行的那场，是给人印象最深刻的之一。对宾客们的要求是组成四大洲的引人入胜场面。由4条鳄鱼和10名浑身珠光宝气的迷人东方侍女组成的队伍走在"孤僻的科尔萨科夫公爵夫人"（Princess Korsakow）乘坐的双轮马车前面。一名英格兰宾客指出:"美丽的外交官让我们看到了形状最美好的腿之一,我们因此心满意足,我真是运气够好;可以从膝盖以上的部分来判断其比例,因为肉色的紧身衣并没有把四肢遮盖起来,它是用最轻薄的织物做的。"接下来是非洲,塞夫尔小姐(Mademoiselle de Sèvres)骑着一头才从巴黎植物园的沙漠里找来的骆驼,由戴着巨大黑色羊毛头套的侍从相陪。最后是美洲,"一位可爱的金发女郎,斜倚在香蕉树之间悬挂的吊床上,这些树都由黑人抬着,由红种印第安人和他们的妻子护送"。到场宾客有3000人,光是这一场舞会的花销就有400万法郎。[5]

正如流行风格所规定的那样,这些舞会上女性对胸部的强调,到了合乎礼仪的最大限度(有时超出了):她们是华丽、反常的掠食性动物。其中加利费侯爵夫人(Marquise de Gallifet)(公社最后几天里,她丈夫要在巴黎扮演异常凶险不祥的角色),有时装束如同大白天鹅,有时装束如同天使长米迦勒,胸部覆盖着金色甲胄。还有19岁的卡斯蒂廖内伯爵夫人(Comtesse de Castiglione),路易-拿破仑最令人沉醉、最危险的情妇,曾经打扮成"红心女王"在杜伊勒里宫露面,这个具有挑衅意味的动作招致了皇后的致命嘲讽"她的心有点低"。甚至都用不着听说 X 女士的事——她有次回到舞厅里时,面颊上印着莫尼公爵的荣誉军团徽章,[6]剩下的巴黎人也会对这些娱乐场的接待室里会发生什么心存怀疑。对那些过分正经或没得到邀请的人来说,这些舞会看上去是几乎不加掩饰的放荡,事实上场景经常也更接近鲁本斯(Rubens)而非华托(Watteau)的画作。

1870年,一名自维多利亚时代英格兰前往巴黎的访客安伯利(Amberley)勋爵夫人[7]在给母亲的信中写道:"我们每天晚上都去看戏，对他们展现出的道德败坏非常厌恶。我希望真实生活不这么糟糕。"在第二帝国的表面上，覆盖着一层奇怪的虚伪外衣：福楼拜（Flaubert）于1857年被起诉，因为《包法利夫人》（*Madame Bovary*）一书冒犯了公共道德；马奈遭受了各报刊饱含恶意的攻击，因为他的《奥林匹亚》（*Olympia*）和《草地上的午餐》"伤风败俗"。在杜伊勒里花园吸烟的女性和在特鲁维尔（Trouville）不穿上衣游泳的年轻男性一样容易被捕。然而在这一表象下，实际上第二帝国的道德在方方面面都和安伯利勋爵夫人害怕的一样坏，可能更加糟糕。《娜娜》（*Nana*）成了它的圣像，而它的格言就是奥芬巴赫《美女海伦》里的设问，不需要回答：

> 告诉我，维纳斯，你发现什么乐趣
> 这样夺走我的贞操？[8]

自顶层到底层，巴黎都沉迷于各种形式的爱欲，这可能前所未有。1858年，龚古尔兄弟在日记中吐露，几乎用一种惊讶发现的笔调："所有人都一直谈论它。它是某种看上去极端重要、极端吸引人的东西。"甚至在他们自己汇聚了当时一部分最出色的知识分子的圈子里，也几乎每晚都有圣伯夫（Sainte-Beuve）或其他人对性事大谈特谈，水平比学童高不了多少。根据巴黎警察档案，1866年的一个月里，就有2344名妻子离开丈夫，4427名丈夫离开妻子；警察局登记在册的妓女有约5000名，还有3000名"自由从业者"。

"大平躺家"中最了不起的一位"拉派瓦"（La Païva）曾经让剧作家蓬萨尔（Ponsard）写几行诗，纪念她奢华的新楼梯（其所在的建筑物，现在是香榭丽舍大道上的旅行者俱乐部），他的答复只有一行，改写自《淮德拉》(Phèdre)："美德有不同的阶位，放纵亦是如此。"[9]对第二帝国来说的确如此，在那里，什么都安排得一丝不苟——甚至可以说，礼貌得体。对任何人来说都有个位置，都有一阶楼梯。越过真正沦落风尘的界限之前，由于不检点行为曝光而被逐出家门的已婚女子可以在"半上流社会"的若干层次上，找到足以安身的位置。在社会阶梯顶端，巨额财富流经她们之手。就连埃及的贝伊们也会在几周之内被毁掉。有说法称，路易-拿破仑给过卡斯蒂廖内伯爵夫人一条珍珠项链，价值42.2万法郎，加上每月5万法郎零花钱；有着巴黎最吝啬之人的名声的赫特福德勋爵（Lord Hertford）给了她100万，以换取一夜欢愉，她承诺要纵情于所有已知的风情之事（据说后来她在床上躺了三天）。拉派瓦采用的格言异常贴切：*qui paye y va*（那是我的），她自己每年要在餐桌上花掉50万法郎。其他"大平躺家"还有科拉·珀尔（Cora Pearl），一名英格兰暗娼，本名埃玛·克劳奇（Emma Crouch），14岁时遭人引诱；和朱莉娅·巴鲁奇（Giulia Barucci），威尔士亲王的宠姬。（拉派瓦）就这一职业来说堪称典型，对她的描述是具有贵族风范，"然而没有一丁点教养、贞洁、对习俗的关心"。她的全部天赋都在于交际花的艺术。

"大平躺家"的主顾们是饱食终日无所用心的有钱花花公子，像弗耶（Feuillet）笔下的"卡莫斯先生"（Monsieur de Camors），他这样描述自己的日子："我通常早上起床……去森林，然后去俱乐部，再去森林，随后回到俱乐部……晚上如果有首场演出，我就飞快地赶过去。"第二帝国的一切似乎都是为了这些人的更大便利而设计的；甚至有一份用橡胶做的报纸《娜雅》(Naïade，希腊神话中的水中女仙），这样就可以一边泡澡一边看。后来，随着这些有钱花花公子的财富流入同样的无底深渊，他们就变成了败家子，就他们的放荡品味而言，没什么景象比看火鸡在白热的金属盘子上跳舞更有趣了。供这些人和社会层级更低的那些人取乐的有半业余者：喜剧女演员（comédiennes，据说布洛涅森林"吞下了一大群"）；交际花——没出师的叫牝鹿（biches）、女店员（grisettes）和"母鸡"。所有这些都能在"马比勒"（Mabille's）这家店或马戏团里买到——首场演出时让龚古尔兄弟想起"经营女人夜晚的证券交易所"。对浪荡的文艺青年而言有沼泽（grenouillère）：未订婚、容易相处的年轻女子，自一个阁楼跳到另一个，就像那名英格兰艺术生，她宣称支持"自由恋爱和库尔贝"！层次再往下有可怜的孩子，就像龚古尔兄弟记录的小女孩，她献出了14岁的姐姐，而"自己的工作是往马车的窗子上呵气，这样警察就看不到里面了"。最后，在社会阶梯之下，对巴黎劳工而言有数不胜数的小酒馆，靠少得可怜的几个苏就能找到一个下等女人，或者——更经常是这样——用粗劣的烈酒把他灌得酩酊大醉。

　　第二帝国治下这幅放纵无拘的放荡玩乐图景，有着冷酷的反面。灿烂的化装舞会很快就只不过是短暂的记忆，如同奥芬巴赫的第一夜，美人会消失在舞台上，只有模糊暧昧的性感香氛，标记她们的去路。然而，某些极具灾难性的事情延续了下去。梅毒肆虐一时，而且依然几乎无药可医。那个年代许多大人物因此丧命，包括德·莫泊桑（de Maupassant）、朱尔·龚古尔（Jules Goncourt）、小仲马、波德莱尔、马奈。雷诺阿曾经接近懊悔地称，他不能是真正的天才，因为只有他没得上梅毒。这种可怕的疾病与第二帝国的症状何其相似：表面上一片愉悦轻快，而下面是阴沉的脓液、衰败和最终的死亡。

以这种特有的轻松，法国人将整个民族的缺点推卸给个人，第二帝国的一切错误、一切腐败，或早或晚都被归咎于那个处于顶端的人。就道德而言，第二帝国或许有理由对他进行指责。"这一切的榜样，"龚古尔兄弟听到有人在玛蒂尔德公主（Princesse Mathilde）的沙龙里抱怨，"都来自高高的上面。"路易-拿破仑同他杰出的伯父不多的共性之一就是波拿巴家族的非凡性能力。接连不断的情妇和宠姬令贤惠的欧仁妮大为震惊，在他还算健康时一直如此。就连他的婚姻也被归因于这样一个事实，试图用诡计夺取坚不可摧的堡垒时，一天晚上路易-拿破仑突然不打招呼通过暗门进入欧仁妮的卧室，然而求欢受挫，除了婚床别无选择。的确，皇帝的风流殷勤被维多利亚女王那样的人所证实。"同这样的人在一起，"1852年她写道，"没有一刻能感觉安全。"然而三年后，一次驾车穿过森林途中，东道主似乎以前所未有的方式和这位35岁的女王调情，她的看法大大改变了："我不知道该怎么说，我觉得和他在一起是安全的。"

皇帝不仅仅有责任在道德问题上奠定时代基调。路易十四的"朕即国家！"只是在性质上和路易-拿破仑有所出入。他所重建的帝国的整个沉重框架都压在他肩膀上。随着时间推移，这点越来越明显：要是这根主要支柱被移开，它撑着的结构就会瞬间倾塌。而且这根支柱正摇摇欲坠。

只要历史投机被证明有利可图，路易-拿破仑的性格就会吸引传记作者。在欧洲，很少有争议如此之大的人物拥有如此之大的王权。他身上几乎涵盖了一切对立面：离谱的大胆、巨大的个人勇气同胆怯缠斗,精明狡猾和几乎难以置信的不可靠,惑人的魅力和它的反义词,彻头彻尾的复古和超越时代的进步性、人文主义。马基雅维利同堂吉诃德比武争胜,仲裁者则是哈姆雷特。所有这些相互冲突的元素通常导向同一条断头路;不管路易-波拿巴想给他的人民做什么,最后的结果通常南辕北辙。最重要的是,他向那些人保证"帝国意味着和平",却带给了法国最灾难深重的一场战争;1855年的严重洪灾期间,他就像曾向大海下令的克努特一样,宣称"以我的荣誉发誓,在我治下,河流将同革命一样回到河床,再无力迸发";然而他一退位,法国就陷入了她历史上最血腥的起义。"要是还会给君王们起绰号,"记者德·吉拉尔丹(de Girardin)称,"他就会叫事与愿违者。"这一评价相当公允。

他看上去一点也不像他那了不起的伯父拿破仑一世。他年轻时,夏多布里昂(Chateaubriand)对他的描述是"勤奋热心、消息灵通、充满荣誉、天生严肃"。后来他流亡英格兰时,一名在布莱辛顿(Blessington)女士家见到他的客人这样描述:"是个相当矮胖、长相粗俗的人,和他的皇帝伯父没有半点相似,容貌上也看不出半点智慧。"见证了他荣耀至极地在杜伊勒里宫登基的那些人失望地发现,他目光呆滞、髭须浓密。在色当那种有损形象的残酷场景中,俾斯麦的传记作者莫里茨·布施博士(Dr. Moritz Busch)评价道,落败的皇帝似乎有点不像军人。"这个人看起来太绵软,我可能要说,太低劣……"在许多方面,路易-拿破仑都天赋出众。漫长的铁窗岁月里,他大量阅读,因此受教育程度要比当时统治者的平均水准高出不少。他研究过化学,写了一篇关于甜菜糖的论文,质量颇高,获得了业界的认可。他还写了一份关于失业的小册子,因此在工人中赢得了可观(虽然短暂)的人气。1860年,他开始研究尤利乌斯·恺撒的生平,罗马弩炮因此被复原出来,在圣克卢宫前面的空地上狠狠投下石弹。他的首要创造才能体现在军事上。他骑术异常出色,早在1835年就以一本《炮兵手册》(Manuel d'Artillerie)给专业人士留下深刻印象。几年后,他忙于改进当时法军的滑膛枪。到1843年,他推行了一种类似普鲁士征兵体系的制度,具有讽刺意味的是,正是这种制度最后毁了他。甚至在威廉高地(Wilhelmshöhe)宫身为俾斯麦的阶下囚时,没过多久他就忙于收集关于普鲁士军事组织的资料。

路易-拿破仑的真正悲剧在于,他不合时宜。在其他更简单的情形下,他可能(天晓得?)会被证明是欧洲最伟大的有益统治者之一。对自己和王朝地位不牢靠的恒常警告让他如芒在背。他知道,自己是通过保王党之间的特定分裂而掌权的,因此可能被看作篡夺者(事实上他就是);而且他知道,是无聊——法国所有疾病中最致命的一种——和可怜的路易-菲利普国王的资产阶级迟钝特性替他路易-拿破仑扫清了道路,而这种反复无常的无聊会同样轻易地背叛他。因此出于所有这些缘故,需要分散法国的注意力,同他之前和之后的法国历任领袖一样,他不得不去追求同样反复无常的情妇:荣光。在国内,通过重建一个绚烂的巴黎,他的统治将留下壮丽而不可磨灭的印记。在国外,宏大的海外冒险将给世界留下印记,而且最后,如果其他所有都失败了,他会用声势浩大的世界博览会来让法国分心。不幸的是,由于他不稳定的性情,大部分计划都注定以危险的失败告终。他最喜欢的格言之一是"不要轻率行事",然而事实上,他从来没有停止这样做。德·莫尼——他顾问中最弥足珍贵的一位——绝望地评论道:"最大的难处……是让他摆脱心中的困扰,给他坚定的意志。"乔治·桑(George Sand)将他视为"梦游者",后来战胜了他的俾斯麦也赞同这种看法,认为他"真是个感情丰富的好人,甚至有些多愁善感;可他的才智和见识都不值一提……而且他生活在一个充满各种古怪点子的世界里"。然而,若不是遇上了加富尔(Cavour)和俾斯麦这两位19世纪最机敏、最危险的政治家,路易-拿破仑统治时期异常惨重的灾难或许还可以避免。

在路易-拿破仑看来,有必要通过实行独裁统治来维持1851年时夺得的权力,所以他开始致力于创造国内繁荣,靠这种手段转移法国人的注意力,让他们忽略必不可少的自由的丧失。在第二帝国初期(诚然,是在前任打下的基础上实现的),他取得了引人注目的成功,对大部分法国人来说,繁荣也变成了可以接受的替代品。就享乐至上的物质主义而言,路易-拿破仑的第二帝国和"你从来没这么好过"的20世纪50年代英格兰的共性可能不止一处,可是一大差异在于,第二帝国治下的经济扩张是真实的。在它不长的寿命里,工业生产翻了一番,短短10年间,外贸也翻了一番。黄金自加利福尼亚和南非的新矿山涌入。建立了像里昂信贷银行(Crédit Lyonnais)和土地信贷银行(Crédit Foncier)这样强有力的银行机构,后者是专门设计出来刺激新的巨大建设项目的。城市里兴起了博马尔谢(Bon Marché)和卢浮(Louvre)之类的大商店。铁路网自3685千米增加到17 924千米,因此一下子,里维埃拉(Riviera)——之前只有少数在戛纳(Cannes)的古怪英格兰人常去那里——就变成了受巴黎人欢迎的度假地。电报线辐射全国,造船业的扩展前所未有。基佐的劝诫"富足起来"对第二帝国的影响甚至更大。像杂货商波廷(Potin)先生这样的人一夜之间成了百万富翁，正如都德笔下的悲伤故事《阔佬》（Nabab）所揭示的那样，丑闻和恶毒的阴谋可以同样迅速地让他们重新一无所有。投机买卖猖獗：

> 这是一种疯狂，一种污染，
> 任何人都没能幸免，在任何地方……[10]

这种污染扩散到了政权最上层，就连莫尼公爵都未能幸免；俾斯麦回忆道，出任驻圣彼得堡大使时，德·莫尼用外交邮袋将一车车贵重物品送回法国，免于纳税。这些物品后来被拍卖，据说他从中赚了80万卢布。然而从这个大坩埚里，新的富有资产阶级升起了，牢固且舒适地将自己安顿进了城堡——它的祖辈将贵族从那里撵了出去。资产阶级同任何欧洲贵族一样招摇，决心不反过来也被撵出去，是第二帝国在政治上的中流砥柱，它财源广进正是出于这个原因；尽管它对恩主并没有多少好感。作为整体，法国此前从未这样繁荣兴旺，在短到惊人的时间里，她确立了自己世界工业强国之一的地位。根据1866年普查，她的人口数增加到了3750万，可最值得注意的特点是大城市——其中巴黎尤为突出——的显著发展，这是上述工业化的结果。

第二帝国最大的表面成就（事实上也是它唯一真正不能被抹消的标志）是奥斯曼男爵对巴黎的重建。1859年，环绕着城市的古旧"总包税所墙"（'Farmers-General' wall）被拆除，七个新的行政区被合并进来。此时有200万人口的巴黎，一下子就扩展开去，远至路易-菲利普所建的防护堡垒圈。市中心有2万幢房屋被拆毁，新建了4万幢，花费巨大（因投机商上下其手而价格飞涨）。恢宏的林荫大道穿过杂乱无章、散发恶臭的旧巴黎小巷，这座城市重生了，基本就是今天的模样。奥斯曼更大程度上是金融家和工程师，而非艺术修养甚高之人，他的新巴黎也引起了激烈争论。保守的龚古尔兄弟说，它让他们想起"某种未来的美国巴比伦"，然而乔治·桑觉得，这是一件幸事：走在城里，可以"不用被迫时时刻刻向街角的警察或可亲的杂货店老板求助"。对来自国外、不知深浅的人——像埃德温·蔡尔德——来说，奥斯曼的巴黎看上去"是世界上最壮丽的城镇，所有房子都有六七层甚至八层高，同伦敦相比，一切在优雅、实用、适宜社交等上都那么不同、好那么多……"。然而离开中心，在凯旋门以外还能找到农村风光；如今的特罗卡德罗（Trocadero）是田野，蒙马特尔（Montmartre）有风车；帕西的氛围像是与世隔绝的村落，欧特伊（Auteuil）被认为"差不多在世界尽头"。在心爱的布洛涅森林里，皇帝亲自组织了不少景观美化工作，采伐出新的车道、建造人工瀑布。

然而对奥斯曼来说，美感只是若干考量之一。还有两个是健康和犯罪。在拆除过程中，许多旧城的溃烂脓肿被柳叶刀刺破了：例如肖蒙山丘（Buttes-Chaumont）这样的传统瘟疫滋生地点和暗杀者、流氓的巢穴。在这座城市里，暴乱和革命已经几乎成了日常生活的一部分，对地位并不稳当的路易-拿破仑来说，还有一个更重要的目标。1855年维多利亚女王访问巴黎时，就敏锐地发现，巴黎街道使用了柏油碎石路面，"来防止人们像之前那样用铺路面的石板修筑街垒"。后来，任何军事观察员都能清晰地看出，奥斯曼设计的长而直的街道提供了多么良好的射界，自斜路交汇点出来的军队有多少机会绕过街垒的侧翼，宽阔的林荫大道能多么轻易地将镇暴部队从巴黎一头输送往另一头。奥斯曼认为,它们终于成功地"切除了长久以来的风暴中心"。然而事实上,他在很大程度上造成了自己目的的失败,我们后来将看到这种力量。

就努力改善法国工人的悲惨处境而言,路易-拿破仑的"事与愿违者"头衔最为名副其实,他统治时期最悲剧性的悖论正源于此。在整个法国,这是他付出最多努力的一部分,然而当重压来临时,劳工阶级中诞生了他最暴戾的敌人。路易-拿破仑深远的社会改革包括建立产妇福利机构、互助社团、工人城市、受伤工人之家;还计划缩短劳动时间、进行健康立法;令人作呕的监狱船被废除,工人阶级获得了罢工的权利。皇帝本人对慈善事业的捐助相当可观,为了讨好工人,他甚至下令,一条横跨圣马丁运河的新林荫大道不以他母亲奥尔唐斯王后(Reine Hortense)命名,而以一名工人里夏尔·勒努瓦(Richard Lenoir)命名。然而,路易-拿破仑许多更加进步的想法因新兴资产阶级和外省保守分子的贪婪而遭到挫败,这些事实引起了巴黎劳工的注意。

他和其他任何人一样清楚问题和危险所在;他告诉科布登(Cobden):"在法国实行改革是非常困难的;我们在法国革命,而不是改革。"这是不祥之兆。

表面之下,生活事实上改变甚微,政治和经济问题也加剧了法国劳工的不满。似乎只有他们被摒弃于"富足起来"的整体大潮之外,典型例子就是以下事实:1852年到1870年间,昂赞(Anzin)煤矿工人的薪水仅仅上升了30%,而公司的红利变成了原来的三倍。尽管工人的薪水增加了,却几乎在任何地方都赶不上生活成本增加的幅度。例如在巴黎,第二帝国存续期间,日均薪水仅仅增加了30%,而生活成本最少增加了45%。巴黎工人的处境格外艰苦，在那里，奥斯曼的举措造成了一个不幸的副产品——这段时间里，他们的房租大约翻了一番，因此到1870年，房租吞掉了薪水的三分之一。与此同时，食品能再占去60%，剩下可以花在生活中其他美好事物上的就非常微薄了。这一时期的资产阶级编年史家宣称，巴黎工人很不爱吃肉，而真相是他们根本买不起。1866年，屠夫首次出售便宜的马肉（从而引入了一种口味，短短四年里，广泛得多的巴黎主顾就被迫接受了它），这并非巧合。负债相当普遍，巴黎工人似乎把一半生命花在了公营当铺老板那里，一家人的床垫是标准的抵押品。根据奥斯曼省长本人的说法，1862年时，巴黎一半以上的居民生活在"贫困中，接近赤贫"，而这批人当中，大量日薪仅仅在50生丁到1.25法郎之间的妇女——1.7万人——的处境格外恶劣。1863年的平均日薪是3.81法郎，为了换取这笔款子，巴黎工人被迫每天劳作长达11小时。尽管维多利亚时代英格兰的条件同样恶劣，连学徒埃德温·蔡尔德都指出，巴黎的日子并未比英格兰难过多少，而且他自己每天要5点起床。

奥斯曼新城的高昂租金逐渐迫使工人向外迁移，搬到边缘地带的肮脏贫民窟，这些地方完全和市中心被拆毁的那些贫民窟一样有害。相比之下，他们的工作场所经常是"宫殿"。第二帝国时期，卡巴莱酒馆的数量无限增加，它们提供了干净一点的避难所，工人只要花几个苏就能暂时忘忧。酗酒现象空前严重。儿童死亡率、对闲散的渴望、白热化的政治讨论（在安全的卡巴莱酒馆中）随之显著上升。

至于诸多巴黎人在第二帝国辉煌华丽的门面之下生活究竟如何，龚古尔兄弟的描述最为生动。朱尔的前情人是一名叫玛丽亚

的助产士,她曾到马真塔(Magenta)大道北端接生一个婴儿,在那里发现:

> 房间是这样的,组成四壁的木板快要分崩离析,地板上全是洞,耗子不断从那里露头,不管什么时候开门,耗子也会进来,穷人家里胆大包天的耗子会爬上桌,拖走整块面包,鬼鬼祟祟从睡着的住户脚边溜走。这个房间里有六个孩子,四个大的睡在一张床上,在他们脚边,伸腿够不到的地方,两个小的躺在板条箱里。男主人是个沿街叫卖的小贩,经历过更好的日子,在妻子生产时一直烂醉如泥。女人和丈夫一样喝得大醉,躺在草垫上,一个朋友不停地让她喝酒,那是个年老的随军女酒保,25年的职业生涯中她养成了酗酒的习惯,将所有养老金都拿去买酒了。在这间陋室——文明的可怜陋室——里生产时,手风琴师的这只猴子摹效着泼妇在分娩阵痛中的哭声和愤怒的咒骂,通过屋顶上一条裂缝撒尿,落到打呼噜的丈夫背上!

擅长讽刺画的荷加斯(Hogarth)也难以更加形象地描绘这一场景。

"向上,财富增长;向下,舒适消失",就是对这一时期足够合理的概括。路易-拿破仑在位期间,虽然他心怀善意,劳工和其他社会群体之间的鸿沟却变得越来越宽,在巴黎,这一点因奥斯曼的工作而大大加剧了。过去的日子里,不同的街道并排共存,通常具有乡村生活的亲密感,而此时,重建城区租金的螺旋上升导致了一种满怀怨愤的种族隔离。奥斯曼远远没能"切除"巴黎的传统动乱中心,事实上仅仅是创造了新的、极其危险的这类中心,它们是完全无产阶级的"红色"城区,像贝尔维尔和梅尼勒蒙唐(Ménilmontant)。帝国之后的岁月里,没有警察胆敢独自在那里露面,而且公社将会在这些地方证明,由于(无产阶级的)集中,组织一次起义变得前所未有地容易。

使阶级之间关系日益恶化的不光是工人的物质困境。毕竟在工业化的 19 世纪,大多数工人依然认为,贫穷和悲惨是自己不可避免的命运的一部分。第二帝国治下还存在其他的不满因素,有哲学的也有政治的,此时没那么容易归类。那些有时间和精力去思考的工人开始被这种恐惧侵蚀——老板和雇员之间的鸿沟加宽了,这不光是由于后者的相对繁荣在衰减,也是由于他是否可能在新工业体系的实际发展——正在对他越来越不利——中拥有发言权。正如 1848 年所揭示的那样,这种恐惧毫无疑问并不局限于法国工人,然而法国人的挫败感背后有着一份特殊的危险遗产。过去一个世纪里的三次大起义——1789 年大革命、1830 年七月起义、1848 年二月和六月起义——之后,法国工人回顾往事,感觉他们被欺骗了。在街垒处流淌的主要是他们的血,然而每一次,资产阶级都狡猾地设法获利。巴黎工人的愤恨格外强烈,他们不乏理由地认为,自己是所有这三次起义的发起者;最重要的是,他们的记忆因最近的那一次"阴燃"起来。1848 年的六月起义中,巴黎的数千遇害者里工人的比例空前之高。抵抗 1851 年 12 月的军事政变——这遭到了路易-拿破仑本人异常残酷的镇压——时,巴黎约有 160 人被杀,其中大部分是工人,随后的恐怖统治期间,2.6 万人被逮捕后用监狱船运走。从此以后,巴黎无产阶级——政治意识比任何其他人都要高——永远不会原谅路易-拿破仑,因为此人摧毁了他们创造的共和国;也不会忘记,最后这几次他们被如此残酷地扫除时,小资产阶级是怎样背叛他们的。要激发一场新的、甚至更加危险的爆炸,只需要三种配料:警惕性下降的警察国家、武器和组织。

这三个要求中的最后一个,组织——过去的工人对此几乎一无所知——正在迅速发展,以他们的怨恨为食,同时滋养这种怨恨。路易-拿破仑对此的态度灾难性地含糊而矛盾。起初,他授予工人罢工的权利(他们非常充分地利用了这一点),然而禁止他们拥有结社的权利。渐渐,他半心半意地——部分是为了操纵工人同力量日益增长的奥尔良派资产阶级相抗——允许工人在警察的密切监视下成立工会。然而在表面之下,局面已经沸腾。1863年,法国代表参加了国际工人联合会(第一国际)的首次大会,这由卡尔·马克思组织,在法国,他那更加暴力的新学说已经开始取代备受尊崇的社会主义者蒲鲁东(Proudhon)的观点。1867年,即世界博览会召开的那年,第一国际召开了第二次大会,《资本论》出版,马克思的支持者也在巴黎进行了第一次成功的展示。虽然此时法国支部还处在婴儿期,1867年时它收到的款项总共只有67英镑,马克思本人也认为,它的7万名成员大部分是"流氓",可是到1870年,第一国际法国支部已经有能力在克勒索(Creusot)组织大罢工了。更重要的是,它确立了自己的地位——革命宣传和密谋的中心。

然而,路易-拿破仑的对手绝不局限于这些穿蓝罩衫的家伙。毫无疑问,第二帝国的门面之所以如此轻佻浮华,相当程度上是由于这一事实——大部分资产阶级转而追求享乐,以发泄本会用在政治活动上的精力,帝国治下对此的限制没么严重。与此同时，这种门面成功却危险地掩盖了下面不断增长的怨恨，当法国人的自由被按上盖子时，通常就会出现这种怨恨。帝国初期，立法团（Corps Législatif）的权力被严重剥夺，能做的只有给帝国内阁已经打好包的项目盖上议会印章。政治集会事实上遭到禁止，出版审查制度相当严厉。"官方反对派"的出版机构只有一个《世纪报》（Le Siècle），且它绝非无拘无束。笨拙的警方巡查员也对作家和艺术家进行压制。戈蒂埃向龚古尔兄弟抱怨（他同波德莱尔和福楼拜一样，遭受了小规模迫害）："他们不让小说里有任何性，你能怎么办？……现在我沦落到去认认真真描写一面墙了；就算这样，他们也不允许我描写上面可能画的东西，比如阴茎。"甚至有一次，某知名演员因为被人看到用上面有拿破仑一世肖像的手帕擤鼻涕，就几乎被捕。

奥尔西尼（Orsini）1858年的刺杀行动之后，独裁统治进一步收紧，通过了一项法律，可以不经审判就下令驱逐。路易-拿破仑掌权过程中，大量社会主义代表人物被宣布不受法律保护，撵出了法国。维克多·雨果和许多极端共和派——例如路易·勃朗（Louis Blanc）、勒德吕-罗兰（Ledru-Rollin）、费利克斯·皮阿（Félix Pyat）、夏尔·德莱克吕兹（Charles Delescluze）——同他们一道离开了，这些人后来带着某种力量，重回公众视线。从流放地，他们一直开展着针对政权的密集、猛烈敌对宣传。更穷困的阶层当中，流亡的维克多·雨果变成了传奇人物，崇拜他的人包括一名城堡主的年轻私生女兼家庭女仆，她后来会给公社留下自己的印记：路易丝·米歇尔，"红色圣女"。在法国内部，源源不断的记者挤满了圣-佩拉吉（Sainte-Pélagie）监狱，那里——绝不像19世纪的监狱那样令人厌恶——被他们变成了名副其实的暴动俱乐部。

在反对派光谱更"令人尊敬"的一头站着的是正统派,他们更乐意声称有权登基的波旁家族成员——流亡国外的尚博尔（Chambord）伯爵——回归。他们旁边是奥尔良派,后悔老路易-菲利普这个好人离开。就连皇帝自己的堂妹玛蒂尔德公主——龚古尔兄弟经常参加她富有影响力的沙龙——都几乎毫不掩饰对奥尔良派的同情。然后是各种各样的共和派,从"温和派"到彻头彻尾的革命派。才华横溢的朱丽叶·亚当（Juliette Adam）女士的沙龙是"温和派"的集结点,经常能在那里找到如阿道夫·梯也尔和律师朱尔·法夫尔这样的老资格共和派;还有另一个更年轻、更爱炫耀的倡导者,莱昂·甘必大（Léon Gambetta）,他被看作"不妥协者"或"激进者",所站位置更远,接近光谱上更具暴力色调的一端。再远处是极端共和派,像亨利·德·罗什福尔（Henri de Rochefort）,他是贵族家系的叛逆者,身材瘦削,留着堂吉诃德式的卷发,是那个年代最刻薄的笔杆子,在帝国最后的日子里将变成致命的标识。最后是革命者的大杂烩,他们的色调是最炽烈的红:雅各宾派、布朗基派、蒲鲁东派、无政府主义派和后来的国际主义派。他们包括布朗基这样的老手,此人在1827年22岁的时候首次拿起武器,反对法国政府。他神秘地在巴黎轻捷移动,像是幽灵,通常只抢在警察前头一步。还有让人回忆起罗伯斯庇尔的不可调和者,如德莱克吕兹。这两个人都60岁出头,到帝国结束时,他们总共在不同的监狱和刑罚殖民地度过了47年。

散落在光谱各处、不局限于任何特定层面的有大部分知识分子、某些院士,特别是作家,他们强烈憎恨政权,因为干扰了自己的工作。持反对立场的艺术家也被多种多样的利他或利己动机所激励；他们包括经验丰富、热情难抑的改革者杜米埃（Daumier），也包括马奈、毕沙罗、雷诺阿这样的年轻画家，对他们来说，政权主要代表的是不关心文化艺术的资产阶级新富，这些人拒绝购买或重视他们的"新"艺术；最重要的是，这里有库尔贝，此人将1870年授予他的荣誉军团勋章狠狠丢了回去（一定程度上是种刻意夸饰）。大批不满者——不可避免的愤怒年轻人和年纪更大的落魄者——对第二帝国的怨恨要难以定义得多。泰纳（Taine）称："在学生的阁楼、浪荡艺术家的顶楼里，在没有病人的医生办公室、没客户的律师办公室里，有着萌芽状态的布里索（Brissot）、丹东（Danton）、马拉（Marat）、罗伯斯庇尔、圣茹斯特（Saint-Just）。"左岸学生这一典型群体中，走出了一个名叫拉乌尔·里戈的年轻人，他将大部分闲暇花在了国家图书馆（Bibliothèque Nationale）中，通过细读埃贝尔（Hébert）1790年出版的粗鄙报纸《迪歇纳老爹报》（*Père Duchesne*），激发自己的灵感。24岁之前，他就已三次被宣判入狱，一次逃避法律制裁时，他山穷水尽、饥肠辘辘，跑到了枫丹白露森林中的雷诺阿家。雷诺阿让他穿上画家的罩衫，拿上调色板，藏了他几个星期。这场偶然的相遇后来拯救了雷诺阿，改变了他的命运——否则后世对他的印象只会是，一个才华横溢的年轻画家，但前途被公社的子弹终结了。

　　叠加在所有这些各种各样的群体之上的是不可逃避的乖张刚愎，传统上，这让治理法国成了危险的职业；"法国，"普雷沃-帕拉多尔（Prévost-Paradol）解释道，"在实行君主制时是共和派，而当变为共和政体以后，又成了保王派。"

考虑到所有这些，路易-拿破仑被迫靠"荣光"来让法国分心，似乎也就并不让人吃惊了。对法国病来说，这的确是灵丹妙药。"帝国意味着和平"，他掌权时如此承诺，但是不到两年，法国人就开始在阿尔马河（Alma）畔丧命。尽管克里米亚战争的意义如今看来没有那么重大，然而它可能是路易-拿破仑海外冒险中唯一带来好处的，虽然它的好处被证明相当短暂。第一位波拿巴统治时期给英法关系留下的创伤好像终于愈合了，路易-拿破仑同维多利亚女王在温莎城堡的滑铁卢室共舞，回访法国时，女王站在邪恶的"波尼"墓前，荣军院的管风琴奏起了《上帝保佑女王》。从那之后，路易-拿破仑的海外事务变得越来越糟。大部分麻烦源自他对民族主权信条的盲目追寻；同许多他的理念——在理论上是高尚的——一样，这种"民族准则"远远超出了他的时代，更超出了他的权力范围。老谋深算的加富尔很快看准了这点，路易-拿破仑的这种理念再加上他对荣光的迫切追求，会让他成为意大利民族主义的绝佳拥护者，从而能够引诱——在卡斯蒂廖内极度诱人的容貌协助下——他帮助意大利实现自己的目的。意大利的乱局起初带给了法国荣光，然而代价高昂，1859年法军在马真塔和索尔费里诺（Solferino）取得胜利，对手是战斗力向来不算出色的奥地利人。当然，法国也失去了奥地利的友谊，而且由于他自皮埃蒙特（Piedmont）夺取了尼斯和萨伏依（这是他"酬劳"的一部分），路易-拿破仑大大伤害了意大利人的感情。后来，根据他的"民族准则"逻辑，路易-拿破仑发誓要保护教宗，甚至不惜在门塔纳（Mentana）屠杀深得民心的加里波第的部队，因此牺牲掉了他在意大利人当中辛辛苦苦积累的绝大部分良好声誉。与此同时，在"准则"指引下，他对波兰人的独立愿望表现出同情，这让他失去了强大的俄国的友谊，也对郁郁不乐的波兰人没什么好处。最危险的是，他在意大利统一过程中树立的榜样，在道德上迫使他不能去干预俾斯麦让普鲁士一统德意志各邦国的计划，这最终造成了他的垮台。

如果路易-拿破仑对"荣光"的追逐成功了，那么不管国内有多少反对力量，他的王朝在法国的寿命都可能会长得多，公社也或许永远不会出现。事情的结果是，它们不断脱离他的掌控，意识到这一点后，他不得不去寻求更加危险的流沙。1866年，一场空前漂亮的闪电战于萨多瓦（Sadowa）结束后，普鲁士击败了奥地利。德意志统一的最大障碍消失了，一夜之间，普鲁士就变成了对法国在欧洲传统地位的新致命威胁。此外，对下注在奥地利一边的路易-拿破仑来说，俾斯麦的胜利是对他个人的冒犯。为了修补被揉成一团的自尊，他考虑不周地要求"补偿"，作为自己保持中立的回报。他要求牺牲小小的卢森堡，以及索求莱茵河左岸的部分德意志领土。总体结果是，英国此时害怕法国对她的被保护国比利时心存不轨，南北两边的德意志人因对法国索求的憎恶而团结一致，俾斯麦坚决面对这一事实——德国要实现野心，早晚会同法国开战。路易-拿破仑的服务没有收到"小费"（俾斯麦就是这样轻蔑地称呼他的"补偿"政策的），再一次，"荣光"被证明难以捉摸。接下来，路易-拿破仑最疯狂的冒险——在墨西哥创造一个拉丁天主教帝国，他的西班牙皇后也怂恿了这一计划——灰飞烟灭。由运气不佳的巴赞（Bazaine）将军指挥的法军被迫撤退，抛下了路易-拿破仑的傀儡"皇帝"马克西米利安，此人之后被墨西哥民族主义者枪杀。这次冒险唯一的收获是美国人的敌视。

举办了世界博览会和遭遇了墨西哥灾难的1867年，是他统治时期的转折点。随着命中注定的1870年临近，路易-拿破仑在国外的所有计划都在灾难中结束，他的臣民越来越焦躁不安。由于政府放弃了早年操纵选举的做法，历次选举中，共和派展示出的力量日益强大，到1869年已经控制了巴黎和多数大城市。所有其他举措都失败了，路易-拿破仑绝望地转向国内改革。他希望让政权转变成"自由帝国"，自己则成为立宪君主。但是太晚了。当新的《新闻法》——废止了1852年的严酷法律，解除了审查——通过时，就像放出了瓶中魔怪。"黄色"共和派报社开始用此前从未在革命时期以外出现过的方式侮辱君主家族。攻击的先锋是罗什福尔的《路灯》(*La Lanterne*)[11]，封面是砖红色。这就是当时的讽刺杂志《私家侦探》(*Private Eye*)，然而它惹的祸可比后者致命多了。三个月里，它给巴黎提供了《热罗尔施泰因女大公》之后最大的乐子。其后，罗什福尔被判入狱一年。他选择了另一条路，逃往布鲁塞尔（后来得到赦免，扬扬得意地回到巴黎）。但是损害已经造成，帝国的尊严遭受了致命一击，不敬之举传染开来。《集会法》松弛以后，极端共和派的"红色"俱乐部再次开始活动，集会氛围中对政权的炽烈憎恨已远远超过了自革命的1848年以来的任何时期。"温和就是死亡"变成了口号，对1793年前辈的崇拜变成了最盛行的主题之一。与此同时政府作壁上观，以坐山观虎斗的心态来自我安慰，希望俱乐部也会以互相残杀告终。

这种新的煽动性氛围的典型例子是"博丹（Baudin）审判"。博丹是个不算著名的革命者，在1851年反抗路易-拿破仑的起事中，他获得了短暂的荣光。当时他跳到街垒之上，大喊"我让你们看看人是怎么为一天25个苏死的"，然后立刻被射杀。1868年的万灵节，他的名字被"重新发现"，在一块无人照管的墓碑上。出现了示威和"共和国万岁！"的呼喊，德莱克吕兹在他的《觉醒报》(Le Réveil)上创立了一个基金，以给这位殉难者提供更加合适的纪念物。政府愚蠢地上钩了，将德莱克吕兹送上了法庭。年轻的甘必大为德莱克吕兹辩护，他机敏地将审判变成了对帝国的毁灭性控告。政府因此显得相当可笑（在法国这不可原谅），甘必大和德莱克吕兹也变成了他们相应圈子的偶像。

到1870年，可以公正地说，法国已经变成了列强中最在实质上实现了民主的议会君主制国家之一，同路易-菲利普治下相比自由度更大，新闻出版和政治生活像第二共和国时期一样无拘无束。然而极端共和派继续鼓吹革命，甚至倡导刺杀皇帝，将所有新的解禁——对流亡共和派的大赦；任命前反波拿巴分子奥利维耶负责新的"自由帝国"——都看作虚弱的迹象。一定程度上，他们是对的。路易-拿破仑在1865年时因一个又一个死讯而疲惫不堪，首先是他最精明的助手莫尼公爵，[12]然后是瓦莱夫斯基（Walewski）和特罗普隆（Troplong）。几乎没什么新鲜血液补充，他身边似乎总环绕着苍老疲惫的脸孔。最糟糕的是，1867年左右皇帝本人开始表现出倦怠，因关切国事而精疲力竭，外国大使指出，他办事越来越拖拉，意志薄弱。冯·德·戈尔茨（von der Goltz）曾经上报俾斯麦，"皇帝似乎迷失了方向"。当奥利维耶鼓起勇气告诉路易-拿破仑，人们感觉他的才能正在衰退时，路易-拿破仑（根据龚古尔兄弟的看法）的回应无动于衷，毫无疑问在想他的私生活："这同我收到的所有报告是一致的。"真相在于，这个郁郁不乐之人开始被膀胱里一块该死的巨大结石所折磨；以及因为附近集市上的小丑们过于吵闹，他夜不能寐，被迫离开了在圣克卢宫的休憩之所。他自臣民那里得到的唯一同情是:"小丑们真是忘恩负义,他在位期间多么庇护这些人呀!"

对一名英格兰观察者——此人目睹了年轻的皇子训练自己的士官生队伍——来说,路易-拿破仑这时"在座位上缩成一团,看上去微不足道",而皇后给人的印象是"光华璀璨的人物,身段笔直,是我年轻双眼看到的最美丽事物……",她"掌控着整个团体"。随着皇帝的权力衰退,他配偶的上升了。在她忠实的仰慕者梅里美看来,"再也没有欧仁妮了,只有皇后。我抱怨,我也钦佩……"。其他人就没这么服气了。对他们来说,欧仁妮——冷漠,然而反复无常、变化莫测、乐意冒险、咄咄逼人——给皇帝的晚年带来了最灾难性的影响。

1869年时,杜伊勒里宫举行了最后一批盛大的化装舞会;欧仁妮皇后装束华丽,打扮成玛丽-安托瓦妮特。由于莱茵河对岸的威胁和国内的共和主义喧嚣同时增长,这种服饰选择看上去异常不祥。大致与此同时,克拉伦登(Clarendon)勋爵向驻巴黎大使莱昂斯(Lyons)勋爵评论道:"我有直觉,新一年结束之前,他们会渐渐变成一个共和国。"他的猜测相当准确,仅和实际日期差了5天。

第3章
灾难的六周

与44年后的另一场灾难类似的是,充满希望的温暖微笑同样环绕着1870年。在法国,路易-拿破仑已于上一年年底推出了由埃米尔·奥利维耶(Émile Ollivier)内阁执掌的"自由帝国"政策,这看上去充满了希望,甚至使人民对皇帝的拥戴程度出现了短暂的上升。在批准新宪法的公民投票(虽然它的条款和大部分此类公民投票一样,都可以说是某种骗人的鬼话)中,政府赢得了显著成功,在总共900万选民中取得了将近600万票的多数。在整个欧洲,这样一个令人满意的春天已经多年未见了,所以到了6月,英国新任外交大臣格兰维尔勋爵很有道理地声称,他未曾发现"天空中有哪怕一片云朵"。到处都是和平景象。可随着天气渐渐入夏,它就变得特别令人难受了;事实上,这是记忆当中最炎热的夏天之一。据报道,法国有若干地区出现了干旱,农民在祈求降雨,军队则因为缺乏草料出售马匹。这是那种让人上火的夏天。

随后,在7月初,一小朵云从太阳上飘过。为了填补空缺的西班牙王位,俾斯麦突然推出了一位来自霍亨索伦(Hohenzollern)

家族的候选人，锡格马林根的利奥波德亲王（Prince Leopold of Sigmaringen）。然而，这个具有威胁性的"包围"举动导致法国发出了极为猛烈的警告，其猛烈程度让这位候选人急忙退出竞争。如释重负的格兰维尔勋爵责怪法国政府使用如此激烈的语言，《伦敦新闻画刊》（Illustrated London News）将它 7 月 16 日的头条献给正在温莎公园的和平氛围中分发奖赏的维多利亚女王。马奈开始为他的布洛涅假日制订计划，乌云似乎已然消失。然而，真相是法国就像一块钚一样，已经进入了"临界"阶段。自从萨多瓦以来，法兰西就未曾忘却普鲁士显而易见地冒犯了她的威严，在 1868 年，她最聪明的人物之一普雷沃-帕拉多尔就曾预言，不管法国政府多么有耐心，都不可能在普鲁士着手将德国统一在自己身边时坐视不管，最终还是会"拔出她的剑"。当近卫军里那位闯劲十足的布尔巴基（Bourbaki）将军听说普鲁士人已经在西班牙问题上让步时，他因失望陷入狂怒，将剑掷到了地上。当一个大国看到它的优势地位正迅速遭到侵蚀时，这个国家的情绪就是危险的，此时，媒体又在《费加罗报》（Le Figaro）的带领下用煽动性的文章激发出好战热情。当路易-拿破仑的外交政策在此前那些年里遭遇种种失败后，不断累积在政府身上的压力让它想要完成漂亮的一击，不惜一切代价抓住这个起步机会。皇帝（他依然能够听到堂弟拿破仑亲王私下给出的警告，一场失败的战争就意味着王朝的终结）和奥利维耶实际上都不想要战争。可又有人奋力推动着处境艰难的统治者，推动力一方面来自他那鲁莽的外交大臣格拉蒙公爵（Duc de Gramont），俾斯麦曾称呼他为"欧洲最愚蠢的家伙"，而格拉蒙也从未原谅此事；另一方面则源自他的欧仁妮，她指着皇子宣称："如果我们不消弭萨多瓦带来的不幸，这个孩子就永远无法统治国家。"

格拉蒙此时开始以控诉般的恃强凌弱语调针对普鲁士。仅仅退出竞争是不够的，她必须因自己的傲慢蒙受羞辱，于是，格拉蒙致电驻普大使贝内代蒂（Bénédetti），让他保持危机热度。普鲁士国王当时正在巴特埃姆斯（Bad Ems）做水疗，他于7月13日以最为礼貌的态度接见了贝内代蒂。没有人比国王更不想要战争，他并不认为统一德国是自己的使命，而把它视为"孙辈的任务"。可是俾斯麦就在国王身后，他决心不再空等两代人的时间，按照他长久以来的谋划，对法战争会带来他所需要的砂浆，让他将德意志邦联此时的松散结构牢牢黏合起来。然而，俾斯麦还得极为仔细地选择开战理由，这个理由要让法国在欧洲其他国家以及普鲁士的德意志盟国眼中显得最为令人厌恶。俾斯麦曾经评论道："政治家不必去创造历史，可要是时势让他听到了上帝披风的轻拂声，那么他就必须一跃而起，抓住那件披风的下摆。"随着法国表明她决心继续推进，以谋求更大的外交胜利，决心让匕首在伤口里旋转，俾斯麦认为他听到了披风飘拂的声音。在巴特埃姆斯，威廉国王被贝内代蒂的胡搅蛮缠激怒了，此人竟要求霍亨索伦家族保证永远不再推出西班牙王位候选人。他拒绝给出这样一份保证，也拒绝了法国大使再次觐见的请求。国王随后给身处柏林的俾斯麦发去了一封电报，讲述了他与贝内代蒂的会谈状况。俾斯麦实际上并没有捏造电文（虽然他时常被人指责做出了这种行径），他只是加强了电文的语气，然后将它交给柏林新闻界，发往欧洲每个国家的首都。[13]

事实上，即便在经过俾斯麦编辑后，那份著名的埃姆斯电报仍然很难看出其中有什么开战理由（根据现代外交语言，它显然并不含有开战理由,可以认为戴高乐在1963年拒绝英国加入欧洲共同市场的回复只比埃姆斯电报稍微文雅一点)。然而,就连法国历史学家都认为"从没有过一场国际灾难源自这样一个无谓的借口",电报还是足以诱使路易-拿破仑一头伸进索套里面。他把自己最喜欢的格言"不要轻率行事"抛到脑后,把法国拖进了或许是他一生中最轻率的行动。

7月15日,法国宣战。她立刻发觉自己被打上了轻浮侵略者的标签,既没有朋友,也没有盟友。《伦敦新闻画刊》宣称:"自由帝国几乎毫无规矩地投入了战争。"奥地利已经明确表示她只会在法国成功侵入南德意志的情况下加入法国一方。只要法国还在罗马驻军,意大利就不会有什么动作。俄国保持着冷淡的中立,路易-拿破仑对波兰人的鼓动依然令沙皇亚历山大二世感到恼怒,想要在世界博览会上刺杀沙皇的贝雷佐夫斯基也被从轻处罚,这种侮辱进一步触怒了他。美国还没有忘记法国在墨西哥的投机,而且,当俾斯麦狡猾地安排《泰晤士报》(*The Times*)在7月25日刊发了法国计划让法普两国瓜分比利时的该死文本后,得到英国支持的一切希望也都破灭了。只有爱尔兰人认为路易-拿破仑的"民族独立原则"符合他们的利益,因而站在法国一边。格莱斯顿领导的英国曾在1866年宣布保持中立,也就事实上放弃了她在欧洲事务中的影响力,而且她忙于国内事务,因此这一次同样会保持严格中立,不过,当卡莱尔(Carlyle)就"高贵、耐心、深沉、虔诚、团结的德意志"和"异想天开、极度虚荣、虚张声势、争吵不休、永不平静、过度敏感的法兰西"展开对比时,英国人在情感上还是普遍支持他的。虽然如此,很少有人认为"高贵"的普鲁士人有多少胜机。7月17日,安伯利勋爵夫人在给母亲的家书中愤愤不平地写道："想到可爱的莱茵河成为战场，这让人感到难受。"与此同时，《泰晤士报》的德莱恩（Delane）宣称："我会把自己的最后一个先令押在鸭舌帽（指法国）击败黑面包（指德国）上。"幸运的是，没有人接受德莱恩的打赌，可这并不是《泰晤士报》的编辑最后一次在有关德国的问题上犯错。

宣战当天傍晚，有位年轻的美国女士利利·莫尔顿（Lillie Moulton）正在圣克卢宫用餐，她注意到："皇帝没有说一个字，皇后坐在那里，眼睛盯着皇帝，也没有对一个人说话。没有人讲话。"可在宫殿之外，两个国家都出现了无可比拟的狂喜景象——欢庆战争的到来。

在德意志，那里的人们又想起了法军在1785—1813年间曾十四次发动入侵，整个波恩（Bonn）大学的1000名学生加入了军队。在伦敦，当年轻的德意志人乘着一列列火车离开查令十字路（Charing Cross），呼喊着"向巴黎进军！"回国从军时，英国旁观者发出了欢呼。在巴黎，某种类似歇斯底里的情绪笼罩着城市，街上的民众唱起了被禁的《马赛曲》，不停地高呼"战争万岁！"，较有学识的人则摘引德·缪塞（de Musset）的诗句：

> 你的莱茵河，德意志……
> 父亲曾跨过的地方，
> 孩子也必定能跨过。[14]

朱阿夫兵炫耀他们驯养的一只鹦鹉，它已经学会了尖声叫喊"进军柏林！"《费加罗报》则号召读者捐献资金为军队里的每一位士兵送上一杯白兰地和一支雪茄，有位富有闯劲的出版商还为一部《供法国人在柏林使用的法德词典》打了广告。到处都有据称是普鲁士"间谍"的人遭到逮捕和攻击。在巴黎，只有很少一部分人的生活实际上并未受到战争爆发的影响。年轻的埃德温·蔡尔德正忙于追求一位富有魅力的同胞，她名叫"卡里"（Carry），埃德蒙·龚古尔则因与他不可分离的兄弟最近去世而沉湎在悲伤之中，这两人甚至都没有在他们的日记中留下有关战争的记录。此外还存在一些反战声音。福楼拜在给他"亲爱的主人"乔治·桑的信中写道："我怀着厌恶之情看待同胞们的愚行，感觉自己遭到了羞辱……激发他们那狂野热情的并不是明智的思考，这让我宁可去死，那就可以不必看到它了……噢，为什么我不能生活在贝都因人当中呢？"外省对战争的欢迎程度从一开始就要显著低于巴黎，欧仁·韦伯（Eugene Weber）[15]告诉我们，打落自己的门牙是一种多么普遍的自残举动，人们依靠它免于服役（没有门牙就不可能咬开子弹壳），在距离巴黎最远的西南省份，对战争的抵制情况尤为突出。1870年7月，乔治·桑在她的乡间住所也留下了记录，指出"怀着热情发出刺耳叫声"的巴黎和普遍感受是"惊愕与害怕"的外省之间存在鲜明反差。在整场战争当中，某些乡村地区一直存在这种反差。韦伯告诉我们，在某个村庄，"一个法军巡逻队发现村民们带着食品和礼物跑出来欢迎，可当意识到这支部队不是普军时，他们就跑开了"。

若不是因为具备极度自信，这种狂喜很难传播得如此广泛。就连甘必大都认为局势安全，因而选择前往瑞士度假。法国人依然怀着某种带有消遣性质的蔑视对待俾斯麦的德国，就像普鲁士人对待奥地利人一样。"热罗尔施泰因"堪称这种蔑视的典型，谁又能被"博姆将军"指挥的军队吓倒呢？此外，德意志小诸侯们在巴登-巴登（Baden-Baden）拜倒在著名的科拉·珀尔和她的姑娘们周围，歌唱着：

> 我们会献出一切，哪怕是德意志，
> 只为今晚前去
> 和科拉女士喝香槟，特啦啦。

从这些记载（这些说法让巴黎感到高兴）来看，人们或许会认为德国社会就和第二帝国一样堕落，这也会助长那种自信。

当然也存在一些不那么自信的人。梅里美在给友人帕尼齐（Panizzi）的信中提到了人们对战争的热情和士兵的高昂士气，不过他补充说："我担心将军们算不上天才。"几天后又写道："我快要被吓死了。"新任法国驻美大使普雷沃-帕拉多尔从华盛顿向同胞们发出警告："你们将无法攻入德国，你们会在法国境内就被打垮。相信我，我了解普鲁士人。"他随后就选择了自杀。可是，就像法国驻柏林武官斯托费尔（Stoffel）男爵发给军队的报告一样，普雷沃-帕拉多尔的预感也惨遭忽略。相信《军事年鉴》(*Military Almanac*) 那沾沾自喜的权威声明会让人感到安逸得多，它将普鲁士军队评价为："纸面上宏伟壮观的组织，但它在防御当中将是令人生疑的工具，在攻击性战争的第一阶段里将会出现极大的缺陷"。

事实上，1870年的普军不论按照什么标准，不论是在纸面上还是实战中，都堪称极好的战争工具。就顶层而言，自从腓特烈大王（Frederick the Great）起，普鲁士国王就是统治这个国家的第一职业军人，对他来说，在22天内检阅87个步兵营是能够引以为傲的事情，他在自己的职责范围之内对军队好得无以复加。

尽管普鲁士和北德意志邦联的总人口只有3000万,少于法国,但普遍兵役制和在地区基础上组织起来的预备役制度让各个德意志邦国能够在动员后的18天内组织起一支118.3万人的大军。历史上从未出现过如此规模庞大的动员。毛奇(Moltke)——他的组织才能可能要优于战略才干——将他的全部天才都倾注到了创立总参谋部上,它的人员选自波茨坦的精英。对这支大军而言,总参谋部提供了其他任何国家都不曾拥有的大脑与神经,没有一件事情会被交托给运气。最近这些年里,德意志地区在修筑铁路时都特别留意到军方的需求,而且尤为关注动员时所需的运力,受过高度训练的电报部队又确保了良好的通信条件。这一切都是为了以尽可能快的速度完成集结,因为一场攻势战役可以痛击几乎毫无准备的敌军,德国军队在此后两次全欧大战中还会再度运用这一方法。普军配发的法国地图还画出了法国陆军部版地图上没有标出的道路,普军后来修建了一条环绕梅斯(Metz)的"转弯"铁路,据说普方人员早在三年前就秘密进行过勘察。伴随侵略军到来的还有一整套军政府的正规体系(这在20世纪之前实际上罕有听闻),其中甚至包括了若干相当精细的机构,比如说根据簿册检查敌方邮政局局长账目的邮政官员。条顿式的"组织人"已经到来了。

法军色彩明艳的制服、喜气洋洋的军乐和浮华的军官——他们怀着激烈、好胜的"帝国雄心"和高涨的自信——与普军对一切多余事物的审慎轻蔑态度形成了鲜明对比。在武器方面,法军采用定装药包发火的夏塞波(Chassepot)步枪射程几乎高达德赖泽(Dreyse)"针枪"的两倍之多,因此具备显著优势。可法军并没有什么能够抗衡克虏伯先生为普鲁士提供的后装钢炮的武器,而且法国军方领导人拒绝严肃对待此事。普军的火炮在射程、精度和射速上都占据优势，而且法军的榴弹往往会在空中吵闹地爆裂，并不会造成什么实际损害，普军采用触发引信的榴弹却能够在目标脚下炸裂，产生能动摇士气的杀伤。除了著名的夏塞波之外，法军还寄希望于一种被称作德雷费机枪的秘密武器。它是美国六管式加特林枪的改进版，也是现代机枪的原始先驱，它由25根连在一起的枪管组成，在转动把手后就可以同时发射或很快地相继发射。在战争早期，法国报纸刊登了若干绘图，展示一名使用机枪的士兵在操作曲柄几分钟之后徒劳地寻找一个幸存目标。可是，这种得到大肆吹嘘的武器存在两个重大缺陷：它像火炮一样庞大、笨拙又脆弱，可射程又不如火炮；而且作为一种秘密武器，它直到动员前不久才配发给军队。

就领导人而言，要面对俾斯麦、毛奇、罗恩（Roon）这气魄威严的三人团，法国需要的领袖更接近拿破仑一世而不是他的侄子。普鲁士领导层在求胜意志和实战经验上都优于法国，萨多瓦对他们而言就像是第三帝国的西班牙和波兰战场。根据几乎所有评判尺度，法国的将领们都只能算是二流，而且所有人都尤为缺乏主动性。巴赞、麦克马洪（MacMahon）、康罗贝尔和布尔巴基曾娴熟地在阿尔及利亚追逐阿尔及利亚人、在墨西哥追逐墨西哥人，当然，法军曾在克里米亚和意大利对抗欧洲大国，可那已经是很久以前的事情了，马真塔和索尔费里诺的胜利让军队陷入了对获胜国而言堪称致命的自满当中。可怜的巴赞后来发现他和20万大军被困在梅斯，可他在战前从未指挥过超过2.5万人的兵力——而且就连指挥这么多人也只发生在演习当中。由于路易-拿破仑此时被膀胱里"鸽子蛋一样大的"结石折腾得绝望不堪，帝国最高层也缺乏天赐的领导力火花。

尽管路易-拿破仑在某些方面的军事才能要优于他的大部分顾问，可在生死攸关的问题上，他却悲剧性地难以落实自己的意志。虽然面对炮兵委员会的强烈抗拒，他还是成功地推行了夏塞波步枪，可是，他依然被迫自掏腰包去资助机枪，而且他让炮兵实现现代化的努力遭遇了彻底的失败。因此，尽管勒伯夫（Lebœuf）元帅曾经夸下海口，说出了法军直到最后一颗绑腿纽扣都已准备完毕的名言（这句风趣的话基本上是正确的，因为法军仓库里根本就没有绑腿），它还是带着前膛铜炮上了战场，与克虏伯先生的产品相比，这些火炮大概就像皇帝复原的罗马弩炮一样落后。然而最糟糕的是，皇帝尝试重组军队结构，希望在法国引入类似普鲁士普遍兵役制的做法，可过度悭吝又过度自信的政客们一再加以阻挠。"替身兵"（或"血税"）的封建式制度让一个富人能够"买到"一个不那么富裕的公民，让他替代自己从军，这样的做法当时依旧盛行，它既动摇军心，也堪称低效。左翼人士猛烈攻讦一切用于扩军的开支，朱尔·法夫尔甚至还提出疑问，普鲁士究竟能够从对法战争中获得什么？不过，当各个派系后来怒斥政府作战无能时，最早冒出来的也正是左翼。国民别动军（Garde Mobile）是旨在应对普鲁士预备役的地方军，陆军大臣尼埃尔（Niel）元帅曾要求给这支部队拨款1400万法郎，最后却只拿到了500万。此后，尼埃尔——他可能正是那一个能够改革陆军的人——就在1869年去世了，这堪称路易-拿破仑那糟糕运气中的典型。国民别动军在外省尤为不受欢迎，在法国参战时，它依然比单纯的想法好不了多少。[16]

在战争的最初几天里，法国高度集中的动员机制产生了难以形容的混乱场景。来自加来海峡省（Pas de Calais）的士兵需要先向南或向西前往兵站与部队会合，然后再向东投入战斗。整个国家充斥着狂乱地来回行进的人们。看着巴黎东站（Gare de l'Est）的混乱场景，一位退役少校表示："它就像我们前往克里米亚和意大利时一样，记忆又给了我信心。"可是，指挥官们就找不到这么多可供宽慰的理由了。动员开始的第三天，米歇勒（Micheler）将军就在绝望中发出电报："我已抵达贝尔福（Belfort）。找不到我的旅，找不到师长，我该怎么办？我不知道自己的团在哪里。"当疲倦的部队完成行程、最终抵达目的地时，他们时常发现无处可睡——因为就连帐篷也找不到了。人们发现仓库里空空如也。炮手和他们的火炮分开了。在法国的主要军需仓库梅斯，那里并没有贮藏糖、咖啡、白兰地或大米，而且最糟糕的是没有盐。在杜埃（Douai），一位炮兵将领报称"找到了充足的马颈圈存货，但其中有三分之一都太狭窄了，根本不能套到任何牲口的脖子上"。海军指挥官从布雷斯特（Brest）发出抱怨，他出海时没有带上波罗的海或北海的海图，配发给陆军的也只有德国地图，并没有法国地图，这是傲慢与无能相结合的终极体现。这些地图永远不会派上用场。埃米尔·左拉（Émile Zola）写道："德意志准备充分，她的指挥、武装都更加出色，还有强大的爱国主义升华心灵；法兰西惊慌失措，陷入混乱……它既没有领袖，也没有士兵，更没有必备的武器。"这段话总结了法国在欢快地投入战争，与自拿破仑的大军团以来最优秀的军队作战时表现出的可怕的轻率。

7月28日，路易-拿破仑前往军中指挥部队，皇后的临别嘱托——"路易，好好干"——仍然萦绕在他耳中，但是，当时没有一个军是满员的。在皇帝忍受着不断出现的痛苦行经梅斯时，他给年仅 18 岁的费迪南·福煦（Ferdinand Foch）留下的印象是"一个全然精疲力竭的人"。在莱茵河对岸，毛奇集中了超过 40 万名状态极佳的士兵和 1440 门火炮，他只用对付路易-拿破仑能够集结起来的不到 25 万士兵——而且他们的组织状况并不算好。无论如何，在好战的巴黎民众和他所钟爱的欧仁妮的唆使下，路易-拿破仑又一次打破了他"不要轻率行事"的原则，决心不待己方完成动员，就发动"突然攻击"。他的战略计划——要是他还有计划的话——就是快速东进，攻入德意志境内，希望能够让南德意志各邦倒戈，最终让迟疑不决的奥地利人投入对普战争。这一计划的可行程度大概和他绝大多数的外交政策一样低。8 月 2 日，他的法军从虚弱的德军前沿部队手中夺取了萨尔布吕肯（Saarbrücken），从而为法国赢得了这场战役中的一次战斗胜利（不知所措的米歇勒将军也是参与此战的法军之一，他在最终还是赶上了自己的部队和师长）。整个巴黎都在庆祝胜利，都为年仅 14 岁的皇子接受了战斗洗礼、捡起一颗落在身边的普鲁士子弹作为纪念品的消息沉浸在狂欢之中；有人在证券交易所（Bourse）宣读了一封电报，声称麦克马洪元帅已经俘获了普鲁士王储；狂喜的巴黎人还让一位著名男高音在一辆公共马车顶部高唱《马赛曲》。

然而，这样的欢乐是短暂的。毛奇迅速意识到法军会被孚日（Vosges）山脉一线分隔开来，于是相应调整了军队部署，这样就能够将兵力集中起来，以压倒性的优势对付其中任何一半。第一击在 4 日拂晓降临，当时，麦克马洪集团军中阿贝尔·杜艾（Abel Douay）将军的师正在阿尔萨斯境内的维桑堡（Wissembourg）吃早饭，却遭到了普鲁士王储所部袭击，这证明后者绝没有丧失自由。法军英勇地展开抵抗，但最终还是被纯粹的庞大数量压垮了，而且，当法军将领被一发榴弹打死后，他们就陷入了混乱。可这只不过是一场前哨战。两天后，当麦克马洪误判了普军能够用于对付他的兵力，当王储能够投入两倍于他的步兵时，法军就在沃尔特（Wœrth）遭遇了沉重打击。普军损失也极为惨重，这让他们无法发动追击，可结果还是法军蒙受了一场引人注目的大败。就在同一天，由皇帝本人指挥的另一半法军——这支部队被乐观地命名为"莱茵河集团军"——在施皮歇伦（Spicheren）遭遇了同样严重的失利，这处战场位于孚日山脉左侧，距离法军早先在萨尔布吕肯取胜的地点相当近。事实上，这场会战并不在毛奇的计划范围之内。当时他实际上是要把第一、二集团军拖在后面，等待第三集团军在他的左翼取得胜利。可是，冲动的冯·施泰因梅茨（von Steinmetz）将军被交火的声音吸引住了，他将第一集团军投入了会战。

在施皮歇伦，如果法军表现正常（巴赞和他的三个师在距离战场9英里远的地方毫无作为），这一天应当会变成普军的灾难日。看起来普军在此战中损失了5000人，这要多于法军损失的4000人，而在沃尔特，双方都损失了大约1.1万人。法军的这两场失利根本算不上决定性战败，但部队的士气（它已经被动员中的混乱状况和伴随动员的无纪律、沉醉场景扰乱了）却遭到了严重的动摇，影响军心的主要是普军炮兵——早在普军进入夏塞波步枪或机枪的有效射击范围之前，炮弹就已在法军步兵队列中撕开了巨大的缺口——和法军领导层展现出的无能。

施皮歇伦和沃尔特战后，法军再没有脱离过守势。在进攻当中，当"法兰西式狂热"精神占据主导地位时，法军的表现极为出色，时常不可阻挡，可是，他们在英国士兵十分擅长的退却作战中却从来都表现不佳。在沃尔特和施皮歇伦之后,漫长又令人沮丧的退却就开始了。8月12日,皇帝将最高统帅权交给了巴赞元帅。堪称灾难的是,被吓坏了的巴黎发出了自相矛盾的命令,这导致两位元帅麾下的军队被分隔开来,麦克马洪退往马恩河畔沙隆(Châlons-sur-Marne)——这里是法军的训练中心,和英国的奥尔德肖特有着同样地位,巴赞则退往梅斯。战局出现了短暂的停顿,就在此时,外部世界对普军重新做出了评价,《伦敦新闻画刊》热烈赞扬普鲁士近卫军,发现"在其他欧洲军队中根本找不到比这更仪表堂堂、更尚武的人"。同样是在英格兰,安伯利家族成员对第二帝国的精神状况倍感震惊,这些人写道:"他们的两场失利令我们感到非常开心,我们希望普军现在可以直接向巴黎推进,这样就能很快终结战争。"这样的反应在自由派人士中堪称典型。

普军又一次临时调整了计划,对巴赞的后方发起攻击,这让他心烦意乱,决心退过梅斯,撤到凡尔登的古老要塞,最终与麦克马洪所部会合。可是,在法军经历各类踌躇不决和计划变动后,时间已消耗殆尽了。8月15日,退却中的巴赞纵队前卫部队发现通往凡尔登的唯一道路已经被枪骑兵截断了,这支枪骑兵隶属于毛奇麾下那快速机动的第二集团军,它已移动到了沃埃夫尔(Woëvre)平原中部的勒宗维尔(Rezonville)村和马斯拉图尔(Mars-la-Tour)村之间。次日,法军发起了孤注一掷的战斗,它迅速退化为一场"士兵之战",德军在参战人数上显然要低于法军,而且他们的参谋勤务这一回出现了严重问题。到了下午2时,每一名步兵、每一门火炮都被投入到会战当中,可是,谨慎的巴赞还是担心他的左翼会遭到包抄,这拯救了德军。两军的损失都相当惨重，法军损失了1.7万人，德军损失了1.6万人——俾斯麦的儿子大腿中弹，也是伤亡人员之一。当天晚上，会战告一段落，双方都宣称取得了胜利。可是，最后还是毛奇的军队控制了战场，横亘在巴赞的退却路线上。

与此同时，毛奇正让他第一、二集团军的全部兵力赶赴前线，巴赞则沿着通往梅斯的道路后退了几英里，撤到了格拉沃洛特（Gravelotte），选择了一块他认为"尤为坚固"的阵地。仅仅20年前，那里还曾兴建过一座纪念路易-拿破仑访问阿尔萨斯-洛林的小凯旋门。疲惫的法军能够从他们所在的阵地上看到敌军火炮的后方，看到远方那围绕着凡尔登的默兹山地的蓝色轮廓，和46年后的德军一样，对他们而言，它代表着永远无法触及的应许之地。8月18日，188 332名德军官兵在732门火炮的支援下投入攻击，与仅仅拥有520门火炮的112 800名法军官兵交战。在战争当中，这还是两军主力头一次交战，曾参与美国南北战争的谢里登将军也身处观战者之列，他赶到战场，（从德方视角）注视着或许是战争中最具决定性的一天。

巴赞是一位行伍出身的元帅，他在经由梅斯撤退时负伤，可还是在一个又一个面临危险的营之间骑马飞奔，在这一整天的战斗中，他的举止可以说像一位勇敢的旅长，却根本不像一位集团军司令。难以控制的施泰因梅茨对巴赞的左翼努力发动代价高昂的攻击，这吸引了巴赞的注意力，不过，虽然他的左翼处于河谷当中，却是整条战线上最强固的地方。巴赞的右翼却相当脆弱，它依托的是沃埃夫尔开阔地上的圣普里瓦（St.-Privat），康罗贝尔则几乎没有对据点做过加固，原因则堪称典型：集团军的挖掘工具被留在了沙隆。暮色将至之际，普军（对他们而言，这一天到此为止都远远称不上发挥出色）以近卫军为先导，突然转向攻击圣普里瓦。这决定了会战的结局。巴赞集团军混乱地涌向梅斯的庇护所，逃跑持续了一整夜。尽管如此，法军以 1.3 万人的损失，让敌军付出了多达 2 万人的代价（这是整场战争中最重大的损失），这证明了法军尽管幻想破灭、体力不济，尽管在人数、将领和火炮上都不如普军，却以何等的英雄主义参与了这一天的战斗。普军犯下了许多接近灾难性的错误，出现了剧烈的动摇，近卫军甚至几乎损失了所有军官，可是，平衡还是又一次倒向了普军，这主要是因为他们具备十足的攻击精神。

在巴黎，第一批短暂胜利催生的乐观情绪已经被晦暗得多的心绪替代。8 月 7 日，埃德温·蔡尔德在他的日记中写道（这是他第一次提到战争）："从战区传来的灾难性新闻导致巴黎几乎处于疯狂的临界状态。今天傍晚，我自己就看到三四个德国人差点被打死，要不是警察介入，他们就真的死了。兴奋的暴民们到处都在谈论政治，他们在许多状况下甚至具备毁灭性。有几家最大的咖啡馆已经被迫停业了。"次日，他开始为雇主收拾珠宝，准备把它们打包寄到伦敦或日内瓦，不过，"鉴于生意实际上相当活跃"，他仍将此举视为"极为荒谬的预防措施"。可是，似乎到处都有人觉得普军随时会打到巴黎城门口。14 日亦即格拉沃洛特会战之前四天，蔡尔德发现布洛涅森林的入口已经被防御工事封死。设法进入森林的埃德蒙·德·龚古尔看到美丽的树木正在遭到砍伐，因而产生了极为剧烈的情感波动。他评论说，那些天已经给了巴黎人"一副病弱的外表，可以在这些蜡黄、憔悴、疲惫的面庞上看到巴黎的神经自 8 月 6 日以来经历的所有希望高峰与低谷"。

与此同时，第一阶段的失利消息已经导致奥利维耶垮台，取代他的是德·蒙托邦（de Montauban）将军亦即八里桥伯爵（Comte de Palikao）*，他同时担任了首相和陆军大臣。左翼人士此时已经抛弃了一切反战主义痕迹，他们持续不断地攻击政府在军事方面表现出的无能，朱尔·法夫尔还要求将巴黎的各个郊区武装起来，这是普遍征兵的预演。尽管当时只有很少一部分人像普罗斯珀·梅里美那样感到悲观，认为此举只会导致"我们脖子上出现一支崭新的普鲁士军队"，后来却没有人比法夫尔更后悔他自己的提议。8月16日，人们已经能够瞥见未来或许会发生的状况。由极端共和派人士挑起的混乱状况愈演愈烈，终于导致位于拉维莱特（La Villette）的工人阶级街区爆发了一场剧烈动乱。为了夺取武器，暴动者对一处消防站发起攻击，有几个消防员不幸被打死。其中一名煽动者名叫厄德（Eudes），他被判处了死刑，此后的事态发展却让他免于一死，反而在公社时期扮演了重要角色。就在拉维莱特事件爆发当天，梅里美对帕尼齐预言道："我们正在不可避免地一头奔向共和国，这是怎样一个共和国啊！"

同样是在8月16日这一天，皇帝一行乘坐一节三等车厢抵达沙隆。他在这里发现的尽是败军迹象。疲惫的士兵们无所事事，按照一位参谋军官的描述，他们"并无生机，呆板得就像是植物"，"哪怕被人踹了也都几乎不动，精疲力竭地睡着，还抱怨被打扰了"。将军们身穿肮脏的制服，在营地中蹑手蹑脚地行进，生怕出现在他们的士兵面前。到处都有摇摇晃晃的醉鬼，纪律几乎不复存在。其中状况最糟糕的就是来自巴黎国民别动军的18

---

* 德·蒙托邦是英法联军入侵中国时的法国远征军总司令，1860年9月21日，他在八里桥率部击败了僧格林沁的军队，因而于1862年获得八里桥伯爵的封号。本书脚注均为译者注。

个营,事实证明,这些部队的军官并不足以控制士兵,当军官用"皇帝万岁!"劝勉他们时,这些人回之以"一二三!他妈的!"。到最后,只能把这些士兵从沙隆的妓院和酒馆里拎出来送回首都。而在这一片废墟之外,麦克马洪正疯狂地努力组建新军。

抵达沙隆次日,路易-拿破仑召开了一场决定帝国命运的重要会议。与会人士包括他的堂弟,人称"普隆-普隆"(Plon-Plon)的拿破仑亲王——此人虽然缺乏魅力却精明干练——麦克马洪和一位新人路易·朱尔·特罗胥(Louis Jules Trochu)将军,他负责指挥新近组建的第十二军。特罗胥时年55岁,拥有相当杰出的军事生涯(当然是按照第二帝国的标准),杰出到让人怀疑为何他还只是一位军长,而且是到最近才升为军长。特罗胥在路易-菲利普时期作为一位年轻上尉,被伟大的比若(Bugeaud)元帅特地选为他在阿尔及利亚的副官,此后便跟随元帅直到他逝世为止。在克里米亚,特罗胥负责指挥一个旅,表现出极佳的天分,而且在强攻马拉霍夫(Malakoff)时身负重伤。在马真塔和索尔费里诺,他的师以几乎与和平年代演习时一样的精确性展开机动,这在法军的诸多师长中堪称独一无二,他在交火时的冷静表现也十分杰出。接下来的10年里,他的职业生涯似乎就每况愈下了。在普法战争打响时,人们发现他谦卑地提出愿意上前线指挥一个师,可结果是被派到比利牛斯地区负责一支非野战部队。特罗胥的升迁之所以如此停滞,有部分原因要归于在政治上不受信任,他被视为一位奥尔良派人士——甚至可能更糟糕,而且皇后既讨厌他,也害怕他。特罗胥还在1867年出版了一本名为《法国军队》(*L'Armée Française*)的小册子,在书中太过准确地指出了法军中的绝大多数弊病,而且连政府也没有放过,这让他在帝国当局眼中显得更为讨厌了。

然而这并不是特罗胥职业生涯受挫的唯一原因。他看上去似乎具备一种品质——毫无野心，这在法国将领中不仅值得注意，而且相当罕见。他对当局的厌恶也不能完全解释以下事件：在他的恩主比若去世后，他就希望"最彻底地重返无人知晓的状况"，此后又曾拒绝出任一系列重要职务。这些职务里甚至还包括中国远征军的司令一职（最后得到它的是八里桥伯爵），这本可能让他得到一根元帅杖，而特罗胥却以父亲生病为由拒绝就职。这个人身上是缺少些什么吗？无论如何，他对法军状况的种种警告都是正确的，这让他在此时成了一位卡珊德拉式的悲观预言家。这一点——再加上他为人所知的政治倾向——让他突然在巴黎大受欢迎，以至于100名右翼和中间派议员在8月7日集体提名特罗胥接替奥利维耶。可是，特罗胥又让自己丢掉了职务，他在这时提出了一个条件，想要登上讲坛，揭发政府自1866年以来犯下的所有错误。显然，这并不是提出这种要求的合适时机，为了让特罗胥离开巴黎，八里桥伯爵给了他另一个工作：去沙隆组建第十二军。

8月10日，特罗胥给皇帝的作战会议发去了一封重要书信，他早已在这封信中提到了一场"巴黎围城战"，他补充道：

> 所有围城战中守方的必要条件都应当是有一支救援部队协助守城，对这场围城战而言，这一点尤为重要……救援部队应当反复攻击普军，让它最终无法彻底完成封锁，并且要保护从南面延伸过来的铁路和公路干道，让城市得到必需的物资……

按照他的想法，提供这支"救援部队"的只可能是巴赞所部，那时它还在梅斯城下集结，巴赞应当立刻率军退往巴黎。特罗胥准确地预言道：

> 现在，你应当还有三条可供完成这一退却的道路。四天之后，你就只剩下两条。八天之后，你就只剩下一条：通往凡尔登的那条。到了那一天，集团军就要完了。

结果，沙隆会议于 8 月 17 日召开，格拉沃洛特会战事实上也正是在这一天打响，可是，与会者当时并不清楚这场会战或勒宗维尔会战的具体状况，因此他们依然认为巴赞正在退往沙隆。拿破仑亲王在会议上立刻积极支持特罗胥的计划。皇帝则无精打采并保持沉默，似乎再不剩什么意志力了，路易-拿破仑一见到特罗胥，就绝望地问道："普鲁士国王在哪里？"这让他大为震撼，在整场会议当中，特罗胥清楚地意识到亲王现在是"唯一一位重要的拿破仑"。皇帝无力地提出建议，认为他应当去征询欧仁妮的意见，但在场人士对此视若无睹，特罗胥的计划最终得以通过。特罗胥本人以巴黎总督的身份返回巴黎，负责组织防御。因此，此时的战略与 1914 年霞飞和加列尼（Galliéni）在马恩河畔执行的战略不无类似之处，然而，可用于作战的兵力对比更接近魏刚（Weygand）在 1940 年 6 月面临的局面。不过此时的确还可能存在一线胜机……

在 17 日下午却传来了令人恐惧的消息，巴赞的退却路线已经在勒宗维尔被截断了。路易-拿破仑又一次动摇了，源自八里桥伯爵和欧仁妮的电报也开始从巴黎传来，要求他无论如何都不应该带着战败的耻辱率部返回巴黎。如果皇帝真要这么做的话，王朝就一定会垮台。电报呼吁他对普军展开猛烈牵制。"路易，好好干"，这些话并不能够忘却。随后又传来了巴赞在格拉夫洛特战败、已被限制在梅斯的零星消息。麦克马洪奉命率领他的"沙隆集团军"前往兰斯（Reims）而非巴黎，就在这时，八里桥伯爵则在巴黎谋划一场步履蹒跚的翼侧行动，想要分割毛奇的两个集团军，与此同时将巴赞解救出来。经历了多次灾难性的犹豫不定后，麦克马洪才接到了向位于比利时边境的蒙梅迪（Montmédy）行军的命令。和麦克马洪一同前去的还有皇帝，他不再拥有军事上的指挥权，在政治上也只是空有名义的统治者，像是军中辎重队里的累赘包裹一般。这个受到痛苦折磨的幽灵被禁止返回他的首都，他别无选择，只能去追逐自己的涅墨西斯（Nemesis）。埃米尔·左拉在他的《崩溃》（*La Débâcle*）中生动地描述了向色当那悲剧结局进军的场景。路旁的老太婆们嘲讽那些垂头丧气、满身泥污的士兵："懦夫！懦夫！"数以百计的掉队者导致军队在当地人里的名声越发恶劣。法国农民不仅闩上大门，而且发出威胁，要朝那些饥饿的乞食士兵开火。军队消失在阿戈讷（Argonne）地区的森林莽原里，远离了整个世界的视野。若干天里，普军情报机关在猜测麦克马洪意图时都困惑不已。然后，到了8月23日，《泰晤士报》发出报道："某种大规模机动即将发生……麦克马洪元帅正在执行战略机动，巴赞元帅会在适当时刻提供支援。"毛奇直到8月24日晚间才得知这些泄露的真相，但他依然处于沉思当中，难道有人能犯下如此的愚蠢行径吗？难道能够让巴黎毫无掩蔽，却还要在拥有优势兵力的敌军面前通过吗？不过到第二天晚上，法军的行事方式就大白于天下了。始终保持警惕的枪骑兵立刻紧追不舍，他们时而像是等待掉队者的一群狼，时而像是将受惊的成群猎物驱赶到好整以暇的枪口底下的猎手。在8月底那些炎热干燥的日子里，麦克马洪的士兵们受到普军骑兵连续不断的袭扰，这些人的情绪必定与他们的重孙辈在斯图卡（Stuka）轰炸机的肆虐下自忖己方空军何在时别无二致。

与此同时，新任总督特罗胥业已抵达巴黎。行程耗时将近12个小时，他乘坐的列车曾在路上被一列满载装备的长长列车挡住了，那辆车上还贴着"用于美因茨（Mainz）围城战"的标签——这可说是极大的讽刺了。18日，他立刻发布了总督任上的第一份公告——也是日后诸多公告的先驱，它漫长且浮夸，号召市民"不仅要在大街上保持平静，也要在家中保持平静，保持心中的平静……总而言之，要保持一个优秀民族那严肃而克制的沉着"。最后，他还（为那些关心的人）补充了一则诺言，宣布他一旦完成任务，"就要回归我原本的无名状态"。但随后就传来了坏消息，沙隆会议上达成的决定已被放弃，连麦克马洪也不再位于普军和巴黎之间，他的计划立刻被打乱。更糟糕的是，他发现自己在准备不可避免的巴黎围城战时处处受阻。当他在杜伊勒里宫觐见皇后时，后者冷若冰霜，指责他密谋让奥尔良家族回归，特罗胥对此做出了尖酸刻薄的回答，指出他根本看不出他们的回归如何"能够简化业已复杂到危险地步的局面"。他曾与八里桥伯爵进行过一场言语激烈的会晤，后者告知特罗胥，他作为总督的权力是"纯粹名义性的"，而且从此就致力于抵制总督的公务。8月25日，特罗胥致信八里桥伯爵，抱怨说"城市和它的守卫者可能会因敌军纵队的到来而感到惊诧"，而且，自从他就任以来：

> 关于和普军运动有关的任何状况，我从政府那里并没有

得到什么口头或书面、直接或间接、秘密或公开的消息。巴黎的防务堕落到……依靠报纸流言的地步……

如上所述，他似乎已经陷入了典型的萎靡状态，再一次逃避了责任。

就在法国领导层在巴黎拖拖拉拉、忙于那两败俱伤的争吵之际，普鲁士第三集团军已经完成了大范围右转，于8月30日在色当东南面大约15英里处的默兹河畔博蒙（Beaumont-sur-Meuse）追上了麦克马洪。这一天也是德意志命运先知黑格尔（Hegel）的一百周年诞辰。当天发生了一场交战，法军骑兵们还于傍晚时分在杜济（Douzy）举办了一场舞会（他们想到了滑铁卢前夕的布鲁塞尔吗？），参加舞会的还有来自色当的女士们，她们充满希望，想要看到第二天的胜利会战。可麦克马洪意识到他再也无望突进到依然在60英里开外的梅斯，便退进了筑有城堡的色当小城，这里是伟大的蒂雷纳（Turenne）元帅的诞生地，他是在法国过去的对德战争中获得过重大胜利的将领之一。命运也注定色当要成为1940年那第二场可怕的法国灾难的事发地点。

法国的第二个集团军现在也陷入困境，它背靠着7英里外的比利时边界，而两个强大的普鲁士集团军正从其他三面快速接近。按照一位法国军长迪克罗（Ducrot）将军那直率的描述："我们是在便壶里等着被人拉屎撒尿！"色当的配给只够维持几天，态势堪称绝望。尽管如此，法军骑兵以一系列不顾一切的英勇冲击——足以与第一帝国的骑兵冲击相提并论——杀出色当，一直战斗到最后一刻。指挥骑兵的将军是德·加利费侯爵（Marquis de Gallifet），他的妻子因在帝国假面舞会上令人眼花缭乱的服装而声名赫赫，他本人则会在公社的最后时日里扮演一个不那么令人钦羡的角色。据说，当迪克罗问他骑兵是否会再度尝试冲击时，加利费答道："我的将军，只要你乐意，随便多少次都行，只要我们当中还剩下一个人。"法军骑兵又一次发起冲击，却被德军火炮击溃了，这一回，他们甚至赢得了观战的普鲁士国王本人的赞扬："啊！勇敢的小伙子们！"这样的话语至今仍然刻在位于弗卢万（Floing）的纪念碑上。9月1日破晓后不久，麦克马洪本人就在色当郊外的巴泽耶（Bazeilles）受了重伤，接替他的是某位名叫德·温普芬（de Wimpffen）的将军，他刚从阿尔及尔赶到战场，是一位（即便按照第二帝国标准）对自身能力的信心近乎无限的人物。到了当天上午10时左右，他依然在谈论"将拜恩人丢进默兹河里"。可是，色当城内的混乱已经到了灾难性的地步，逃难的马车和不幸的皇帝辎重车队、火炮交错在一起，400门普军火炮打出的榴弹在它们当中炸开，士兵们想要尽力穿过城门，与业已迫近的敌军展开近战，却在混乱中相互踩踏致死。最后几个小时里，路易-拿破仑——他的面庞已经涂红，以便掩盖自己有多么严重的疾病——在他位于城墙以外且正在动摇的部队当中骑行，希望有门普鲁士火炮能够赐予他荣耀的解脱，可是，疼痛迫使他两度下马步行。最终，皇帝命人在城堡上空升起一面白旗。尽管德·温普芬喊出"我永远不会投降"，立刻让人把白旗降下，可他最终还是得屈从于不可避免的命运。

在色当城外的一座小丘上，谢里登将军放下了他的望远镜，向俾斯麦评论道："这场会战已经胜利了。"俾斯麦冷静地答道，要是情形真的如此，他就应当感到高兴，可是他还没有看到一点胜利迹象。就像蒙古帝国是从马鞍上统治一样，普鲁士的所有权力似乎都出现在色当战场：国王、毛奇、陆军大臣罗恩，还有如同巨人般头戴尖顶盔、脚穿马刺靴的俾斯麦。在场的还有一群德意志小诸侯，报道当天战事的是《泰晤士报》的拉塞尔（Russell）先生。美国将领谢里登也在现场。傍晚6时30分，一名法军将领举起休战旗缓慢地骑行穿过普军战线——人们意识到某种重大事件即将发生，战线也陷入了寂静之中。他将法国皇帝的一张便条交给国王。

因为我未能死在军中，所以只能将自己的佩剑献给陛下，我是陛下的好兄弟。[17]

俾斯麦口述了一份回复。条件相当严苛。德·温普芬后来赶到，请求给出略微和缓的条件，他那略带一丝预言气息的理由如下所述：

如果和平条件能够迎合军队的自尊心、消弭战败的痛苦，那么建立在这一基础上的和平将会是持久的，然而，苛刻的条件会激起糟糕的愤怒，或许要带来法兰西与普鲁士之间永无止境的战争。

俾斯麦的回答相当严厉，他将法国描述为"充斥着嫉妒与猜忌的国度"，并补充说，"我们必须拥有土地、要塞和边界，让它们为我们挡住她的攻击"。次日，皇帝在栋谢里（Donchéry）的一座简陋织工小屋里会见俾斯麦，商谈10.4万人的投降事宜。迪克罗和加利费带着他们的士兵进入了一处临时战俘营地，沦落到耻辱的不幸之中。朱阿夫兵疲惫地喊出了最后一声"皇帝万岁！"，路易-拿破仑则赶往他位于德意志境内的监禁场所威廉高地宫，此地曾是他叔父热罗姆——他曾是法国的属国威斯特法伦的国王——的宅邸。而在色当投降现场，宿营于此的普鲁士军队唱起了路德的《老诗篇一百篇》（Old Hundred）作为礼赞，然后就开始在"进军巴黎！"的欢呼声中收拾装备。

从德方视角出发，乍看起来胜利的确就是个行军问题而已。路易-拿破仑计划用两个集团军打过莱茵河，其中一个麦克马洪集团军已经投降，另一个巴赞集团军被困在梅斯，解围希望渺茫。法国还剩下什么部队，又还有多少武器呢？少数几座要塞——比如说东面的斯特拉斯堡、贝尔福、图勒（Toul）和凡尔登，北面的佩罗讷（Péronne）、里尔（Lille）和拉费尔（La Fère）——依然完好无损。各省仓库里的武器依然充足，但事实证明无能的军需官们截至此时都不能分发足够的武器。法国境内还四处分散着各种各样的正规部队，动员或此后的机动带来的混乱导致他们尚未抵达任何战场。此外还有数目众多的地方国民别动军，这些单位或是已经组建完毕，或是正在组建。可是，法军并没有准备就绪、能够在作战层面替代前两个集团军的第三个集团军，外省的好战情绪从来就不像巴黎这样的首善之地一样热切，此时也几乎没有什么炽烈的热情。因此，人们预料毛奇的胜利之师在色当和首都之间只会遭遇少数组织不佳的自由射手部队抵抗。许多人像观战的谢里登将军一样，认为在不久的将来"夺取巴黎不过是个态度问题"。

自相矛盾的流言在巴黎飞快地传播，这种状况持续了两天之久。在某一刻会传来某场奇迹性胜利或是普鲁士国王发疯的消息，让人们普遍感到欢欣鼓舞，纷纷冲到窗口举起旗帜和灯具。半个小时后，另一份急报就会抵达，旗帜和灯具就此不见。直到3日下午，政府才收到决定性的投降消息。皇后先是陷入了可怕的、西班牙式的狂怒，然后又退回她的房间里哭泣。八里桥伯爵昏了过去，一恢复神智就立刻命令第一军区司令准备应对麻烦，他蓄意避开了特罗胥总督。不过，接下来几乎没有发生什么混战。

当晚，立法团连夜召开会议，八里桥伯爵在会上确认了最糟糕的传言。朱尔·法夫尔匆忙提出动议，要求皇帝退位，但帝国的支持者仍然占据多数，而且他们设法利用宪法条款延宕了表决。可在外面的巴黎街道上——那是一个自行产生的议会——压力正在日益增长。埃德蒙·龚古尔在他的日志中匆匆记下了如下笔记，这是色当战败的消息传来后的第一反应：

> 谁能够描述写在每一张面孔上的惊愕，漫无目的、在街上随意奔跑的脚步声，小店主和门房在门前台阶上的焦虑谈话，聚集在街角和市政厅外的人群，围在报亭外面的人们，每一盏煤气灯周围聚集的三列读者呢？……然后还有人群发出的来势汹汹的嘈杂声，它当中的惊愕已经开始让位于愤怒。接下来又有大群大群的人沿着主干道行进，高呼："打倒皇帝！特罗胥万岁！"最后出现了狂野、激烈的景象，这是一个国家决心要么拯救自己、要么走向死亡的景象，它要凭借极大的努力、依靠革命时代的那些几乎不可能实现的功业之一完成此举。

次日，亦即9月4日是一个阳光明媚的周日。正如后来某人评论的那样，它是这个世纪里唯一一个既无街垒也无雨水的革命日。那天一大早，人群就开始再度集结，他们现在统一高呼：

下台！下——台——！下——台——！[18]

渐渐地，妇女和儿童消失了，人群看上去像是在进行一场示威，不过还没有发展到暴动的地步，示威人群缓慢地聚集到立法团会场。在那里，前一天晚上发生的无用辩论又在一种嘈杂的氛围中重新开始，渗透进来的外人们也横加干涉，这让局势变得更为混乱。会场的帝国警察卫士们和所有人一样对他们的未来感到惴惴不安，因而罕见地突然变得礼貌起来，他们和蔼可亲地解释说，里面"正在进行一场推翻政府的会议"，允许外来个人以种种细微借口进入会场。而在外面，正规军拉出的一条警戒线依然保护着波旁宫，将它和民众隔开，可到了中午时分，国民自卫军的到来就令局势彻底陷入混沌。埃德温·蔡尔德当时做完了礼拜，正在折返途中，他在协和广场遇上了国民自卫军，这些人"伴着敲出的鼓声，以稳健、安静的步伐行进，几乎窒息了表达性的寂静不时被'打倒帝国，共和国万岁！'的吼声打破"。

巴黎国民自卫军是一种民兵，在第二帝国治下，它起初主要由"可靠"的资产者组成，可在8月的危急状况下，政府被迫根据更为平民化的原则进行扩军，到了这时，共和派的同情者们已经彻底地渗透进去了。国民自卫军抵达波旁宫一事导致那里的正规军——指挥它的是一位年老体弱的将军（他在几周之后就死于中风）——完全处于困惑之中。因此，大约100名国民自卫军官兵获准以"换班人员"身份替代已经不堪重负的警察。跟着自卫军进去的还有极左翼的煽动者和领导者，他们出现在窗口，敦促依然留在外面的追随者效仿他们的榜样。不过几分钟，暴民们就已入侵了会场本身，他们发觉议员们正在那里颇有预见性地收拾随身物品。像皮卡尔（Picard）和克雷米厄（Crémieux）这样的共和派发言人尽力向群众发表演说，后者由于身材矮小，甚至被迫站在人字梯上发言。立法团议长施耐德（Schneider）先生反复要求恢复秩序，却只得在绝望中离开席位，随后，两个年轻人占据了这个位子，他们甚至弄响议长专用的摇铃作为消遣。就在这个喧闹的时刻，朱尔·法夫尔明智地站出来引开暴民，他指出："我们必须在市政厅（Hôtel de Ville）而不是这里宣布共和国成立。"这个妙招是有不少良好先例的。在1789年，巴黎的革命市政府就是于市政厅外的河滩广场（Place de Grève）[19]上宣布成立的，在第二共和国于1848年宣布成立时，临时政府也正是在这栋建筑里统治法国的。就这样，一支游行队伍立刻从波旁宫出发，前往市政厅的哥特式大厦，国民自卫军则在两侧加以护送，他们的步枪已经挂上了表示和平的花环。法夫尔和克雷米厄随着民众步行，皮卡尔则乘坐马车行进。

在市政厅，人们发现那里的状况甚至比他们刚刚离开的波旁宫更混乱。他们的左翼对手，那些极端主义俱乐部的宠儿——德莱克吕兹、皮阿、米利埃（Millière）——已经抢先占据市政厅，并着手组建对立的政府。就民主机制运作过程而言，很少有状况会比继而发生的场景更古怪。幸运到能够进入市政厅里的政客、煽动家和平民在撕下的纸片上草草写下新政府的"名单"，通常情况下每份名单都以起草人自己的名字打头，这可以说是人之常情了。他们随后冲到窗口，把名单扔给等在外面的民众，任何一个抓到纸片的人都会读出姓名，然后根据民众的反应决定某位候选人是否当选。朱尔·法夫尔以作为一位律师的才智提出建议，认为法兰西共和国的新政府应当由来自巴黎的代表们组成，由此避免了"中派"和"极端派"或赤色分子这两个共和派团体间可能出现的爆炸性局面。正如可能预料到的那样，巴黎民众批准了这一提议，政府也就在此基础上组建了起来。可是，煽动民众的高手亨利·德·罗什福尔不请自来，他的出现让气氛再度火药味十足。此人刚被暴民们从监狱里放出[20]——同时脱身的还有厄德等人，由于一度身在监狱，他的面色苍白憔悴，可又像是五朔节花柱一般浑身缠绕着彩带与鲜花，这时，坐在民众肩膀上的罗什福尔现身了。到处都有欣喜若狂的声音宣称他是法国的救星（龚古尔私下嘟囔："可怜的法兰西！"），他以胜利者的姿态被人送进了市政厅。为了安抚民众，新政府（足够明智地）给罗什福尔提供了一个挂名职位。甘必大站在市政厅的一处窗台上，以戏剧性的夸张动作宣布共和国现已成立。

崭新的共和国所需要的就是一位领袖。法夫尔和他的同伴们立刻想到了一位在民众口中几乎和罗什福尔一样频繁出现的人物：特罗胥将军。在过去的几天里，由于特罗胥和皇后、八里桥伯爵的恶劣关系众所周知，由于他完全处于孤立、遭疏远的地位，这位名声依然未受玷污的将军迅速在巴黎人眼中赢得了神明般的地位。他根本没有做出什么拯救政权的姿态（虽然他最近才对皇后发誓自己忠诚于帝国），当波旁宫遭到冲击时，他依然留在位于卢浮宫的总部里，直到一切都已完成后才离开总部。后来，特罗胥在回忆录中将此事归咎于八里桥伯爵，认为正是此人让他对具体情形一无所知。当民众在前往市政厅的途中路过卢浮宫时，特罗胥骑在马上出门，很快就认出了法夫尔的高大身影和那毛发浓密的脑袋。法夫尔告诉特罗胥民众攻入了立法团,呼吁他加入前往市政厅的进军队伍。特罗胥接受了他提出的政府首脑职位,但并没有太多的热情,而且还要求他未来的同僚们首先保证"坚定地捍卫宗教、财产和家庭"。在国家陷入关乎生死存亡的斗争之际,这或许是一个奇怪的首要考量因素。

在一场堪称不体面的分赃竞争当中,一些新领导人将剩余的政府职位空缺填补完毕。有人看到克雷米厄迈开他的小短腿,在一群衣衫褴褛的家伙陪同下竭尽全力地冲向位于旺多姆广场(Place Vendôme)的司法部,竞争同一职位的甘必大和皮卡尔则同时抵达了内政部。不过,甘必大使用了狡猾的"造成既成事实"手法,立刻拍发了署名为"内政部部长,莱昂·甘必大"的电报,从而取得了胜利。法夫尔被任命为政府副首脑兼外长,皮卡尔因得到财长职位而心满意足。艾蒂安·阿拉戈(Étienne Arago)成了巴黎市长。梯也尔拒绝就职,极左派当中也只有罗什福尔进入政府。按照路易丝·米歇尔的回忆,法夫尔曾在市政厅的门口亲切地将费雷和拉乌尔·里戈称作"我亲爱的孩子们",可早已有人怀疑两个共和派系之间的和平能够维持多久。以埃德蒙·龚古尔为例,尽管他绝不是路易-拿破仑的支持者,可他还是对新政权有所顾虑:

> 我不能解释这是出于什么原因,但我对此毫无信心;在这群夸夸其谈的平民身上似乎根本发现不了那些第一代《马赛曲》战士的痕迹。在我看来,他们不过是冷嘲热讽的下流胚而已,身上充斥着娱乐和滑稽,是群玩弄政治的家伙,对于国家的巨大牺牲,这些人的左胸里毫无感觉。是的,共和国……

有一点是肯定的，和从前的革命一样，法国现在由一个巴黎人治、巴黎人有、巴黎人享的政府统治。这个国度里其他人的看法一刻都不曾被考虑进去。

特罗胥肩负的第一批责任中就有将业已发生的事态告知八里桥伯爵。特罗胥发现此人刚刚收到儿子在色当受了致命伤的消息，已经陷入了崩溃。八里桥伯爵用双手支撑着脑袋，似乎根本就听不进去，随后宣布他要动身前往比利时。皇后在这时却早已逃跑了。当天下午，在民众入侵波旁宫之后，她仍然勇敢地在杜伊勒里宫待了很久，直到两位老朋友——意大利大使尼格拉（Nigra）和奥地利大使梅特涅（Metternich）——前来催促她脱身为止。皇后起初拒绝了，她记得路易十八在逃跑后留下的耻辱景象——甚至连便鞋也扔下了，也记得老迈的路易-菲利普和阿梅莉（Amélie）又是如何乘坐一辆敞篷马车逃离同一座杜伊勒里宫的，随身只带走了15法郎，还没吃完的晚餐则被革命者享用干净。她早已发誓不会让这种状况发生在自己身上。然而，事情已经拖得太久了。侍从们开始背弃帝国的女主人，他们在逃跑途中脱掉制服，并顺手牵羊。在宫殿里可以清晰地听到聚集在外面的民众的声音，然后是庭院里的步枪咔嗒声和主楼梯上的粗野声音。幸运的是，依然有些东西挡住了暴民，或许那正是对路易-拿破仑在1851年政变中无情举动的记忆。皇后最后还是同意离开宫殿，可是，通往卡鲁塞尔广场（Place du Carrousel）的门口已经挤满了人，因而再也无法使用了，所以，皇后在两位大使和女官勒布勒东夫人（Madame Lebreton）的陪同下从一扇偏门离开，然后急忙跑过卢浮宫的柱廊。在通往里沃利路（Rue de Rivoli）的出口，外交官们不大殷勤地将两位蒙上厚厚面纱的女士送上一辆马车，然后就听天由命了。她们起初要前往奥斯曼大道（Boulevard Haussmann）上一位参政院成员的住宅，可他早就已经离开了。皇后侍从长在瓦格拉姆大道（Avenue de Wagram）上的宅邸也是如此。最终她在绝望中想到了自己的美国牙医埃文斯医生（Dr. Evans），当美国南北战争中的救护所在世博会上展出后，正是此人将它买下。

这位英俊又受人欢迎的牙医正在家中同两位女士玩乐。他立刻表示愿意为皇后效劳。次日拂晓时分，他用自己的马车将皇后偷运出巴黎，还告诉路障上的岗哨们他带走的是"一位将要前往疯人院的可怜女士"。两天后，这队旅人安全抵达多维尔（Deauville），埃文斯医生在那里设法说服了英国人约翰·伯戈因爵士（Sir John Burgoyne）将皇后带到英格兰。这是一段令人极为不适的旅途，皇后在登陆英国后感觉十分糟糕，以至于不得不被带去看医生。一个奇怪的巧合是，时年75岁的路易-菲利普在1848年逃离法国后，为他提供治疗的恰好就是这位医生。

第二帝国就这样终结了。忠实的梅里美在那一天致信帕尼齐："一切都在顷刻间崩塌。"6周后，他在心碎中死于戛纳。帝国上流阶层的其他人也各自逃跑，八里桥伯爵前往布鲁塞尔，在途中遇上了最著名的归国流亡者维克多·雨果及其家属。当雨果一行碰上战败后的色当法军余部时，他痛哭流涕，对同行人说道："我宁愿永不回国，也不愿看到法国被这样羞辱，不愿看到法国沦落到路易十八治下的模样！"

在巴黎，暴民们现已占领了杜伊勒里宫，他们见到了皇室仓促逃离时留下的一切悲伤迹象：一把在床上半出鞘的玩具剑、散落在地板上的空珠宝盒、桌上的些许面包和吃了一半的鸡蛋。按照流传已久的法国革命程序,暴民们迅速着手消除旧政权的痕迹。就像"百日王朝"之初,人们从杜伊勒里宫取下鸢尾花标志,换上拿破仑的蜜蜂标志一样,现在,公共建筑上的所有"N"字标志和帝国鹰都被凿走、锯断,人们欢欣鼓舞地把那位已被废黜的皇帝的半身像扔进塞纳河里。后来,龚古尔在9月4日下午看到杜伊勒里宫的大门口被人用粉笔写上了"人民的财产"。一位年轻士兵向人群举起他的筒帽,呼喊着"为了军队的伤员",另一些身着白衫的人则爬到柱廊的基座上喊道:"义卖自由进场!"

全城都笼罩着一种难以遏制的狂欢节气氛,有充分证据表明,没人有时间去分享龚古尔对新政权的审慎想法。这是一个阳光灿烂的日子,没有流血,整个巴黎现在呈现出一幅最佳的周日景象,以此庆贺它有史以来最欢乐的革命。时年66岁的乔治·桑倍感欣悦:"这是第三次觉醒,它美得超乎幻想……为你欢呼,共和国!你在可敬可佩的手中,一个伟大的民族将在一场血腥的赎罪后在你的旗下行进……"9月4日下午,埃德温·蔡尔德注意到"军队与市民亲如兄弟,他们让步枪枪托朝天、枪口朝下,虽然这个国度刚刚受到历史上为人所知的最大投降与战败的冲击,可就城市呈现出的外表而言,与其说它是受到冲击的首都,不如说它正在欢度一场大型国家节日"。城内出现了一些难以置信的场景。朱丽叶·亚当(Juliette Adam)[*]早已是一位狂热共和派人士,她认为协和广场呈现出"一幅奇迹场景":

从杜伊勒里宫的栗树开始,直到瓦莱里安山的地平线和

---

[*] 此人即后文中提到的朗贝尔女士或朱丽叶·朗贝尔。

被塞纳河浸润的小丘，场景是如此规模宏大，群众感受到一种理想与渴望的真实交流，就连最冷酷、最麻木的心也被诗歌与热情打开了。一切都激发出倾慕之情，一切都令那些深受感动的巴黎人眼前的景象富有魅力！红色绉绸在路灯杆上飘扬……泉水在喷涌、在歌唱，荣军院的穹顶在阳光下闪耀……

她在协和桥（Pont de la Concorde）上注意到一位头戴红色非斯帽的年轻工人，他紧紧抓着一座枝状大烛台，已经连唱了三个小时的《马赛曲》。在这一切欢庆氛围当中，有一种难以捉摸的普遍感受：现在，所有事物都会以某种方式走上正轨的。一切都是皇帝和他那极度平庸的才能带来的问题，这不是其他人的错，更不是法兰西的错，而现在这个问题已经被肃清了。保罗·韦莱纳（Paul Verlaine）年仅 16 岁的新夫人（婚姻让他暂缓服役）表示，人们十分普遍地认同共和国的神秘魅力，她对此发问，渴望获得保证："现在，我们有了她，一切就都被拯救了——的确如此，难道不是吗？它就像是……""她想说像是 1792 年。"韦莱纳解释道。"现在，我们有了**她，他们**就不敢过来了。"一位工人这样附和韦莱纳夫人。说到底，可怜的法兰西现在已经摆脱了邪恶的波拿巴，普鲁士人还能和她有什么冲突呢？在这个极度欢庆的时刻，巴黎人既不能看到那坚实的德意志大军越发迫近，也不能听到德意志媒体在国内尖声发出呼吁，要求毁灭"当代的巴比伦"。

第 4 章

巴黎备战

当巴黎仍处于欢乐氛围之中,仍在清除第二帝国的最后遗迹,并按照由来已久的大陆式做法更改街道名称——所以,纪念路易-波拿巴当选总统的日子的 12 月 10 日路(Rue du 10 Décembre),也变成了纪念最近的革命的 9 月 4 日路(Rue du 4 Septembre)——时,新政府则开始着手调查它的家底。鉴于有 25 万人以各种方式被困在色当和梅斯,路易-拿破仑在 6 周前带上战场的军队已经剩不了多少人了。幸运的是,维努瓦(Vinoy)将军新近组建的第十三军行动太过缓慢,因而未能及时抵达色当,在那时,它成为法国事实上拥有的最后一支主力部队。浑身泥污、疲乏不堪、精神涣散,这支部队在折返巴黎之际让一位美国观察者想起了"从遇难船只漂上海滩的人"。一对英国夫妇在写给女儿的信中提到:"这里的任何事情似乎都没有人在指挥,士兵拖着疲倦的身躯抵达,他们精疲力竭,对这些人来说,能够找到的最佳房间就是大军团大道(Avenue de la Grande Armeé)那潮湿的路面,甚至连可以把疲乏的肢体放上去休整的干草也没有。"维努瓦军还有一部分人被分散到临时营地,那里曾在 1867 年举办过世界博览会，不过这已经是遥远的记忆了。实际上，第十三军中只有两个不错的正规团，亦即第 35 团和第 42 团，它们是从罗马召回的部队，原先在那里充当教宗的卫队。

从色当和其他各地逃出的其他各式部队约有 1 万人，这让军队总数略高于 6 万人。此外有大约 1.3 万名训练有素的海军老兵，其中包括配备了武器的海军陆战队和炮手，有人颇有远见地命令他们前往巴黎，还有由宪兵、海关人员、消防员乃至护林员组成的少数训练优良的部队。接下来是兵力超过 10 万人的国民别动军或称"别动兵"，他们是来自外省的年轻地方部队，但组织时间太晚，以至于只接受了最基本的训练。别动兵里有 28 个由布列塔尼人组成的营，其中许多人甚至不会说法语，而且遭到巴黎国民自卫军里的无产者的鄙夷（这种鄙夷是相互的），尽管事实将证明这些布列塔尼人会跻身于巴黎最可靠的保卫者之列。因此，当特罗胥以这种方式将部队集中到首都后，他实际上就让法国的其他地方暴露在了敌人面前。

最后还有巴黎国民自卫军。它在战争开始时仅有 2.4 万名志愿兵，然后扩张到 9 万人左右，国防政府此时决定采用强制登记的做法扩充部队。国民自卫军的成员每天会领到 1.5 法郎的薪饷，而且获准自行选举军官——这是讨好贝尔维尔区极左翼分子的共和主义做法。令每个人都倍感震惊的是，国民自卫军的登记工作表明巴黎的壮丁约有 35 万人，而这一事实本身就暴露出法国战争动员的低效。用这一大群未受训练的人员能够做什么呢？原定让他们替代正规军和别动军在堡垒里服役的计划，只需要其中的一小部分人。而且，既然城里那些桀骜不驯的人手头已经有了步枪，此时又有谁能来控制他们呢？特罗胥和正规军的将领们从一开始就怀疑国民自卫军的军事价值,特罗胥说:"我们有许多人,但没有多少士兵。"然而,当时并没有人能够预见到这几颗龙牙会长出何等可怕的收成。*

巴黎的实际兵力和潜在兵力合起来超过50万人,此外还有3000多门各种口径的火炮辅助守城。其中一些是易于机动的野战炮,还有一些安放在浮动炮台和塞纳河舰队的炮艇[21]上(它们原本是要用在莱茵河上的),不过,大约一半的重炮位于城市外围的防御工事里,巴黎在围城战中幸存下来的主要希望就在于此。一座高达30英尺的环状城墙围绕着整座巴黎城,它可以分成93座由石质"幕墙"连接起来的棱堡。城墙前方有一条宽达10英尺的护城壕,后方则是一条旨在将人员输送到土堤上的环状铁路。护城壕之外1到3英里处还有一连串坚固的堡垒。堡垒共有16座之多,其中每一座都配备了50到70门重炮,而且都位于邻近堡垒的火炮射程之内。从沃邦时代到马其诺(Maginot)防线,法军在修筑防御工事这一点上无可匹敌,而且每一座巴黎堡垒都位于极好的制高点上。其中最强大的堡垒是瓦莱里安山堡,它位于圣克卢以北,高踞在塞纳河湾里的庞大丘陵上。时至今日,尽管城墙已经消失,巴黎城也早已将堡垒线囊括在内,但它们依然提供了既迷人又不可预见的城市全景画。[22] 不幸的是,这些堡垒终究是根据梯也尔先生在1840年提出的要求修建的,到了1870年,它们已经在一定程度上过时了。虽然法军在克里米亚战争中学到了有关俯射火力的经验,但他们并没有把这应用到堡垒上,最糟糕的是,重炮的射程在最近30年中已经大约翻了一番。结果,其中

---

* 古希腊神话中,寻找金羊毛的英雄伊阿宋要经历的考验之一就是驾驭凶猛的喷火神牛犁地,播下毒龙的牙齿,而长出来的"收成"则是大批残暴的武士。

有几座堡垒竟然会遭到附近高地上的炮兵火力压制，位于南面的沙蒂永堡就是一个著名案例，实际上，炮兵甚至可以从这些高地轰击部分城区。然后，正如伟大的中世纪堡垒修复者维奥莱勒迪克（Viollet-le-Duc）——他当时以校官身份效力于工兵部队——所述，一个像法国这样中央集权的国度在巴黎这样的现代城市建立永备防御工事，这本身在某种程度上就是个不可思议的时代错误，法国退进了它的城堡主塔里，将大部分国土都让给了劫掠者。

然而，不管堡垒线存在多么严重的弊病，它的周长毕竟有将近40英里，这就意味着任何一支围城军队都需要占据大约50英里长的严密封锁线，哪怕是毛奇的这支庞大军队，这或许也意味着得把每一个士兵都投入其中。与此同时，为了弥补在8月损失的宝贵时间——他当时作为巴黎总督，种种努力都遭到了八里桥伯爵的阻挠，特罗胥开始积极强化防御设施。1.2万名劳工受雇在防御薄弱的地点开挖临时土木工事并安放电发火地雷；地下墓窟被密封起来，塞纳河上也建起了精心设计的河堰，森林里的美丽树木遭到了砍伐，木材将用于构筑街垒或作为燃料；一位居住在圣克卢宫之外的英格兰妇女贝茜·朗兹（Bessy Lowndes）注意到一门巨炮被安放在昔日属于皇帝的公园里。由于占用土地带来的法律纷争和为改善射界而拆除巴黎郊区房屋时出现的个人悲剧，工程进度不可避免地延误了。一个悲伤的故事发生在弗朗先生（M. Flan）身上，他是第二帝国时期的著名轻歌舞剧艺术家，当时已经带着他那庞大的图书馆退隐到讷伊去了。到了这时，工兵们过来告诉他要在当天傍晚拆掉他的房屋，"可至少要花一个星期才能搬走我的图书馆"——"那你的图书馆可太不幸了！"当天晚上，这个可怜人在附近的一家旅馆里找了个房间，次日上午，有人

发现他心碎而死。在工程取得进展之际,龚古尔游览了位于土堤后方的内环路,他注意到"国防事业的活泼生气和宏伟动作":

> 整条路上都在制作柴捆、石笼和沙袋,堑壕里则在挖掘火药库和石油库。原先的海关营地路面上回响着实心弹命中马车的沉闷重击声。土堤上方,平民们正在进行炮术练习,土堤下方,国民自卫军在练习枪法。沉默的工人团体在穿梭,别动兵的蓝色、黑色和白色罩衫在穿梭。而在铁路经过的长满草的沟道里,一闪而过的列车只有上层结构是明晰可见的,完全武装起来的人们穿戴着红色的军裤、臂章、肩章和军帽,这是由一些资产者临时提供的。在这一切当中,到处都有无法控制的小小敞篷马车在疾驰,它们展现出略带迷恋的女性好奇心。

原因便在于,游览城防工事正在迅速取代驱车前往森林,成为时髦的巴黎人最喜爱的周日下午娱乐活动。

在巴黎的市中心,杜伊勒里宫的马厩和花园已经变成了一座庞大的停炮场,凭着冷峻的先见之明,人们在蒙马特尔的荒地上修建了公共墓地,以阻断可能发生的传染病流行状况。由于有人发现每门重炮平均只有200发炮弹,精力旺盛的新任公共工程部部长多里安(Dorian)便命人将巴黎的工厂迅速改建为弹药厂和铸炮厂。卢浮宫里的珍宝被装车运往布雷斯特(龚古尔曾看到一位痛哭流涕的工作人员将《美丽的女园丁》装进板条箱,"就像是站在死去的心上人面前,将她送进棺材钉牢一样"),空空如也的画廊成了另一座兵工厂。第二帝国时期蓬勃发展的高等妓女和这一行的其他人员都被逐出了林荫道，赶到工厂里去制作军服。尚未完工的新歌剧院被改成了军用仓库，巴黎北站（Gare du Nord）成了开设磨坊的场所，大部分剧院（在色当战败后的举国哀悼中业已关闭）成了医院，像卢森堡宫、王宫、工业宫（Palais de l'Industrie）和大饭店（Grand Hôtel）这样的大型建筑物也发生了类似的转变。证券交易所里则住进了国民自卫军的参谋军官们。最为高大的那些建筑物——包括凯旋门（Arc de Triomphe）在内——顶部还装上了臂板信号机，后来许多这样的信号机由耶稣会士接管了，这无疑是因为他们的秘密通信水平高得近乎传奇。

对一座将要面临围困的城市而言，在它所面临的一切影响因素中，最基本的问题显然就是配给状况。巴黎还能供养它那庞大的人口多久呢？新政府每天都在扪心自问。幸运的是，八里桥伯爵的前任政府里最能干的成员克莱芒·迪维努瓦（Clément Duvernois）恰好是商贸部部长，他在将食物集中到城内时发挥了极大的主动性。布洛涅森林已经变成了一幅不那么协调的牧场景象。"在目力所及之处，"《曼彻斯特卫报》（*Manchester Guardian*）驻巴黎记者写道，"在每一片空旷地面上，沿着通往那座隆尚赛马场的整条长长道路，只有羊，羊，羊！就连南部丘陵（South Downs）也不可能展出这样一片羊毛海洋。"仅在森林一地就有大约25万只羊，此外有4万头牛，甚至还有一些牲畜在城内那些小广场上就地放牧。可是，迪维努瓦忽略了一个重要因素，他没有注意到城市还需要奶牛，这个失误将给儿童们造成可怕的痛苦。龚古尔在巴黎市郊看到一队菜农把一切"必定不能留给敌人的东西，成车的白菜、南瓜和韭葱……"带进巴黎。在巴黎周边的森林里，人们举行了大肆屠戮猎物的公众狩猎活动，以免任何猎物落入普军手中。不幸的是,广场上的牲畜和被压得吱呀作响的谷仓助长了巴黎人心中的信仰:这座城市的食物供应相当充足,因此几乎没有人想到去储备超过最低个人需求的食物。不过,穷人们是无论如何都无法承担屯粮所需成本的。

政府自己对手头还有多少存粮几乎毫无概念,实际上,它对自己需要养活多少人口都不大清楚。根据它的粗略计算,城中的面粉和谷物可以维持 80 天,燃料的维持时间大概也是这么久;而且它自己还以毫无远虑的乐观态度认为,一个多月之后,要么被巴黎抛弃的外省就会前来提供救援,要么就会发生多少有些神佑的事件,让它能够得到超出必需的充裕物资。必然没有人会设想一场围城战竟要持续足足 4 个多月。因此,尽管巴黎建立了一套相当原始的价格管制体系,但它并没有什么按需配给的概念。必需品的补给实际上操控在 20 个区的区长们手中,这引发了某些严重不均的状况。最终,高昂的价格和漫长的排队队伍不可避免地成为唯一有效的配给手段。布朗基和各个社会主义派系从一开始就大声指出了这种危险,而且早在 9 月 14 日,工人中央委员会就已敦促政府征用所有食物并加以公平分配。9 月底,以"围城中的居民"的名义为《每日新闻》(*Daily News*)撰稿的拉布歇雷乐观地致信报社:"我认为如果围城时间持续得足够久,狗、鼠和猫都会被吓坏的。"他并不知道自己很快就要食言,而且吃掉的东西不止是狗、鼠和猫。[23]

国防政府正是在这个问题上犯下了它最为严重的误判之一。它并没有做出任何驱逐城中无用人口的努力,事实上根据它的测算,几乎不需要做出这种努力。将畜群赶进城的牧人们每天都会遇到离开城市的密集车流,车上的成群旅客迫不及待地想要离开;

所有车站都出现了可怕的混乱场面，铁路早已拒绝运输任何旅客行李——这让离城的英国人倍感忧愁。许多外国人和大部分外交使团都已撤出巴黎，其中就包括了英国大使莱昂斯勋爵（这给留在城内的英国人社区造成了极大的痛苦），不过也存在一个重要的例外，那就是美国公使伊莱休·本杰明·沃什伯恩先生（Mr. E. B. Washburne）。蔡尔德的雇主卢普（Louppe）先生带着大部分珠宝匆忙前往日内瓦，蔡尔德虽然已经准备好了通行证，最终却决定留下来看乐子。还有许多对热闹倍感刺激的法国人跟他想法相同，"你需要在此"成了一句冲动的口号。

列车将人带进巴黎的速度似乎和带出的速度一样快。"人们或许可以认为巴黎是地球上唯一的安全地点，"一位进行商业旅行的英国人布朗（Brown）如此致信他身处英格兰的妻子，"数以千计的人从各个方向聚拢到路障……各个阶层的男人、女人和儿童都动用了某种车辆，都在乘车、推车或拉车，较为富裕的人们雇来了各式各样的车，从叫卖小贩的推车到有篷马车都有。"对于精打细算的巴黎人来说，还有一个不无影响的额外因素，那就是政府要根据离城人员的租金收取相应的"罚金"。

在莱昂斯勋爵离开之际，年轻的汤米·鲍尔斯（Tommy Bowles）却来到了巴黎，成为《晨邮报》（*Morning Post*）的特约记者，革命爆发的时候，他正驾驶着一艘私人游艇在索伦特（Solent）海峡航行。在匆忙赶往巴黎的记者同行当中，抢在鲍尔斯之前的还有亨利·拉布歇雷（Henry Labouchere），他将作为给《每日新闻》撰稿的"围城中的居民"而赢得声望。"拉比"（'Labby'）是一位祖先系胡格诺派教徒的英格兰人，颇有性格，围城时他39岁，年轻时曾为追求一位女马戏演员而加入了一个墨西哥马戏团。情人、才子、愤世嫉俗者、舞台监督、外交官，这些角色他都能胜任，还在1865年被选为议员，作为一位激进派兼共和派人士，他被维多利亚女王称作"蝰蛇拉布歇雷"！大约在拉布歇雷丢掉议员席位的时候，他又通过继承获得了25万英镑，于是他买下了《每日新闻》四分之一的股份，匆忙将自己任命为驻巴黎记者，这一举动将会使报纸的发行量增长到原先的三倍。在9月4日"革命"期间，他以"不同的身份向群众发表演讲……"，这可把他的同伴兼激进派伙伴查尔斯·迪尔克爵士给吓坏了——爵士生怕有人会把他俩当成普鲁士间谍抓起来。还有其他一些好奇的英美人士流入城市，他们来得又多又快，所以富有事业心的房地产掮客们很快就打出了如下广告："希望参与巴黎围城战的英格兰绅士请注意。舒适的公寓，完全防弹，还有为敏感人员准备的地下室。"因此，随着外国人、难民、局外人以及——最为重要的——武装力量的涌入，巴黎需要供养的人口并不是政府估计的150万，它事实上要远多于200万。

到了9月中旬，巴黎已经发生了真正值得一提的变化。作为一个法国人，路易·佩居雷致信他身处外省的母亲："如果你看见今天的巴黎，就会感到震惊。它不再是一座城市，而是一座要塞，它的广场不过是阅兵场而已。一切都被士兵和别动军塞满了，他们相互竞争，都在执行各类机动。"战神广场成了部队热火朝天的集结地点，讽刺的是，埃德蒙·龚古尔从中认出了正在售卖纸和铅笔、让部队写下愿望的流动小贩们。无所不在的龚古尔在圣但尼（St.-Denis）观察着外面的工人们，他注意到"在卡巴莱酒馆外，每个正在吃喝的人双膝之间都有一杆枪"，杂货店老板已经开始用国民自卫军的平顶军帽盖住食糖了。"空气中"的确有了"一股硝烟味"。

新近出现的好战热情也有令人不快的一面：揭发普鲁士"间谍"的执念越发增长。有位帕特先生（M. Patte）曾致信一位身处英格兰的朋友："我们被间谍给包围了。另一天……我们逮捕了两名德国间谍，其中一个打扮成国民别动军，另一个扮成了女人，他的女装下藏着一支装填完毕的手枪和一封德文书信。"没有人是安全的，任何带着外国口音或身着奇装异服的人则是最危险的。在第一批被逮捕的外国人当中，就有《晨邮报》的年轻记者汤米·鲍尔斯，他被人怀疑为"德军枪骑兵"，当他被释放之后，很快就注意到一位非常俊美、装束优雅的女士穿着男性的服装，有人声称她"曾混进炮兵当中"。当人们发现她的状况有一种简单而浪漫的解释之后，她同样被放走了。另一位英国人则看到一位妇女被耀武扬威的国民自卫军拖走了，这些人声称"这就是俾斯麦夫人！"，他从这一事件中得出结论："对于任何一位个子太高又平胸的女性而言，要是她从上唇中吐出了什么有嫌疑的话，那么就连在大街上闲逛时都会遭遇极大的危险。"有位费城人和他的女儿在森林里画速写时被捕了，就连沃什伯恩公使的一个儿子就读的英美学校也有一只无辜的信鸽被人举报飞离花园、越过土堤，因而遭到了部队的彻底搜查。在德军打到城门口之后，街上的人们错把一位老处女飘动的猩红衣服和她养的绿金刚鹦鹉当成了某种向德军发信号的臂板信号机，因此破门而入，随着围城战的持续，这样的事情成了普遍状况。

这种"间谍热"时常也会导致远远谈不上滑稽的状况。9月16日，城防委员会主任——80岁的瓦扬（Vaillant）元帅——遭到了一群暴民的粗暴对待，他们声称此人曾作为间谍侦察城防工事的状况，元帅差点就被当场枪毙了。根据鲍尔斯的说法，有一位不幸的下水道清洁工实际上遭到了"300名国民自卫军的跟踪……之后，当这人再次把头探出他的下水道时，他就被炸成了碎片"。巴黎的媒体进一步助长了人们的怀疑情绪，就连《费加罗报》也声称有一批法军制服在运往普鲁士国王总部的途中被人截获了；就连最理性的人也变得敏感了，龚古尔本人都承认，当有一天路过被关闭的拉派瓦宅邸时，他也会自忖"在巴黎是否存在一个庞大的普鲁士情报机构"。特别是在外国人的社区，事情有时会变得极度危险，竟到了至少有一位英格兰人登报宣布"克拉默勒斯（Crummels）先生不是普鲁士人，他出生在切尔西（Chelsea）"的地步。当局最终给外国人发放了特别通行证，虽然如此，到了围城结束的时候，有位英格兰医生声称他被逮捕了至少42次。

特罗胥似乎已经把陷入崩溃的法军士气恢复到了奇迹般的程度，关于这点并不存在什么误解，到了9月13日，他已经感觉自己可以冒险用手头的部队进行一场大规模阅兵了。阅兵队伍从巴士底一路延伸到埃图瓦勒，这令特罗胥的一位参谋大为震动。代里松（d'Hérisson）上尉将它描述为"我曾见过的最佳阅兵"。随着塞纳河上的最后一批桥梁开始爆破，它们那低沉连续的遥远响声成了阅兵的背景乐，不过，当一匹受惊的马让一位留着长长络腮胡的年迈海军将领进入人们的视野时，这可笑的一幕还是给人们带来了宽慰。特罗胥跨坐在一匹好马上行军礼，这匹马倒是没有受惊，鼓在敲、号在吹，"特罗胥万岁！"的吼声激动人心，令人信心十足，这也是市民们的心声。当然，自从路易-拿破仑在1867年为沙皇和普鲁士国王举办著名的隆尚阅兵之后，法国还没有过像这样的宏大阅兵呢。次日,特罗胥告诫巴黎国民自卫军,要求他们"有绝对的信心,在公众们的坚定捍卫下,依靠30万支步枪,巴黎的城墙是不可接近的"。一位身处巴黎的杰出英国银行家爱德华·布朗特(Edward Blount)观看了阅兵,亲眼看到的景象令他恢复了信心,他在给一位伦敦友人的信中表达了自己的态度,坚信法国人"不会接受有损荣誉的条件——我是说割让土地或交出战舰。他们宁愿战斗到底,而且就算巴黎沦陷,他们还会退到法国境内剩下的最后一座要塞里"。汤米·鲍尔斯早就在盛赞特罗胥,认为巴黎"将会展开战斗,而且会打得很好",他还严厉批评了那些并不赞同这一观点的英格兰批评者,指责他们脱离实际。一位最后一次前往巴黎的英格兰妇女感觉巴黎人比此前任何时候都值得尊重,她认为他们不会轻易放弃,布朗先生则在阅兵当天给妻子的家书中写道:"就算到了战斗的地步(我并不认为会发生战斗),我也认为巴黎不会沦陷。"在巴黎的英国人社区里,艾伦·赫伯特医生是其中最为杰出的成员之一,不过他在某种程度上是个少数派,当时他致信自己的兄弟卡那封伯爵(Earl of Carnarvon):"我相信巴黎人是不会让一场正规围城战发生的。普遍印象是它不可能撑过一场围城战……"次日,他又补充说:"我不相信巴黎会有什么认真的防御……"还预言(这个说法倒是更加脚踏实地一些)战争结束后"我们很可能会有一场多少有些血腥的革命"。在英格兰,《泰晤士报》曾被"黑面包"那出乎预料的表现打脸打到连鼻子都歪了的地步,它此时则转而做出倨傲的预言,推断"奢侈与娱乐之城"能够坚持多久。

随着普军越发接近,有一件事变得相当明显,很少有一座要塞会拥有像巴黎这样强有力的武装,或者说,很少有一座要塞会像巴黎一样看似拥有如此强大的防御力量。一个时人似乎无暇发问的大问题则是，法国的新任领导人们打算运用这些可观的资产执行什么长期战略？他们又打算如何执行战略？在1941年，列宁格勒的政委们掌握绝对权力已有一代人之久，他们的处事方式建立在早已准备好的无情政府机构上，可是，国防政府并不能拥有这样一种优越的条件。它的成员在无望且无助的反对派生涯中度过人生，早在这些人能够确立任何统一方针或前进战略之前，他们就轻易地快速取得了权力，就信仰而言，这些人是好心肠的自由主义者，并不是要求革命的丹东之辈。就本质而言，他们的地位并不牢固，而且，除了巴黎民众的拥戴之外，这些人就再没有什么掌权资格了。政府的左翼敌人讥讽它将自己的主要职能视为维持秩序，也就是维持"资产阶级"的现状，认为政府将维持现状当成与对普作战同等重要的职能，这种讥讽的确说出了一定程度的真相。罗什福尔抱怨政府里有太多的律师，这种看法也是千真万确的。朱尔·法夫尔头戴高帽，身穿制作低劣的律师长礼服，他或许可以成为杜米埃的一位模特，此人的表现也似乎奠定了政府的基调。奥利维耶曾颇不厚道地评论法夫尔是"将一场政治演说当成又一篇辩护词"的人，他的演说富有雄辩性，其中堪称典型的或许是奥尔西尼炸弹事件，他先是保证设法为自己的当事人免去死刑，之后又听任他被处死。西蒙、费里、皮卡尔和克雷米厄都是律师，年迈的加尼耶-帕热斯（Garnier-Pagès）将他的一头白色长发整齐地从前额分开，然后让头发沿着巨型衣领垂到背后和双肩，但他说话时就和任何一位律师一样轻浮。甘必大同样是一位律师，但正如我们将在后文所见，他的观点与此前几位全然不同。不过，正是特罗胥这位9月4日之人的个性预先注定了国防政府将会成为怎样一个政府，整场围城战中的法军战略（如果它存在的话）也是在他的脑海中决定的。

从他的画像当中，人们可以看到一个长着嶙峋的圆脑袋的小个子，他谢了顶，但留着一撮打了蜡的小胡子，不可避免地带有一丝这个时代的"帝国"气息。他的声音充满活力，眼中有一种智慧的神色。他拥有钢铁般的健康和迟钝、温和的脾气，能够一天工作18个小时之久。他用烟斗抽烟。正如他在就任政府首脑时告诉同僚的那样："我是布列塔尼人、天主教徒和军人。"（对此，愤世嫉俗的罗什福尔评论道，这一切都是"完全无所谓的东西"。）特罗胥的父亲是一位在布列塔尼外海那海风掠过的贝尔岛（Belle-Île）谋生的农民，努力反抗极度的艰辛。特罗胥的兄长在1866年去世，留下了11个穷困的孩子。特罗胥的妻子并未生育，他就收养了其中7个较为年幼的孩子，将他们当自己的孩子抚养长大。在写给孩子们的那如同布道般的长信中，他时常提到"生活的哲学"，这些信遵循的是当时外省资产者的传统，这也能够在特罗胥的个性中反映出来。在他出版于1867年的杰作《法国军队》当中，特罗胥也反复诉说找到一种"道德哲学"并用它替代军中盛行的追逐物质私利思潮的迫切性。他是彻底的虔诚宗教信徒，在修道院那冥想的、神圣化的氛围当中，他会极为心满意足。朱尔·法夫尔写道："在特罗胥身上，基督教哲学家盖过了军人。"这是千真万确的，尽管他是一位极有能力的军人，可他与其说是实干家，倒不如说是军事思想家。新任政府首脑有次在接见美国公使沃什伯恩时穿着便鞋和晨袍，公使觉得"他看上去不怎么像是军人"，伯恩赛德将军在拜访特罗胥时也同样感到惊讶。在那个场合，特罗胥花了半个小时讲述法国已经变得多么不道德，她已经偏离天主教信仰多远，她的人民又在怎样遭受降临她的苦难，然后他就痛哭起来。即便在一个律师当道的政府里，就冗长且令人厌烦的演说而言，特罗胥也可谓无人能及。马克西姆·迪康（Maxime du Camp）曾经刻薄地评论道："当他说话时，他相信自己，当他说个不停的时候，他总是信赖自己。"本书此前提到过特罗胥缺乏世俗雄心，这让他成了将军里的某种公牛费迪南德，[*]可他同时是一位极为重视个人荣誉的人。随着围城战的持续，他坚决地拒绝任何特权，坚持领取和普通士兵一样的配给，而且让他的同僚们倍感惊讶和烦恼的是，只有特罗胥和罗什福尔谢绝了新政府自行投票通过的2万法郎薪水。战争结束后，他也没有接受荣誉军团勋章和元帅杖。

就天性而言，特罗胥是个卡珊德拉式的人物，从就职的那一刻起，他就坦率地以悲观态度讨论巴黎的前景。早在8月18日，当他从沙隆返回巴黎时，就已在皇后召开的会议上说出"一切都完了"。他后来在回忆录里承认，皇帝拒绝采用他让巴赞和麦克马洪退回巴黎的计划，此举"在我眼里熄灭了拯救战局的最后一丝微光……被围的巴黎再也无法期望从外界获得帮助，必定会在经历或长或短的防守之后不可避免地陷落"。作为一位正规军官，特罗胥认为如果能够尽可能地延缓巴黎陷落的时间，就至少可以拯救军队的荣誉，按照他的预期，这一仗至多也就只能做到这个地步了。在整场守城战期间，特罗胥与热烈且乐观的甘必大形成了鲜明对比，这个"荣誉"问题几乎和胜利在他脑海中占据了同等的思考空间，而且他实际上从未相信过后者。他从一开始就对手

---

[*] 公牛费迪南德（Ferdinand the Bull）是1936年出版的儿童文学《费迪南德的故事》（*The Story of Ferdinand*）中的主角，是一头宁愿嗅闻花香也不愿参与斗牛的公牛。

头的兵力感到怀疑,这也是悲观主义看法产生的部分原因,连正规军中最好的部队都被普鲁士人迎头痛击了,巴黎这批武装起来的乌合之众又能好到哪里去呢?尽管他已经把法国的最后一批军队调到了巴黎,但他还是担心部队质量会让任何带有进取性质的战略都变得极端冒险。他后来在回忆录的某一段里承认,"我既没有战略想法,也没有战术想法",他的对手们将会就此展开猛烈攻击。尽管这种说法大体正确,可就算特罗胥临时谋划出了一点战略,这也完全是机会主义的做法,而且完全取决于毛奇的意图。"在我们的政府评议当中,"罗什福尔事后写道,"我们就像是一个园丁,并没有给自己种的植物浇水,而是等待着降雨,确信它早晚会到来。"特罗胥迷恋于他的老上司比若元帅在1808年萨拉戈萨围城战(它最终持续了8个月)中的经验,确信巴黎的唯一希望就在于严格采取守势,等待普军猛烈冲击这座城市的堡垒和棱堡,直至普军撞到头破血流为止。可要是他们不进攻呢?

在9月中旬,这仍是一个政府不大愿意思考的想法,人民大众就更不愿意想到这种状况了,从13日的大阅兵起,他们的自信心就处于迅速增长之中。龚古尔和他的圈子成员曾于9月6日在布雷邦餐馆(Brébant's)聚餐,他们在离别之际说出了这样的话,"或许再过两周,普军就会在这张桌子上吃饭了",不过,这种话反映出的心态在此刻已经彻底消失了。事实上,巴黎可能再度出现了逾越理性界限的自信。连续的好天气也必定有利于舒缓紧张情绪,不过,由于马路清洁工和洒水车似乎和帝国一同消失了,而且大部分下水道水管工看上去显然都是德国人,尘土和间或出现的不悦气味会有些令人不快。此时,各个部分的巴黎人都展现出了团结友爱的氛围——这是一种在当地已经多年未见的状况。协和广场已经成了某种露天爱国剧院,身处巴黎的英国人则开始厌烦《马赛曲》那永无止境的旋律。美国已经承认了新共和国,她是第一个承认新政权的国家,沃什伯恩传达了她的"祝贺"。随着意大利、西班牙和瑞士跟随了美国的脚步,证券交易所的指数一路乐观上扬,世界其他部分不会让巴黎蹒跚而行太久的信念也重新流行起来。布朗先生向他的妻子提到了这样的流言:"我们听说美国已经发布了宣言,表示她不会坐视法国受到进一步的侮辱……"巴黎还流传着其他的谣言——英国和俄国很快就会干预,鉴于普鲁士人已经宣布他们的敌人只有路易-拿破仑,他们也会终止战争。最重要的是,人们越来越怀疑巴黎——这座光明之城和世界奇迹——是否真的应当沦落到一座普通外省要塞的地步。如果将会发生一场围城战,上流社会就会被排除在巴黎城外,反过来的状况则不可能发生,这显然是一种全世界不会容忍很久的情形。

这一切都颇为典型地体现在年过七旬的健旺老者维克多·雨果身上,他始终戴着一顶平顶军帽,而且自从结束流亡回国几乎一刻未曾放松。9月9日,他向普鲁士人发出了富有雄辩性的呼吁:

> 在巴黎,人们感受到欧罗巴的心跳。巴黎是万城之城。巴黎是人类之城。曾经有雅典,曾经有罗马,现在有巴黎……难道要19世纪目睹这个可怕场面吗?一个国家从政治组织沦落到野蛮地步,废弃了诸国之城,德意志人消灭了巴黎……难道你们能给世界带来这个场面吗?难道你们德意志人能再度成为汪达尔人(Vandals)吗?能使破坏文明的野蛮行径人格化吗?……巴黎被推到了边缘,巴黎在整个法国

的支持下奋发起来,她可以胜利,也必将胜利,你们要是尝试这一系列已经激起世界反感的行动,就会徒劳无功。

一个身处巴黎的英国人尖刻地评论道,"他在写作时就像是法国国王,或者至少是法国总统",可普鲁士人显然对此无动于衷,所以,雨果就将他的全部修辞热情转而用于鞭策国人,希望使其进入狂暴状态:

> 让城市的街道吞噬敌军,让窗口怀着狂怒猛然敞开……让坟墓大声呼喊起来……暴政已经对自由发起了攻击。德意志正在攻击法兰西……至于欧罗巴,我们需要在乎什么呢?……要是她喜欢,她可以过来。我们并不会乞求帮助。如果欧罗巴在害怕,那么就让她继续害怕吧。我们要为欧罗巴服务,也就是为全人类服务……

他在别处提出:

> 里昂,拿起你的炮;波尔多,拿起你的枪;鲁昂,拔出你的剑;你,马赛,唱起你的歌,变得恐怖起来!

第 5 章
封　锁

此时,毛奇的部队正以无情的速度迫近这座首都。普法战争在诸多方面都表现为古典战争形式和 20 世纪战争形式之间的转折点。可是,1914 年后的连续战线——由紧靠着的诸多集团军组成——尚未到来。就像滑铁卢时那样,各个集团军仍以相对紧密的队形进行旋转和机动,目的与其说是入侵并占领敌方领土,不如说是搜索敌军主力并与其展开会战。法军的左翼此时位于巴黎,值得补充的是,巴黎是法国的首都,而法国是世界上中央集权程度最高的国家之一。因此,这时的巴黎对普鲁士总参谋部散发着无可抗拒的双重吸引力,一旦巴黎和巴黎的法军能够投降,法国本身难道不会不可避免地求和吗?就当时而言,法国的剩余部分实际上已经被当成真空抛弃了。由第一、二集团军部队组成的腓特烈-卡尔亲王所部驻扎在梅斯附近,德军也派出了一些小部队封锁斯特拉斯堡和其他要塞,还有若干部队看守交通线,除此之外,德军主力赶赴巴黎。

多达两个集团军的德军沿着三条趋于一点的主干道行进,他们不断地饮用劫掠来的葡萄酒,竟到了让随同德军的谢里登将军报称"从色当出发的道路旁出现了两条连续不断的破酒瓶行列"的地步。路易-拿破仑刚交出他的剑,毛奇就让他的大军在"进军巴黎!"的吼声中调转方向,因此,威廉国王在9月4日已经抵达勒泰勒(Rethel),次日则来到兰斯。在那里,好奇的德国军队从贞德扬起战旗、历代法国国王举行圣礼的圣坛前列队走过。下一周,普军沿着美丽的马恩河行军,44年后,几乎就是在同一天,另一位毛奇打到巴黎的梦想将会在此破碎。9月15日,普军的骑兵先锋在巴黎以北27英里的桑利斯(Senlis)捕获了一辆从巴黎北站发出的列车;毛奇于同一天在蒂耶里堡(Château-Thierry)召开了作战会议,他一如既往,有条不紊地分配细节工作,给下属的各位指挥官分配了将要在巴黎城外占据的阵地。就像蟹螯一样,由萨克森王储指挥的默兹河集团军(冲动的施泰因梅茨将军已经被放逐到波兰某地当总督去了)要从北面包抄巴黎,普鲁士王储的第三集团军则要从南边绕过去。9月17日,合围行动开始。萨克森军队惊讶地发现他们能够未经抵抗便在距离巴黎北部堡垒群很近的地方活动,到了18日,腓特烈王储也已在巴黎以南越过塞纳河,切断了通往奥尔良的道路。次日,莱昂斯勋爵和最后一批外交使团匆忙离开巴黎,教廷大使基吉先生(Monseigneur Chigi)在穿过两军战线之际为两个敌对阵营正式祝福。

而在德国,人们以狂热的欢腾景象庆祝色当的投降。柏林人在椴树下大街给民族英雄的雕像戴上花环,到处都开始听到一种崭新的攻击性好战主张。冯·布卢门塔尔(von Blumenthal)将军在日志中写道:"我们应当碾碎他们,让他们在一百年里都不能喘息。"路德派的牧师则在激烈的布道中,反复鼓吹要像以色列人追杀非利士人一样,对法国穷追不舍。不过,在德意志方面的领导者们看来，情况就没那么乐观了。9月4日革命之后，有人听到威廉国王忧郁地评论说："战争才刚刚开始。他们现在会开始普遍征兵。"谢里登将军则声称俾斯麦"惧怕"共和国的成立，因而在色当战后并没有立刻批准德军向巴黎进发。从纯战术角度而言，执行封锁的12.2万步兵和2.4万骑兵似乎并不足以完成任务，他们的人数甚至少到了危险的地步，德军要沿着50英里长的周界围困一座拥有50万武装人员的城市，按照估计，战线密度仅仅是每一码一名步兵。毛奇在祈祷，在围城部队挖好工事或腓特烈-卡尔的军队从梅斯腾出手来之前，他希望陷入震惊的法国人不要发觉围城部队的数量劣势；另一方面，普鲁士情报机构认为巴黎的补给物资只能够支撑至多10周的守城战。除此之外，有位亲鲁士的英格兰人（需要承认的是，他听起来像个有着古怪成见的人）写了封信，提到了巴黎周边地区森林里的恐怖陷阱。总而言之，随着普军进入围城阵地——他们的行动就如一把精心设计的锁里的制动栓一般精确——一切都要求守城方以最谨慎的做法行事。毛奇是位薄嘴唇的谨慎赌徒，他显然不会认为一次突然的猛烈攻击就有可能突破巴黎的堡垒防线，让守军毫无估量对手兵力的机会。

从法军的视角出发，随着普鲁士王储的军队绕过南线堡垒，向西赶往凡尔赛，这支部队的侧翼不仅暴露在外，而且拉得太长了。它提供了一个诱人的脆弱目标，这在某种程度上与著名的巴黎总督加列尼在1914年发现的德军弱点——这引发了马恩河会战——不无类似之处。啊呀，虽然如此，这个显而易见的重要黄金机遇却证明了特罗胥并不是加列尼（此外也必须承认，他的部队也不是1914年的法军）。在绕过巴黎两侧的运动中，普军侦察部队惊喜地发现他们几乎并未遭遇抵抗,法军在堡垒环线之外也没有部署大部队。不过,9月19日还是发生了一场战斗,这将发展为围城战中的第一场真正会战,它将对特罗胥所有的后续行动都造成双重负面影响。

巴黎南侧有一处名叫沙蒂永高地的隆起地貌。如今,通往奥尔良的20号国道贯穿了高地,路旁还矗立着一座核能研究中心。从城市的角度来看,这座高地并不是显而易见的,不过,即便到了今天,尽管城市郊区已经围绕着高地发展起来,它依然提供了令人印象最为深刻的巴黎全景视角之一。站在那里,你会感觉自己几乎能够向前触及先贤祠和荣军院的穹顶。若是敌军在沙蒂永高地上部署重炮群,那么拱卫巴黎南侧的主要堡垒中,就有三座会处于危险、脆弱的境地。更糟糕的是,正如巴黎后来发现的那样,克虏伯先生曾在1867年展出的那些巨炮实际上可以从高地打到巴黎本身的心脏地带。法军在高地上设立了许多小型前哨据点,它们由第十四军把守,此时负责指挥的是迪克罗将军(第十三军也在他麾下)。这位将军在色当"便壶"里被俘,但此后还是设法逃脱了(俾斯麦声称迪克罗并未遵守战俘誓言,要是他再让普军逮住,就得被枪毙),到这时已是特罗胥的左膀右臂,一如既往地充满激情、干劲十足。他设立在沙蒂永的前哨可以看到王储的军队沿着通往凡尔赛的主干道在法军面前稳步行进,它的侧翼则近乎侮辱地朝向迪克罗。对这位脾气暴躁的老兵而言,这幅景象实在是让他受够了,这年夏天,在他亲身参与的诸多会战中,法军因被动防御而一再被击溃。他敦促特罗胥准许自己向通往凡尔赛的道路发动攻击,如果能够取胜,这就能够确保法军控制沙蒂永高地,与此同时可以切断对敌军严密包围巴黎而言至关重要的交通线。

特罗胥给迪克罗下达了命令："你可以试探他（王储）的侧翼，但必须极为谨慎地展开作战。"随着围城的持续，这样的话语在特罗胥嘴里变得越发典型。对愤怒的迪克罗而言，这是远远不够的，他要么必须在敌军控制沙蒂永之前全力出击，要么就该无所作为。特罗胥在事后为自己辩护，指责迪克罗想要执行"在军事上高度鲁莽的行动"，还（不无理由地）补充说，如果他准许迪克罗将第十三军也投入其中，那么"巴黎围城战就会在那里结束"。就这样，两人同意展开一场折中的作战行动，按照特罗胥的说法（又是事后的说辞），其目的不过是让德军认为他们必须经历一场苦战才能夺取巴黎。

19日破晓后不久，迪克罗的士兵发动了法国自色当灾难以来的第一次大规模军事行动。迪克罗的行动计划相当简单，因为"人们不可能对这样缺乏经验的部队有多少期待，啊呀！不幸的是，他们甚至比总司令想象的还要稚嫩"。在右翼，一个朱阿夫团需要在攻击中通过默东（Meudon）——那里现在有着迷人的树木和娱乐公园，但这支朱阿夫部队并不是享有盛名的坚韧北非袭掠者老兵（维多利亚女王曾称呼他们是"我亲爱的近卫军的友人"），大部分都是年轻的新兵。尽管对其中绝大部分人来说，这还是他们的第一场会战，但他们早已听够了关于普军的所有恐怖故事，讲述故事的正是团里的年长者。此前常见的军需混乱状况是弹药并没有及时运到前线，但在此时，弹药已经运抵朱阿夫兵手中，他们正聚在一起进行分配。突然，一个训练有素的普鲁士野战炮群打出的榴弹，落在了法军当中。一些年轻的朱阿夫兵逃散了，连锁反应随即发生。将近一个营的别动军虽然并未流血，却被朱阿夫兵的绝望吼叫吓坏了，他们开始在早晨的雾霭中相互射击。在这团刚刚出现的混乱中,英勇的迪克罗亲自"以跑步"抵达现场。劝诫、哄骗、威胁,靠着这些手段,他能够鼓舞别动军,让这些犹豫的士兵们鼓起勇气,可是,朱阿夫兵的士气已经无法挽回了。他们发出为自己推卸责任的有害吼声"我们被出卖了"(当命运不青睐法军时,可以过于频繁地在战场上听到这种话),成群逃往巴黎。连这些享有盛名的红裤子部队都逃跑了,那些没那么时髦的步兵们也就跟随着朱阿夫兵一起撤退。

蒙帕尔纳斯(Montparnasse)的街道上很快就满是逃兵。龚古尔在那里遇到了一个排的朱阿夫兵,他们匆匆回城,只剩下很少的人。"他们说原先隶属的那支2000人的部队就剩下他们自己了。在更远处,一位受惊的别动兵提到默东森林的普鲁士人有10万之多,而维努瓦军就像出膛的炮弹一样跑散了……在这一切说法中都能感受到恐惧带来的疯狂,惊惶造成的错觉。"后来,龚古尔在马德莱娜(Madeleine)附近遇上了更多的朱阿夫兵,他以日记作者的那种解析兴趣研究了他们:"逃兵的神情空虚、迟钝,脸上弥漫着灰绿色,他不能专注于任何事,也不能解决任何事。"别的巴黎人就没有龚古尔那么超然了,面对那些宣称被军官抛弃的逃兵,有位美国人听到一个"红巫婆"反驳道,"或许是**你们**在前线扔下了他们"。路易·佩居雷之前刚刚去国民自卫军第115营报到,他发现自己被逃亡者包围了:"逃兵说有人打算蓄意屠杀他们,因为他们在投入作战时就没有子弹。他们说了谎,因为我们检查了他们的子弹袋,发现里面不仅有弹药,而且连一包子弹都没有拆开,这些懦夫连一发子弹都没有打出去。"

迪克罗在前线尝试稳定局势,他竭力要求士兵不惜一切代价坚守沙蒂永多面堡,它是法军在这座重要高地上的最后立足点。

可是，虽然特罗胥已经命人就堡垒线做了种种工作，但在永备工事之外实际上并没有进行过施工。因此，多面堡本身显然是无法坚守的，而当迪克罗发现某位异想天开的官员在前一天晚上已经下令毁掉沙蒂永高地的唯一水源——位于舒瓦西勒鲁瓦（Choisy-le-Roi）的水厂——后，他就被迫做出最终决定了。他勉强地下达了撤到堡垒线之内的命令，尽管法军在该月的剩余时间里发动了多次争夺高地的尝试，这个关键地点却还是落到了敌军手中。普鲁士王储几乎无法相信他的好运，可由于普军普遍担心继续作战会给围城部队带来不确定性，因而并未尝试展开追击。正如法军后来承认的那样，南线堡垒当时仍然绝对没有准备好击退普军的全面攻击，如果普军快速追击，紧跟在沙蒂永的逃兵身后，本可以一劳永逸地结束战争。但这并不是毛奇的作战方式，同样也不是蒙哥马利（Montgomery）在阿拉曼的作战方式。

9月20日，两个普鲁士集团军的枪骑兵在凡尔赛——它一枪不发便宣告投降——附近会师。围城自此开始。巴黎和法国其余部分的联系此时已被切断，这与列宁格勒有所不同，在那场围城战中，纳粹军队始终未能彻底完成环绕城市的钢铁包围圈，因而处于不利的境地。就在同一天，普鲁士王储站在一座俯瞰城市的高地上，凝视着荣军院那闪光的镀金穹顶，它看上去似乎近得不可思议。《泰晤士报》的威廉·霍华德·拉塞尔当时和王储在一起，他认为这是"人眼能够看到的最美景象"，随后又躺在地上，用自己的望远镜仔细观察防御工事。"人们正在堑壕里热情地工作。当我将目光扫到旺夫（Vanves）一线时，我看到某个炮眼里有一名军官正在用望远镜认真地注视高地方向，他显然是在命令炮手操作身边的火炮。我可以顺着炮管一直看到它的内部。"这神奇的围城景象立刻唤起了王储脑海里的记忆:"1867年,那个天气晴朗的温暖周日,当时这里的喷泉为我的父亲和沙皇亚历山大表演……"圣克卢宫属于之前曾招待王储的主人,它此时已被抛弃,一幅描绘王储的岳母维多利亚女王——仅仅15年前,她曾在这里进行国事访问——的巨型油画俯瞰着宫里的楼梯,王储在桌上发现了一叠邀请函,抬头还写着"摄政皇后"。命运之轮转动得多么迅速、多么无情啊!在这里,长久以来的欧洲头号军事大国沦落到凄惨的耻辱境地,敌人的首都——当代的巴比伦——就呈现在普鲁士面前,几乎可以抓在手中。

在巴黎,沙蒂永会战前几天的情绪(正如龚古尔所描述的那样)是"让他们过来,让火炮轰鸣!这已经等得太久了"!当第一声火炮轰鸣从远处传来时,街上便站满了焦急地等待消息的人们。按照惯例,起初出现的消息仍是有关"大捷"的谣言。然后,从沙蒂永战场逃出的可怜残部带回了真相。初战失利带来的惩罚立刻落到了可怜的逃兵身上。愤怒的群众在通往巴黎的道路上逮捕了逃兵,朝他们脸上吐痰,还威胁要对他们动用私刑,直到国民自卫军过来把他们押送——途中多次动用了枪托——到市中心才算结束。就连秉持自由主义的朗贝尔女士(Madame Lambert)也在日志中写道:"当他们枪毙逃兵时,我可以毫无牢骚地注视这一幕。"一周之后,汤米·鲍尔斯实际上看到了21名逃兵"双手反绑在背后,外套也被翻了过来,绕着土堤行走,然后从马约门送出去枪毙……"但他补充说,"然而,还有些人坚持认为他们根本就没有遭到枪杀,而是被带到另一个城门,还把外套正过来了",实际上,的确没有记录表明有谁真的被枪决了。特罗胥的官方公报在措辞上依然沿袭着将灾难说得尽可能小的古老军事话语，但它还是明确表示："我军有些士兵以令人遗憾的鲁莽退却了……"但这并不能掩盖沙蒂永惨败的严重后果。随着高地的丢失，法军在堡垒线外维持任何据点的希望就此破灭，堡垒线也自动变成了封锁线。更糟糕的是，朱阿夫兵的表现巩固了特罗胥对他麾下部队的悲观印象，从那时起，他对任何从巴黎大举出击的攻势作战都抱有极大的保留意见。

沙蒂永会战次日，巴黎人听说有一颗巨型地雷在高地上被引爆了，当时恰好有许多德方观察者集中在那里，正在从他们新近赢得的阵地上贪婪地注视着巴黎，这令巴黎人略微找到了一丝安慰。而在高地附近，各式各样旨在将局势从灾难中拯救出来的小规模战斗贯穿了9月的剩余时间。9月23日，法军在维勒朱夫（Villejuif）战斗中的表现已经比之前好多了，不过，战略态势依然未曾改变。[24]关于法军发动的这些攻击，普鲁士王储的参谋长布卢门塔尔在日志中写道："我军的防线极为薄弱，要是敌军集中全部兵力攻击一点，我军就一定会被打退，防线也会被击穿。幸运的是，敌军并不懂战争这一行，而是将兵力盲目地浪费在全面攻击上。"

* * *

就在迪克罗的士兵投入沙蒂永高地之战的那一天，朱尔·法夫尔恰好与俾斯麦在巴黎以东15英里处的费里耶尔（Ferrières）举行和谈。自从废黜路易-拿破仑起，新成立的共和政府就怀有幻想，认为可以达成体面的和约——当然还得找到恰当的求和渠道。随后便是一连串慌张的外交活动。9月6日，法夫尔和梯也尔告知莱昂斯勋爵,他们希望通过中立大国的居中斡旋,在赔款但不割地的基础上达成和约。关于后一点,法夫尔的莽撞造成了无可挽回的后果,在一封写给欧洲各国内阁的公开信中,他宣称法国永远不会交出"她的一寸土地或要塞的一砖一瓦"。在他俩与莱昂斯勋爵的会谈中,梯也尔试图强调巴黎的"红色威胁",以此打动英国人,让他们确信需要快速找到解决方案。事实上,莱昂斯的确在下一周给外交大臣格兰维尔勋爵发回了报告,表示自己认为"内部的赤色分子比外部的普鲁士人更有可能造成永久性的麻烦"。9月7日,法夫尔就在乞求沃什伯恩"通过调停达成和约",两天后,他派遣梯也尔去伦敦执行类似的任务。梯也尔在那里得到了带有同情的礼貌对待,然而格莱斯顿政府和平常一样忙于国内改革,因而并不能给出什么实质性帮助。他从伦敦赶往维也纳,从维也纳赶往圣彼得堡,从圣彼得堡赶往佛罗伦萨,甚至暂时把卡斯蒂廖内伯爵夫人从被人遗忘的地方请出来,让她代表法国,用那些早已被证实的魅力影响俾斯麦。可是,他所得到的不过是含糊其词、半真半假的许诺而已。此时,欧洲已经彻底地敬畏普鲁士了。

在梯也尔离开伦敦之后,法夫尔决定与俾斯麦直接会谈,并且要求有第三人在场。俾斯麦同意了他的请求,法夫尔依然满怀乐观情绪,他动身前往莫(Meaux),根据报告,那是威廉国王最近一次设立总部的地点。事实上,这两队人马在路上擦肩而过,法夫尔在疲倦之余不得不回头赶往费里耶尔——俾斯麦正在那里入睡。很快,法夫尔的幻想就消散了,他发觉俾斯麦对自己这位共和国全权代表摆出了苛刻的谈判姿态,严厉程度甚至不下于他在色当对路易-拿破仑手下的德·温普芬摆出的姿态。当天深夜,他在费里耶尔的罗思柴尔德（Rothschild）家族大宅苦苦恳求俾斯麦，腓特烈王储将这一幕温柔地描述为"柜脚朝天的五斗柜"。可是，这位机敏的律师在各个方面都落入了对手的算计当中。俾斯麦在谈判中时常会详尽地阐述吸烟的好处，他以冷静超然的态度研究对手，朝他吞云吐雾，不抽烟的法夫尔则紧张到烦躁不安的地步。俾斯麦说的所有话都反映出了耀武扬威的普鲁士人那崭新的、强人所难的性情。最后，他以不加修饰的蛮横态度提出了普鲁士的要求：阿尔萨斯全境和洛林的一部分。"我可以确定，"他略带预言性质地补充道，"将来某个时候，我们会和你们发生一场新的战争，我们希望在作战中享有所有优势。"法夫尔指出，任何一个屈从于这一条件的法国政府都不可能幸存。"你是想要毁灭法兰西！"他大声惊叫，然后突然痛哭起来。[25] 俾斯麦则进一步阐明要求，如果法军不事先交出仍在坚守的图勒和斯特拉斯堡要塞，那么普军甚至都不会考虑签订临时休战协定。

会谈就此结束。在俾斯麦的一位随从眼里，法夫尔在离开费里耶尔城堡之际看上去"被打垮了，意气消沉，几乎陷入绝望"。除了耻辱之外，法国只取得了一个成果——英国的公众情绪开始发生转变。维多利亚女王本人已经给威廉国王发去了电报，请求他在费里耶尔"展现雅量"，不过，她还是明显地遭到了冷落。此外，随着俾斯麦的苛刻条件公诸于世，以下感受在英国传播开来：普鲁士不再是受害的一方，既然决心继续作战，她就变得不正义了。可是，法国能够从英国刚刚出现的同情心中得到什么直接利益呢？

回到巴黎后，法夫尔不得不讲述的内容令临时政府不仅倍感震惊，而且极度愤慨。甘必大立刻电告巴黎的各位警察局局长：

"在所有市镇张贴法夫尔与俾斯麦的对话梗概……愤怒的巴黎发誓抵抗到底。让外省奋起吧！"对法国而言，当被普鲁士总参谋部的贪婪逼到墙角时，她似乎别无选择，只能用牙齿和指甲奋战到最后一刻。历史即将跨过一个决定性的分水岭，它不仅是普法战争进程的分水岭，更是整个欧洲国家关系史的分水岭。此后，战争不再按照18世纪的模式，不再是职业军队之间的礼貌竞争，而是遵循"适者生存"的丛林法则，成了人民之间的斗争，早在18世纪90年代，法国的普遍征兵制就已给出了它的预兆。欧洲会把这个难以忘怀的痕迹带入20世纪。

甘必大的电报立刻带来了问题：应当如何实际领导未被占领的外省投入全面战争？尤为重要的是，外省能派兵来援救巴黎吗？鉴于特罗胥实际上已经剥夺了这个国家的最后一批有组织的部队（他们被困在巴黎），那么还需要再组建新军。9月4日革命后，在波拿巴主义最为强烈的那些省份，坦率地说，舆论氛围是冷漠的，而且许多地方指挥官都在绝望的倦怠中陷入了瘫痪。可是，随着普鲁士人的实际意图带来了新的恐慌，在围城开始之前，传进巴黎的最后一批消息还是较为鼓舞人心的。居斯塔夫·福楼拜此时已是地方国民自卫军中的一名尉官，他从鲁昂给外甥女寄去了一封信，信中提道（他或许是过度乐观了）"军队正在组建，半个月内，或许就有100万人能赶到巴黎附近"；在给马克西姆·迪康的信（写于9月29日）中，他提道"我保证整个法国会在两周之内全面奋起。在芒特附近，有个农民扼死了一个普鲁士兵，用牙齿把他撕碎。简而言之，现在有一种真诚的战斗意志……"可是，谁来利用、疏导这种意志？说到底，谁来领导外省？国防政府刚一掌权，就出现了政府究竟应当留在巴黎还是撤到外省的争论。很少有政府成员认为世界上有什么军队能够彻底封锁巴黎，让它和法国的其余部分断绝联系，可是，真正决定事态的因素是天生的信仰：巴黎就是法兰西。经过一番漫长的讨论，到了9月11日，政府决定留在巴黎，转而派出克雷米厄以一人代表团的身份前往图尔。克雷米厄时年74岁，他缺乏实务经验，（像许多同僚一样）与其说是位实干家，不如说是个健谈的律师。事实证明，他无法应付图尔的混乱与嘈杂，因此，就在包围开始前两天，格莱-比祖安（Glais-Bizoin）和海军上将富里雄（Fourichon）被派过去协助他。这是一个令人印象深刻的不当选择，因为这两人也都年纪太大、老态龙钟，他俩立刻同样被实际状况压垮了。当时所需要的是一位丘吉尔。可是在法国的新领导人当中，存在这样一个人吗？就算存在这么一个人，他又怎么离开已经被围的巴黎呢？

9月23日，关于第二个问题，一个可能正确的答案自天而降，而且，它的确是从天上掉下来的。巴黎城里有许多气球，不过这当中绝大部分都程度各异地需要修理，著名的"天堂"号也在其中，它曾在1867年的世博会上以系留飞行令访客眼花缭乱，此时却被人描述成一柄"漏勺"。不过，其中有只名叫"尼普顿"（Neptune）号的气球还是被人修补得足以飞行，它在23日飘出了巴黎，从震惊的普鲁士人头顶上飞过。历经3个小时的飞行后，它那勇敢的驾驶者迪吕奥夫（Duruof）携带125千克的公文，在敌军控制范围以外的埃夫勒（Évreux）成功着陆。另外4只气球很快相继起飞，（足够令人震惊的是）其中没有一名乘员被击落、俘获或遭遇其他不幸事件。封锁似乎已被打破，巴黎与外省之间已经建立起了一种足够可靠的通信方式，竟到了让邮政部部长朗蓬

（Rampont）先生发布命令、正式建立一座"气球邮局"的地步。

刚有人提出要再派一名全权代表乘坐气球赶赴图尔，无畏的迪克罗就表示自己愿意前往。迪克罗拥有未受玷污的名誉，作为法国最具活力的军方领导人之一，他本该是一个很好的选择。可是，鉴于俾斯麦给他的脑袋开出了悬赏，再考虑到他的气球可能落到普军营地里，这么做的风险实在是太大了，他的图尔之行就此夭折。此外，特罗胥还认为他在巴黎也是不可或缺的人物。政府里只有少数声音拥有能够与迪克罗相提并论的热情。罗什福尔反常地保持沉默，法夫尔——他宣称（根据特罗胥的说法）"危险的职位就在巴黎城内"——一想到冒险飞行，脸色就猛然发青。特罗胥后来以值得赞赏的诚实承认，"甘必大先生是我们当中唯一毫不担心乘气球飞行前景的人"，而且，甘必大作为内政部部长，看上去的确是前往外省组织一场普遍征兵运动的合适人选。甘必大身上一些较为值得注意的品质当时看上去还没那么明显。他年仅32岁，而且就体格而言看上去实在没什么前途。他是一个居住在卡奥尔（Cahors）的意大利杂货商的儿子，罗什福尔将他描述为"趋向于瘦削的身材，长长的黑发，犹太人的鼻子，有只眼睛从眼窝里恐怖地向前突出，让人担心它会不会整个儿掉出来……"（后来的一次手术解决了这个问题）。他的道德相当糟糕，还有些个人习性甚至更加糟糕，放纵的波希米亚式生活导致他早衰，让他的胡须和大片黑发中早已出现了些许灰白迹象。可是，他在30岁之前便已成为法国最好的演说家之一，尤为重要的是，南方的血统赋予他激情，而这正是9月4日的其他人物极度缺乏的特质。作为甘必大最忠实的仰慕者之一，沃什伯恩公使（公使也是第一批认识到他身上优点的人物）回忆了他是如何在著名的博丹审判中一举成名的，甘必大当时"倾泻出滔滔不绝的话语，他的谴责与论辩似乎震住了整个法庭……就算是米拉波（Mirabeau）在最为活跃的时期，也永远不可能超过他"。按照另一位同时代人物的评判："他就连笑声也带着权威……对其他人而言，让他来指挥似乎是相当自然的做法。"他唯一缺乏的似乎就是军事经验。

把甘必大交托给一只气球的决定于10月3日做出，不过要到4天之后，一阵方向有利的风才让他能够起飞。7日上午11时，一大群人聚集到气球起飞台所在地，亦即蒙马特尔高地上的圣皮埃尔广场（Place St.-Pierre），这是巴黎的最高点，位于现在的圣心堂（Sacré-Cœur）附近。此前一天，当两个飞到几百英尺高的小型试验气球消失在浓雾当中后，人们的读秒也停下了，事故令人大为失望。但现在，所有的兆头都很好。甘必大到来时引发了一阵高声欢呼，他身上裹着一件毛皮大披风，这是某位好心的女士给他亲手准备的。老牌社会主义者路易·勃朗给了他一个告别拥抱，随着一声令下"旅客先生们，上气球！"甘必大爬进了敞开的藤筐里。人群里开始评论甘必大显而易见的紧张和焦虑，评点他通常红润的脸上出现的苍白神色，提及他如何紧紧抓住支索，谈论如何在支索之间加上一根绳索，以防他掉出气球。他的恐惧绝对是可以理解的。在1870年，对一个进行这种气球旅行的人而言，所需要的勇气可能至少与20世纪60年代的美国或苏联宇航先驱相当；对操纵气球的人来说，地面上并没有帮手或成套计算机引导他们降落，也没有待命的船队准备在海上搜寻，只有在"再入"问题上，他们对飞行的控制才优于宇航员。他们头顶上是装载着高度可燃煤气的大袋子，一发敌军流弹就能让气球变成火球。毋庸赘述，在任何一个国家，其他任何一位部长都不会把自己托付给这样一种交通工具，哪怕连最短暂的飞行都不行。随着缆绳脱离气球，甘必大设法鼓起了足够的勇气，让他能够展开一面三色旗，这呈现出典型的戏剧效果。这头上下摆动的脆弱大象难以预料地飞入空中，成队的人们引导着它，让它不要缠在附近的屋顶上。最后，伴随着下方的大声欢呼"法兰西万岁！共和国万岁！"，"阿尔芒·巴尔贝斯"（Armand Barbès）号开始无拘无束地上升，它以令人担惊受怕的动作旋转、颠簸，直到向西飞去，缓慢地从人们的视野中消失为止。它就算实际上并不是法国在这场战争中的"最佳时刻"，也必定是"最佳时刻"的开端。

第 6 章
左翼的麻烦

就在沙蒂永之战结束后,亨利·拉布歇雷"拜访了"巴黎周边的"几个地方"。所有人"似乎都忙于计算普鲁士炮群距离自己的某栋房屋有多远。我发现有位朋友坐在地下室里,把若干床垫放在上面,要把它改成防弹地下室。他从自己的地下避难所里出来和我聊天,命令他的仆人再堆上几个床垫,然后就退回原地了"。可是,当普军即将全面攻击带来的暂时性恐慌过去后,一种更为清醒也更为坚定的情绪开始出现在多数人心中。沙蒂永的挫折似乎给 9 月 4 日以来笼罩着巴黎的狂热乐观主义施加了猛烈的矫正(这在许多方面都是有益的)。在一封用气球运输的家书中,埃德温·蔡尔德描述道:"……街道和人群非常安静。一切热情都已冷却。要不是报纸消费量极为庞大,几乎无法察觉围城中的巴黎与平时的差别。"沙蒂永战后的那个周日,龚古尔沿着塞纳河漫步,他注意到"沉着的钓鱼者"此时也都戴上了国民自卫军的平顶军帽。《旗帜报》(*The Standard*)的记者奥谢(O'Shea)则有位朋友因玩撞球而受到非难。人们发现,就连新任街垒委员会主任罗什福尔也给他们喂下了一剂温和的镇静药,他发出了一条命令，要求市民节制自己的爱国热情，不要在未经委员会许可的情况下"自发"修建街垒，因为有的街垒修得离土堤太近了，竟然严重影响了土堤的防御！

当最初的绚丽过去，它留下的真空便开始被某种类似于无聊的危险东西占据了；之所以危险，是因为巴黎知道，对暴动和类似的社会弊病而言，最有利的温床莫过于无聊，它是最可怕的状况。剧院和歌剧院已经关上了大门，在沙蒂永之战后，10点钟的宵禁范围也将咖啡馆包括在内，晚间的街道变得漆黑一片、人迹罕至，这让汤米·鲍尔斯想起了伦敦。早在9月25日，银行家爱德华·布朗特就写道"夜晚极度沉闷"，拉布歇雷则以典型的舰队街抱怨口吻应和，他说到了晚上11点，"人们会觉得自己身处凌晨3点的某座无聊外省城镇"。截至10月21日，围城已经开始了一个多月，双方都没有开展大规模行动，鲍尔斯似乎开始后悔他在游艇假日做出的决定——放弃快活的生活来到巴黎，他抱怨"这里的生活正变得无聊，这是一个悲哀的事实"。

对一位敏感且有才智的巴黎人而言，围城开始意味着什么？龚古尔极好地总结了这种感受（他时常能够做到这一点），在10月15日的日记中写道：

> 独自生活，只能以毫无变化的方式交流思想，围绕着一个固定的念头局限在自己的思考当中；只能读到与一场不幸战争相关的、完全可以预料到的新闻。在这座早早上床睡觉的城市享受现代生活；什么也不能读到……所有供有教养的巴黎人消遣内心的活动都被剥夺了；错过了一切新事物和更新的事物（原文为 à manquer du nouveau et du renouveau）；最

后，还要在这种粗暴、单调的状况下无聊地混日子：战争，就这样，一种堪比外省城市的无聊将巴黎人囚禁在巴黎。

之所以会出现这种初生的无聊，主要原因无疑就是缺乏来自外界的新闻。许多经历过围城战的人在回首往事时，竟认为这种短缺甚至比后来的食物短缺更糟糕，很快，事实就表明新闻的匮乏成了最有害的心理因素，它在多个层面导致了不良后果。沃什伯恩公使在仅仅与外界隔绝一周后，便在日记里倾吐了如下言辞："我希望可以有一只气球飞进来，因为这种缺乏来自外部世界消息的状况已经变得难以忍受了。"可它只是个毫无结果的愿望，因为一个事实很快就变得显而易见：尽管气球可以不受伤害地离开巴黎，但回程飞行就完全是另一回事了。10月，有人设法把一份《鲁昂日报》（Journal de Rouen）偷偷带进了巴黎，它随后就被大量翻印，蔡尔德评价道："3个月前，谁要是敢说一份两周前的外省报纸会在运抵巴黎后造成轰动，谁就会被嘲笑奚落，然而，现在的状况正是如此。"

新闻封锁的直接后果之一是不可思议的流言大行其道，鉴于没有人能够反驳它们，巴黎报界便怀着热望出版这些流言。9月29日，有报纸宣称普鲁士人正在退往海岸地区，还引用了一位不具名的美国人的说法，表示他曾"听到普军在昨夜收拾行装"。下一周则传出了如下消息：奥马勒公爵（Duc d'Aumale）正率领军队从勒阿弗尔（Le Havre）赶来；巴黎和外省之间已经挖出了一条神奇的地道，羊和牛正通过地道涌入城内；在发明出的一大堆"秘密武器"中，有一种极为致命的新式机枪，它可以一下子杀掉3000名敌军。毛奇已经死去，普鲁士王储也陷入了垂死状态；梅斯以外的普军已被严重削弱，竟到了这种地步——用氯仿把每一位企图离开城市的居民都弄得失去知觉，以防他在通过普军战线时注意到普军薄弱之处；普鲁士的正规军已经耗尽，后备军则将要在柏林发动一场革命；甚至还有英格兰也爆发革命的谣言。10月24日，当北极光把天空变得血红时，有人说这是普军正在点燃巴黎附近的森林，希望用这个办法把巴黎人"熏出来"。

和这些根本站不住脚的报道并肩而行的是一栏又一栏的荒谬高调，这些文章令巴黎的英国记者们尤为愤怒。"巴黎的天才已赋予她世界的帝国，如果要让她落入蛮族手中，"《费加罗报》宣称，"天堂里就必定没有了上帝。她像上帝一样存在，像上帝一样不朽。"另一份报纸则抱怨全世界冷漠地旁观着"一个国家的废墟，而这个国家拥有最优雅的社交才能、欧洲最重要的珍宝和文明的永恒装饰"。拉布歇雷轻蔑地说，"没有什么别的报纸会这样自我感觉良好"。后来，在又经历了一系列灾难后，有个美国人在一份晨报上读到了这样的评论："谢天谢地，我们还可以依靠先人再支撑一会儿，他们足够卓越。"这番话让他想起了邦克山（Bunker Hill）上的男孩，当男孩被陌生人问起人们依靠什么生活时，他答道"南瓜饼和对过去的回忆"。这种高调是上行下效的，特罗胥对喋喋不休的华丽辞藻和斯巴达式的箴言怀有热情，而且可以肯定的是，只要维克多·雨果还在呼吸，那么就一定不会缺乏这种高调材料。9月21日，他用又一篇过于华丽的演说庆祝了第一共和国的周年纪念日，宣称"原先惯于取悦人类的巴黎，现在将会令人类感到恐怖。世界会为此惊讶……"。这些虚假的豪言壮语可能会削弱外国人社区对巴黎困苦状况的同情，但巴黎人还是以最大的热情接受这些话语。尽管缺乏真实新闻（或许正是因为缺乏真实新闻），巴黎对新闻报纸的需求却前所未有地强烈。实际上，在围城期间共有大约49种新报纸面世，对拉布歇雷而言，这些报纸从哪里搞到新闻纸是个始终存在的谜题。从后续发展的角度来看，更难以理解的事实是政府在整个围城期间都没有尝试通过审查控制报纸，这让各家报社能够持续不断地倾泻有害的谣言、大话，后来甚至能够对政府本身发动暴烈的煽动性攻击。（可资对比且值得一提的是，在列宁格勒围城战中，当局第一时间就没收了所有无线电台并切断了电话线。）

这个庞大的巴黎报刊群体代表了法国政治中的每一种色调。在极左翼方面，有三家著名的喉舌机构，它们并不满足于像大部分竞争者那样只是说大话，而是已经向新政府亮出了它们的獠牙。这三家报纸包括分别由布朗基和德莱克吕兹主编的《祖国在危急中报》(*La Patrie en Danger*)和《觉醒报》，这两位职业革命家都曾在帝国的各个监狱里待过很久；但其中谩骂最为激烈的还是费利克斯·皮阿的《战斗报》(*Le Combat*)。皮阿当时60岁，和布朗基、德莱克吕兹一样，他生命中有29年在监狱里度过，剩下的许多时间还消耗在流亡途中。经验赋予他卓越的第六感，不知出于什么缘故，他总能及时出现在革命或阴谋的关键时刻，不过当局势不妙时，他突然消失的能力更为卓越。他流亡期间的同伴路易·勃朗曾对朱丽叶·朗贝尔评论道："他的猜疑超乎常情，在伦敦没有人知道他的地址。他最好的朋友也对此一无所知。费利克斯·皮阿甚至永远都不会把地址告诉费利克斯·皮阿，以防费利克斯·皮阿泄露此事。"皮阿曾协助促成1848年的六月起义，之后当其他人为此付出代价时，皮阿却消失了，到1871年5月，这个滑不留手的人物又是少数几名漏网的公社领导人之一。此人的外表掩盖了严重缺乏勇气的内心,他略微有点像路易-菲利普,曾有一位作家如此描述他:"个头极高,头发和胡须颇具浪漫气息,有着狮子般的骄傲目光,声音的传播范围远得不可思议……他是最纯粹的浪漫恐怖分子,永远都会投出一颗纸炸弹……"皮阿在某种程度上是密室里的罗什福尔,他没有后者那种对大众的感染力,但几乎是和后者同样优秀的记者,在依靠自己的隐喻力量使人犯下愚行方面,皮阿的能力还要更胜一筹。路易·勃朗将他描述为"拥有精辟思想和得体演讲能力的杰出人士。可一开始写作,他就成了疯子,不能控制自己……"。对罗什福尔而言,他只不过是"一个被20年流亡生涯折磨的愤世嫉俗者,粗鲁地抱怨没有拿到共和国里应当属于自己的职位"。作为一个背弃资产者出身的人,再没有谁能比皮阿更有效地激怒被他抛弃的阶级,与此同时,在激进的共和派当中,也没有谁的政治主张比皮阿更无效、更不成熟。

在帝国倒台之际,皮阿结束了流亡生活,从伦敦回国,并于9月16日创办了《战斗报》。他的第一个惊人之举是向读者募集资金,用这笔钱购置一支"荣誉步枪",把它奖励给任何一位狙杀普鲁士国王的巴黎人,没过多久,《战斗报》又公开表示它同样欢迎除掉特罗胥将军。沙蒂永初战遭遇惨败后,"赤色分子"(较为温和的圈子如此称呼极左派)和政府之间在9月4日后达成的不稳定休战就此终结。此时,《战斗报》及其盟友在对政府的攻讦中已经彻底地代表了巴黎无产者的立场,与此同时,它们也重燃了革命的余烬。反政府力量的这一高速发展背后存在诸多复杂因素,仅仅从纯理性角度出发并不能完全解释清楚。前文已经提到过,法国的无产者对普鲁士人怀有极强的敌意,但这里还是得对此再做一次评论;尤为重要的是,这种状况与间战期间遍及世界的反对军国主义的左翼和"人民"运动存在奇怪的反差。在围城开始阶段，来自贝尔维尔的群众每天都在美国公使馆外举行爱国游行，关于这种状况，助理秘书霍夫曼尖酸刻薄地评论道："沃什伯恩日复一日地被人喊出去感谢这种爱国示威，我真心非常讨厌它。"不管左翼的爱国主义气氛变得多么古怪，它无论如何还是热忱且真挚的，但其中同样存在一种具有强烈排他性的元素。因为与法国的其余部分相比，是巴黎、神圣的巴黎受到了最为直接的威胁，巴黎必须坚守到底。特别是对工人阶级而言，巴黎就是法兰西，而这个国家的其余部分主要由封建地主、反动农民和教士组成。巴黎是神圣的革命之城，随着关于1792年击退外国入侵者的大无畏记忆再度浮现，人们开始听到号召巴黎公社复活的呼吁，认为它会像著名的前辈那样，以某种神秘方式重复奇迹。

早在举行世博会的那一年，普罗斯珀·梅里美就评论道："资产者怀着恐惧对待战争；但人民……渴望着吃掉普鲁士人。"自9月4日起，巴黎这两个阶级之间的分化已经加剧到无以复加的地步。随着围城的持续，分化似乎仍有可能进一步加剧；首先，尽管俾斯麦在费里耶尔提出的苛刻条件暂时将法国团结到一起，让全国都倾向于继续作战，但是，这无法与纳粹在面对列宁格勒时曾（愚蠢地）表示他们不管守军投降与否都要摧毁城市、消灭全部居民相比，那样高度捆绑性的恐怖元素仍然是不存在的。对资产阶级和商人阶层而言，拖延下去的战争注定导致物质财富的损失，而巴黎的无产者从未拥有过这种财富。与此同时，在后者心中，9月4日后的战争已经在意识形态上发生了重大转变。这一天之前，状况在某种程度上可以说是模棱两可的，普鲁士人既是敌人，也是敌人——路易-拿破仑——的敌人。可现在，他们正在威胁共和国和必须不惜一切代价捍卫的光荣新革命。无产者在捍卫革命时要抵抗的也不仅仅是普鲁士人。

像布朗基、德莱克吕兹和皮阿这样的老手都能够想起，此前的多次革命当中资产者如何篡夺了工人那与生俱来的革命主导权，他们对此的记忆实在太过鲜活，现在，他们依然恐惧这种状况会再度发生。每当温和派阵营声称"赤色分子"的威胁与普鲁士人一样大时，极左派都会注意到每一句话，将它们理解为一种对未来可能发生的事件的预警。背叛成性的资产者早晚会和反动的普鲁士人达成交易，他们之后就会展开合作，再度着手镇压**真正的**巴黎共和派人士。极左派怀着极大的不信任感看待法夫尔与俾斯麦的谈判本身，布朗基刊登在9月22日《祖国在危急中报》上的评论就反映了这一点："自从9月4日以来，所谓的国防政府就只有一个想法：和平……它不信赖抵抗……"此后，每一次新出现的军事挫折、特罗胥及其同僚的每一个软弱迹象（这样的迹象从来就不少），都被解读为缺乏信心、私下勾结的证据，甚至会被当成更为严重的叛国证据。

他们到处攻击政府，就如何更猛烈地投入作战提出建议，与此同时抓住机会在自己控制下的巴黎推行一切力所能及的市政改革。早在9月15日，就有一个自称"二十区中央委员会"的机构发布了一份公告，要求"举行市政选举，控制警察权力，所有行政官员职位的选举和职责都要由投票产生的市政当局掌握，新闻享有绝对自由，允许集会和结社，征用一切必需的食物……"。一个星期后，中央委员会发布了另一份公告，宣称："第一点：只要还有一个敌人占据着共和国的领土，共和国就不应当谈判。第二点：巴黎下定决心，宁愿被埋在自己的废墟下也不会选择投降……"这份布告随后继续要求废除警察局,通过选举产生具有全权的巴黎公社。在贝尔维尔,3000名"公民"举行集会,一致同意"罢免"第19区的区长,并发布命令,要"公民们立刻将其逮捕"。极端共和派人士天生的反教权主义很快便冲到了台面上:10月9日,公民贝尔蒂德尔(Berthydre)发表了一封公开信,建议让"英勇的国民自卫军"住进教堂,并在教堂里安置牛羊,这激怒了资产者;其后不久,《祖国在危急中报》明确要求"所有医院都要肃清教士,将他们逮捕起来、武装起来,安排在爱国者前方,放到最危险的地段"。其间,"赤色分子"也得到了一些新的助益,政府在9月底举止软弱,它日复一日地宣布延迟市政选举,最终于10月8日宣会把选举推迟到解围之后一并举行。

而且就在此时,一个潜在的权力来源——巴黎的极端分子此前从不知道它——将会极大地增强他们的声音。国民自卫军已经迅速将自己确立为左翼的风暴中心。从政府的视角来看,这支武装力量在诸多方面表现得甚至比预期中更糟糕,哪怕是像特罗胥这样最持怀疑态度的正规军人也没有想到这一点。起初,在埃内斯特·皮卡尔(事实上还有甘必大)这样秉持乐观态度的自由派人士心中,创建国民自卫军可以起到三个作用:它能够迅速培养一大批受过训练的士兵;它可以为正在面临广泛失业的巴黎穷人提供救济;它会给"赤色分子"一个发泄好斗情绪的出口,从而让他们保持安静。然而,政府的希望只在第二个方面可能有些效果。国民自卫军依靠服役可以得到很不错的报酬——每天1.5法郎(1法郎合20个苏),此外,他们的妻子可以拿到一半军饷(皮阿立刻要求"未结婚的妻子"也应当享有同样的好处)。[26] 毫无疑问,在围城期间,这会令许许多多较为贫穷的巴黎人免遭饥饿之苦,可就连这些利益也有着内在的危险,年轻的汤米·鲍尔斯迅速用他那精明的目光注意到:"当战争结束时,这30个苏会成为一个难以克服的困难,因为拿军饷的人早已认为自己有权从国家得到金钱,将会强烈抗拒取消军饷……"

不论是出于30个苏的诱惑还是真挚的爱国主义,纯粹就数量而言,国民自卫军的征召工作取得了始料未及的成功,自卫军士兵起初也是热情十足。仅在9月5日到13日之间,就有78个全新的营(每个营约有1500人)得以组建,月底时国民自卫军总人数达到36万,这相当于政府预期数量的两倍之多。这支军队当中似乎无所不包,后来曾担任警察局局长的克勒松(Cresson)声称至少有2.5万名逃犯参军,有个给城里的罗思柴尔德家族工作的英格兰人还看见男爵阁下本人身穿制服,等着去防御工事里执勤。每个营都以地区为基础组成,来自贝尔维尔和梅尼勒蒙唐的无产者部队就和那些来自较为富有的城区的部队形成了鲜明反差,后者有时候还会带上既诱人又年轻的随军女商贩,打扮得就像喜歌剧里的团属姑娘一样。军服呈现出极度混杂的状况:有的营穿着巧克力般的棕褐色军装,有的营是亮绿色,还有的(像是1914—1918年的前兆)是浪漫的天蓝色,在最初几天里,登上土堤负责警备的自卫军士兵从格子呢到羊皮衣,什么都穿。不过,这支武装力量很快就分成了两个部分——无产者和资产者,关于各支部队的规模与组成状况,牢骚也同样迅速地出现了。至少有一位持批评态度的英国观察者——拉布歇雷——认为,如果要评判对立双方中的哪一方在最初几天里给人留下了更好印象,答案绝对毫无疑问(尽管这个观点后来会发生改变):"我已经被这两者间的差异震撼了,一边是这些准备好为自己国家荣誉而死的穷人……

一边是在时髦的军营里碰头的年轻人，他们气氛荒谬、吵吵嚷嚷、穿着整洁的制服。这是真实与虚伪间的差异……"

特罗胥任命塔西米耶（Tamisier）将军指挥国民自卫军，他是一位出身资产者家庭的正规军官，完全和上司一样对"非正规"部队持怀疑态度。在那些"赤色"营眼中，他唯一的优点就是曾在1851年试图帮助共和国粉碎路易-拿破仑的政变，从而在监狱里待了17天。朱尔·法夫尔后来如此评论他："权威在他的手中浮动，他的勇气在面对敌人时会创造奇迹，却不足以克服自身个性中的怯懦。"热衷于炫耀的弗路朗斯（Flourens）是某个贝尔维尔营的营长，他以更加轻蔑的态度对待塔西米耶，将此人视为"一个不错的老人，有着退休杂货商的印记，20年前必定是个多少有些干劲的人"。但在那些"赤色"营里，真正的权力掌握在煽动家手中，因为他们坚持要求获得自行选举军官的权利——政府则软弱地表示赞成。不考虑任何军事资质的选举就此展开，一般而言，拿到高级职位的人是臭名昭著的临时演说家和红得发烫的革命者。鲍尔斯引述过他在俱乐部里碰到的一位"纨绔公子"详述的典型场面："让我感到厌烦的是，我的中士就是我的门房。他在我们营地的酒馆里喝了好多酒，就这样出了名，我的天哪，他们于是选了他。多奇怪呀，我不得不让他准许我过来吃吃喝喝！"整体而言，自卫军几乎就没有纪律，这很难令人感到诧异。在国民自卫军参与的最初几次战斗中，来自其中某个营的部队逃进了一家女修道院，穿上了修女的衣着。后来，有位"长相古怪"的上校去检阅自卫军的某支部队，却被人发现原来是个女人；她实际上是正牌上校的情妇，上校本人则不愿打断自己的牌局。这样的插曲——再加上某些营吵吵嚷嚷的大话和面对敌军时实际表现间的反差——让自卫军成了巴黎的嘲弄对象，这就算没什么别的作用，至少也有利于巴黎人在围城期间保持较好的心境。

太多的巴黎人会赞同拉布歇雷手下操着伦敦腔的车夫的观点："先生，为什么要给这些人夏塞波呢？这很像是把表送给赤身裸体的野蛮人。"他们或许也会赞成普罗斯珀·梅里美的看法，早在8月，他就曾悲观地对友人帕尼齐预言："巴黎是平静的，可是，如果有人像朱尔·法夫尔所要求的那样把武器分发给各个郊区，我们脖子上就会产生一支崭新的普鲁士军队。"没有什么迹象能够令军方确信自卫军可以变成真正的军人，也没有什么能够将马基雅维利的告诫从资产者的脑海中驱除："负责某座城镇防务的人要避免忙乱地武装市民，就像是避开暗礁。"事实上，要是巴黎的资产者能够读到卡尔·马克思在这几周从伦敦写给他老朋友库格尔曼医生（Dr. Kugelmann）的信，他们就会更有理由感到恐惧："不管战争怎样结束，它已经教会法国无产阶级掌握武器，而这就是未来最好的保证。"

所以在托付给国民自卫军的各种职能中，最为活跃的就是让他们站在远离实战前线的土堤上执行警备任务和协助维持城内秩序（尽管从长期角度来看，他们造成的纷扰还要多过平息的纷扰）。汤米·鲍尔斯曾观察过正在执勤的国民自卫军："他们打了洞，在里面填上钉子，让土堤上密布尖头朝上的铁钉，甚至还用碎玻璃覆盖了这些东西，好像把普军当成了很多只猫。"埃德温·蔡尔德在10月份加入了一支与国民自卫军类似的武装部队，公民自卫军，他发现委派给自己的任务是监督当地屠夫对肉类的分配，次月，他就在绝望中转入了国民自卫军。可是，正如我们将要在后文看到的那样，他会发现国民自卫军从事的勤务更加令人幻灭。路易·佩居雷是一个年轻的法国人，他怀着对左翼的同情态度在9月16日加入了第115营，发现自己的任务局限于每天训练两次。一周之后，他的第一次"行动"似乎就是处理永恒不灭的三角事件："……逮捕一名男性、他的妻子和另一名女性，并将他们押解到专员那里。你可以看到，它并不很危险……"可是，他至少感觉到一点，除去分发下来的军服，他终于有了足够的钱，能够让人裁"一条很好的裤子和一件相当不错的马甲"。

可以理解的是，对自卫军而言，他们的无用之感对士气造成了严重影响；随着他们将时间消磨在抽烟、喝酒、玩牌和传闲话上，无聊就成了一种慢性病，并导致了更为严重的弊病。诗人保罗·韦莱纳刚刚娶了一位年仅16岁的新娘，他此时加入了第160营，在巴黎以南的伊西附近执勤。"起初，它的确是迷人的，的确，我并没有做出任何夸张。一开始是美好的9月，早晨凛冽而暗淡……"然后，他描述了"坏习性"的渗入，提到了酗酒，认为它在"我们年轻家庭的第一次争吵中"臻于极致，"……它发生在我大醉着从土堤回家后不久（更准确地说，是喝了苦艾酒后回家）。我的妻子猛然啜泣起来……"。这标志着他们的婚姻开始出现裂痕，一种恶行也正在形成，它最终会毁灭韦莱纳，把他推到兰波（Rimbaud）的怀抱里。

酗酒是路易-拿破仑治下的大众鸦片，此时则成了国民自卫军被迫无所事事的必然副产品，它将会成为围城期间最糟糕的苦难根源之一。即便当巴黎快要吃掉她的最后一只老鼠时，酒精也从未濒临断顿；只用每天花上1.5法郎，你就能买到很多廉价的酒，此外，它还能让你的身体保持温暖。"就连出租车的马车夫们都在车厢旁喝得大醉，到了令人震惊的地步，"汤米·鲍尔斯在

11月评论道,"造成这一切的就是30个苏的薪饷。"几年前,格兰特将军曾在他的军队中禁止一切酒类,但特罗胥并没有采取这种措施的勇气。所以,自卫军在小酒馆里消磨时日,人们时常能够看到他们以歪歪斜斜、错误百出的队列向自己的岗位开进。不满情绪传播开来,而喝掉这么多烈酒似乎只会进一步助长"赤色"自卫军的反政府激情。

除去喝酒之外,各个无产者营最大的消遣活动就是前往这家或那家"赤色"俱乐部聆听激动人心的演说,以这种方式度过晚间的时光。在这批俱乐部当中,第一个重新开张的是女神游乐厅(Folies-Bergère),它曾在帝国的最后若干天里被迫关闭(不要把它和它的现代继承者混淆,两者提供的**表演**截然不同),可是,"反动派的压力"迫使它向东迁移,在那里改名为更合乎实情的山岳派俱乐部(Club des Montagnards)。在这种烟雾缭绕的氛围里,听众来到这地狱硫黄烈火般的人群当中,既寻求温暖与庇护(直到晚上10点煤气断供),也想要找到对抗外部世界苦难的安心保证,然而,这些俱乐部也会扮演替代"人民的剧院和沙龙"的角色。即便当剧院在10月份缓慢地重新开放后,俱乐部依然提供了稳定、十分廉价而且极易逗人发笑的娱乐来源,它们还拥有狂野的俱乐部明星,这些人的话语时常毫无意义,却也结合了出色的质询,而这可以说是源自市政厅的巴黎式智慧。俱乐部在这个层面所能提供的典型人物就是诽谤性的演说家,这种人会宣称自己喜欢"攀上天堂,揪住神灵的衣领……"听众中则会有一个诙谐滑稽的家伙应和道:"你为啥不坐气球上天呐?"这种俱乐部产生的一派胡言极为引人注目,当合众国的伯恩赛德将军在休战期间于10月份访问巴黎后,他发出了一番著名的感慨,而俱乐部的活动无疑在一定程度上催生了他的话语："它是个住着猴子的疯人院。"汤米·鲍尔斯还记得有家俱乐部曾经郑重其事地制作"贞德的原版战旗"。在俱乐部里总是有一种强烈的反教权执念，还时常出现倾向于自由爱情的宣言。最重要的是，俱乐部里充斥着献给政府、想要教会它如何赢得战争的建议，甚至还有更加奇妙的创意，其中包括让蜗牛把消息藏在壳里穿过普军战线。对于像社会主义这样的非军事话题，进行严肃讨论的时间就非常少了。

听众的轻信程度是令人吃惊的，山岳派俱乐部开始营业后，龚古尔（略带一丝傲慢地）注意到：

> 见到这些群众被书面和口头的话语愚弄真是让人不禁产生怜悯之情，他们是多么缺乏批判能力啊，都到了神奇的地步。"民主"这个神圣不可侵犯的词汇能够创造出一本教义问答集，就其中包含的奇迹神话故事而言，它甚至比旧的问答集还要多，而且这些人早已准备好虔诚地将它一口吞下去。

不管俱乐部产生了多少纯粹娱乐性的价值，鉴于他们对政府采取了不加遏制的攻击，这里面包含的暴力因素很快就暗暗扎下了根。不论如何，不论何人，只要一位演说家将市政厅内当权者的怯懦与迟疑不定，同1793年的勇往直前进行比较，又或是提到恐怖、神秘的公社，那么他就必定会赢得狂乱的鼓掌。俱乐部依然陶醉在大众的声音是如何让政府掌权的记忆之中，因而对自身重要性的看法愈加膨胀，最后竟到了这样的地步：皮阿很快就以其典型方式给特罗胥提出建议，要求他在采取任何新行动之前都应当"征询俱乐部的意见"。可是，俱乐部所带来的最不祥特征或许是暴民的宠儿们实际上会在那里展开竞选,并得到国民自卫军当中的高级职位。

在无产者营通过选举产生的军官当中,就包括一位名叫梅吉(Mégy)的愚钝工人,他曾枪击一名前来逮捕他的帝国警察,并依靠这一事迹被任命为掌旗手。还有一个叫若阿纳尔(Johannard)的人,他既是名花贩,也是贫民区里的浪子卡萨诺瓦(Casanova),他申请指挥第109营,虽然未能如愿,却也获得了尉官职务作为补偿。"公民们,"为了争取对自己的支持,若阿纳尔宣称,"成为少校或将军并不需要摸过步枪;战争之人会在疆场上展现出自己;你们将会看到我的事迹。"(实际上,他得了天花,从没有靠近前线。)还有个名叫萨皮亚(Sapia)的"赤色分子",他在蒙鲁日(Montrouge)指挥一个营,此人在用来写字的纸上装饰了他显然毫无所有权的一顶小冠冕,他曾在疯人院里待过,还曾经摆出一副开枪命中自己脑袋的架势拍照。最重要的则是居斯塔夫·弗路朗斯(Gustave Flourens),他这时让自己强有力地在巴黎的舞台上现身。

弗路朗斯几乎与甘必大同年,他的父亲是一位受人尊敬且十分杰出的外科医生,曾是法兰西公学院的成员。在路易-拿破仑治下,他的兄长曾是参政院的成员,后来(虽然居斯塔夫得到了极为糟糕的名声)还担任过第三共和国的外交部部长。弗路朗斯拥有极好的学术头脑,他曾短暂继承过父亲在法兰西公学院的职位,出版了一本革命宣传册后才被解职。作为一位拜伦式的游侠,他献身自由事业(不论以怎样的名义,不论事业有多么乌托邦),曾前往克里特岛帮助当地人抵抗土耳其人。可是,希腊人显然发觉弗路朗斯惹出了太多麻烦,他差一点就被遣送回法国了。

他最终还是漂泊回了法国，由于参与一场针对路易-拿破仑的不成熟社会主义阴谋而入狱。他刚刚获释，就向当时最著名的剑客保罗·德·卡萨尼亚克（Paul de Cassagnac）提出决斗请求，很快便被洞穿了胸膛。当他康复后，由于罗什福尔已被捕，正是他领导群众在帝国的最后一年里建起了街垒。此后，他曾逃亡到英格兰（他认为这个国度"可以变得伟大，只要她没有贵族和《圣经》"）。1870年8月，弗路朗斯估计帝国行将覆灭，便设法前往瑞士，从那里进入法国，刚入境就被当成普鲁士间谍逮捕了。9月4日革命后，他在罗什福尔的亲自干预下获释，最终抵达巴黎，在那里，左派人士以热烈欢呼迎接他，其热烈程度仅次于迎接伟大的罗什福尔本人。

弗路朗斯的华丽魅力、动人口才和十足神气很快为他赢得了国民自卫军里5个贝尔维尔营的指挥权，可是他身上绝对没有一丝无产者气息。他炫耀着自己设计的华丽刺绣制服，它有着强烈的希腊风情，袖子上有五道环（尽管作为一名少校，他实际上只能有四道），通常会骑着两匹原先属于皇家马厩的最好坐骑——"上尉"或"西番莲"（Passiflor）——之一，这都是他自行征用的。他长着一头金发（虽然过早地谢顶了），留着胡须和红色的髭须，鼻子颇有贵族风范，蓝色的眼睛目光威严，身材高挑纤细，看上去几乎没有男子气。他麾下的一些好起哄的人给他起了"弗洛朗丝"（Florence）的绰号，但外貌是会骗人的。他对女人的需求名气颇大（有人曾攻击他："弗路朗斯，你的情妇在哪里？"对此，他敏锐地回应道："人道就是我的情妇！"）。而且，弗路朗斯不仅和罗什福尔一样拥有对民众的号召力，还是个行动派人士——罗什福尔则不然。[27]

"血液在我们的血管里沸腾，土地在我们的脚下燃烧"，弗路朗斯如是承认，他的血液必定已经开始因特罗胥政府的无所作为而燃烧了。他对政府成员只秉持一种态度——鄙视。法夫尔是"协助帝国维持18年的犹大……"，费里是"入行18年的律师"，就连甘必大也被斥为"平庸的革命者"。关于特罗胥在围城期间沉迷于无关紧要的民政事务，他尖刻地嘲笑道：

想象一下，当土耳其人正架起梯子攀上拜占庭的城墙之际，东帝国的希腊人陷入了迷乱当中，想要探究从耶稣基督肚脐里射出的光线是有机的还是无机的！

（这种评论也可以同样用在"反对派"和红色俱乐部身上。）弗路朗斯问道，为什么特罗胥没有从围城开始的那一天起每晚都骚扰敌军？为什么没有任何作战计划？为什么直至此时都没有宣布在法国全境实行普遍征兵？最重要的是，为什么自卫军的庞大军事潜力遭到了不能容忍的浪费。弗路朗斯开始总结道，巴黎的全部防御"只不过是一则谎言和一出闹剧"。

弗路朗斯的耐心正在接近爆发点，到10月5日，"红色"领袖们已在自行谈论如何采取行动。那一天，在装束华丽的弗路朗斯领导下，在军乐队的陪伴下，国民自卫军中来自贝尔维尔和梅尼勒蒙唐的各个营——约有1万人之多——开始向市政厅进军。正当军乐队在市政厅外的广场上高奏《马赛曲》之际，弗路朗斯以全体自卫军军人的名义，亲自向特罗胥提出了要求，内容如下：立刻动用自卫军出击；分发新式的夏塞波步枪而非老旧的"鼻烟盒"枪；发放新的军服；立刻举行市政选举；此外还有一个模糊的要求——让加里波第（Garibaldi）过来援助共和国。特罗胥解释说："让未经训练的大规模部队漫无目的地出击……是冒险之举。"公共工程部部长多里安是政府里一位受到普遍尊重的人物，他告诉弗路朗斯："我就是给你们火炮，都比给夏塞波容易。"特罗胥在整个会谈期间都尊敬地将弗路朗斯称作"少校先生"，最后，他以父亲般的方式说教道："我都可以当你的父亲了。你应该待的地方是土堤，而不是市政厅。"代里松上尉是在场的副官之一，特罗胥对待示威的温和态度令他感到震惊："我太单纯了，单纯到认为应当对这位土堤少校施以暴力之手，把他投入最深的地牢，一直关到围城结束。"可事实绝非如此。自卫军获准毫无障碍地离开现场，他们在行进途中对特罗胥和自己的指挥官塔西米耶发出嘘声，并大声地朝弗路朗斯欢呼。"然后，"代里松补充道，"所有人都去吃饭了。"

就这样，第一次针对政府的示威结束了，弗路朗斯显然意识到，他尚未获得进一步推进事态的支持力量。然而仅仅三天后，朝向市政厅的第二次进军就发生了，较之第一次进军，它更为嘈杂，纪律也要差得多。这一次，弗路朗斯精明地并未参与进军，其领袖变成了半疯半醒的萨皮亚。在陪同他进军的人当中，还有一位清醒得多、最终也重要得多的人物欧仁·瓦尔兰（Eugène Varlin），他是第139营的营长，也是第一国际的法国领导人之一，在回国之前曾流亡布鲁塞尔。组织者给参与进军的士兵分发了弹药，而且，跟随贝尔维尔自卫军的暴民们给那一天带来了前一次示威中并不存在的险恶气氛。其中一位参与者还要把代里松上尉从马上拉下来，并朝他脸上啐唾沫。塔西米耶将军狂怒地吼道："你们听到炮声了吗？真是选了一个传播纷争的好时机！"这几乎于事无补。此时,"公社万岁!"的整齐吼声第一次出现,市政厅广场的氛围与其说像是示威,不如说像是暴动。可在这个场合,三天前出现的状况已经给了特罗胥预警信号,他采取了预防措施,把来自资产者城区的某些"效忠派"自卫军营调到了附近。此时,这两个派系头一次冷淡地面对面,他们武装起来,互相怒目而视。这是未来事件的不祥序幕。然而,在面对同为自卫军的对手时,哪怕是最暴躁的贝尔维尔士兵都意识到萨皮亚已经逾越了界线,一桩怪事就此发生。当萨皮亚正在发表煽动性的抨击演讲时,突然,他手下的某些士兵抓住了他,把他捆起来塞进马车里,将他交给了正在卢浮宫办公室外的特罗胥。此刻,要驱散"赤色分子",让朱尔·法夫尔发表一番简短演说再加上一阵骤雨便已足够。

次日,布朗基在他的《祖国在危急中报》上发表预言,不失准确性地指出,此后"……体面的德国人会镇定地等待我们把牲畜和面粉吃光。在这之后,国防政府会一致宣布巴黎已经像英雄一般捍卫了自己,那就是时候考虑蔬菜肉汤了……10月8日将载入史册,在这一天,资产者用刺刀写下了巴黎投降书的第一条,其余各条将随后自动写成……"。弗路朗斯则致信罗什福尔,敦促他"不要再和叛国者待在一起"。但是,罗什福尔就像许多掌了权的反叛者一样正在享受权力,拒绝了弗路朗斯的要求,不过,他还是郑重声明已经决定"不会堕落到逾越自己那最不可突破的良心底线"。与此同时,政府也着手传播自己的说法,宣称由于弗路朗斯在5日提出的要求,它已经让甘必大加快了在外省组织普遍征兵的步伐;它暂时冻结了市政选举,但在其他方面作为甚少。除了把不幸的萨皮亚(他被幸运地交到了政府手中)投入马扎斯(Mazas)监狱,当局并没有太多的期望。特罗胥决心把他当作一个惩戒案例。他将受到军法审判（可让特罗胥愤怒的是，他被无罪释放了）。巴黎警察局局长凯拉特里（Kératry）希望继续逮捕弗路朗斯和布朗基，却发现当这两个牺牲品安全地躲在他们位于贝尔维尔的大本营时，他手底下没有人敢于冒险执行这样的任务。他接下来建议用诡计把弗路朗斯骗到塔西米耶将军的总部，然后将他逮捕，但特罗胥立刻愤怒地予以拒绝，凯拉特里就此辞职，乘坐下一班气球离开了巴黎。

在这两桩令人沮丧的事件后，拉布歇雷忧郁地总结道："在巴黎的城墙内，两个主要阶级被关在一起，这种极端的意见分歧会产生什么结果，简直不堪设想……"

第 7 章
三重灾难

为了体验前线生活，朱丽叶·朗贝尔（亦即埃德蒙·亚当夫人）在 10 月 7 日探访了蒙鲁日堡。堡垒守备长官就站在她身边，此人突然在自己的望远镜里注意到"一位普鲁士军官，他身处莱（L'Hay）村最漂亮的房屋之一，就坐在阳台上的扶手椅里。这位军官配备了一架小望远镜，他无礼地注视着堡垒。'清理阳台'，守备长官下令……砰！实心弹命中了房屋、阳台、扶手椅、普鲁士军官，一切都消失了……我发出了一声胜利的欢呼……这是美好的一天"。

鉴于莱村距离堡垒至少有两英里远，因此难以评判到底是守备长官的望远镜倍率，还是他麾下炮手的射击精度更能给人留下深刻印象。然而，即便考虑到这一事件中可能存在一定程度的夸张，这位热心的朗贝尔女士留下的记录依然堪称巴黎之战中的典型作战行动，它现在已经变得相对平静：在各个地段会出现狙击、前哨战、炮兵对决以及形形色色的小麻烦。沙蒂永会战之后的巴黎让华盛顿派来的沃什伯恩公使想起了奔牛河（Bull Run）之战之后的景象："一切都没有完成，到处都出现了严重的混乱。要是普鲁士人了解巴黎的弱点，他们本可以直接打进来……"可是，那时城防工事已经修得非常好，到了在沃什伯恩看来似乎无法攻克的地步，而且，有一点已经变得非常清楚，普鲁士人无论如何都不打算尝试强攻这座城市。普军用他们那拒不合作的态度扫除了特罗胥战略的主要支柱之一（如果它的确存在），一场"静坐战"就此开始，双方似乎都没有准备好主动进行任何大规模行动。然而，时间显然不会站在守城方一边。10月快要结束时，阴冷潮湿的天气取代了9月的酷热，越来越长的夜晚带来了令人沮丧的凶兆——凛冬将至。《旗帜报》的奥谢曾报道，有名国民自卫军战士在一个寒冷的夜里冻死在克利希街（Rue de Clichy）上，就连正规军和别动军那简陋又通风的营地里也渗入了寒气。军官们开始感受到了精神负担，它正是漫长且连续的无所作为造成的后果，焦急情绪再也不是弗路朗斯或贝尔维尔区的特权了。有位年轻的英格兰人查利·卡特（Charlie Carter）当时在给迪克罗将军的子侄辈当家教，他在写给姊妹范妮（Fanny）的信中抱怨道：

> 普鲁士人已经过来一个多月了，什么都没有做。只有虚假的报告不停地传进来，或是鼓动，或是安慰，总之都是在根据时局调节大众情绪。每天都是一样的，尽是些诸如"外省正在以极大的干劲奋起"之类的报告，为什么过去两个月里都在这么做？而且，如果它再不多做些什么，也就没多少用场了。

考虑到法国人的脾性，有些东西似乎注定是要爆裂的。
10月27日，爆裂发生了。巴黎东北面，就在城墙之外还不到4英里远的地方,有个名叫勒布尔歇(Le Bourget)的孤立小村庄。而在它之外,就是那消失在天边的广袤北法平原。(今天,这座村庄和巴黎城区连为一体,村外的平原上则建起了现代化的机场)。对双方来说,勒布尔歇都没有什么显而易见的战略价值,它不过是毫无特色的地区里毫无特色的阵地之一罢了,可就像第一次世界大战中注定要扬名的那些无人区一样,为了满足战地指挥官的一时兴致,它的易手次数将会难以计数。包围巴黎之后,勒布尔歇就成了普军的前哨据点,可它也是令普军担忧的据点。之所以令人担忧,是因为城墙以北最强大的两座堡垒——东堡(Fort de l'Est)和欧贝维利耶(Aubervilliers)堡——俯瞰着村庄;村庄侧面还有圣但尼村,这个古老村庄的大教堂里藏有历代法兰西国王的遗骸,它本身也是个要塞化程度很高、守军兵力强大的防御工事。与此同时,勒布尔歇北面渐渐隆起的高地都在普军掌握之中,面对高地上的火炮,村庄也极易遭到攻击。尽管如此,对圣但尼的法军指挥官——他名叫卡雷·德贝勒马尔(Carey de Bellemare),是一位颇有雄心的旅级将军——而言,勒布尔歇仍然是难以抗拒的美味。当他再也不能抗拒诱惑之后,便立刻采取了行动,完全自作主张地在10月27日夜间派出了大约250名自由射手发起攻击。村中的一个普鲁士近卫军连猝不及防,次日凌晨,法军发现他们已然占据了勒布尔歇。德贝勒马尔先是再派出两个营前去增援,认为他的部队此时已经牢牢掌握了村庄,然后便于29日动身前往巴黎,亲自向特罗胥报告这个好消息。按照特罗胥的说法,德贝勒马尔对他的胜利感到十分高兴,竟到了立刻要求将自己晋升为师级将军的地步。特罗胥必定没有分享他的兴奋,听到消息后,他的第一反应是勒布尔歇既无关紧要也难以防御，而且德贝勒马尔的自发行动只会"徒劳地拉长死亡名单"。一位将军在这样的时刻竟因为这样的使命离开前线，特罗胥承认这种举动令他感到更加震惊。然后，当德贝勒马尔还在屋里时，有人交给特罗胥一份电报，里面提到普军正在对勒布尔歇发动反攻。"那是*你*应该待的地方！"特罗胥叫了起来。可是，德贝勒马尔当天下午又回来了，他声称普军的这次攻击不过是场"虚惊"，而且再次提出了晋升军衔的要求，这令特罗胥又吃了一惊。

尽管如此，不惜一切代价渴望胜利的巴黎报界纷纷拒绝附和特罗胥的疑惑，它们立刻宣称这是围城开始后的第一场大捷。在这些消息的刺激下，就连秉持怀疑态度的拉布歇雷也在30日的日记中写下了这样的内容："我们的确拥有了一场胜利。"啊呀，几个小时后，他就恼怒地纠正了自己的错误："这样，我们已经被踢中了脖子，被撵出了勒布尔歇。"事实上，正如德贝勒马尔告诉特罗胥的那样，守军的确成功击退了普军在29日下午发起的反攻。可它不过是一场威力侦察而已，这次战斗向德军揭示了一点，如果要夺回村庄，就得动用庞大得多的兵力。与此同时，德军的火炮以其惯常的速度被调来前线，开始持续炮击村庄，打出了大约2000发炮弹。次日上午8时，普鲁士近卫军的6000把刺刀以稀疏的展开队形发起猛烈的攻势：这是一种新颖的战法，再加上"软化"防御的炮兵火力准备，为第一次世界大战中的作战行动提供了令人瞩目的预演。法军匆忙命令增援部队投入战斗。安里翁（Hanrion）将军带着一个纵队加入战斗，并把自己的儿子派回去催促增援，这位年轻的少尉在完成自己的使命后返回战场，结果却中弹倒下，几乎就在告别父亲的地点。另一边，普军的脾气则被挑动起来，其原因之一是某位普军上校在挥舞着白手帕骑行靠近一支法军部队时被打死,更重要的原因则是在靠近勒布尔歇"女子寄宿学校"的一堵墙上发现了草草写就的挑衅话语"普鲁士鬼子——你们再也见不到自家老婆了"。随着普军杀入村庄,作战行动就降格为逐间房屋的争夺战,它成了整场战争中最为惨烈的战斗之一。法军的增援部队来得太少也太迟了,但普军还得缓慢且费力地把守军从一间间房屋里驱逐出去。埃内斯特·巴尔居什(Ernest Barcuche)少校是路易-拿破仑的一位大臣的儿子,他指挥别动军的一个营,宁可举枪自戕也不愿投降。渐渐地,战斗收拢到圣尼古拉小教堂附近,另一位名叫布拉瑟尔(Brasseur)的少校在被推倒的讲坛后方面对众寡悬殊的局面展开了英勇的最后抵抗。到了30日中午,勒布尔歇再度落入普军手中。战后不久,《每日新闻》派驻萨克森军队的随军记者阿奇博尔德·福布斯(Archibald Forbes)参观了这座千疮百孔、血迹斑斑的教堂,他注意到"圣母像上出现了一个穿透心脏的弹孔"。[28]

勒布尔歇之战令法军损失了将近1200人,其中大部分都沦为战俘,德军则损失了477人。此战令普鲁士总参谋部颇为恼怒,其光火程度几乎与特罗胥相当。布卢门塔尔认为它是"一场完全没有必要的战斗",富有人道主义的腓特烈王储则认为"占据那个村庄的重要性,并没有大到需要付出相对如此惨重的代价将其夺回的地步"。在巴黎,这一回就连热切渴望战斗的迪克罗都赞同特罗胥的观点,认为德贝勒马尔的行动是无用的。所以,法国官方后来发布了旨在阐述勒布尔歇无足轻重的公告,它恰当地指出这个村庄"并不是我军总体防御体系的一部分"。这当然是正确的,对法军而言它唯一的重要性就在于,拉长围城战线——延长的部分还能守住的话——总归是有利的。与至关重要的沙蒂永相比,勒布尔歇既难以守卫，战略价值也要低得多。但这一插曲的真正重要性体现在士气而非战略方面。巴黎报纸引领大众相信如下说法：围城战中的第一场大捷显然遭到了愚蠢的浪费，变成了一场失利，其原因看上去便是政府再度展现出了笨拙与呆滞。这样构建出的说法令其后的失望情绪来得更为猛烈。然而，在人们能够感受到它的全部冲击力之前，更糟糕的消息带来了又一次重锤猛击，其势头甚至压过了勒布尔歇的失利。

9月27日，斯特拉斯堡投降，一场猛烈的炮击终结了它英勇的抵抗，炮击摧毁了宏伟的老图书馆，还导致许多平民死亡，这是20世纪战争的野蛮先兆。战至最后阶段，食物已经开始耗尽，居民们竟然被迫依靠虽然名气颇大却也难以消化的鹅肝酱过活。与此同时，补给状况较好的梅斯仍在坚持，它拖住了整整一个普鲁士集团军。可是随着10月渐渐过去，由于巴赞的庞大军队涌入城墙之内，梅斯人也开始体验到饥饿的痛苦。10月14日，城内采取了面包配给制度，巴赞手中大部分用于运输的骡子和许多骑兵的战马也已被吃掉了。然而，最具决定性的短缺是缺乏食盐。它听起来或许不值一提，但要是没有盐，就做不出那些十分好吃的法国沙司，正是此类沙司让老鼠肉——它很快就会成为巴黎人的一道固定菜肴——这样令人不快的食物变得可口。由于这一问题，梅斯的儿童身上到处是坏血病导致的疮疡，他们开始以令人沮丧的速度死亡。按照当时身处梅斯的《曼彻斯特卫报》记者鲁宾逊（Robinson）的说法，巴赞始终保持着麻木，他"白天抽烟，晚上玩台球"，在围城战前后持续的70天里没有尝试过一次突围。他的朋友们则坚持认为："元帅是个深沉的人，他在私底下展开了一些行动，那将会令他的名字赢得荣耀……"可是，巴赞并没有什么暗藏的妙计能够应对不时之需，10月29日，他被迫将一座处于饥饿中的城市交给腓特烈-卡尔亲王的部队。路易-拿破仑的最后一支部队——6000名军官和17.3万名士兵——离开了梅斯，他们衣衫褴褛、体弱多病、士气全无，其中许多人不幸地、闷闷不乐地喝得大醉。当巴赞本人骑着马沦为战俘时，女人们朝他啐唾沫，这个消息一传到图尔，甘必大就宣布巴赞是叛国者。

历史对巴赞的定论是：他是一位漫不经心的将军、一个对共和派毫无热情的人，或许没什么比这更糟糕了。[29] 可是，就连一位法国历史学家也曾指出过这个国家最不惹人喜爱的一个民族特性："在法兰西，我们必须拥有叛国者。要是我们居然战败，那么就一定有人背叛了国家。"因此，巴赞在战后以叛国者的身份上了法庭，并被判处死刑，而后——在暂缓处刑后——又改为终身监禁，他的命运与70年后的另一位法兰西元帅——年迈的贝当——存在着惊人的相似之处。不论巴赞是否有罪，或者说不论他是否还有投降以外的选择，梅斯的陷落都给法国的处境带来了沉重的打击。这意味着腓特烈-卡尔的第二集团军现在可以自由行动，它既能够加入巴黎围城战，也能够对甘必大正在图尔征募的新军发动攻势。

在英格兰，英国人对战争的情绪发生了转变，《伦敦新闻画刊》表达的一种判断便堪称代表："人们认为，德意志已经拥有了足够的胜利，法兰西也承受了足够的惩罚。"可是，最高仲裁者显然不会同意这一点。

26日左右，有关巴赞正在商谈梅斯投降事宜的报告开始传到巴黎政府耳中。特罗胥告知罗什福尔，罗什福尔又转告弗路朗斯（他提醒弗路朗斯要对此保持沉默），弗路朗斯紧接着告知皮阿，此人于27日在《战斗报》上打出头条"梅斯陷落"。政府立刻以笨拙姿态否认了这一传闻,称这家报纸是"普鲁士宣传工具",愤怒的市民们在大街上焚烧了《战斗报》。29日,罗什福尔在维克多·雨果家中起草了一封辞职信。次日,撤出勒布尔歇的消息被公之于众,朱丽叶·朗贝尔得知这一消息后声称:"我无法表达侵入我心中的失望、沮丧、愤怒和绝望,我伏在椅子里,不知身在何方。"经历了一个周末的兴奋、谣言和辟谣,政府最终被迫于31日亦即下一个周一承认了《战斗报》的说法属实。

随后,梯也尔带回了四大国的休战提议,这给了"极端主战派"致命一击。他事实上是在敦促政府接受普鲁士人的最新条件——其中包括割让阿尔萨斯和赔款20亿法郎,左翼阵营内则开始迅速流传这样一种说法:工人阶级的老对头正在准备"不惜一切代价求和"的叛卖活动。蒙马特尔区的区长是一位充满热情的激进派年轻人,此人名叫乔治·克列孟梭(Georges Clémenceau),他在当天上午张贴出一则布告,宣称:"第18区区政府愤怒抗议当局接受停战,接受停战就意味着叛国。"相继出现的三次打击来得极为迅猛,以至巴黎市民对此倍感震惊,巴黎的"赤色分子"也无法接受。这个"黑色星期一"——这一天恰好也是万圣节——的下午,风暴来临了。

汤米·鲍尔斯在前一天就已注意到"大街上的群众发出了不祥的威胁"。他预测说:"可能出现的状况是我们也许会有麻烦了。"英国记者团的其他成员同样感到恐惧。朱丽叶·朗贝尔的丈夫埃德蒙·亚当已经取代凯拉特里成为警察局局长,他也恐慌了起来。通过财政部部长皮卡尔,他向政府发出警告,指出很可能会迅速发生一场骚动,还建议政府采取预防措施。但特罗胥对自己在民众中的声望表现出高度信心，只是回答道："我将为秩序负责。"周一上午8时30分，亚当亲自拜访特罗胥，重申了自己的警告，却又被漠视了，特罗胥还评论说："我们的政府是因公共舆论而生的……因此，我亲爱的局长，我们只会动用道德力量。"亚当仍然没有被说服，他立刻前往旺多姆广场，命令国民自卫军中10个可靠的营前去守护通往市政厅的道路。后来，他又下令让另外10个营做好准备。从周一拂晓开始，一切状况都表明亚当的担忧并非毫无依据。作为巴黎英国人社区的一员，费利克斯·怀特赫斯特（Felix Whitehurst）在记日记时发现：

> 我们在最近6周里已经习惯了鼓号声，但一阵尤为强烈的鼓号声来临了，当我们听到鼓号声时，我们当然会拿起望远镜去阳台上观察。成千上万的国民自卫军正在向各个方向开进，而且，鉴于他们并没有和往常一样步履沉重，干净得不像是从要塞或堡垒里回来，时间也晚得不像是要奔赴要塞或堡垒，这就令我们感到震惊，有些事情将要发生了……我立刻前往市政厅。当我走过里沃利路时，看到四周都是风暴正在酝酿的迹象。所有看门人都在门外，这些人的妻子——这些人本该"在二楼工作"——正在和本该在"半楼"和"三楼"工作的其他看门婆攀谈。身穿红条纹裤子的男人们正在小心地关上他们的百叶窗……

几名英国记者早已来到了市政厅。在那里，令《旗帜报》的奥谢感到震惊的第一幕是"一片雨伞森林"。"大部分人都身着制服，或是某些能够让人想起制服的装束——哪怕是有着红布条的帽子也行；所有人都相当激动……"人们愤怒地谈论着勒布尔歇战况，奥谢听到一位来自贝尔维尔的女士怒斥梯也尔的和平使团，她一再高喊"不要大赦！"，她本意是不要休战，却因"休战"（armistice）与"大赦"（amnistie）类似而读了白字。鲍尔斯在另一处地方天真地询问一位愤怒的抗议者，想要知道他为何喊出"打倒特罗胥！"，结果得到的答复是："呃……因为他一塌糊涂。"声音变得越发喧嚣，个人呼喊的口号时常被刺耳的鼓号声和"公社万岁！"的反复呼号盖过。某个官方人士间或出现在市政厅二楼，他朝着窗外打手势，像是要进行没人能领会的演说。与此同时，奥谢注意到只有"微不足道的一排布列塔尼别动军"据守着市政厅外的人行道，而且他们的控制范围正在"逐步遭到蚕食"。大概中午时，按照拉布歇雷的估算，市政厅外约有 1.5 万人，其中大多数是国民自卫军，绝大部分国民自卫军要么毫无武装、要么枪托朝上，这是士兵站在巴黎群众一方的传统迹象。

惹人注意的是，"红色"领袖们并不在现场。到此为止，从各类迹象来看，市政厅前的示威活动仍是全然自发且毫无计划的。实际上，弗路朗斯和他的伙伴们看上去几乎与特罗胥一样猝不及防，当示威人群的消息于当天早晨传到他们耳中时，这些人正在贝尔维尔召开会议讨论局势。很快就有人建议让国民自卫军中来自贝尔维尔的各个营向市政厅进军，推翻现有政府，用以布朗基、德莱克吕兹、皮阿、弗路朗斯和维克多·雨果为首的政府取而代之。随后发生了一些激烈争论，显然，并不是自卫军中的所有贝尔维尔军官都和弗路朗斯一样对这一计划充满热情。弗路朗斯在 10 月 5 日之后被剥夺了 5 个营的指挥权（不过他无论如何都没有资格指挥这批部队），此时只能指挥一小批精锐部队，他给这支部队起了一个威风的名字：弗路朗斯射手。弗路朗斯和持不同意见的贝尔维尔自卫军同样铭记着萨皮亚的不幸命运，因此，弗路朗斯和"新"政府的其他成员率领仅仅约有400人的"射手"部队前往巴黎市中心。

市政厅的局面正在急剧恶化。巴黎市长阿拉戈是个大力神般的家伙，他像一头愤怒的公牛，隔着保护市政厅入口的铁栅栏朝群众怒吼，暂时稳住了局面。突然有人开了一枪，没有人知道这一枪到底是哪一方的什么人开的。其他几声枪响随之而来。没有人被子弹命中，但群众匆忙向后散开，给上了刺刀的别动军让出了一片空地。人群中出现了短暂的慌乱，流言开始传播：特罗胥已经下令他的布列塔尼部队屠杀"巴黎的主权人民"了。与此同时，阿拉戈意识到他已无法控制事态，就决心发出电报，召来所有不在现场的政府成员。特罗胥立刻扣紧自己的剑、戴上肩章和大军官级荣誉军团勋章，带着两名副官勇敢地穿过发出嘘声的群众，骑马离开卢浮宫。离开办公室之前，他给参谋长施密特将军下达了严厉的命令，决不能"在没有我个人书面命令的状况下调动一人一枪"。当法夫尔收到电报时，他正在和梯也尔共进午餐并讨论休战条款，但他也同样匆忙动身，途中顺便带上了皮卡尔，后者（不无道理地）一路埋怨道"我们这是把头伸进捕鼠夹里"。向市政厅聚集的特罗胥内阁诸多成员中，似乎没有一个人想要带来任何部队。

部长们抵达后不久，群众从慌乱中恢复过来，再度蜂拥而上——这毫无疑问是因为看到了自己想要发泄怒火的对象，于是又来了劲。这一回，他们的冲力抢在别动军再次关上大门之前把几百人送进了市政厅里。市长正在这栋庞大的建筑物里指挥3个别动连,面对被入侵者挤垮的威胁,他拔出了剑。他的人冲了上来,挥舞着枪托帮助上司。特罗胥原先正在二楼会议室里讨论能否用立即进行市政选举的承诺劝退群众,此时则出现在楼梯上,下令别动军停止抵抗、退回兵营。他随后回到会议室,把自己和内阁成员锁在里面,让阿拉戈和其他人在楼梯上大声呵斥入侵者。罗什福尔(特罗胥拒绝了他的辞呈)两次作为调解者走出会议室,可就连这位群众的昔日最爱也显然丧失了原先的影响力。愤怒的群众想要伸出手来将他拉倒在地,还有人直接喊出"打倒罗什福尔!",他在一片反感中走了出去,永远离开了市政厅和他已摒弃的政府。[30]特罗胥至少曾离开会议室一次,试图依靠他在一篇著名的冗长演说中提到的"爱国主义央求"抚平群众情绪。政府成员仍在市政厅西侧角落的"黄厅"(Salon Jaune)里冷淡地持续辩论,"黄厅"有两扇窗户面朝塞纳河,透过另两扇则可以看到广场上骚动的群众,皮卡尔催促同僚们尽快定下许诺已久的选举日期。下午3点多,走廊里间或变得震耳欲聋的喧闹声出现了消退,这似乎暗示着暴动者的热情开始减退,其中有些人甚至正在动身离开。突然,伴着一阵军号声,"黄厅"的门打开了,弗路朗斯穿着豪华的带有马刺的马靴,挎着一柄土耳其大弯刀大步流星地走了进去。

布朗基、德莱克吕兹、皮阿、米利埃以及上午在贝尔维尔拟定的大部分"政府"成员都跟在弗路朗斯身后。雨果成了一个引人注目的缺席者,他的猛烈抨击对"赤色分子"如今的激进程度贡献甚多,他在此时却匆忙让自己置身事外。为了让人们在一片嘈杂中听到自己的声音、明了自己的意志,弗路朗斯跳上了会议桌,他来回阔步行走,不时朝周围下达命令,不仅踢翻了墨水台,马刺也划开了绿色的台面呢，马靴则与特罗胥的鼻子齐平。拉布歇雷跟在弗路朗斯身后潜入会议室，（在被群众挤出去之前）听到弗路朗斯呼吁特罗胥和他的政府一道辞职，法夫尔则礼貌地拒绝了这一提议。米利埃随后递给弗路朗斯一份刚刚起草的命令，让他逮捕法夫尔，但弗路朗斯拒绝签署命令，这是因为暴动者还没有足够的实力去强制执行逮捕。尽管现任政府拒绝让位（这令"赤色分子"大为尴尬），但政府的交接进程无论如何还在继续。9月4日的景象再度上演，纸片像雪花一样飞舞到下方广场上满怀期待的群众手中。很多份"救国委员会"（这是思想较为传统的"赤色分子"打算称呼政府的方式）名单一上来就列出弗路朗斯的名字，这位自以为是的少校亲笔草草写就的名单更是如此。可是，群众最为执着地呼喊的名字还是多里安，和这些反复无常的人在不到两个月前呼喊特罗胥如出一辙：多里安原先是一位工厂主，现在则是公共工程部部长，他是"旧"政府里最受大众尊重的人。

作为一位不情愿的候选人，多里安匆忙来往于一个又一个团体间，表现出了令人印象深刻的外交天分，他和蔼可亲地告知"赤色分子"，自己不能在目前的状况下接受他们的邀请。混乱和迟疑不定成了主流，这暴露出"赤色分子"对当天的政变并没有什么计划，也反映出他们内在的组织紊乱，这会对他们次年春天遭遇的灾难产生重要影响。暴动者们迅速分成若干个大小不一的组，着手讨论多里安的替代者。公社的"官方"史学家利萨加雷（Lissagaray）后来写道："每一间房里都有自己的政府、自己的雄辩家、自己的狂热分子……因此，本可以令防务得以恢复的一天就如一缕青烟般消逝了。先锋们的松散组织令政府恢复到9月的原始状态。"人们的情绪越发激烈。暴动领袖内部也出现了争吵：

布朗基拒绝将弗路朗斯列入自己的"名单",德莱克吕兹也不想写上皮阿。与此同时,越来越多的群众涌进了市政厅,这些人是真正的巴黎无赖,其中还有许多醉汉。一些并没有特定政治诉求的家伙入侵并洗劫了厨房,他们砸坏了家具,由奥斯曼亲手绘制的一幅极好的巴黎详图也被撕成碎片。随着他们涌入大楼梯,有人看到就连沉重的铁扶手也面临威胁。这些"无政府主义者"的代表进入弗路朗斯和"红色"领袖们展开争论的房间后,他们站上桌子,要求旁人聆听自己的言辞,这加剧了混乱。一个人刚张开嘴,就干脆被暴民中掷出的一块沉重的墨水台砸倒,另一个人立刻吹响军号,第三个人则着手击鼓。布朗基被淹没在人群里,他遭到了踢打,有些粗暴的家伙没认出这个瘦弱的老头,竟揪住了他那庄严的白胡子,他被人推来搡去,最终倒在一个角落里差点不省人事。市政厅里的空气变得几乎无法呼吸。关于这一点,一丝不苟的代里松上尉评论道:

> 暴民们带来了特有的恶臭。光是烟斗和雪茄的味道就足以和湿透的狗身上的臭味相抗衡……还有大批部队散发出的干燥汗味,这些部队本身就很脏,降雨也只能清洗身上的一部分味道。

在这片越发混乱嘈杂的景象中,特罗胥保持着近乎超人的冷静。正当弗路朗斯和他的伙伴们在高高的会议桌上来回走动时,特罗胥冷静地抽起一根雪茄,观察着他们的荒唐举动。一位英国记者声称"这位军人的嘴角挂着一丝轻蔑的微笑",他看上去几乎是以某种好奇的方式欣赏这出幽默场景。然后,随着"红色"领袖之间开始争吵，群众也变得愈加不驯，特罗胥悄悄地摘下了自己的肩章和勋章，把它们交给自己的一位副官。在奥谢看来，特罗胥的举动是全然"高贵"的，他为政府里的其他成员树立了榜样——可能只有加尼耶-帕热斯没有效仿。这位老人的领子高到滑稽的地步，头上的白发从中间整齐地分开，当他向群众详细阐述"我目睹过三次光荣的革命"时，有人粗鲁地让他"闭嘴"，这令他彻底崩溃。他一边啜泣，一边大笑，向弗路朗斯嘟哝道："我要回家了，回归家庭，从明天起不再掺和什么政治。"除此之外，特罗胥催生的冷静不仅避免了任何可能轻易导致流血的事件，也对因迟疑不决和内部争吵而陷于分裂的暴动者起到了破坏性的影响。特罗胥的举止似乎给被派去监视他的自卫军中士留下了尤为深刻的印象。这名中士骄傲地表示他曾在朱阿夫兵中服役很久，以显而易见的顺服态度对待特罗胥，当口角达到顶点时，中士对他说道："我的将军，你看，就是这些讨厌鬼让我们拿起武器快步行进，把我们带到这儿来，又不知道该做些什么。"随后又用尽力气朝弗路朗斯大吼一声：

  弗洛朗丝，老娘们，你真衰！[31]

  此时，天色开始变暗。特罗胥政府已经被劫持了几个小时，至此外界还没有人认真尝试过解救政府。对外部世界而言，情况似乎是"赤色分子"的所作所为已是既成事实。始终保持警惕的龚古尔穿过夜雨和湿透的人群前往市政厅，他从人们的脸上读出了"即将发生的恐怖大事"。在那里他看到"曾领导9月4日运动的工人们坐在门槛上，双腿耷拉在外面，摇摇晃晃"，这就带来了最糟糕的消息。"政府已被推翻,公社已然建立……一切都完了。今天,有人可以写下:法兰西的末日……"就在这一刻,一位老妇人还向他问起一件极端无关紧要的事情,她想知道"我的纸上是否写着政府公债的价格"。龚古尔在回家途中看到了一位年轻的国民自卫军士兵:"他沿着大道中央奔跑,用尽全力高声呼喊'该死的,拿起武器!'"他悲观地推断道:"伴着饥饿和炮击的内战,这就是明天为我们准备的吗?"沃什伯恩公使也和龚古尔一样悲观,他在6时前往市政厅,归来时已确信"革命实际上已经完成,我们应该会拥有一个名副其实的红色共和国"。

尽管弗路朗斯和他的"射手"似乎在围城中又进行了一次围城,但正如"红色共和国"远未建立一样,他们对市政厅的封锁也远非完美。一位"红色"哨兵告知想要进入市政厅的朱尔·克拉勒蒂(Jules Claretie):"你如果没有通行证,就不能通过……我不知道谁能给你签发通行证,但它上面必须有个蓝戳。"尽管哨兵提出了这个要求,但克拉勒蒂并没遇到多少麻烦就一再得以出入。随着时间流逝,许多射手开始四处溜达,寻找食物和饮料——或者只是去避雨,封锁变得越发宽松。大约就在这时,从一开始就对市政厅事态极为不快的皮卡尔设法在无人察觉的状况下穿过一扇小小的偏门,安全抵达了设在旺多姆广场的财政部。作为政府部长中的唯一一位自由人,他开始在办公室里着手组织解救同僚。

这里的确很应该问一个问题,考虑到政府在巴黎拥有为数众多的部队,为什么解救行动至今尚未开始呢?答案很简单,没有人下令。国民自卫军指挥官塔西米耶将军仍然被关押在市政厅里,警察局局长埃德蒙·亚当也是如此,施密特将军像一位模范军人那样仍在等待特罗胥的书面命令。迪克罗将军指挥着巴黎地区最强大、最可靠的部队,但他仍然独自身处马约门外的总部,直到下午5时许才听到暴动的传言,皮卡尔大约就在此时得以逃脱。这位脾气暴躁的将军早就想要一劳永逸地用"一阵葡萄弹"剿灭"赤色分子"了,他急急忙忙地主动命令一个步兵师待命,还给它配备了1个12磅炮连和1个机枪连,命令部队随时准备向市政厅进军。

被派去侦察的军官们带回了愈加糟糕的消息,施密特那里又没有传来命令,因此迪克罗变得几乎急不可耐。最终,皮卡尔在傍晚6时30分打来一封电报,要求迪克罗前往财政部向他报到。不过,迪克罗更喜欢待在他麾下"远征军"的前头,于是只派出了指挥部里的一名少校,让这名少校告知皮卡尔,他只是在等待"出发"的消息,一旦收到就会立刻进城"撵走暴动者"。迪克罗的使者在氛围十分嘈杂、多变的财政部办公室里找到了被人群环绕着的皮卡尔。

巴黎城里到处是敲击集合鼓(这声响勾起了人们心中的恐惧,它毕竟和大革命期间的"恐怖"联系在一起)的鼓手,他们号召国民自卫军拿起武器待命,旺多姆广场上也早已挤满了效忠政府的国民自卫军。皮卡尔将他此前的举动告知少校,并且立刻授权迪克罗进城。这名使者在返回马约门途中突然想起要去告知身处卢浮宫的施密特将军。他在那里面临的混乱状况比在皮卡尔**身边**更甚,自相矛盾的命令堆叠在一起。施密特尽管完全无法专心工作,却还是同意通过电报将皮卡尔的授权声明转发给迪克罗。晚上8时30分左右,正当这名少校骑上战马返回迪克罗所在地时,那个应当来到卢浮宫门口的人竟然只戴着一顶国民自卫军的普通平顶帽便在庞大的人群簇拥下出现了,这不正是特罗胥本人?

一个"效忠派"国民自卫营——伊博斯（Ibos）少校指挥的第 106 营——听从了皮卡尔的召唤向市政厅进军，此时大雨已经令厅外的群众队形稀疏，因此，这个营设法突入了建筑内部。这支部队和来自无产者的自卫军发生了一些推搡，但双方都没有开枪。实际上，第 106 营似乎还从对手那里得到了一些欢乐的友情，他们无疑想要劝说该营投身自己的事业。抵达"黄厅"后，伊博斯发现弗路朗斯仍旧在会议桌上行走，于是立刻跳上去站到弗路朗斯身边。随后发生了类似斗殴的事件，在此期间，一段饱受粗暴对待的桌板不幸垮塌。在继之而来的骚动局面中（特罗胥那名原先当过朱阿夫兵的气恼看守对局势睁一只眼闭一只眼，这或许也推动了事态发展），伊博斯麾下的一群人围住了国家元首，把他一路推下楼，就此离开了市政厅，朱尔·费里（Jules Ferry）紧随其后。不止一份记载描述特罗胥是实实在在地被一名大个子国民自卫军架走的，不过他后来极力否认这种说法，虽然他的确承认有人体贴地拿走了他那镶着足以露馅儿的金色穗带的将军平顶帽，并用自己的普通平顶帽取而代之。

特罗胥重返总部后显然对刚刚发给迪克罗的命令倍感震惊，他立刻下令取消上述命令。与其说他的动机是害怕普鲁士人可能会趁着迪克罗所部赶往其他地段的时机全面猛攻城市，倒不如说他害怕下属会去屠杀群众。迪克罗麾下的这名少校带着新命令火速动身，却在沙蒂永吃惊地得知将军最终还是像过去那样压抑不住自己的急躁情绪，已经在晚上 7 时 30 分率部离开马约门，带着一支庞大的纵队赶赴巴黎。与此同时，迪克罗又派出另一名传令官龙骑兵上尉内维莱（Neverlée）前往卢浮宫，告知施密特他即将率部赶到。内维莱同样被特罗胥打发回去，让他带上命令，要求迪克罗立刻停止进军并亲自前往卢浮宫报到。等到内维莱折返的时候，迪克罗已经抵达了埃图瓦勒。尽管迪克罗对这个命令大为光火，却还是遵令行事。抵达卢浮宫后，迪克罗强烈要求政府"充满干劲地立刻行动，用武力粉碎暴徒，解救被困人员"。迪克罗乞求特罗胥让他朝暴民开火，并保证自己可以在5分钟内将其驱散，他的别动军也渴望着狠狠地教训一下自卫军。特罗胥予以拒绝。当时盛行的看法是应当尽量避免使用极端手段，要用谈判解救被暴动者扣押的其余政府成员——法夫尔、西蒙、阿拉戈、多里安、勒弗洛（Le Flô）等人，镇压则要拖到次日。

不过在几个人站出来表示支持迪克罗后，特罗胥还是做出了他堪称典型的折中举动之一。聚集在旺多姆广场的"效忠派"国民自卫军将独自前往市政厅并将其包围，与此同时，两个驻扎在附近的拿破仑兵营的别动营——主要是布列塔尼人——则要执行巧妙的特洛伊木马计。特罗胥总部里的一位工作人员指出，兵营底下有一条几百码长的地道通往市政厅，而拿破仑一世修建这条地道的目的在于，一旦出现暴动，士兵就能够在5分钟内据守市政厅。几乎可以肯定暴动者并不知道这条地道，一旦全副武装的别动军出现在他们当中，就可以使其猝不及防。晚上10时许，"效忠派"的资产阶级自卫军敲击战鼓、吹响军号，在朱尔·费里率领下走出了旺多姆广场。

事件现场此时转移到了警察局，朱丽叶·朗贝尔在那里度过了一个"极端痛苦"的下午。当天上午，她的丈夫警察局局长埃德蒙·亚当已经响应阿拉戈的号召前往市政厅。为了让自己不至于完全沉浸在对亚当的担忧里，朱丽叶动身前往巴黎以东的罗曼维尔（Romainville）堡。她在返回途中路过了贝尔维尔，发觉那里"出现了全面兵变"。到处都是"威胁性"的面孔，这令她心里满是惊恐。抵达市政厅后，她盘问广场上的庞大人群，想知道里面到底在发生什么。"他们喜气洋洋地告诉我'全都完了'。我继续提问，然后意识到根本无法理解这些回答。"弗路朗斯的出现似乎证实了最糟糕的状况，他以胜利者的姿态骑着一匹雄壮战马来到群众当中，面对支持者的欢呼，"他答以表情、手势或言辞"。下午4时30分左右，她返回警察局，得知亚当依然没有从市政厅回来，此外便没有任何消息，这令她极为关切。她焦虑万分地等待了两个小时，然后，亚当的消息通过一个特别人物传来了：此人名叫弗龙坦（Frontin），是一位退役警司，此时则效力于国民自卫军。根据弗龙坦的说法，亚当和政府一道被扣押了，但他的身份过了几个小时才被人揭破。随后，人群中发出"逮捕他"的愤怒嚎叫，警察在传统上是暴民的头号死敌，而亚当是警察的首领，他的前景似乎会极为悲惨。然而，弗龙坦在这一刻出现了，"逮捕"了亚当，麻利地带着他通过市政厅的走廊，然后"押解"他走向自由，亚当随后立刻前往卢浮宫向施密特报到。

朱丽叶待在警察局等待丈夫归来，然后，突然有三四百名暴动者出现在码头外面。领头的是一个年轻人，他直到当天上午都不过是警察局里的一个普通职员，唯一引人注目的地方是其对警方档案兴趣尤为浓厚。他的名字是拉乌尔·里戈，雷诺阿几年前曾在枫丹白露森林里帮助过这名逃犯。里戈此时潜入了警察局，出示了一份由弗路朗斯签名的文件，表示他——里戈——将取代亚当成为局长。亚当的副手里歇（Pouchet）冷静、恭敬地告知里戈，就在一个小时之前，他刚刚收到另一份类似的命令，其中指派另一个人充当局长，他礼貌地建议里戈先回去跟弗路朗斯把事情弄清楚。里戈突然间勃然大怒，他把弗路朗斯称作"白痴、大嘴巴、[32]傻瓜！"，迈着重重的脚步又走了出去。其后不久，弗路朗斯又发来了一张便条，这回是请求警方找到他在市政厅门外的扭打中走失的马匹，行文末尾附笔道："请将马匹物归原主。"随后，前警司弗龙坦那"猩红海绿"的身影再度出现，这回他的装束非常利落，还装备了一杆步枪，并带来了有关亚当的新消息。这位局长看起来是前往旺多姆广场寻找他当天上午下令在此待命的国民自卫营了，不料得知虽有25个营奉命赶赴市政厅，但大部分都在途中走散了。这消息令人沮丧。此时，特罗胥已经重获自由，他着手制订了夺回市政厅的计划，于是亚当立即主动要求率领一支分遣队对暴动者实施"特洛伊木马"式打击。

警察局的午夜在焦虑不安的氛围中度过。好人弗龙坦这一回再度神秘出现，"就像是穿过一堵墙"，他此时打扮成弗路朗斯麾下的一名"射手"，带来了绘声绘色的重夺市政厅见闻。亚当和他的部队在地道里匍匐前进，用浸了树脂的火炬点亮行进道路，从市政厅地窖里的一扇活板门钻了出去，直接吓跑了正在火堆边安逸泡茶的一群暴动者。暴动者发出了警报，但为时已晚，亚当和布列塔尼别动军迅速攻入主楼梯。弗龙坦继续报告道：

> 亚当希望暴动者撤出市政厅，不要平添杀戮。但实现这个目标并不容易。有些活跃的小伙子拒绝离开。大楼梯底部的别动军准备开火，顶部的贝尔维尔"射手"也准备还击。警察局局长独自站在楼梯中央，背朝着一方安抚另一方，以便随后将人员疏解出去。只要打出一枪，第一个中弹的就会是他！暴动者发出威胁，如果别动军继续前进，就要杀掉朱尔·法夫

尔先生。警察局局长回应道，如果他们敢动朱尔·法夫尔先生、朱尔·西蒙先生或其他任何人质一下，就没有一个人能够活着出去。"我们更强大，"他说，"看看窗外吧……"

"我要过去看看局长阁下是否还在楼梯上。"弗龙坦以此结束了通报，再度消失在黑夜里。

关于这个特别的日子存在难以计数的记载，它们时常相互矛盾，几乎没什么可以确定，不过似乎有理由认为弗龙坦这个重夺市政厅的故事是准确的。随后就是旨在让暴动者和平撤出建筑物的漫长和谈，和谈当中，多里安和德莱克吕兹（在这个晚上的争论中，他是"红色"一方涌现出的最具领导才能的人物）扮演了主要角色。谈判不断拖延，直到费里率领"效忠派"国民自卫军包围建筑物为止——外部干预此时已经很难终止了。双方最终达成了协定，政府将会立刻举行选举，任何暴动者都不会受到报复，作为回报，暴动者将会释放遭到扣押的政府人质并和平撤出市政厅。亚当和费里为多里安的承诺提供了背书，他们的手握在了一起。凌晨3时，撤离行动开始。走在队列前头的是手挽着手的塔西米耶将军和布朗基，随后是多里安和德莱克吕兹，剩下的每一位政府成员都和一位暴动领袖友善地结对走出，这让人荒谬地想起了参加舞会的宾客。这一幕的潜在喜剧效应似乎给这一天之前发生的一切做了恰到好处的收场白。唯一一个惹人注意的失踪者是滑不留手的皮阿，他一如既往地在局势看似将要逆转的时刻"消失"了。亚当站在这些名人身后，他警惕地注视着自己麾下的别动军，也敦促"红色"自卫军不要沮丧地枪托朝下拖枪行进，而要把枪扛在肩上："你们并没有失败。"直到凌晨5时，列队行进仍在持续，亚当估计建筑物里有七八千人。亚当随后回到了自己的床上，按照他夫人的说法，他"精疲力竭，但心满意足"。始终留心局势的沃什伯恩公使在当天早晨就寝之前注意到："所有街道都没有人烟，到处是一片死寂。这是怎样一座城市！一刻是革命，下一刻是彻底的寂静！"这场令人震惊的暴动来得突然，去得同样突然，它没有造成任何伤亡，弗路朗斯那愤世嫉俗的评论倒是说得到位："这是特罗胥在整个围城期间唯一一次成功的作战行动。"

啊呀，对法兰西而言，11月1日黎明时分终结的斗争可以说只是个开端。当天近午时分，皮卡尔——他已经彻底恢复了习惯性的快活神情——亲自唤醒了疲惫的亚当。"哎，亚当，"他叫道，"你签发了逮捕皮阿先生、布朗基先生、德莱克吕兹先生、弗路朗斯先生、米利埃先生以及昨夜其他入侵首领的命令吗？你一定签发了，对吧？"亚当彻底崩溃了。他告诉皮卡尔，政府已经郑重许诺不会采取任何报复措施。可皮卡尔否定了这种说法，政府并没有以自己的荣誉担保，以他自己为例，许诺时就没有征询他的意见。那一天，政府会议室里爆发了令人不快的激烈争论，亚当也卷入其中。迪克罗从一开始就对特罗胥施压，要求他迅速采取司法手段——包括尽快处决一批暴动首领以儆效尤，而部长们仍然对遭受的无礼待遇生着闷气。最终，会议决定仅仅将费里和亚当对暴动者许下的诺言视为"休战"。亚当宣布这只是一出诡辩，拒绝毁弃自己的诺言，这时，他与费里爆发了激烈的争论。

次日，政府仍旧固执己见，亚当选择了辞职。比起政府方面的其他任何人物，亚当都更称得上是10月31日的真正英雄，他的离去给当局带来了严重的损失。同样参与担保的多里安深受左右为难的煎熬，他以充分的理由为自己辩解："我负责生产火炮……如果我停下来，很快就既造不了子弹，也造不了枪炮。"他流着眼泪拒绝辞职。当局指派了新任警察局局长克勒松，他一刻不停地投入到追捕主要暴动者的活动当中。22名暴动领导者遭到逮捕，他们被关入马扎斯（Mazas）监狱，其中包括布朗基、米利埃、韦莫雷尔（Vermorel）、瓦莱斯（Vallès）和厄德（他是战争爆发以来第二次入狱）。这张天罗地网甚至逮住了神出鬼没的皮阿，弗路朗斯则在率领他的营身处前线时被捕——尽管那已经是一个月之后的事情了。此外，16名国民自卫军营长遭到解职，他们后来全都成了公社社员——包括卡尔·马克思未来的女婿隆盖（Longuet）。

就连像朱尔·克拉勒蒂这样的右翼记者也认为这些逮捕"令人遗憾、毫无用处、堪称危险"。整个巴黎的左翼人群里此时弥漫着一种遭遇背叛的痛苦感觉，当人们意识到两面派中甚至包括曾经备受尊崇的多里安时，政府在他们心中就真的没什么威望了。除去现有的种种不满，此事还给左翼带来了新的怨恨，这将在围城结束时造成难以估量的后果。汤米·鲍尔斯乐观地写道："这一天会教会巴黎人一件事，令人恐惧的红色幽灵说到底不过是非常无害的芜菁头幽灵罢了。"事实将证明他大错特错。除去逮捕，左翼还感到自己在其他方面遭受了背叛。在与多里安达成谅解后，德莱克吕兹声称——他可能是真心相信——暴动者已经获得了举行选举、以新政府取代临时政府的承诺。可是在11月3日进行的实际上不过是个"是""否"二选一的政府信任案公决。结果是56万票对5.3万票，这被当局视为重大胜利，同时也被"赤色分子"视作显而易见的骗局——它实际上就是骗局。不过值得一提的是，巴黎的20位区长中有3位公然宣称自己支持10月31日的起义，包括蒙马特尔区的克列孟梭。

此外还有如下直接后果：维克多·雨果抗议有人未经允许就在"红色"政府"名单"上滥用自己的名字；罗什福尔彻底辞去职务，加入了国民自卫军炮兵；克莱芒·托马（Clément Thomas）将军接替塔西米耶将军担任国民自卫军司令，比起塔西米耶，托马是一个更不幸的选择，他曾残酷镇压1848年起义，因此受到左派的厌弃。政府从此再也不敢冒险在市政厅召开会议，政府成员对国民自卫军军事价值的怀疑也达到了新的顶点。最终，当梯也尔于11月2日夜间进入普军营地，想要继续进行休战谈判时，俾斯麦——他已深知城内泄露出的状况，意识到法军已经遭受了何等程度的削弱——以派遣梯也尔出使的政府"不复存在"为口实，礼貌地表示他无法继续谈判。

第8章
凡尔纳的风范

10月初，在普军占领的凡尔赛，一名法国妇女头一个看到一只气球从巴黎飞了出去，《泰晤士报》的拉塞尔随即听到了她的惊叫："巴黎沦落到这地步了！哦，我的上帝啊！怜悯我们吧！"然而，巴黎的气球可能堪称围城期间最光辉的一幕。对当代的普通人而言，巴黎围城战主要会让人想起两个情景：吃老鼠和气球。前者代表了现代文明能够沦落到什么地步，后者则代表了它在逆境中随机应变的巅峰。

气球的发展向来是这个发明家民族的独占领域。德·蒙戈尔菲耶（De Montgolfier）在1783年发明了第一只"热气"球，它是一种危险的飞行装置，乘客需要在高度可燃的纸袋下方往火里添加干草和木柴，它危险到路易十六曾计划让两名死囚最早进行载人飞行的地步。事实上，第一次气球载人飞行是由皮拉特尔·德罗齐耶（Pilâtre de Rozier）和阿尔朗德侯爵（Marquis d'Arlandes）完成的，他俩在离地300英尺的空中横越巴黎，飞行了整整25分钟。几乎与此同时，一位法国物理学家夏尔（Charles）教授也在着手试验氢气球，并于1783年12月在杜伊勒里宫首次试飞。

当时有些人质疑夏尔的发明能派上什么用场，本杰明·富兰克林（Benjamin Franklin）作为在场嘉宾之一忍不住对此反驳，他说出了一句名言："新生儿又有什么用呢？"两年后，布朗夏尔（Blanchard）驾驶一只夏尔式气球成功穿过英吉利海峡（为了维持气球高度，他甚至冒险扔掉了自己的裤子），他因这一壮举从路易十六手中获得了50英镑和一笔终身年金。但是，就在同一年，不幸的德罗齐耶在效仿布朗夏尔时身亡。到了1819年，横跨海峡者的妻子布朗夏尔夫人也死于巴黎上空的一场气球事故。

早在1793年，法国人就已将气球用于军事层面——让它携带公文从敌军头顶上飞过，次年，罗伯斯庇尔还在默东建立了一所"航空学校"。拿破仑一世关闭了这所学校，预见性或许是他弱于他那位可悲侄子的少数方面之一。因为拿破仑三世至少还能意识到气球的军事潜力，他在索尔费里诺会战中雇用一个名叫纳达尔的人使用气球侦察奥地利军队阵地。威尼斯围城战中，奥军自己也打算使用无数小型无人纸气球——每只气球都携带了一枚燃烧弹——在城内纵火，可（和往常一样）幸运的是，所有气球都落到了奥军自己的防线里。美国南北战争中，北军在里士满（Richmond）城下的会战中使用系留气球拍摄邦联军防线，据说麦克莱伦（McClellan）从气球侦察中获益匪浅。后来，气球甚至可以和地面用电报联系。不过，在南军开始使用一种相当有效的线膛高射炮，以及一只载有某位北军将军的气球失去控制、几乎落入邦联军之手后，北军显然开始对气球丧失了兴趣。

下一批见诸史册的军用气球出现在被围的梅斯城（十分巧合的是，气球先驱德罗齐耶正是梅斯人），这也是气球第一次用于大规模传送邮件。《曼彻斯特卫报》的记者G. T. 鲁宾逊（G. T.

Robinson）是唯一一名待在城里的英国记者，这个富有进取心的英格兰人是气球邮递的创始人，在高达 1000 法郎的佣金都不足以雇到愿穿越战线的信使后，他尝试用气球将自己的报道发往外界。由于缺乏原材料（生产氢气所需的硫酸已在生产大苏打时用完了），梅斯城中也就不能向外界派出载人气球，因此，许多气球最终落入敌军手中。一位粗枝大叶的法国工人还把一架梯子伸进了鲁宾逊的第一只气球里，可尽管存在重重障碍，还是有一只气球成功地在 9 月 15 日携带着 8000 封信飞出了梅斯，此后，城中几乎以每天一只的速度放飞气球。气球邮递一直持续到 10 月 3 日，截至此时，它已经先后送出了超过 15 万封信件和公文。

当巴黎围城战开始时，城内仅有 7 只气球，其中大部分都需要修理。颇具象征意义的是，当年抵达战场太晚因而无法目睹拿破仑王朝在索尔费里诺取胜的"帝国"（Impérial）号气球现在已是千疮百孔；曾在 1867 年世博会上表演过系留飞行、以法兰西式的高超技巧倾倒观众的"天堂"号，则被描述为像"筛子"一样到处漏风。然而，处变不惊的无畏法国航空家们立刻投入了工作，他们对气球进行了裱糊。合围两天后，第一只气球已经做好了飞行准备，不过它在点火时突然爆裂了。然而，纳达尔在同一天成功地使用气球侦察了普军防线。发福的纳达尔是个多才多艺的人物：摄影家、漫画家、记者，此外还是印象派之友（雷诺阿的最初几次展览中就有一次在纳达尔家里举行）。纳达尔以"阿尔当"（Ardan）的名字出现在儒勒·凡尔纳的《从地球到月球》（*De la Terre à la Lune*）中，"阿尔当"正是"纳达尔"的字母易位词。战争爆发的 7 年前，纳达尔还曾驾驶双层气球"巨人"号一路开往汉诺威。纳达尔似乎还是一位精明的商人，私敌后来指责他在普军前哨据点扔下的不是宣传单，而是自己公司的广告！

9月23日，迪吕奥夫*独自驾驶气球成功飞抵埃夫勒，三天后，邮政部部长朗蓬先生宣布建立一座"气球邮局"。第一批被邀请去寄信的嘉宾中有一位已经是86岁高龄的老妇人，她就是气球发明者的女儿德蒙戈尔菲耶小姐。根据气球是否有人驾驶，准许寄送的信件也被分成两类——"载人型"和"无人型"，前者仅限于类似今天航空信的小纸片，总重不得超过4克，标准费用为20生丁；后者基本上就是镶边的明信片，如果气球落入敌军手中，这些写有"疯狂的人们，难道我们要为君王的愉悦和骄傲自相残杀吗？""巴黎奋起反抗她的敌人！全法兰西站起来，侵略者去死！"之类口号（它们用生硬的德文写成）的明信片就可以供敌军阅读。实际上，只有一只"无人"气球（第五只）飞出了巴黎，它在飞行大约一英里后被普军击落，所以这种做法后来被废弃了。

迪吕奥夫试航成功后，气球就以每周两到三只的速度放飞，放飞地点通常是在蒙马特尔高地顶部索尔费里诺塔脚下的空地或北站、奥尔良站外面。出自飞行世家的戈达尔（Godard）成功地把两只小气球缝合在一起，驾驶着新气球悬浮到空中，这只气球被恰当地命名为"合众国"（Les États-Unis）号。蒂桑迪耶（Tissandier）则驾驶修补完毕的"天堂"号——它在和平时期从未滞空35分钟以上——成功抵达德勒（Dreux，此地距离巴黎50英里），他在途中低空掠过凡尔赛，甚至可以看到普军士兵在草地上日光浴。卢茨（Lutz）在乘坐"佛罗伦萨城"（Ville de Florence）号时发现自

---

* 本书此处原文误作迪吕夫（Durouf），据第5章前文及相关资料修正。

己的气球飞快地坠向塞纳河,因而被迫丢弃了一袋绝密的政府公文。足以引人注意的是,一些农民在他着陆后将公文归还,他设法打扮成牧牛人,带着公文穿过普军防线抵达图尔。另一位不幸的乘客在面临类似危机时将他错当成压舱物带上气球的午餐包扔了出去,还有第三个面对类似窘境的人,他自己跳了出去,不过幸运地落在一片松软的甜菜地上。第七只气球(它没有名字)的乘员掉到了巴黎城外的一片沼泽里,他们在冰水里待了几个小时,普军的子弹就在头顶上掠过,不过这些人还是成功脱险了。气球不仅充当邮递员的角色,后来有一只气球冒险为布尔巴基的集团军送去了黄色炸药,另一只则在围城战的高潮时期送出了一位想观测日食的科学家——此举惹来了英国记者的嘲笑。

埃德温·蔡尔德在写于9月30日的家信中深表怀疑地评论道:"光荣的法兰西共和国已经许诺用气球把这封信送出去,但写信人对气球守时的信心就和巴黎女士对'有荣誉感的人'的'誓言'的信心一样。"尽管蔡尔德的这封信实际上真的送到了收件人手里,可要是从当今这个科学时代向前回顾,这么多法国气球驾驶员成功突破封锁看起来的确不啻奇迹。直到10月25日的第18次飞行,才有一只载人气球(不寻常的是,这只气球名为"蒙戈尔菲耶"号)落入普军手中。气球的装置简陋到难以置信的地步。因为无法获得丝绸,气球本身仅仅由上了清漆的棉布制成,内部充满了高度易爆的煤气,因此,在普军狙击手面前,这些气球是尤为脆弱的。气球进行着根本无法预测的三维运动,而且其中每一个维度都无法控制,在经验生疏的驾驶员手中,气球往往会先突然蹿上6000英尺的高空,然后又几乎落到地面上。气球驾驶员挤在吊篮里(鲍尔斯惊恐地注意到吊篮"只有半人高,仅能让两个人坐在里面——更准确地说是蹲在里面"),没有任何保护措施,随着冬季的寒意越发凛冽,驾驶员们也受到极度严寒的折磨。气球上最有用的装备是配有6个钩子的锚和150米长的"拖"绳。后者作为一种自动压舱物——取决于把拖绳的多大一部分重量放在地上——可以说是无价之宝,此外也可以用于降低气球下坠速度。驾驶员往往不会携带指南针,而且在几分钟的天旋地转后,他们无论如何都会彻底丧失方向感。

大风将他们吹向法国的每个角落,甚至会吹到法国之外,气球上的人们对即将着陆的地点几乎一无所知。除此之外,自从大为光火的俾斯麦宣称任何一名被抓获的气球驾驶员都会被当作普通的穿越封锁者处理后,每一场飞行最终就都可能遭遇一颗普鲁士子弹(然而在听到普军发出的威胁后,又有172名气球驾驶员志愿报名)。或许鲍尔斯和他的记者同僚在得知气球驾驶员运送新闻报道前会索要100英镑"津贴"时,不应该感到那么震惊。

> 人道的果敢!囚徒的挣扎!神圣的愤怒!
> 终于撬开禁锢的囚笼!
> 人需要什么,这颗额头宽宽的原子,
> 才能征服这无始无终,这无边无际?
> 才能驯服狂风和涌浪?
> 天上要一块画布,海上要一张画板。[33]

雨果如此描写这些早期的"宇航员",他们在行程中面临着未知和不确定,无论用怎样的词汇描述这些人的"无畏"都算不上夸张。然而在这一刻的喜悦——离开巴黎这座囚笼的逃脱感,身处高空时如饮香槟般令人飘飘然的醉意，寂静，美丽——当中，恐惧似乎已经降到了次要位置。甘必大在飞行结束后描述自己"震惊到全然忘记下方无边无垠的广袤土地上那如画的美景"；迪吕奥夫声称他一门心思地关注普鲁士实心弹在下方跃起又落下的景象；夜间飞行的比费（Buffet）注意到土堤上的火光就像是"围绕着城市的火腰带"；另一位气球驾驶员则在 2000 米高空的极度死寂中听到了一声鸡鸣。乘员们在飞过普军防线时会快活而充满轻蔑地在摇摇晃晃的吊篮里打开葡萄酒瓶，相互干杯并大喊："侵略者去死！法兰西万岁！"

经历过大约 800 次飞行的老手欧仁·戈达尔（Eugène Godard）在奥尔良站那废弃的大厅里设立了一条气球组装线，巴黎各处也遍布着从属于它的诸多小作坊。泰奥菲勒·戈蒂埃曾被纳达尔带到蒙马特尔一栋原先是舞厅的建筑物里，发现大约 60 名女青年正在高速编织，这让他想起了"旧式纺车嗡嗡作响"。组装完毕的气球还要在北站——野草早就开始在铁轨间肆意生长，这让鲍尔斯想起了《睡美人》——被刷上清漆，然后拉开气球并充进部分气体，它们就像是一排排庞大的鲸鱼。北站的候车室里到处都有正在忙碌地编织绳索和吊索的水手。气球的制作规格相当死板，每只气球的容积都应当至少有 2000 立方米，能够装载 4 个人和 500 千克重物升空。[34] 工厂每生产出一只令人满意的气球，就可以获得 4000 法郎奖金（其中有 300 法郎指定给气球驾驶员），不过除此之外存在一个"罚金条款"，工期每延误一天就会给工厂带来 50 法郎的罚款。（事实上，从经济学角度而言，政府开展这种气球邮政活动十分有利可图，因为每一只气球都能携带 10 万封邮件，也就带来了 2 万法郎的收入。）

从哪里能找到足够的气球驾驶员呢?"专业人士"很快就会统统飞出巴黎。戈达尔解决了这个问题,他在工厂里设立了一所培训学校。车站的承重梁上挂起了吊舱,舱内配备了模拟飞行所需的一切必要控制手段——阀门、压舱物、导航绳等。戈达尔的水手表现尤为出色(这或许是因为他们不大容易受到"晕球"困扰),他们证明自己能够在很短时间内达到专业水准。围城期间共有65只气球离开巴黎,其中只有18只由专业人员驾驶,17只由志愿者驾驶,余下30只都由水手驾驶。

一个更棘手的问题是气球只能提供单向通信渠道。"我们的思绪也和气球乘员们一道飞走了,"戈蒂埃感叹道,"飞走的还有我们给不在面前的爱人的信息,我们心脏的跳动,人类灵魂中一切美好、和善、纤弱的东西。在这张易碎的纸片上,就连那些装出斯多葛式微笑的人也会流下眼泪。"可是,那些"不在面前的爱人"又该怎样"告知收悉"这奔涌而出的情感和焦虑呢?气球当然是无法掉头航行的。"人们只是在梦想气球,"戈蒂埃评论道,"他们质问风向,试探天空的深度。化学家们和科学家们都产生了同一个想法,控制气球的方向。"政府给一位声名卓著的航海工程师迪皮伊·德洛梅(Dupuy de Lôme)拨款4万法郎,让他建造一只飞行方向可控的气球,他拿出了一幅设计图,图中有一辆状似雪茄的车辆,车上有一个可由单人转动的螺旋桨和一张辅助风帆。甚至早在战争开始之前,蒂桑迪耶(他后来驾驶"天堂"号飞出巴黎)就考虑过是否能够建造由400马力蒸汽机推动的巨型"可控"气球,此时,围绕在他身边的怪人们给出了种种新潮建议,就连维克多·雨果也提出了自己的想法。人们对气球动力的建议林林总总,不仅有风帆、划桨和火箭,甚至还有人主张用1万只鸽子拖动气球。11月7日的《小新闻》(La Petite Presse)报道雅尔丹·德普朗特（Jardin des Plantes）进行了一场实验，证明4只鹰就能够拖动一辆5吨重的马车；《帕尔默尔报》(Pall Mall Gazette)后来全盘轻信了相关传言，它坚持认为可以将"4或6只强壮的鸟儿系在气球上，一名驾驶员把固定在长杆末端的一块生肉放到鸟喙前方，用它引导鸟儿前进"。有个英格兰人提议在巴黎架设一条空中电报线，让两只相隔100公里的气球把电报线高高托起，还有人甚至建议用1000只蒙戈尔菲耶气球——每一只上都载有一头母牛——给巴黎补充食物。

实际上的确有一只装备手摇推进器的气球飞出了巴黎，它就是"迪凯纳"（Duquesne）号，上面载有三位健壮的水手，可"迪凯纳"号依然飞向了与预定目标截然相反的位置。在尝试让气球飞回巴黎的众多人物当中，蒂桑迪耶的努力最为认真、持久。他在10月19日已经身处沙特尔（Chartres），等待着将会把他吹回巴黎的有利风向。随着这只贪婪的气球耗尽了沙特尔的最后一点煤气，整座城市已经陷入一片黑暗，可气球还是没有充满。然后，普军已经近在咫尺，一位激动的军官冲过来通知蒂桑迪耶立刻起飞。可是，一阵狂风把瘪了的气球吹到了树上，让它就地爆炸。11月初，蒂桑迪耶再度尝试飞回巴黎，这次是从鲁昂起飞。他为此等待了整整一周。风向最终似乎对了头，他随即跃入"让·巴尔特"（Jean Bart）号的吊篮。就在起飞的时刻，有人把一张纸塞进他手里，他起初以为那是一封紧要公函，随后才兴味索然地发现它竟是当地某个裁缝的广告单。"让·巴尔特"号在密云和浓雾中消失了3个小时。当气球飞出云层后，蒂桑迪耶发现他几乎还停留在原地，而且风向也开始逆转了。在第三次尝试时，蒂桑迪耶差一点就被吹到了海上。直到巴黎投降之际，气球驾驶员们仍在尝试，但从没有一个人能够成功回航。

为了打通与巴黎的联系，人们想出了其他诸多方法——包括使用潜水艇和沿着塞纳河漂浮的玻璃球（不幸的是，塞纳河已经封冻），有一只气球甚至运载着潜水服飞出巴黎，这显然是为了实现一个类似的计划（不幸的是，它在拜恩境内着陆）。5只通信犬（它们未能取得成功）和几名勇敢的步行信使也尝试突破封锁。他们以极大的才智将极小的秘密信息藏在中空的纽扣和鞋底里，甚至划开皮肤藏在体内，但大部分信使都被捕获，其中几个人惨遭枪决。只有一位名叫西蒙·莱图瓦勒（Simon Létoile）的邮差成功进出巴黎，他因此获得军功勋章。

事实证明，小小的信鸽是反过来突破封锁进入巴黎的唯一手段。巴黎有一位名叫达格龙（Dagron）的缩微摄影专家，他在战争前已经发明出一种名叫"轻便马车"的圆环，环里装有缩微影像，可以通过一只宝石般的透镜放大，这个新发明在1867年的世博会上销量极好。早在11月12日，达格龙就和他的设备乘坐两只气球——"涅普斯"（Niepce）号和"达盖尔"（Daguerre）号——离开巴黎。这两只气球都被吹往东方，达格龙在"涅普斯"号上惊恐地看到"达盖尔"号落在地上，然后立刻被普军擒获。"涅普斯"号的乘员们拼命地扔出压舱物以提升气球高度，然而吊篮里的沙袋已经烂了，沙子也流了出来。所有人都在用达格龙的摄影烧杯把沙子往外舀，有些珍贵的设备也不得不丢弃，不过，"涅普斯"号最终还是得以逃脱。达格龙最终飞抵图尔，尽管面临着重重障碍，设备的丢失也延误了工作进度，但他还是建立了有史以来第一支用于战争的缩微摄影部队。图尔的政府公函会在缩小后印在轻薄的火棉膜上，然后卷成胶卷，这样，一只信鸽就能够携带多达 4 万封公函，这相当于一整本书的内容。胶卷送抵巴黎后，人们就会用幻灯机投影出公函，一队文书则负责抄录。有时候，一只信鸽携带的信息就足够人们花上整整一周时间去辨认和发布。除了携带公函外，许多珍贵的个人信件也由信鸽传递。在英格兰，邮政总局（G. P. O.）于 11 月底发布声明，宣布开通经由法国邮政将信件寄往巴黎的业务，信中的内容不得超过 20 个单词，邮费是每个词 5 便士。声明的最后部分还提醒寄信人，法国邮政"不能保证安全寄送信件，并且不会以任何方式对信件安全负责"。《泰晤士报》的头版上时常充斥着被困人员家属打出的广告，整个头版会在缩微摄影后制成胶卷，然后由信鸽送往巴黎。[35]另一种方式是由"载人气球"送出的"是或否"问答信件，每封信里包括 4 个问题，每个问题都有数字编号。收集到的答复会由信鸽送回巴黎并刊登在政府公报上。

围城期间一共放飞了 302 只信鸽，其中事实上仅有 59 只抵达巴黎。其余的鸽子或是被猛禽捕猎，或是死于饥寒，或是以变成普鲁士人的馅饼告终。[36]而且普军俘获了"达盖尔"号上装载的部分信鸽，让它们携带动摇人心的"欺诈"消息返回城内。可是，这些书信里令人生疑的德语化用词暴露了它们的来源，此外，信上的署名是"安德烈·拉韦图容"（André Lavertujon），可他实际上根本就没有离开过巴黎。信鸽邮政的巨大缺点在于它并不可靠，而且随着白天越来越短，信鸽——它们无法在夜间飞行——就变得越发难以捉摸了。有人于 11 月 18 日在奥尔良放飞了一只信鸽，它实际上却要到 2 月 6 日才飞抵巴黎，而围城战已在一周前宣告结束。尽管出于后来将会显露的种种缘故（这根本不能彻底归咎于气球驾驶员或信鸽），空中邮政的战略作用相当有限，但对巴黎的民心产生了难以估量的巨大影响。一位身处外省的《每日新闻》记者指出："从巴黎发出的最哀怨的牢骚就是'我们已经一连8天没有信鸽到达了'。"在这种间断期，巴黎人的精神就会陷入萎靡。战争结束后，人们严肃地讨论应当如何奖赏这些崇高的鸟儿，有些人将它们比作罗马的鹅，想要在市徽里加入一只鸽子。

随着越来越多的气球安全抵达法国境内未被占领的地区，普军也就决不会坐视气球对封锁造成的威胁。普军在占领区颁布了严厉的命令，要求居民将一切散落的公函都交到普鲁士占领当局手中，俾斯麦在他的德拉古式严酷报复警告惨遭忽视后，干脆亲自命令阿尔弗雷德·克虏伯设计一款特制的反气球火炮。当这种新颖独特的现代高射炮先驱最终抵达前线时，普鲁士王储称它"像是一个火箭炮组"，其他人则将它描述成"一根装在轴上、可以转动的管子，与其说像是火炮，还不如说像是望远镜"。据说它可以将3磅重的榴弹发射到2000英尺的高度，可颇为奇怪的是，它似乎没取得什么战果。一位名叫韦尔斯的美国冒险家曾为普军驾驶"截击气球"升空，却以事故告终，他后来又转而前往波尔多为法军效劳。普军还尝试过其他方式，比如说在气球上配备神枪手，不过这些方式显然也以同样的灾难性结局告终。普军在巴黎周围设立了诸多观察哨，他们通过毛奇那无可比拟的电报网络报告气球离开城市时的飞行轨迹，此举是法军气球驾驶员面临的最严峻挑战。结果，在气球飞过占领区途中，多数时候都有警惕的枪骑兵部队紧紧跟踪，他们随时准备扑向任何一只下落的气球。新的战术开始取得胜利。先是飞行了300英里的"蒙戈尔菲耶"号在阿尔萨斯落地时被普军俘获。两天后,载着朱尔·法夫尔特使赖特林格(Reitlinger)的"沃邦"号降落在凡尔登附近的一片森林里,赖特林格勉强逃离枪骑兵巡逻队,而后赶到了比利时边界。就在同一天,"诺曼底"号也在凡尔登附近坠落,这只气球上还载有英格兰时装设计师沃斯的侄子。沃斯、驾驶员屈宗(Cuzon)和另一位乘客都过早地跳出了气球,只有可怜的乘客芒索(Manceau)还留在里面,结果,骤然减重的气球像箭一样骤然蹿了上去。芒索设法打开了煤气阀,开始再度下落,可在距离地面还有大约 30 英尺时就慌了神。他同样跳了出去,结果摔断了腿。这 4 人都被普军巡逻队抓住,遭到了虐待,而且遭到了枪决的威胁。要不是因为沃斯是英国臣民,而且有人在伦敦一再为他提出交涉,他们很可能真的会惨遭枪杀。

然后,装载了 420 千克邮件的"伽利略"(*Galilée*)号于 11 月 4 日在沙特尔附近被普军捕获,此后,"达盖尔"号又于 11 月 12 日落入普军手中。状况开始变得相当严重,这让法军方面做出决定,只在夜间放飞气球,以迷惑德军观察者。随着冬天的白昼越发短暂,起飞时刻表的变更也导致了围城期间若干次最可怕也最跌宕起伏的飞行。"阿基米德"(*Archimède*)号于 11 月 25 日午夜 1 时起飞,拂晓时分就在荷兰境内着陆,要是飞行再持续一段时间,它无疑就会被吹到海上。12 月,"巴黎城"(*Ville de Paris*)号在德意志地区的韦茨拉尔(Wetzlar)着陆,这是因为驾驶员将当地认成了比利时。5 天后,"尚齐"(*Chanzy*)号飞行了 8 小时,最终在拜恩境内着陆。然而,最危险或最值得注意的飞行仍然属于"阿基米德"号的姊妹气球"奥尔良城"(*Ville d'Orléans*)号,我们将在后文听到有关它的更多故事。

真正堪称奇迹的是，直到11月28日的第34只气球为止，都没有一人因气球事故而不幸身亡。那一天，有位名叫普兰斯（Prince）的年轻水手爬上了"雅卡尔"（*Jacquard*）号，他宣称（至少传说如此）："我将要长途飞行——说说我的升天吧！"次日，有人在利泽德角的灯塔看到了普兰斯和"雅卡尔"号，发现气球和驾驶员一道消失在大西洋里。后来，人们从海里打捞出了他携带的公函，但并没有发现普兰斯本人，时至今日，奥尔良站依然悬挂着一块小小的纪念匾，纪念他的死亡。巴黎在围城期间一共放飞了大约65只载人气球。它们携带了164名乘客、381只信鸽、5条狗和将近11吨公函，还包括大约250万封信。6只气球落在比利时境内，4只落在荷兰，2只落在德意志，1只落在挪威，2只在海上失事，但只有5只落入敌军手中。它们将巴黎还在抵抗的消息传递到外界，为法国的抵抗事业博得了国际同情，也燃起了外省的战斗希望。然而最重要的在于，人们知道了巴黎城并没有与外部世界彻底隔绝，不管通信有多么无常，人们还是能够与城外的亲属联系，能够得知其他法军部队还在外省继续抵抗敌军，这有力地对抗了无聊这一致命的病痛，也极大地恢复了巴黎的民心士气。

尽管气球是直至此时最实用的科技成就，但它绝不是巴黎人那多产的脑海中唯一的科学进展。数以百计的各类发明和创意涌向政府，因此，政府甚至在围城开始前就被迫设立科学委员会以应对这一发明浪潮。摆在委员会面前的最初几条严肃建议中就有一条主张在凡尔赛宫和圣克卢宫下方埋设地雷，而后在巴黎用电力将其引爆，以阻止普军在那里架设炮台。幸运的是，这个计划并未付诸实施——尽管委员会里的确有几位"奇爱博士"的先辈似乎对此感到后悔。[37] 不过，送到科学委员会手中的大部分建议可以编成一本由科幻与纯粹想象组成的有趣目录。有人建议在塞纳河流出巴黎的河段投毒，又有人主张"分解"普军周围的空气，还有人建议把动物园里的所有猛兽都放出去——这样，敌人就会中毒、窒息或被兽类吞噬。有一种颇为流行的想法是改造"希腊火"，发明者希望采用多种方式烧死敌军；也有人提议使用"音乐机枪"，让这塞壬女妖般的发明演奏瓦格纳与舒伯特，吸引敌军中的文化爱好者，然后用一阵扫射将他们收割殆尽。另一位雄心勃勃的人物建议锻造一柄堪比火神伏尔甘（Vulcan）的武器的大锤，用一群气球拉起这重达 1000 万吨、绵延 15 英里的重锤，飞到毛奇总部上方后再割断绳索。有位医生提出了没那么凶残却同样令人不快的建议，主张以干馏尸体的方式获得燃气，以此扩充巴黎的燃料补给。

有些"发明"虽然在 1870 年是几乎毫无意义的未来幻想，现代人却会感到颇为熟悉。有人设想出"移动堡垒"，它堪称坦克的前身；[38] 还有人设计了能够"令人如同身处火场般呼吸困难"的榴弹。[39] 一位恶魔般的科学家提议用装着天花病原体的小瓶轰炸普军战线，还有人建议用装满了爆炸物的气球充当"飞行炸弹"，不过考虑到普军针对巴黎的报复将会致命得多，委员会还是谨慎地拒绝了这类建议。巴黎的科学家们时常忙于探索"超级炸弹"，希望用它将围城者一扫而光，参与这一工程的还有奥尔西尼炸弹——那些炸弹差点就干掉了路易-拿破仑——的发明者。曾见过他的拉布歇雷表示自己担心他"终会死于自己的炸药"，实验过程中也的确出现过几起可怕的事故。有位发明家制造出了围城期间质量最好的手榴弹，可他也因一场事故在实验室里把自己炸成了碎片。

为了推广自己的产品，发明家们可以表现得极具说服力，就连汤米·鲍尔斯这样多疑的观察者都似乎被"身着工装、眼神热切的小个子化学家"打动了，"他掌握的战争手段比欧洲所有三角帽下（脑袋里）的手段更有效、更恐怖"。此人向鲍尔斯保证他已经发明出了一种毁灭性的爆炸物，声称能够用它"将普鲁士军队炸上天"，还表示自己设计出了一种"令水自行分解，而后变成火焰的方法"。（这次见面促使鲍尔斯做出有点乐观的预言："当战争不过是化学家之间的技能决斗时，它的光荣就已逝去，当战争的风险骤增后，它的吸引力也将消失。"）巴黎新闻界对那些极为异想天开的计划尤为敏感，当科学委员会拒绝了要把普军周边空气分解殆尽的"发明"后，报纸上还出现了猛烈的呼吁。

正如本书另一章所述，这类创意中有许多——比如说"共振蜗牛""热水枪"的设计以及把狮子从动物园里放出来——源自红色俱乐部的恶臭之中，而且多半得到了皮阿的《战斗报》的热烈支持。不过，再没有什么比朱尔·阿利克斯（Jules Allix）的"普鲁士钉"更异乎寻常了：他表示巴黎的妇女可以用这种浸在普鲁士酸（即氢氰酸，普鲁士酸这个名字颇为合适）里的钉子捍卫自己的贞洁。这一发明从属于费利克斯·贝利（Félix Belly）创建的一支名为"塞纳河亚马孙人"的奇异部队。[40] 在10月，所有英国记者都对巴黎墙壁上突然冒出来的征兵招贴感到好奇。"亚马孙人"部队里那些令人敬畏的女士身着缀有橙色条纹的黑色灯笼裤、黑色连帽衫以及扎有橙色布条的黑色平顶帽，还在肩膀上挎着一袋子弹。她们人手一支步枪，声称要"保护土堤和街垒，为部队承担一切与道德秩序和军事纪律相容的内务和友爱勤务"。贝利要组建10个"亚马孙"营,"亚马孙人"那些较为富裕的姊妹则要"牺牲"手镯和珠宝,以此负担部队开支。招贴上的签名是"第一营临时营长,费利克斯·贝利",他宣称要在图尔比戈(Turbigo)街36号接受新兵登记。阿利克斯很快就把亚马孙人和他的"普鲁士钉"联系在一起,他给出的理由是这种武器比步枪更适合女性使用,并用以下说法描述过它的用法:"普鲁士人向你走来——你把手往前伸,用指头扎他——他死了,你仍然纯洁、安宁。"啊呀,尽管贝利声称这种可畏的秘密武器先后使用了1.5万次之多,但它实际上从未付诸实战。政府不大关心亚马孙人将要为前线提供的"友爱勤务"的含义,倒是关注贝利显然正在征收注册"费用",于是断然出手干预。然而,巴黎至少还是暂时有了些笑料,贝利从人们的视野里消失了,阿利克斯后来在公社里代表第8区,最终的归宿则是一家疯人院。

如果传言属实,那么贝利并不是唯一一个利用这种创意热潮为自己牟利的人物。一位随机应变的巴黎人设立了一家制造虚假"战利品"的工厂,他生产了很多普鲁士尖顶盔和马刀,还伪造被证明是取自普军尸体身上的"至亲"书信,依靠这些东西获利颇丰;奥谢则记得一个"心灵手巧的无赖,他脑袋上扎着绷带,把一罐烈酒里的一双人耳放在大街上展示,让人们相信这是他被野蛮的普鲁士人割下的双耳,就这样挣来了一堆铜子"。

就在俱乐部里的雄辩家们提出一个又一个异想天开的发明时,各所学院里的法国大知识分子也在用同样无关紧要的事情打发时间。碑铭与文字学院仍然一如既往地开设关于中世纪文法和科普特文字的课程,它与现实生活最接近的事件,就是在11月举行的一场题为"古代城市被围时的配给状况"的讲座,科学院则依然忙于偏微分和日食这样的课题。

总体而言,除了气球和信鸽邮政,巴黎的发明家们在围城期间基本上没有创造出什么具备实用性的产品。真正实用的发明创造大概不超过三种:原始的装甲列车、用于保护巴黎堡垒免遭夜间突袭的强光探照灯以及用骨头和明胶制成的骨胶原——这是一种难以下咽的人造食物。实际上,围城期间的巴黎还是在制造较为传统的武器——诸如火炮、机枪、步枪之类——上取得了最大的成就,而这完全应当归功于一个人:公共工程部部长多里安。多里安——他在和平时期就是一位工厂主——以多种方式证明了自己是特罗胥政府里的那个出类拔萃之人,他可以说是无人能比的组织者。在他的指挥下,巴黎的每一个作坊、每一座工厂都着手生产弹药,艺术与工艺专科学校成了一座庞大的火炮工厂,就算在时髦光鲜的里沃利路上,锻造武器的地下室窗户里也会传出锤击的声音。为了规避原材料极度短缺的状况,巴黎人表现出了极大的聪明才智:他们用铜锡合金取代了钢铁,甚至有人讨论是否要使用崭新的稀见金属——铝,还有人设法从老灰泥里提取制备火药所需的硝。就连圣但尼大教堂的铜钟也被熔化了。到了9月底,多里安的作坊已经能够日产30万发子弹,当围城战结束时,巴黎已经制造出了不少于400门大炮和许多机枪。匆忙和粗心的工作导致火药作坊里出现了一连串灾难性事故(其中一起显然源自正在屋顶上焊接的管道工),后来也有人声称许多后膛枪并不安全,不过——鉴于大部分兵工厂已经在9月之前转移到了外省,人们还得临时拼凑设备——能生产出东西来或许就已经足够值得注意了。同样值得注意的是筹集制炮经费的方法,维克多·雨果发动的群众性捐款为大约200门大炮提供了资金。较为穷困的"赤色"城区居民认为其中许多火炮实际上是由他们"购买"的,因此为自己的奉献成果感到极度自豪是理所应当的。12月中旬,一名国民自卫军在给住在外省的姐妹的信中指出,这些火炮正在以每天21门的速度交付:"你知道这的确意味着某些大事,每5天就是100门炮……"当围城战结束时,它也会成为内战爆发的直接起因之一。

第 9 章
"计划"

随着"赤色分子"的领袖身陷囹圄、等待着可能到来的死刑判决,特罗胥似乎已经避开了作战过程中可能面临的最大威胁——巴黎内部的革命。贝尔维尔突然被遏制住了,可这又能持续多久呢?然而,当 11 月到来,围城也持续了将近两个月之久时,巴黎城里的中立者们已经感到民心士气出现了明晰可辨的骤降。拉布歇雷在 11 月 6 日报称:"自围城开始以来,我还不记得见过这样一个普遍忧愁的日子。我听说,军队里的绝望情绪更加强烈。"拉布歇雷已经彻底感染了忧愁情绪,在他来看,如果按照普鲁士提出的最新和平条件签约,从法国手中夺走阿尔萨斯-洛林,那么将出现如下结果:"不到 10 年,我们就会不可避免地被拖入一场欧陆大战。"他只是在年份上犯了错。11 月 12 日,沃什伯恩沮丧地写道:"我或许应该停止记日记了,因为实在没什么可记。现在没有军事活动,甚至没有政治运动,街道越来越空旷,人民也越来越冷淡……"为了维持民心士气,找不到激动人心的大事的巴黎报界就不得不转而寻找诸如第 107 线列步兵团伊尼亚斯·霍夫(Ignatius Hoff)中士事迹之类的材料。霍夫是个神秘人物，他使用莫西干式战术，就像后世的突击队一样，特别擅长在夜间刺穿德军哨兵的喉咙。他每天晚上都带回一批尖顶盔，到了 11 月，据说他的战利品账目已经高达 27 顶。他很快就被塑造成近乎神话的英雄，这与第一次世界大战时的情形颇有类似之处，在那场难以名状的屠戮中，伟大的居内梅（Guynemer）这样的王牌飞行员被特意挑出来进行宣传。

但即便是霍夫中士的事迹也不足以将巴黎人的注意力从越发丑陋——这丑陋第一次变得明晰可辨——的现实生活中转移出来。沃什伯恩在 11 月 12 日的日记中补充道："最近几天里，人们的痛苦情绪急剧上升。"他是对的，大约与此同时，汤米·鲍尔斯也记录下一则并不吉利的预兆。他曾目睹渔民在布洛涅森林的一处池塘里用围网捕鱼。但网里一条鱼都没有。次日，有人告诉他牛奶已经告罄，沃什伯恩则在 16 日写道："已经几乎不可能弄到新鲜的肉类……他们开始吃狗、猫和老鼠……煤气也正在耗尽。"第一批尝试新菜肴的人当中就有拉布歇雷，按照他的评价，试制出来的烧鼠肉"非常好吃——介于蛙肉和兔肉之间"。但它依然是新鲜事物。然而，围城生活的另一个阴暗面——疫病的威胁——也开始登台亮相，早在 11 月，天花就能在一周之内夺去 500 条人命。[41]

当公众的不满情绪在 10 月 31 日宣泄出来后，这一切竟让特罗胥这样的人物也开始意识到有必要尽快完成一些引人注目的业绩。大规模军事行动的时刻已经到来。但打到哪里去？又该怎么打？

巴黎城里那些爱开玩笑的家伙已经就"特罗胥计划"说了好久。"计划"是特罗胥尤为喜欢的一个词，就算在他坐下来玩皮克牌游戏的时候（按照拉布歇雷的说法），他也会警告对手："我有

个计划。"如果他输掉了牌戏,则会在离开牌桌时咕哝:"无论如何,我的计划还是不错的。"一首小调流传开来:

> 我懂特罗胥的计划,
> 计划,计划,计划,计划!
> 我的主啊!好个计划!
> 我懂特罗胥的计划:
> 感谢他,啥都没少。[42]

后来,特罗胥的私敌们还传播了一则故事,说是他曾经将自己的神秘"计划"交给了他的律师,事后检查时却发现那不过是张空白文件!特罗胥在回忆录中坚决否认这一说法,但还是以完美的诚实态度承认自己根本就没有计划。

事实上,如果说真有什么作战计划,它也属于迪克罗。在1870年,再没有人能够比他更好地代表法国将领的传统:充满激情、不怕犯错、富有进取心,但不常取胜。迪克罗若是身处1914年,会成为福煦的铁杆支持者;若是身处20世纪50年代的阿尔及利亚,就会支持马叙(Massu)将军乃至秘密军组织(O.A.S.)。他是进攻至上原则的忠实信徒。迪克罗在战前曾警告过路易-拿破仑,指出军队并没有做好对普鲁士作战的准备,可要是战争终究不可避免,那么唯一的获胜方式就是对那些南德意志邦国实行一场"闪击战"。和皇帝一同在色当被俘后,耻辱感驱使迪克罗选择逃跑,俾斯麦声称此举违背了他被俘时的誓言。用特罗胥的话说,迪克罗是"一个真正的战争之人",自从在沙蒂永受挫后,他就急不可待地准备率部发起大规模军事行动。围城最初一段时间里，特罗胥和迪克罗都（错误地）认为外省的部队起不到什么作用，因此如果要突破普鲁士人环绕巴黎的封锁线，还是得从城内出击。看起来最适合突破的地点有三处：巴黎东南面马恩河与塞纳河之间的地区、北面的圣但尼平原、塞纳河在西北面的热讷维利耶（Gennevilliers）河湾形成的半岛——此处也是印象派画家最喜爱的绘画场地之一。这三处地点当中，迪克罗认为法军只有在最后一处出击才同时具备战略和战术优势。热讷维利耶半岛上的敌方围城部队防线不算稳固，一旦将其突破，迪克罗的士兵就会发现自己身处未被占领的己方领土，其他突破方向却不会出现这种状况。随后，迪克罗可以沿着塞纳河下游向西北推进，经由鲁昂抵达勒阿弗尔，也就夺取了可以为巴黎提供补给的港口，和外省的法军打通联系，或许甚至还能从海外输入新的军火。

　　这就是迪克罗的"计划"。按照迪克罗的说法，他在10月7日听说甘必大飞出巴黎的时候刚刚完成了敌情研究。他当即将计划呈递给特罗胥。到了这时，悲观的特罗胥已经彻底确信任何突围尝试都会以失败告终，但鉴于缺乏比这更好的建议，他和参谋长施密特将军还是大体上接受了迪克罗的计划，它从此就成了"特罗胥计划"。迪克罗获准着手备战，甚至还为了确保突破方向左翼的安全，于10月21日在马尔迈松（Malmaison）发起了规模有限的作战行动。按照暂时拟定的计划，法军应当于11月15日到11月20日间尝试突围，迪克罗（他此时主要关心的仍是部队质量问题）希望到那时能拥有五六万训练状况良好的部队。与此同时，特罗胥——直到10月31日为止——仍然对计划的可行性深表怀疑，在推动计划时显得颇为冷淡，甚至对迪克罗的请求——让甘必大充分了解作战状况——也表现得相当犹豫。然而，"赤色"暴动足以警醒特罗胥，这让他以新的激情重返计划。

可在计划落实前，奇迹般的新闻突然从图尔传来，一切就此反转。

* * *

10月7日，甘必大离开巴黎，而后经历了一场事故频发的飞行。气球以不到2000英尺的高度飞过普军防线，当普军枪手在下方盲目射击时，它的乘员也在吊舱里紧张地注视下方。驾驶员匆忙扔出了压舱物，这样，普军还没有造成任何损害，气球就已经飞到了安全高度。几个小时后，他打开了煤气阀，打算在一块空地上降落，农民们却跑过来警告气球乘员，说他们正处在普军占领区。气球再度起飞，后来，乘员们看到了一群像是自由射手的人，就打算再度降落。这些人实际上是普军。幸运的是，普军的武器当时正被码放起来，等到这些人能够拿起武器的时候，气球已经再度迅速起飞了，不过，实际上还是有一发子弹从甘必大的手上擦过。在这场令人毛骨悚然的逃亡后，驾驶员等了好一会儿才尝试第三次降落。下午3时30分，他们最终在蒙迪迪耶（Montdidier）附近着陆，仅仅一刻钟后，枪骑兵也追到了着陆现场。尽管经历了令人不快的飞行体验，甘必大还是在当天夜晚发布了激动人心的宣言，宣布自己已经抵达目的地，号召外省拿起武器。抵达图尔后，甘必大在不到48小时内就已从老迈的克雷米厄手中接管了陆军部，与此同时依然担任内政部部长，因此其权力已经远远超过特罗胥的授权，他成了事实上的独裁者。他将夏尔·德·弗雷西内（Charles de Freycinet）任命为副手，此人只是年纪略长于甘必大，而在果敢和毅力上几乎都与他相当。作为一位民间工程师，弗雷西内与甘必大一样以平民的视角鄙视正规军人，毕竟此前的事实业已证明这些人在其自己的领域里遭遇了尤为惨痛的失败。弗雷西内是一位出色的组织者，然而，不管是他的能力还是甘必大的精神与干劲都不足以弥补二人在军事技能方面的缺失。

甘必大和弗雷西内在10月接手的局面实在算不上乐观。在法国尚未被占领的地区，农民对战争基本上秉持冷漠态度，自从帝国倒台以来，奥尔良派、波拿巴派和共和派都在相互撕咬，政治伤疤处处被揭开。许多地方政权仍然掌握在热烈支持路易-拿破仑的保守人士手中，在执行图尔的共和国代表团发出的命令时，他们显得颇为迟疑。在里昂、马赛这样的大城市则爆发了与10月31日巴黎骚乱类似的严重"红色"骚乱。此外，在正规军和那些主张创建共和国国民自卫军的人之间爆发了同样激烈的冲突。甘必大在发给巴黎的一份早期报告中满怀愤恨地写道："乡村地区是呆滞的，小城镇里的资产者是怯懦的，管理军政的人员要么消极被动，要么慢得令人绝望。"而在占领区当中，德军针对自由射手和破坏电报线的人员展开了严厉的镇压，这种条顿式的彻底镇压和针对抵抗运动较为活跃的社区征收的高额罚金也吓坏了居民。然而，占领区事实上只是法国庞大领土中的一小部分。在环绕巴黎的德军封锁线之外，南方、西南方和西方的所有地区都是自由的，实际上，就连亚眠（Amiens）乃至更远处的大部分北方土地也是如此。这里有着高达100万的适役人口可供共和国支配。此外，由于毛奇的军队被牵制在巴黎和梅斯周围，这就给外省提供了稍做喘息、恢复民心士气的时机，也给甘必大提供了重整旗鼓的机会。

尽管他的前任（"图尔的老人们"）在面对那些如奥吉厄斯（Augean）牛圈般艰巨的问题时遭遇了挫折，可甘必大还是取得了立竿见影的成效。他日复一日地令麾下的高级将领们趋于绝望，但他和弗雷西内还是以将领们从不可能达到的速度奇迹般地组建起大军：其规模必定远远超出特罗胥和迪克罗的估计。[43] 来自法国各地的志愿者涌入图尔，"他们的胸膛上耸起了无数把匕首"，来自全国各地仓库以及英美两国的武器也开始运抵图尔。最重要的是，以南方人的激情和丘吉尔式的抨击，甘必大设法给他的部队灌输了一种在法国消失已久的东西——胜利的意志。德拉莫特鲁热（de la Motte-Rouge）将军在10月11日丢掉了奥尔良，而他面对的仅仅是拜恩将领冯·德坦恩（von der Tann）麾下的2.8万人，甘必大立刻将拉莫特鲁热解职，还威胁要把他送上军事法庭，之后又换上了多雷勒·德帕拉迪纳（d'Aurelle de Paladines）。多雷勒曾在克里米亚战争中担任师长，他对自己麾下的部队拥有一种魔法般的影响力，这让他在甘必大眼中成了完美的候补人选。到11月初，他已经让战败、士气消沉的乌合之众变得多少像是一支军队，与此同时，德军过于粗心地把战线拉得太长，此时的战争在他们眼中必定不过是惩罚性的殖民远征而已，他们犯下了一个又一个错误，简直都不像是出自伟大的毛奇之手。

多雷勒在弗雷西内和甘必大的严厉催促下率领10万人进攻拜恩军队，这是法国自路易-拿破仑倒台以来发动的第一场大规模攻势。11月9日，双方在奥尔良以西大约10英里的库尔米耶（Coulmiers）打响会战。冯·德·坦恩在兵力上至少需要以一敌三，这一回，法军的炮兵在获得了具有触发引信的炮弹后终于具备了与敌军炮兵相当的杀伤力,到了日暮时分,冯·德·坦恩最终被迫退却,他不仅遭遇失败,自己的私人行李也落到了法军手中。要是法军骑兵能够更锲而不舍一些,就可能将胜利变为歼灭,尽管如此,甘必大的部队还是为法国赢得了开战以来的第一场明确胜利。次日上午,法军再度进入奥尔良,狂欢的场景一连持续了好几天,令那些和德军伤员一起留在城内的英美救护所热心员工感到颇为震惊。

啊呀,人们当然有充分的理由去庆祝库尔米耶的胜利,可它也是某个重大战略错误的一部分,而这个错误将会为法国最终的灾难铺平道路。甘必大拥有绝对的权威,也能够完全自由地与尚未被占领的法国各地沟通,在他看来,自己已是国家战略的唯一决断者,显然,决定最高作战计划的人已不再是被困在巴黎的特罗胥和迪克罗。对甘必大这位业余战略家而言,作战目标也是相当明确的:必须从外界为巴黎解围,还必须沿着最近的道路解围。这就意味着要从奥尔良出发援救巴黎,两地间的航空距离还不到70英里。但甘必大忽略了他和特罗胥之间微弱的通信能力,从而犯下了一个重大错误。尽管气球为巴黎提供了通知外省、给外省下达命令的手段,而且这一手段久经考验、相当可靠,但反向信息传输仍然只能依靠断断续续、并不安全也相当不可靠的信鸽邮政。因此,让图尔去配合巴黎的作战计划显然要比反过来行事容易得多。

这样,虽然巴黎在整个10月里都着手执行迪克罗的计划,准备沿着西北方向打通与外省的联系,甘必大却计划从几乎完全相反的方向与巴黎守军会合。之所以会出现这种战略分歧,至少有一部分责任应当归于特罗胥没有及时通知甘必大。按照特罗胥自己承认的说法,他最早在10月上半月才将迪克罗的塞纳河下游计划告知副手法夫尔。"你通知了甘必大吗?"法夫尔问道。"没有。"特罗胥答道,他进一步解释说,自己对甘必大在外省组织大规模解围作战的能力深表怀疑。法夫尔和政府其他成员坚持要求特罗胥立刻通知甘必大,但此举一直要拖到10月14日才真正开始实施,有个名叫朗克(Ranc)的人是甘必大的朋友,他会在当天乘坐气球飞出巴黎。鉴于朗克有可能落入敌军手中,他并没有得到任何书面命令,而是被叫到卢浮宫,由特罗胥亲自口头传达消息。战争结束后,朗克否认他曾得到任何与甘必大有关的命令,这令特罗胥大为愤怒。考虑到特罗胥惯于长篇大论和他最初面对迪克罗计划时表现出的怯懦,似乎有可能出现的状况是:他的确没有让朗克去传达一份明确的命令。可以肯定的是,甘必大声称他把朗克带来的消息仅仅当成是建议,而这个建议对他并没有什么吸引力。不过在朗克完成任务之后,巴黎还是先后于10月19日、23日、25日向甘必大发出了更为坚决的命令。可是甘必大那时已经彻底致力于他的奥尔良战略。和纳尔逊一样,他假装看不见特罗胥的信号,后来又虚伪地坚持宣称那些信号从未在图尔得到严肃讨论,因为它们并不是像计划那样斩钉截铁的东西,与此同时,他也没能把自己的计划告知特罗胥。到了11月10日,已经彻底筋疲力尽的特罗胥依然没能从甘必大那里得到半点消息,此时他发出了另一份公文,这次则是要通知布尔巴基在塞纳河下游站稳脚跟。可它来得实在太晚了,多雷勒的部队此时正在收复奥尔良,甘必大也在着手考虑下一步动作。

11月14日,曾担任普军向导的农民埃内斯特·莫尔(Ernest Moll)冒险穿过普军战线,将库尔米耶之战的消息带到了巴黎。

城市沉浸在极度兴奋之中。"我们离开了绝望的最低谷，拥有了最狂野的自信。"拉布歇雷解释道。"我太快活了，"朱丽叶·朗贝尔宣称，"快活到我心甘情愿地屈服于傲慢。是的，我们拥有了一场胜利……"陌生人在大街上相互亲吻，《费加罗报》声称看到了上帝之手在起作用，还把多雷勒称赞为当代的"奥尔良少女"。在这一片兴奋当中，10月31日的暴动和日益严峻的食物短缺都被遗忘了。最终，失败的魔咒还是被打破了！

然而最初的激动消退后，卢浮宫里的政府就远远没有大街上的人群那么兴高采烈了。甘必大的胜利直接命中了现在已经朝着成熟方向大步迈进的计划核心。巴黎集团军的重心已经转移到了西北方向，城内也为此进行了大量准备工作——其中包括修建浮桥，开始突围的时间则敲定在下周。对政府里的非军方人物来说，他们对后勤问题只有平民式的粗浅了解，因此问题的解决方案也就相当直截了当。"高兴起来吧，我亲爱的将军们，"素来谨慎的皮卡尔对这个消息的第一反应竟是，"好运降临了，或许可以让我们免于继续从事英勇的愚行。"就算不考虑其他因素，公共舆论也早就响起了"他们正在过来，让我们过去！"[44]的口号，鉴于政府自10月31日以来对舆论越发在意，这也会迫使政府出手调整方案。但特罗胥深知修改方案会涉及诸多技术难题，因而颇感犹豫。随后，甘必大的第二条信息于11月18日传到巴黎，敦促特罗胥向奥尔良方向南进，以此配合作战。这个消息令政府下定了决心。次日，特罗胥告知迪克罗，他的进攻方向将要转移到巴黎的另一边，船闸、军备物资和火炮都要相应转移，这令后者倍感震惊。迪克罗在两个月内第三次变得异常恼怒，他陷入了激愤和沮丧之中，按照他自己的说法，当时的失望情绪"并不亚于耻辱感"。特罗胥说迪克罗此时要去完成"巴黎围城战中最不寻常的壮举",这句话几乎没有半点夸张。他得让400门火炮、54座浮桥以及带上了所有补给物资和装备的8万名士兵穿过巴黎的街道。

最糟糕的是,迪克罗最初选择热讷维利耶半岛,是因为那里的敌军防御相对薄弱,可如果要与甘必大从奥尔良派出的援军会合,那么行军路线就得经过著名的沙蒂永高地。普军在9月底从迪克罗手中夺走了这一高地,从那时起,它或许已经变成了整条普军防线上最坚固的地段。迪克罗迅速放弃了这条路线,转而决心在马恩河与塞纳河的交汇点前越过马恩河,朝东南方向进攻。一旦突破了普军包围圈,他就打算转而西进,在枫丹白露附近与甘必大麾下的部队会合。然而与塞纳河下游计划相比,他这条新的行进路线需要穿过德军控制的地区,而且横越马恩河的攻击要求部队必须在敌军面前完成复杂的架桥行动。迪克罗声称此前他有整整5周时间去准备西北方向的攻势,这时却只有5天时间来制订新的作战计划,因此执行过程中出现若干疏漏在所难免。

考虑到迪克罗所部在运输过程中涉及的种种活动,就很难避免敌军探听到风声。无论如何,正如法国军事史上的其他事件所示,保密并不是她最擅长的地方。尽管特罗胥声称最初只有5名军官参与计划,可似乎大部分英国记者还是搜集到了不少细节。到了11月初,龚古尔的交际圈已经在他们最喜欢的布雷邦餐馆里随意讨论计划,当有人指出特罗胥正在计划"于两周之内粉碎对巴黎的封锁"时,赴宴者便爆发出嘲弄般的大笑。早在10月21日,正当迪克罗于马尔迈松展开预备作战时,普鲁士王储就在他的日记中提到,根据法军战俘的供述,"(法军)正在计划向凡尔赛和圣但尼发起规模极大的出击,其目的在于将一批给养从鲁昂运到巴黎";此外,甘必大刚刚开始朝奥尔良进军时,甚至在库尔米耶会战爆发前,王储就预言巴黎会朝奥尔良方向大举出击。11月16日,当特罗胥仍然犹豫不决的时候,毛奇就已命令第三集团军采取"临时措施",将兵力集中到巴黎以南的塞纳河左岸地区,这表明他已完全意识到潜在的威胁。到11月27日,鲍尔斯发出了如下报道,"我已经完完全全地掌握了特罗胥将军那著名计划,而且已经目睹了它的备战措施",军官们甚至向他吹嘘"8天之内我们就能够与外界打通联系"。就在同一天,朱尔·克拉勒蒂也注意到位于马恩河畔诺让(Nogent-sur-Marne)的街垒已被拆除,这是为了便于炮兵通行;另一方面,冯·布卢门塔尔将军则在晚宴结束后收到了一份预警电报,指出法军已经在符腾堡师对岸的茹安维尔(Joinville)附近架起了一座横跨马恩河的桥梁。次日,德军发出了增援该师的命令。最终,拉布歇雷在11月30日写道,迪克罗的新计划已经被"半打人透露给我,因此,我相当怀疑它对敌军而言是否算是秘密"。

特罗胥依然对甘必大的成功前景秉持怀疑态度,而且可能也受到了(姗姗来迟的)保密考量的影响,因而在告知图尔计划变更状况和新的出击日期——11月29日——时再度出现了拖延状况。直到24日也就是攻击开始前仅仅5天,特罗胥才最终发出了消息,而且它并没有及时传到甘必大手中,干扰此事的因素或许堪称整场战争中最令人讶异的灾祸。特罗胥将传递这条关键信息的重任托付给"奥尔良城"号气球,这只气球的名称可以说是相当合适了。它是第33只离开巴黎的气球,上面载有两人:贝齐耶(Béziers)和驾驶员罗利耶(Rolier)。因为普军的反气球手段已经使日间飞行变得越发危险,"奥尔良城"号最终在午夜将至之际趁着夜色的掩护在北站起飞。到了破晓时分,这两人看到浓重的雾气笼罩着地面。鉴于手中只有最原始的导航工具,罗利耶和贝齐耶对自己所处的位置可以说一无所知,但是——鉴于起飞时刮着颇为吉利的东南偏南方向微风——他俩还是心安理得地认为他们正在飞往未被占领的法国西北部地区。在极度死寂的苍穹中,贝齐耶觉得听到了下方传来的某种声音,像是列车持续行进的声响。雾气随后散去,气球乘员惊恐地意识到这声响实际上源自海浪。贝齐耶在日志里写道:"我们飞到海上了,这意味着死亡!"等到正午时分,"奥尔良城"号依然在海上飞行。他们最终看到了许多船只,罗利耶尽量大胆地降低飞行高度,放出了120码长的导航绳,希望有条船能够将它抓住。可是,鉴于这些船似乎对呼救和求救信号毫无知觉,他俩还是决定扔出压舱物,以便飞到较为安全的高空。牺牲在波涛里的压舱物中有一只重达60千克的公文包,其中甚至包括攸关巴黎命运的重要信息。

这只气球飞入密云之中,地面再度消失在视野里。在极度严寒当中,这两人的胡须都结成了冰柱。贝齐耶以高尚的献身精神脱下披风,用它保护那些信鸽,尽管如此,在那个时刻,鸟和人的生存前景乍看起来都极度黯淡。气球仍在飞行。随后,下午2时30分之前不久,气球突然开始快速下落。一棵松树的顶端突然从云层外冒了出来,像是在欢迎来客一样,这个场景之于他俩必定不亚于格陵兰的海岸线之于维京人。对冻个半死、已经开始放弃希望的人来说,这实在是喜出望外。他俩毫不犹豫地跳了出去,落到了深厚的松软积雪上,(按照贝齐耶的说法)砸进去整整20米。骤然减重的气球立刻飞速升空,消失了,它不仅带走了食物和衣物，也带走了不幸的鸽子。两位乘员爬上了一座陡峭的山峰，跌跌撞撞地走了几个小时，没有发现任何文明的痕迹，他们对自己究竟着陆到了世界哪个位置毫无头绪。巴黎以西有类似的地形吗？他们究竟在哪里？在孚日山脉？在黑森林？可他们路过的海洋又是什么地方？这两人越来越疲乏，罗利耶甚至几次倒在雪里。随后，就在夜幕降临、罗利耶长眠至死好像只是个时间问题的时候，他俩遇到了一座废弃的小木屋，在那里过了夜。次日，他俩继续行走，最终走到了一所简陋的茅舍，那里有人居住，但当时空无一人。他俩吃掉了能够找到的所有食物，几个小时之后，两名身着毛皮大衣、说着奇怪语言的农民出现了。法国人画出了气球的轮廓，打算以此解释他们的从天而降，但并没有取得成功。

直到其中一名农民用标着"克里斯蒂安尼亚"（Christiania）的一盒火柴生火时，罗利耶和贝齐耶才意识到他俩已经着陆到了挪威中部！他俩在15个小时内从巴黎向外飞行了将近900英里，这趟旅途足以与儒勒·凡尔纳的想象媲美。气球乘员被带往奥斯陆（当时名为克里斯蒂安尼亚），受到了身披三色旗的金发少女的热情欢迎，当地人就像招待来访的神灵那样请他俩吃喝了几天，然后才将他俩送回国内。[45]足够令人震惊的是，他俩的气球——及其装载的信鸽——和扔进海里的公文包最终都完好无损地出现了。一条渔船发现了后者，法国领事馆随后立刻将它寄回国内。可等到那些信息传到图尔时，一切都已经太晚，甘必大已经不可能采取什么行动去配合特罗胥的突围。

而在巴黎城内，就像甘必大并不清楚特罗胥计划一样，特罗胥对甘必大的推进——城市防卫者押上一切的"大出击"要想取得胜利，就必须得到外部推进的配合——同样知之甚少。事实上，多雷勒在夺回奥尔良后似乎受到了精神麻痹的影响，也可能是被自己的胜利吓到了。两周内，多雷勒多数时候都静坐不动，与弗雷西内就下一步行动展开激烈争论。在这逝去的两周（对法兰西而言致命的两周）里，当多雷勒在奥尔良动弹不得、迪克罗在巴黎转移攻击正面之际，因梅斯投降而腾出手来的普鲁士第二集团军正在腓特烈-卡尔亲王率领下从梅斯快速西进。等到11月底，它已稳居奥尔良和巴黎之间，可以干预任一方向的战事。

第 10 章

大出击

正当政府将希望全盘寄托于横跨马恩河出击的时候,人们再度听到了维克多·雨果的声音。这一次,他以较为冷静的态度写下了一首新诗,题为《考验的话语》(*Paroles dans l'Épreuve*):

> 我们来到了恐怖过道的边缘;
> 峭壁就在这里,不明、阴暗、沉郁、恐怖;
> 考验在另一头等待;我们过去,
> 我们并不回头;
> 面色苍白地来到绝顶峭壁,
> 而我们将木板踢入深渊。[46]

随着"大出击"的时间越发迫近,所有巴黎人都感到巴黎和她身后的法兰西已经走到了悬崖——至少是卢比孔河(Rubicon)——边缘,不过他们脸上源于恐惧的苍白或许还是要比这位诗人略少一些。尽管最后一次给平民分配新鲜肉类已是 11 月 21 日的旧事,人们的精神却比以往任何时候都要高昂。那一天,布朗先生致信他身处肯蒂什镇(Kentish Town)的妻子:"最完美的秩序支配着这里,人民在忍受贫乏上表现出的顺从可敬到超越一切赞扬的地步,他们和往常一样欢快,决心支持他们所选择的政府,直至最后关头……"次日,已成为国民自卫军自豪成员的埃德温·蔡尔德在给母亲的家书中热情洋溢地写道:"日复一日地期盼着大战。将会有20多万人在法军这一边参战。巴黎自围城以来所做的一切都不亚于奇迹。以玩偶和糖果闻名的当代巴比伦如今正生产火炮、机枪,将旧炮改造成新炮,成吨成吨地制造实心弹、榴弹和火药……已经从国民自卫军中挑选出10万人,这些人为了作战已经全副武装,很难找到比他们更适合战斗的人群……民族之花……"他在信末宣称自己"想要看到每个普鲁士人都被灭绝",还补上了一句针对中立主义者格莱斯顿先生的贬损按语。沃什伯恩在27日亦即围城第70日评论道:"巴黎从没有这么安宁,犯罪从没有这么少。无论在哪里,你都听不到一起谋杀、抢劫、偷盗乃至口角。"

在这最后几天里,到处都笼罩着一种备战的紧迫感,其中又以国民自卫军的感受最为强烈。在自卫军一再要求参与实战的压力——这种压力在10月31日最终爆发——下,政府已经做出了让步,将自卫军中最年轻、最适于作战的人员编组成特定的作战连,让他们与正规军在"大出击"中并肩前进。"如果我们的英勇弟兄倒下了,"国民自卫军的新任指挥官托马将军告诉下属,"我们就有责任为他们复仇!"他们在巴黎周围的空旷场所不断展开训练,似乎已然给自己的动作注入了一种崭新的活力和使命感。《旗帜报》的奥谢看到某些自卫营身着怪诞的混搭制服,在歌剧院外接受检阅,而后便奔赴前线。那些随军女商贩身着俗艳的"宽松裤装束"，戴着有羽饰装点的帽子，髋部挂着涂有三色的白兰地酒桶，腰带上插着罗马式短剑乃至象牙柄的小手枪。奥谢觉得这或许有点太过戏剧化了，不过他还是相当钦羡那几个团里由退役人员组成的乐队，他们勇敢地尝试吹响《出征曲》(*Chant du Départ*)，最重要的是，他头一次看到了"纪律的基础"。来自贝尔维尔的各个营尽管接到了不要把军旗带到前哨据点的命令，可还是举着绣有弗里吉亚帽的旗帜行进，以此表示自己异于资产者的部队。

11月26日，巴黎关上了所有城门（这就给了普鲁士人大事即将发生的最终信号），龚古尔在蜂拥入城的人群中看到了一位可怜的老人，他在吊桥上被撞倒，摔断了脊椎。沃什伯恩在28日的记录中指出美国救护所的所有车辆都奉命于次日早晨6时出动："氛围像是要出大事，城里的整体状况预示着某些非同寻常的事件。这一天潮湿、寒冷、阴郁、多云，但街上满是人。"当天夜间，龚古尔被一阵密集炮击惊醒，实际上，这阵炮击甚至弄得满怀忧虑的普鲁士国王在凡尔赛也无法入眠。醒来后龚古尔爬上了自家屋顶。"在一个没有星辰的夜晚"，他看到：

> 从比塞特（Bicêtre）堡远到伊西堡，顺着这个半圆形的大圈可以目睹煤气灯火焰般的小小火光连绵不断，还能听到雄浑的回响。死亡的巨大声响搅动了这夜的死寂。一段时间后，狗的嚎叫也汇入了火炮的轰鸣，醒来的人们开始惊恐地私语。公鸡、男人和女人，一切渐渐归于平静，我使劲把耳朵探出窗外，也只能听到远处的炮声，这遥远的炮声就像是橡树撞上船只侧面时的低沉声响。

次日早晨，巴黎人醒来后发现墙上贴满了宣扬大出击的公告。出自特罗胥的公告是他迄今为止最短的一份；另一份由迪克罗向第二集团军（他此时是该集团军司令）发布的公告则以不朽的美妙语调告终，它让人想起了法兰西在军事上的全部辉煌。"至于我自己，"他宣称，"我已下定决心，我在你们和全民族面前宣誓，我回到巴黎时只有两种状况：胜利或死亡。你们或许会看到我倒下，但不会看到我后退。不要停顿，要为我复仇。继续前进！前进，愿主保佑我们！"巴黎人的心脏怦怦跳动，当指挥官本人发下了这样的誓言，这一天怎么能不以胜利告终？"这里有位**真正的**军人！"朱丽叶·朗贝尔叫道。

可在幕后，一切远远算不上好。前一天鲍尔斯一直待在伊西堡附近的前哨据点，他听说了一些不吉之兆："传言'浮桥'和桥梁在最后一刻都出了麻烦。"29日拂晓时分，特罗胥正身处他设于罗尼（Rosny）堡的总指挥部之中，就在这时"迪克罗将军以不可名状的焦虑情绪过来向我报告，表示马恩河水位突然上涨，这导致我军暂时无法展开行动"。迪克罗在突围第一阶段的主要目标是马恩河左岸维利耶（Villiers）附近的高地。早在围城之初，马恩河上的所有桥梁就已被炸毁，所以，要想在维利耶河湾两边的布里（Bry）和尚皮尼建立桥头堡，就必须要准备数量足够的浮桥。这些浮桥已经成功穿过整个巴黎，从原定出击地点被拖曳到新的出击地点，截至28日夜间，浮桥已在沙朗通（Charenton）准备完毕。午夜11时，迪克罗的工兵主任克兰茨（Krantz）下令将浮桥纵列从塞纳河经由法军控制下的圣莫里斯（St.-Maurice）运河运往马恩河。在拖船"坚韧"（*Persévérance*）号的拖曳下，浮桥纵列顺利通过运河，却在马恩河的茹安维尔河段停了下来。

马恩河的这一段或许要比泰晤士河的梅登黑德（Maidenhead）略宽一点，可即便在一般状况下，它的水流也要湍急得多。此时，茹安维尔大桥被毁后留下的残骸已经在河上形成了某种拦河坝，它的三个桥孔中有两个已被堵死，不过，第三个桥孔在水位并未显著上涨的状况下还可以通航。克兰茨已经预见了这一威胁，迪克罗也承认最好应当清理其余两个桥孔，以避免水位上涨可能带来的影响。然而，法军并没有足够的时间完成此举，而这个"疏忽"也只是法军在冒险时面临的诸多疏忽之一。事实上，暴雨使得马恩河水位骤涨，湍急的怒流便从仅存的桥孔里喷涌而出。喷着烟气前行的"坚韧"号停了下来。它向后退却，把蒸汽机的马力加大到几乎爆裂的地步，打算再度冲过桥孔。这一回，它的确冲了进去，似乎还真的有希望彻底穿过去，可就在这时，三座浮桥连同乘员一道沉没，这导致"坚韧"号过了很久才能够再度尝试穿行。"坚韧"号的第三次努力取得了成功，可这已经太晚了，法军已不可能在破晓前让浮桥就位。

迪克罗再一次目睹自己的计划全盘崩溃，此人在面见特罗胥时已经到了绝望边缘。应该做什么呢？取消整个行动吗？两位将军立刻达成了一致意见，决不能取消行动，就算不考虑其他因素，巴黎群众在失望情绪下发起暴动的威胁也实在太大了，这让他俩根本不敢冒险后退。这一原因超越了所有军事考量，成了决定性的因素——而且它既不是第一次，也不是最后一次。因此，法军的主要攻势将会延宕24小时，直到马恩河水位下降，与此同时，法军在两翼展开的辅助战斗却要在孤立无援的状况下按时进行。这个决定很难令将要承担这些牵制作战重担的维努瓦感到高兴，对毛奇而言，法军这失去的24小时已经足够长了，他现在明确知晓了迪克罗的意图,便将一个萨克森师派到实力薄弱的符腾堡部队后方,一同扼守战线上的这一焦点。

依然沉浸在欢乐中的巴黎并不了解"计划"面临的最新障碍。兴高采烈的朱丽叶·朗贝尔在日记中(过早地)宣称:"终于!终于!昨天,当我们还在歌剧院的时候,大出击终于开始了!巴黎期待两个月之久的大行动已经发动。我们是何等激动……!"龚古尔在 29 日全天看到的普遍情绪在这座城市里都堪称陌生,那是一种"集中的沉思。公交车辆上没有人谈话,每个人都退到自己体内,街上的妇女以盲人的目光对待周遭的状况……任何一个在话语里表明他多少了解些什么的人都会被围住"。一群群焦虑的市民涌到政府建筑外边和通往战场的大道上,希望能够获得一点零碎的新闻。焦虑带来的压力难以承受。到了傍晚时分,龚古尔和他的交际圈成员还是一起待在布雷邦餐馆,可他发觉自己竟然变得异常焦躁。

而在城墙的另一边,俾斯麦的秘书莫里茨·布施博士正好在参观某处军官食堂,他发现尉官们充满自信,情绪高涨:"他们有着各种乐子……还唱起了歌:《科隆的一万一千名贞女》。"

市政厅外张贴的第一条新闻令巴黎人欢欣鼓舞。"迪克罗将军麾下所有的师都已越过了马恩河!"巴黎一如既往地死死咬住这道过早传来的希望微光,并将它扩展成一场大捷。证券交易所的指数出现了 9 月以来的最高涨幅,路易·佩居雷在写给姐妹的信中提到了他当天上午在土堤的经历:"某些炮兵告诉我们战斗地点已经越来越远离巴黎,前线不断向南推进,再前进一点,卢瓦尔河集团军和巴黎集团军就能会师。"奥谢听到一位老人说"他不觉得他们应当打到柏林!美因茨已经足够远了"。后来于当晚 9 时发布的官方公告说得直截了当，"总督视野中的目标均已拿下"。对任何了解政府那巧妙编织谎言能力的人，和任何在经历了持续10周的围城战后依然能够从公告字里行间读出真实含义的人来说，迪克罗并未取得突破的事实可以说再明显不过了。

而在前线，作战行动的最初阶段——也是看似最复杂的阶段——事实上进展顺利。截至29日拂晓，迪克罗手头集中的浮筒数量已经足够在尚皮尼和布里这两个桥头堡架设浮桥。当天上午，诺让堡和集中于圣莫尔（St.-Maur）半岛的火炮展开了猛烈炮击，法军在弹幕的掩护下没遇到多少困难就成功夺取并守住了这两个市镇。等到法军攀爬通往维利耶高地的陡坡时，他们才头一次遇上了大麻烦。符腾堡军队以两座城堡的园地作为抵抗核心，其中一座位于克伊（Cœuilly），另一座位于维利耶，他们在这些园地里的石墙后方精心准备了防御阵地，隐蔽的射手在阵地上朝进攻方打出致命的火力。克伊城堡的主人此前在德军逼近时逃到了巴黎，此时则跟在迪克罗身旁，充满爱国热情地指点法军炮兵轰击他的私人财产（维利耶城堡的女主人勇气或许与他相当，她在整场会战中都待在自己家里），而且经他指点的炮弹给守军造成了相当大的损失。法军满怀英雄主义地发动了三次攻击，这表明他们尽管经历了一连串失败，那传奇般的法兰西式狂热却仍然没有彻底消亡。可是，每次尝试都以失败告终，只是扔下了成堆的身着蓝衣红裤的尸体，点缀了被烧焦的冬季草地，在克伊庭院，没有人能够推进到150码以内。伤亡几乎达到了1914年的比例，其中一个团——第42团——损失了团长和400名士兵。维利耶发生的故事与克伊相同。这里参战的是朱阿夫兵，他们决心洗刷自己在沙蒂永的耻辱表现，可敌军设有良好工事、从不暴露在外，因而招致了惨重伤亡（这又是第一次世界大战的预演），达到了绝望的地步。

大出击终于开始，这令巴黎记者进入了狂乱状态，在居斯塔夫·多雷（Gustave Doré）和其他战争画家的陪同下，他们成群结队地到处乱冲，想要从回城的伤员口中得到第一手消息。可正如伊夫林·沃（Evelyn Waugh）在《独家新闻》（Scoop）中嘲讽的著名战地记者们那样，其中大部分人都仅仅满足于在远离战斗现场的安全地点拼凑被过度渲染的描述。在整个围城期间，英美记者团中几乎没有人申请过访问前线的通行证。经验最少的一位记者——汤米·鲍尔斯——却是个杰出的例外，而他在11月30日的目击报告可以说是最可信也最生动的记载。他当时身处克雷泰伊（Créteil）地区的一座小丘上，它正好位于马恩河的圣莫尔湾以西，距离普军防线只有500码，从这里可以看到迪克罗的士兵向南进攻梅利（Mesly）高地、支援尚皮尼-布里主攻方向的盛况。鲍尔斯身后就是正在等待出击的预备队，来自圣莫尔炮群的实心弹和榴弹从他们头顶上呼啸而过。他提到，这支预备队中还包括国民自卫军第170营（贝尔维尔营），该营还是头一次上战场，他非常好奇，想要看看它究竟表现如何。他从一个野战炮兵连的阵地上望去：

……我看到大约300码外的法军散兵密布在小丘的侧面，再往前一点，普军正从林地里朝他们开火。一两分钟内，双方就开始激烈交火——这是一种周而复始的、猛烈的、噼啪作响的射击，它的响动偶尔会变成持续不断的嘈杂声。树木掩蔽了右侧的一段道路，但不断冒出的白色烟幕还是使那里异于其他地方——那些地方只会冒出一点点分散的白烟，这给了我提示，让我能够看出那里的普军工事。突然，工事上的烟雾消失了，再也没有出现，过了一会儿，我看到一群人快速奔跑，消失在工事之后，也就是说法军靠刺刀夺下了工事。尽管如此，左侧的散兵还是留在原地，只是沿着散兵线来回奔跑，而普军也持续展开猛烈射击，而且我们知道普军炮群同样在轰击，这是因为我们身处交火线上较高的地方，偶尔会有实心弹落到我们旁边。我可以看到马恩河对岸的红裤子兵正在成群地涌向尚皮尼以外的丘陵，火炮则在交替奔驰、射击，而普军战线已经消失在山脊线上——这大约是在11点发生的。

前景看似对法军有利，但半个小时后，鲍尔斯就如此报道他前方不远处的战事：

> ……似乎激烈起来，有些法军散兵开始后退——不过还是非常有序——慢慢地一边射击一边退却。此时，面色苍白的、血淋淋的伤员开始出现，有些人还是被担架抬过来的。
>
> 我在自己的位置上关注了半个小时的战事，可随后就变得不耐烦了，于是我骑上一匹马，沿着战线奔驰……

在法军攻下的一处普军工事里，鲍尔斯见到：

> ……一群气喘吁吁的人在工事周围和内外涌动，朝着道路右边的一堵墙奔跑，想要在那里觅得保护。此外还能看

到其他人在奔跑，鉴于我预料到可能会发生混乱，我觉得最好还是回去，等到回去的时候，伴着我的实心弹数目已经显著增加了。我刚刚重回村庄，就遇到了援军，军官和士兵热切地向我发问。"我们在退却，是不是？"他们焦虑不安地说道。我被迫回答，我觉得应该是这样。贝尔维尔营就在那里，表现也不足以让人们对他们的勇气产生信心。"我们战败了"，他们看着彼此苍白的面庞说道，其中有些人悄悄离开了队列，以一种淡漠的样子走回后方。

我再度前进，发现散兵与其说是在墙壁之后重整秩序，倒不如说是在那里蜷缩成一团，原先已经毫无人烟的路上此时却充斥着以疲倦、沮丧的步伐赶往村庄的掉队者。一名宪兵从前线赶了回来，他暴怒地来回骑行，向他们发问："你们受伤了吗？"得到否定答复后，他就争取让这些人发誓重回前线。我看到会战态势事实上已经明确遭到了扭转。法军此时正在快速跑过山脊线，援军也带着火炮退到了与右侧村庄齐平的谷地里。正当我张望之际，我看到普军炮兵出现在小丘上，他们把炮口转过来后立刻朝着村庄打出了一发炮弹，把我身后的房屋炸成了碎片……

此时已是12点半。我回到了村庄中心教堂对面的广场。虽然这样的场景只在我面前出现了一两个瞬间，但我希望自己永远都不要再看到它了。铺石路面上满是伤员，他们大多半裸，无助地躺在那里，与此同时，一名外科医生正在竭尽全力照顾他们。我在广场中部看到一群手持武器的士兵推挤着争相穿过村子，没有秩序，没有领导，不知道该做什么，也不知道该往何处去，只有一点是明确的：躲开普鲁士人。

这群乱兵的人数每时每刻都在增长，恐惧情绪越来越强，斗殴也越发凶狠。他们互相搏斗，人群来回推搡，这群武器闪着寒光的人不断走动，朝两边推挤，直到塞满这小小的广场为止，他们甚至踩踏了受伤的战友——刚开始过来的那些人还是避开伤员的。它不是一支正在退却的军队，甚至连表现较好的乌合之众也算不上。但这场攻击只是牵制而已，主战场还是取得了完胜……

关于这点，鲍尔斯上当了。他目睹的只不过是当天下午将在维利耶高地出现的场景的忠实缩微版本。迪克罗骑着一匹白色良马，极度无畏地在前线奔驰，用刀指着逃兵让他们回到前线去，他目睹了对维利耶和克伊发起的正面进攻受阻。他已经预计到维利耶高地作为整个行动的关键所在，必定是一块难以正面突破的阵地，因此，他将整个第三军抽调给德克塞亚（d'Exea）将军，让其展开强有力的翼侧作战。德克塞亚要在位于马恩河上游河段的讷伊过河，夺取大努瓦（Noisy-le-Grand），然后从东北方向赶赴维利耶。他是当天的布吕歇尔（Blücher），却是个没有及时赶到的布吕歇尔。缺乏浮筒导致他的过河速度大大减慢，第三军主力直到中午才越过马恩河。迪克罗盛怒之下始终把望远镜对准左翼方向，但始终没能看到德克塞亚的迹象。最后，他看到一群列成密集队形的部队从努瓦方向迫近自己。他的心脏怦然跳动，于是派出一支骑兵分遣队去催促拖拖拉拉的德克塞亚，让他赶赴目的地。侦察部队却遭遇了一轮步枪齐射，迪克罗看到的部队实际上是第一批遵照毛奇命令前来增援符腾堡师的萨克森部队。迪克罗冷静地命令身旁士兵卧倒瞄准，但不要开火。直到敌军靠近之后，迪克罗才下令开火，他自己也"在一个德意志兵身上砍坏了剑"，萨克森人在一片混乱中向后退却。

最后，终于有人看见德克塞亚麾下的一个师从桥头堡缓慢地向前推进，该师由德贝勒马尔指挥，他因为勒布尔歇战斗声名远扬，最终也获得了渴求的晋升。让迪克罗大怒不已的是，该师朝着错误的方向推进，并不是赶赴大努瓦，而是前往法军一大早就掌握了的布里。它和其他各师的部队绝望地混杂在一起，令这个已然饱和的地区变得越发阻塞。此时已是下午3时，显然，当天已经不可能再对维利耶发起翼侧攻击。代价高昂的正面攻击尝试仍在持续，但还是徒劳无功。又过了一个小时，短暂的冬季白昼开始渐渐消失，对停留在维利耶高地边缘、状况危急的法军先头部队而言，他们可能会在次日面对普军令人恐惧的反击。当天夜间，迪克罗已经意识到大出击失败了。他也知道明智之举应当是撤过马恩河，但对巴黎群众的恐惧再度压倒了他的判断力。除此之外，他发出那样浮夸的宣言后，又怎能在战败的情形下活着回去？

前线其他地段的各类牵制性攻击也以代价高昂的失利告终。仅在舒瓦西勒鲁瓦和莱村两地，维努瓦就有1000人死伤，300人被俘。只有在巴黎北面，由海军将领德拉龙西埃·勒努里（de la Roncière le Noury）指挥、自圣但尼出击的陆战队取得了小小的胜利，夺取了塞纳河畔埃皮奈（Épinay-sur-Seine）村，但对胜利置之不理的举动本身就和维利耶的战败一样具备灾难性后果。在巴黎，政府和街道同样热切渴望着宣读从前线偶尔传回来的公报，想要读出其中的明确胜利意味。30日下午较晚时候，政府代理首长朱尔·法夫尔匆忙起草了一份发给甘必大的公文，宣称法军已经成功越过马恩河，还顺带占领了埃皮奈。两只用于传递这一关键消息的气球——其中一只颇为恰当地被命名为"巴黎会战"号，另一只则名为"朱尔·法夫尔第二"号——被放了出去，这是为了一刻不停地把消息告知图尔。风向有利的强风把两只气球飞快地吹向西面，"朱尔·法夫尔第二"号却被吹到了布列塔尼海岸上空，差一点就遭遇了灾难。驾驶员依靠极好的运气在贝尔岛上紧急着陆，降落过程中还掀翻了一栋房子的屋顶，巧的是，它恰好属于特罗胥的兄弟！按照《伦敦新闻画刊》的亨利·维泽特利（Henry Vizetelly）的说法，特罗胥已经84岁高龄的母亲当时正在"进行夜间祈祷，认为某些自天而降的迹象说明她的儿子将会拯救法兰西，她认为橡子断裂的声响是个好兆头"。气球乘员受了重伤，但到了次日傍晚，巴黎发出的消息就已传到甘必大手中。他的希望和特罗胥夫人一样高涨，也一样毫无根据。甘必大从未听闻过埃皮奈，但稍稍浏览地图后，他立刻看到了位于奥利（Orly）以南几千米处的奥尔日河畔埃皮奈（Épinay-sur-Orge）。喜出望外！这一定意味着迪克罗不仅突破了马恩河，而且已经朝会师地点枫丹白露行进了相当一段距离。甘必大下达了一份激动人心的命令，要求麾下将领——多雷勒和尚齐——不用停下来集结部队，直接尽快前往枫丹白露。这样，这位业余战略家就让自己犯下了专业人士眼中最致命的错误之一——分散兵力。与此同时，毛奇麾下最专业的集团军司令腓特烈-卡尔亲王已经从梅斯赶来，他已经为针对卢瓦尔河集团军的第一击做好了充分准备。

这一天的伤亡尽管不及夏季的那些大会战，却也相当惨重。按照迪克罗的计算，法军损失了5236人，其中仅维利耶和克伊附近就折损了4000人之多，德军则损失了2091人。当天夜间，不论是在香榭丽舍大道上的高档俱乐部还是简陋的小酒馆，都有许多人在哀悼几天前还一同进餐的朋友们。已经服役半个世纪之久的第二军军长老将雷诺（Renault）第45次负伤，他的腿被截掉，精神失常了整整4天，其间始终在怒骂特罗胥，终于死去。鲍尔斯所在前线地段的一名旅长拉沙里埃（La Charrière）也中弹3次，事实证明第三处伤口是致命的。迪克罗麾下最为精神焕发的骑兵军官弗兰凯蒂（Franchetti）上校被一发偶然打来的炮弹打伤，他在死亡时仍然亢奋地喊道："朋友们，跟上我！状况虽然困难，但我们会打到那里。法兰西万岁！"迪克罗在10月31日派出的使节德·内维莱上尉早在会战前夜就已告知友人自己不会活过明天，他在维利耶高地前英勇地倒下，神秘、英勇的突击队员霍夫中士也在战场上的某个地方失踪了。人们看到迪克罗以疯狂的姿态不断在普军战线前疾驰，就像知道自己不可能"胜利"归来一样，他在寻找一发偶然命中自己的子弹，不止一匹坐骑在他胯下战死。特罗胥也经历了几次奇迹般的死里逃生。

这一整天里陆续有伤员涌回城市，出现在大为震惊的巴黎人眼前，（按照龚古尔的说法）伤员们的脸上带着"对创伤的极度焦虑、对截肢的犹豫和对生死的毫无把握"。客轮把伤员们安置在塞纳河码头上，满是血污的公共马车鱼贯前行，将伤员运回城内。由于当时的外科医学相当原始，加上法国的军用医院向来无能、肮脏，重伤员知道他们几乎不能指望得到什么好结果。前线伤员的困境尤为令人震惊。救护车里的混乱状况对他们毫无帮助。英国义工费利克斯·怀特赫斯特注意到，许多救护车里挤满了护理人员，所以只能每次搭载一名伤员，而在尚皮尼，交通堵塞甚至导致救护车无法抵达战场展开工作。身处诺让的1500名伤员急需亚麻布，但在这个问题上也出现了可耻的混乱，怀特赫斯特已经前往巴黎，与法国官僚体系扯皮三个小时之久才得到了足够的布，等到他回去，却发现伤员已经被转移到了其他地方。一名法军参谋向他承认"这比克里米亚战争中最糟糕的日子还要混乱"。《每日电讯报》记者记录下了一件事，他将自己珍爱的巧克力储备交给了一名可怜的伤员，那人躺了一整夜，却没有得到食物、汤或是医疗，还有许多无法收治的伤员当夜留在战场上，在突然降临的酷寒中，他们的伤口都结了冰。普军的前哨人员震惊地看到法军士兵显然更关心从死马上取走最后一点肉或是挖出被人遗忘的卷心菜，而不大关注如何带走倒下的战友。

在无数参与慈善事业的救护所（包括由美国人和英国人组成的那些，关于他们的状况，后文很快会有更多说明）中，还可以找到一位多彩的战地人物：锡拉库萨（Syracuse）大主教、军队总神父鲍尔（Bauer）阁下。他有着不同寻常的生涯，出生时是个匈牙利犹太人，年轻时卷入过1848年维也纳起义，此后便遭到追捕。到了1868年，已经归化为法国人的鲍尔成了欧仁妮皇后的私人告解神父，还曾为苏伊士运河祝福。甚至早在第二帝国时期，鲍尔阁下就勇敢地表达出了鲜明的反大公教会倾向，这令他声名远扬，大约30年后，鲍尔阁下再度成为俗人，他卸去了圣职，和一位美丽的年轻犹太艺术家结婚。尽管与倒台的政权关系匪浅，鲍尔还是在军队里大受欢迎，这既可能源于他的拉伯雷式粗俗幽默品质，也可能是因为他表现得相当勇敢。在马恩河战场上，这位高级教士展现出了令人敬仰却又格格不入的形象，他身着长长的紫色马靴和马裤，头戴一顶阔檐的教士帽，脖子上挂着一只庞大的耶稣受难金十字架和一枚镶满钻石的勋章，手指上戴着一枚巨大的主教指环，骑在马上阔步行走。鲍尔身边有一支马上"卫队",其中有四名服饰同样怪诞的教士,还有一名旗手高举画有巨型红十字的旗帜,他手下有几百名基督弟兄会(Frères Chrétiens)的俗人充当担架手。他不知疲倦,高度鄙视飞到自己身旁的普军子弹,骑着马在战场上来回,指导下属救护伤员。"他,"拉布歇雷说(尽管也必定是听旁人转述的,因为这位杰出的记者在会战期间并未远离自己在大饭店的住所),"在炮火下就像在布道坛上一样镇静。"

然而对那些极度痛苦的伤员而言,就算鲍尔阁下和无数救护所竭尽全力,也不能收治总数的十分之一。军队的弹药很少,对迪克罗而言,法军显然已经没有条件继续发起攻势,所以他在12月1日要求休战24小时,以便将伤员移出战场,这一要求得到了许可。与此同时,普军正在准备大举反击。他们在次日早晨发动攻击,当时连天都没全亮。当炮声响起时,迪克罗正在他的作战总部里给新闻界救护所(Ambulances de la Presse)负责人——因苏伊士运河而驰名的费迪南·德雷赛布(Ferdinand de Lesseps)——下令。他立刻上马赶赴战场。在通往尚皮尼的路上,他遇到了"雪崩般的车辆、步兵和骑兵,一切都全速朝马恩河行进"。他还是设法阻止了溃逃,可随后在尚皮尼当地看到的状况更加令人沮丧。"……大街上满是别动军和各个兵种的士兵,他们朝着各个方向奔逃,一支装载给养的车队打算前进,这令无序和混乱进一步加剧……对这股不断增长的逃难洪流,言语、劝诫、威胁都没有任何效果……"普军大炮那有规律的恐怖榴弹落在这群乱兵当中,在花岗岩地面上爆炸,造成了可怕的杀伤。鲍尔斯再度亲临现场,他发现只有"彻头彻尾的溃逃"才足以形容眼前的景象。后来,法军其他部队设法重整旗鼓,继续拼死战斗了一整天。可是次日上午，迪克罗的军队还是在晨雾和圣莫尔的火炮的掩护下撤出桥头堡，再度越过马恩河。

这样，当天下午3时15分，普鲁士王储的参谋长冯·布卢门塔尔将军在日志中指出，他收到了一封电报，"告诉我敌军似乎正在退往茹安维尔……用过晚餐后，我头一次玩起了惠斯特纸牌，打牌时接到了菲巴恩（Viebahn）传来的消息，说是梅克伦堡大公爵（Grand Duke of Mecklenburg）取得了一场漂亮的胜利，这让我体会到了难以言表的愉悦"。

而在巴黎，由于官方公报说得不明不白，人们有一两天还沉浸在突围可能取得成功的幻觉里。就在灾难性的12月3日，某位帕特（Patte）先生还兴高采烈地致信一位身处伦敦的女性友人："就在刚才，火炮发出了最讨厌的噪声，但我可以说，我们怀着欣悦之情聆听着炮声，因为正是火炮宣布我们得到了解救……"直到12月5日，迪克罗才明确承认战败。那是一个明媚、寒冷又宜人的上午。任何地方都听不到鼓声。当龚古尔痛苦地写日记时，他说出了所有巴黎人的心声："希望的高峰与深渊，这是能够让你去死的东西。先是认为自己得到了拯救，然后又意识到自己完了……今天，迪克罗再度越过马恩河，这让我们重新回到了失败和绝望的黑暗当中。"

就连热情洋溢的迪克罗本人离绝望也不再遥远。到11月30日夜间，他已经断定巴黎将会沦陷。会战结束后，军队高层中出现了一些愤愤不平的相互指责，迪克罗麾下的军长之一布朗夏尔将军竟然对他宣称"我想知道你的剑是不是和舌头一样长"（这里暗喻的是迪克罗那"胜利或死亡"的宣言），这实际上是想要诱使迪克罗和他决斗。迪克罗的答复是提出辞呈，要求将自己降为士兵。这个请求被拒绝了。随后,在这一片悲惨、尖刻的氛围中,另一个致命打击在12月5日降临了。这是毛奇写给特罗胥的一封信,它刻意使用了礼貌的语气,内容却是腓特烈-卡尔和梅克伦堡大公爵已经一同决定性地击败了甘必大那兵力分散的部队,这导致德军再度攻占奥尔良。

大出击令法军在3天内损失了1.2万名军官和士兵,不但出击本身遭遇失败,而且从图尔出发的救援部队也停下了脚步。巴黎的困境如今似乎毫无希望。可是,政府既害怕红色革命,又不希望接受普鲁士给出的明显相当严苛的和平条件,所以,任何投降想法都会被清除一空。围城战将会进行下去,不过,鉴于做出极大努力的军事行动已经失败,它之后就不过是个生存和消耗的问题罢了。

如果说国防政府还能从大出击的后果中找到一点宽慰,那就是它最终设法抓到了那个蛊惑人心的煽动者弗路朗斯。此人自从10月31日以来就一直东躲西藏,可当听说自己的射手参战并有三人阵亡后(这可能就是汤米·鲍尔斯目睹的溃逃),他就急不可耐地赶赴迈松阿尔福(Maisons-Alfort)与部下会合,根据托马将军的命令,他在返回巴黎时迅速被捕。不过,抓获弗路朗斯本身就堪称一场小小的胜利。

计划有可能取得成功吗?有可能在11月解围吗?军事史对"如果"是不以为然的,不过**如果**图尔和巴黎能够根据迪克罗的原定计划协作,而且让它如预期一样在11月上半月展开(也就是在腓特烈-卡尔抵达之前),向勒阿弗尔方向发起的突围很可能成功。即便在计划调整之后,甘必大的部队如果能够得到有效运用,也有可能及时赶到枫丹白露协助迪克罗,但迪克罗能否打到那么远还是颇值得怀疑。从战略上讲，第二计划根本就是错的：迪克罗在跨过马恩河突围时，会在赶赴枫丹白露的途中将侧翼完全暴露在德军的攻击之下，他原本很可能在马恩河和塞纳河之间被歼灭。目睹了这一幕的俾斯麦在听说法军于 11 月 30 日出击时冷静地评论道："他们还能去哪里呢？……他们会把头埋在麻袋里。这样的尝试是发生在我们身上的最好状况。"

尽管俾斯麦如此自信，法军的突围尝试还是成功地令普鲁士军方领导人在短期内陷入了相当大的惊慌，他们意识到了自己环绕巴黎的包围圈是多么脆弱。在凡尔赛，军方认真地讨论一旦包围圈被突破应当采取何种措施应对危机，尽管德军伤亡数字较之法军并不算高，但当战争似乎早已在色当结束后，新近出现的伤亡也会在德意志人的心中留下不快的印记。战争持续进行所带来的厌倦感已经在国内和前线盛行，或许仅仅出于这一缘故，让巴黎的部队尽可能地保持进攻姿态就不算是漫无目的。

第 11 章
内部的外来者

随着战争一拖再拖,普鲁士显然已无法迅速终结战事,又一股从未远离的恐惧便出现在俾斯麦心中。其他列强是否会被怂恿干预战事,从而剥夺德意志人取得完胜的机会?

奥地利-匈牙利人依然铭记着他们在萨多瓦的教训,已经明确表示只会在法军于战争初期取得胜利的情况下(这当然并未满足)参战,因此,俾斯麦的一只眼睛始终关注着永远都无法预测的英国人,另一只则斜视着身后的俄国人。战争之初,英国人当中广泛存在一种自上而下的德意志情结。维多利亚女王高度评价她女婿弗里茨在弗勒奇维莱(Frœschviller)面对麦克马洪时的初战告捷,称它是"绝妙的消息";罗素勋爵夫人在写给凯特·安伯利[47]的信中评论色当之战时惊呼道:"感谢上帝,正义之手降下了惩罚!"不过,英国的公众舆论在色当战后发生了令人苦恼的翻转,或许,一位英国激进派人士在围城末期写给安伯利勋爵夫人的信可以概括这种变化:"至于这场战争,我起初认为普鲁士人是正义的,可在目前这一阶段,我对十分可怜的法国人深表同情。"曾于 8 月在普军保护下参观战场的下院议员查尔斯·迪尔克

（Charles Dilke）爵士宣称："当我们看到普鲁士人取得了何等专横的胜利，也以何等决心想要扩张胜利，将法国逼到在欧洲无能为力的地步时，我开始失望了……"截至 11 月，受难的巴黎正在进行的漫长抵抗和甘必大在外省的英勇努力已经开始充分利用英国人在传统上对待劣势一方的怜悯。伦敦出现了呼吁英国援助法国的宣言，离经叛道的布雷德洛（Bradlaugh）还找到了几条理由，抨击女王的德意志关系。就连《泰晤士报》都被刺激得着手抗议德军暴行，像托马斯·卡莱尔这样激烈的反法分子发觉自己越发遭到孤立。

越来越多的英国有识之士一想到普鲁士野心——她的领导人们口中的夸张言辞将这种野心彻底暴露出来——的真正界限，一想到战争将会令欧洲变成什么样子，就会相当痛苦。《伦敦新闻画刊》在 12 月写道：

> 要是巴黎投降，战争或许会结束，或许不会……但从另一个层面来说，哪怕在和约签订之后，战争都不会终结……最近两个月的教训或许不会在明年结出果实，或许也不会在后年结出果实，但我们无疑知道它们将有结果……

甚至早在 9 月，预言能力更为非凡的卡尔·马克思就从海格特（Highgate）发出了预测，任何一场导致法国割让领土的德国胜利都会不可避免地"迫使法国投入俄国的怀抱"，其后就会是一场新的复仇战争；而且，他在同一个月的另一封信中补充说："第二次这样的战争将是俄国的不可避免的社会革命的助产婆。"

格莱斯顿自由党政府的激进支持者迪尔克（Dilke）坚持认为

"要是格莱斯顿是个伟人"而且曾威胁动用皇家海军对抗发起主动进攻的一方,普法战争就永远不会爆发(有人或许会做出猜测,要是英国在1914年采纳了迪尔克的建议,届时能否避免战争——或是至少推迟战争)。但格莱斯顿在7月已经决心严守中立,随着战争的持续,不论国内的舆论压力如何,一切都无法令他改变这一坚定方针。朱尔·法夫尔的密使之一弗雷德里克·赖特林格在大出击之际抵达英格兰,这位"大长老"却教训道(按照赖特林格的说法):"战争是人类的恐怖灾难。有什么状况能够为政府把国家推入战争辩解呢?……"他的外交大臣格兰维尔勋爵补充道:"我们没有权利也没有权力去干预与我们无关的事务……法兰西已经展现出令世界敬仰的战争勇气,但一个伟大的民族也必定不能忽略**国民的勇气**,它甚至比战争勇气更伟大、更值得敬仰。"这便是英国在那个时期方针的要旨,就算后来德军在塞纳河下游击沉了5艘英国运煤船,在英国激起了广泛的愤怒,也不足以改变这一方针。[48]

在俾斯麦看来,外部干涉的最大威胁(对英国而言,这也是挑战她欧洲中立标准的最严峻威胁)却出现在10月,来自欧洲的另一边。无可否认,俾斯麦本人的举动已经在一定程度上刺激到了俄国,她决心抓住机会废除1856年《巴黎条约》中的黑海中立化条款。负责维护克里米亚战争遗产的两大列强是英国和法国,英国在东地中海的海上地位似乎遭到了威胁,她也面临再度与俄国开战的风险,这一回却要孤军奋战——法国已经忙于其他战事。俾斯麦热衷于将战争——以及和平——局限在双边层面,无论战争如何蔓延,那都是他最不乐意见到的状况。作为替代方案,他主张召开和会,相关列强也接受了。但他也意识到这样的和会将在一定程度上损害普鲁士的利益,因为它几乎必定会导致欧洲列强一同调解法德争端,这很可能就意味着法国获得"温和"的不割地和约。俾斯麦想要单独对付法国。因此,他依靠惯有的狡猾外交手段开始拖延时间,主要方式就是设置种种障碍,使前往伦敦参加和会的法国代表团直到胜利已是普鲁士的囊中之物时才能到达。

格莱斯顿竭力想要和交战双方维持良好关系,结果,就像这类努力时常带来的结果那样,双方都对他感到不悦。在德国方面,英国那如奥林匹亚山上的神祇般高傲的调停请求正不断激起恼怒情绪,再加上俾斯麦手段中潜藏的真正力量已经变得越发明显,人们便对英国在欧洲舞台上的徒劳无功产生了某种"**超人**"式的蔑视。在战争结束前,跟随德军默兹河集团军的《每日新闻》记者阿奇博尔德·福布斯就记下了一则与德军年轻军官的对话,此人"仁慈地宣称伊丽莎白王后团将会在不到两年内包围温莎堡……"维多利亚女王在她既是规劝又模棱两可的电报中敦促威廉国王表现出"宽宏大量",此外不断给她的女儿——普鲁士王储妃——提出建议,这令柏林新闻界越发愤愤不平,而且俾斯麦也巧妙地将他们煽动起来。早在10月底,腓特烈王储就在日记中写道:"我遗憾地看到德意志媒体——特别是'能力卓越'的柏林报纸——持续不断地恶意攻击英国……"到了12月中旬,他更是鄙夷地指出:"在柏林,对我妻子的诽谤已经成了一种风尚,人们说她要为推迟炮击巴黎负责,还指责她遵照英国女王命令行事……"德国的公众舆论也对英国的同情对象发生了不利于德国的转变这一点高度敏感,可随着甘必大新近征集的部队显得越发棘手,它最实质的愤恨源头已经成了英国源源不断地将武器出售给法军的外省部队。

战争之初，法国的公众舆论也震惊于英国报界中盛行的不友好态度，可一旦巴黎本身遭到威胁，法国普遍存在的舆论就变为了英国不仅会变更同情对象，也会积极投身战场，以此拯救文明的源泉。各方领袖（雨果在其中尤为突出）纷纷投身这一主题，10月初，曾在英国流亡多年的老牌社会主义者路易·勃朗在一本名为《致英国人民》的小册子中表达了如下观点："文明，此刻已成为被困巴黎的囚徒。"在竭力让伦敦人感受到被困城中意味着什么之后，他以这样的告诫结尾："一个因冷漠而允许别国肆意动用武力的国家将会面临屈服于武力的危险，这也是理所应当的。"这些话语总结了大部分巴黎人的感受，当英国游侠骑士表明他完全没有被这些请求打动后，巴黎人就几乎感到遭遇了背叛，并且产生了极大的怨恨。大出击期间，帕特先生在给伦敦友人麦克弗森（Macpherson）夫人的信中尖刻地写道："英国在欧洲的影响正在下降，英格兰现在不过是和美利坚一样的商人国度……"后来，古列尔玛·拉菲内克（Gulielma Rafinesque）在写给她弟弟路易·哈克的信中表示："我真的为英格兰的冷漠感到羞耻。我觉得她是怕了普鲁士人，他们看上去似乎是很强大！"这种情绪不断滋长，许多英国人也赞同巴黎人的看法，埃德温·蔡尔德在家书中频繁地以最激烈的言辞斥责格莱斯顿的懦弱，威廉·布朗则在给妻子的信里写道："我无法理解英格兰的中立，它让身处别国的英格兰人毫无自尊，也得不到他人的尊重……"他渴望着"皮特（Pitt）或帕默斯顿（Palmerston）坐上格莱斯顿和格兰维尔的位子……"。

有些时候，在巴黎打出联合王国的国旗绝对算不上明智。帝国垮台后，巴黎变更了街道名称，（按照拉布歇雷的说法）报界要求"伦敦路应当更名，因为伦敦这个名字比柏林更惹人讨厌"；当英国运煤船被击沉时，费利克斯·怀特赫斯特在日记中表示："我们受到了极度憎恶，以至于这个消息对人们来说就和法军取胜一样好。"《新闻报》(Les Nouvelles) 在 9 月刊登了一篇题为"英格兰间谍"的文章，主张立刻枪决所有英国人。不过，最重要的一点是，人们对巴黎的英国记者尤为厌恶。一家红色俱乐部在 12 月投票通过了动议，要求逮捕所有英国记者，拉布歇雷本人也至少一次被指责为（提出这一指控的是《高卢人报》[Le Gaulois]）德国间谍。

他们发回国内的报道在描述法军的战争行动时显得颇为尖刻（巴黎报界则会不时汇总这类描述），除此之外，英国记者团也的确倾向于做出一些反常的古怪之举，这足以在神经过敏的人群中引发最恶意的揣测。拉布歇雷可能是受了些怂恿，想要成为 1792 年式的民众领袖，打算朝群众发表长篇演说，于是，他在这怀疑榜单中占据了重要的席位；《泰晤士报》的一位无名记者也惹得同事汤米·鲍尔斯发笑，让鲍尔斯承认自己还有些嫉妒："他到处骑行——或是不稳地骑在马上，或是稳稳地坐在四轮马车里——披着日内瓦十字，穿着华丽的制服，紫罗兰色的领子由天鹅绒制成，平顶军帽上装饰着金色花边和刺绣图案。"在英国记者笔下，德国人显然也呈现出古怪的特性，关于某个人称"S 博士"的德国人，《泰晤士报》的拉塞尔以令人难忘的笔调写道：

> 他那长长的灰色头发凌乱地搭在肩膀上……瘦长的身影裹着一件老旧的阿拉伯男式斗篷，这是他在法国境内行军

时征用的，宽松肥大的马裤塞进了一双破破烂烂的威灵顿靴里。他是个有科学知识的人，阅读面很广，是位研究过许多事物的学者，即便年事已高，也还是从家里来到军中，为多家报纸担任记者……他跟随第5猎兵团2连行动，此人的医学知识——或者毋宁说是他乐于为伤病员伸出援助之手——和胆量、欢快情绪令他在军官和士兵中颇受欢迎，这些人拿他开玩笑，也喜欢他。

除帽子之外，"S博士"在战役期间还设法收集了一些"多少有些价值的战利品——圣克卢宫的花瓶和瓷器、塞夫尔的小玩意儿等"，将它们当作"他用笔和止血带赢得的战利品"。

所有居住在巴黎的英国人当中，到此时为止最受人欢迎的还是个胡须花白的高个子，此人"在一条黑褐色寻回犬的陪伴下在各个区的市政中心之间走动，给每个地方都留下一大袋钞票，用于救济区内的穷人"。[49]他名叫理查德·华莱士（Richard Wallace），是未曾结婚的赫特福德侯爵的私生子，而这位侯爵的父亲，第三代赫特福德侯爵恶名远扬，萨克雷（Thackeray）曾以此人为原型，在《名利场》（*Vanity Fair*）中塑造了邪恶的斯泰恩（Steyne）勋爵。第四代侯爵比父亲更变本加厉，此外，他还是那个时代最悭吝的人物之一。在马铃薯饥荒期间，赫特福德从没有捐出一个便士去帮助他快要饿死的爱尔兰佃农，当路易-拿破仑和皇后拜访他那奢华的林间别墅巴加泰勒（Bagatelle）时，皇帝夫妇通常会极为得体地在下午茶时间到达，以免让主人破费。侯爵于1869年死于癌症，龚古尔还记得他当时曾经自吹自擂"等到我死去的时候，至少可以宽慰地知道我从未给任何人服务过"。

可他又是一位家财万贯的大富翁，他的私人艺术品收藏也跻身欧洲最优秀的藏品之列（在围城战的间接影响下，这批藏品最终将会成为献给不列颠国家的礼物）。终其一生都生活在法国的理查德·华莱士被指定为这一切的继承人，他迅速表现出了几乎毫无止境的慷慨，以弥补前人的罪孽。围城期间，华莱士自费组建了两所功能完备的救护所，[50]一所用于救护法军伤员，另一所用于帮助生病和穷困的英国人。当时的日记中时常反复出现这样的内容："12月5日。华莱士先生捐助了8000英镑，用于给穷人购买煤炭。""12月26日。华莱士先生再度在慷慨方面表现得尤为突出。他已经给慈善活动捐助了大约2万英镑。"等到围城结束时，华莱士的私人捐助总额据估计已经高达250万法郎，[51]这在当时是一个极其巨大的数额。

华莱士对巴黎人展现出了他的慷慨大方，作为回报，他也得到了各式各样的荣誉：当植物园（Jardin des Plantes）的玻璃暖房被普军炮弹震碎后，人们就把两株幸免于难的获奖山茶花赠给了他；最后一只离开巴黎的气球以他命名，后来还有一条林荫大道起了同样的名字；他获得了荣誉军团勋章，就连赛马总会也对他敞开大门。然而，华莱士施惠最深的或许还是身处巴黎的英国社区。随着围城战的持续，巴黎的许多外国人在必需品方面已经沦落到和最穷困的巴黎人同一水准，他们的收入来源往往已经消失，和家里也无法取得联系，于是便发觉自己只剩下相当有限的资金，飞涨的食物价格很快就把这点资金吞噬殆尽。显然，境况最糟糕的外国侨民就是那些没能在围城前离开巴黎的德意志人，此时，他们发觉自己滞留在一座心怀敌意的城市里，城里的人吝于给这些人哪怕一口食物。可他们至少还能得到沃什伯恩公使的关照，因为德方此前已经请求他代表北德意志邦联行事，所以，沃什伯恩既要负责在巴黎的美国社区，也要负责德意志侨民。美国公使馆腾出了一整个楼层安置那些穷困的德意志人，尽管沃什伯恩不得不将数百人送走，等到围城结束之际，他实际上还要供养大约2400名"敌侨"。

然而，英国人虽然在人数上远多于德意志人或美国人，[52] 却无法向任何一位本国外交代表求助。如前所述，英国大使莱昂斯勋爵和大部分使馆工作人员已经于9月18日离开巴黎前往图尔。仅有6个国家依然在巴黎保留外交代表：瑞士、丹麦、瑞典、比利时、荷兰——当然还有美国。12月，华盛顿授予沃什伯恩自由裁量权，让他自行判断是否应当离开巴黎，但他仍然选择留下。英国领事也跟随莱昂斯勋爵离开，11月初，使馆剩余人员中级别最高的沃德豪斯（Wodehouse）秘书也出城与他们会合，最后，驻法武官近卫骑兵上校克拉蒙（Claremont）也在12月离开。英国大使馆中此时已经没有一名官员，它只留下了一个门房，某个英格兰人抱怨说，此人的职责就是"面对所有打听都耸耸肩，以尽可能和蔼可亲的态度答道：'我没法给您任何信息！'"。

克拉蒙在离开之前，让银行家爱德华·布朗特负责使馆事务。但布朗特发觉自己摊上了一个非常惹人讨厌的职位，他既没有资金，也没有权力，事实上要到1月24日才被正式任命为领事，而此时距离投降仅剩几天。布朗特的少数几个官方行为之一，就是让华莱士和已经共同生活30年之久的原化妆品助理登记结婚，[53] 不过，华莱士对于该仪式的合法性还是存在怀疑，因而在围城结束后又前往某个市政厅再度宣誓。英国外交官的"匆忙逃窜"在巴黎和国内的英国人当中都激起了相当大的愤怒。汤米·鲍尔斯将它视为"最离奇、最丑恶的事情",主张在大使回国时详细检查他的开支账目。罗伯特·皮尔(Robert Peel)爵士在下议院痛斥莱昂斯勋爵动身离开的行径,说他"小气、懦弱地逃跑了"。尽管正如格莱斯顿在为莱昂斯辩护时所述,这实际上并非他的过失,因为他是在遵照"国内政府的直接指令"行事,而且英国大使的"主要职责就是维护本国利益"。格莱斯顿补充说,"没有理由让任何一个能够离开巴黎的人还待在那里",对那些生活来源全都在巴黎的人来说,这话听起来相当缺乏说服力。

在普军完成封锁前,实际上有900多名英国臣民被说服离开巴黎,但依然有大约4000人留在城内。尽管后来多次尝试过将英国侨民转移出巴黎,但其中只有一小部分人成功地获得了交战双方颁发的通行证。9月22日,拉布歇雷颇感疑惑地注视着4个英国人快活地爬上一辆装载着"几篮子给养和行李,还飘扬着一面英国旗帜"的四轮马车。他们把车赶到讷伊桥后就被捕了,接着又被带到迪克罗将军跟前,将军不悦地告诉他们:"我没法理解你们英国人,要是你们想吃枪子儿,我们可以帮你们解决,省得你们麻烦。"这种威胁显然没法制止这些漫不经心的英国人,他们于次日再度尝试驾车出行,在此之后,拉布歇雷就表示"再没听说过和他们有关的事情了"。10月底,48名美国人和几名英国人携带官方颁发的许可证来到前哨据点,美国人获准通行,英国人却只能失望地打道回府,理由是他们的证件尚未得到设于凡尔赛的普军总部许可。然而,使馆的沃德豪斯还是在11月8日成功率领75名同胞穿过双方战线,其中有26人的路费由华莱士提供——他一人发了100法郎,还给每个人提供了一小包给养,供他们在路上充饥。离开巴黎的英国人总共大概就这么多。国防政府在批准大批外国人离开城市时显得颇为迟疑,特罗胥对此给出过解释,因为"它带来的效应会挫伤民心士气"。每当有人用"没用的嘴巴"或更糟糕的词汇指责滞留城内的英国人,这种政策总会令许多惨遭指责的人感到困惑。

在大使和他的工作人员离开后,华莱士就通过一个名叫英国慈善基金会(B. C. F.)的组织接过了保障滞留巴黎的英国人权益这一任务。约翰·罗斯·科马克(John Rose Cormack)医生(他后来因慈善工作获封骑士)是华莱士麾下某所救护所的院长,也兼任英国慈善基金会主席,另一位医生艾伦·赫伯特——此人是卡那封伯爵的弟弟,自1859年起就在巴黎行医——则担任秘书一职,为基金会辛勤工作。在伦敦,赫伯特的兄长卡那封以英国慈善基金会的赞助人身份为被困城中的英国人竭力筹措资金,但它的大部分资金实际上源自巴黎城内的英国富人——比如说华莱士和布朗特。

随着巴黎的艰苦生活变得越发难以忍受,人们对慈善赈济的需求越发迫切。艾伦·赫伯特在写给卡那封的信中表示,他队伍里那位时常巡视英国人社区的牧师 J. W. 史密斯(J. W. Smyth)医生"告诉我,他从未见过如此的穷困"。10月中旬,赫伯特在与拉布歇雷交谈时承认巴黎的英国人数目远远超出他的想象:"他估计大约有4000人,其中大概有800人处于赤贫状态。"英国慈善基金会当时"帮助502人活了下来",两个月后,赫伯特有些绝望地向拉布歇雷承认,基金会的赈济名单上已经出现了1000个名字,而且"每天都有无人知晓的神秘英格兰人从地洞和角落里冒出来"。拉布歇雷随后评论道:"要是围城战拖得更久,很难知道这些穷人还能怎么活。"到了1月,从英国慈善基金会领取救济的人员总数已经达到了1200人之多。为了控制救济中的滥发现象，赫伯特采用了一种"票证制度"，也被称作配给卡制度，正如我们将在后一章所见，它似乎要比巴黎当局举办的救济公正一些。每一位列在英国慈善基金会名单上的英国人每周可以凭赫伯特颁发的票证换取如下配给：2盎司李比希（Liebig）浓缩肉汁、1磅大米、8到12磅面包以及一小笔钱——每人1法郎，四口或五口之家则一共只有3法郎。为了预防可能发生的欺诈事件，史密斯医生和两位目光敏锐的老姑娘——埃伦（Ellen）小姐（她后来嫁给了这位牧师医生）和安妮特·斯帕克斯（Annette Sparks）小姐——会定期巡视那些声称自己"极度贫困"的英国人。这些人拿到的赈济并不算多，但对许多人而言，能否拿到就可能意味着生与死的差别。

如果说巴黎人对英国人的敌意焦点是格莱斯顿的中立态度，那么，巴黎人针对美国的主要争论点——它也一再引发争论——就是美国公使一直拒绝给城市提供新闻讯息。在食物严重短缺之前，巴黎最受热烈欢迎的大宗商品是来自外界的新闻。伊莱休·沃什伯恩在这方面拥有独一无二的特权。围城战结束后，一位对他颇为赞赏的美国女士利利·莫尔顿说道："要是没有你，那些被关在巴黎的人会怎样？"沃什伯恩则以与他相称的谦逊回答："哦，我只是个邮局。"事实上，由于沃什伯恩负责在巴黎代表北德意志邦联的利益，俾斯麦给予了他独有的特权，让他成为唯一一位能够将封口公文寄出巴黎的外交官；他还获准每周收到一份由美国驻伦敦使馆发来的《泰晤士报》——这一点的价值要远高于前一点。然而这一特权也存在附带条件，那就是他应该对每周收到的报纸内容严格保密。整个围城期间，沃什伯恩始终承受着促使他泄露信息的外界压力。一份巴黎报刊以雄辩的口才乞求道："我们给了你们拉法耶特和罗尚博，只要求能够得到一份英国报纸作为回报。"有一回，甚至有人拿出1000法郎贿赂使馆的门房老爹，只是为了看到最新的《泰晤士报》。沃什伯恩似乎在对待这一众人深羡的特权时颇为随心所欲，显然某些英国记者在经过筛选后可以偶尔接触到被人严密看守的《泰晤士报》，沃什伯恩也会不时把一些精心裁剪后的新闻片段传给全城。但这是一个不大能够赢得感谢的工作。"要是我们给了巴黎人新消息，"他的助手威克汉姆·霍夫曼抱怨说，"他们就说我们只提供糟糕的新闻。要是我们扣住消息不放，他们就说我们故意不给法军获胜的新闻……"后来，拉布歇雷轻率地在《每日新闻》上写道："不论哪一天，只要你前往美国公使馆，就会发现桌上摊开了最新的伦敦报刊。"

大错铸成。12月底，俾斯麦在读到拉布歇雷的评论后致信沃什伯恩，抱怨他滥用了美国公使馆的通邮特权。沃什伯恩冷静、慎重地给出了答复，他表示美国公使馆"已经尽力以体面方式履行我们作为中立人员的职责，我们以这种使命感根据我们最好的判断力行事，我们计划继续以过去的方式行事，如果德国当局无法信任我们，那么他们就最好全面停止邮包寄送……"他在信件末尾刻意提醒了俾斯麦，提到了自己为照顾巴黎城里他那些处境危险的同胞所做的工作。俾斯麦在适当的时候表达了歉意，不过，沃什伯恩也要求他在伦敦的同行停止寄送《泰晤士报》，以避免围城阵营中再度出现类似的指责。拉布歇雷此时可以发发牢骚（当然理由不大充分），因为自从他遭到俾斯麦的申斥后，沃什伯恩就对他的阅读状况保持着"阴冷的警惕"。沃什伯恩也注意到他自己那秘而不宣的作风遭到一部分巴黎报纸"日复一日地猛烈攻讦"，导致他被指责为"普鲁士代理人"和"普鲁士同情者"。事实上，由于沃什伯恩不再收到英国报纸，他在围城结束时对外界的了解并不比普通的巴黎人强多少。

* * *

除了这个冲突源头，美国在巴黎人眼中的形象无疑要比英国受欢迎得多，促成这种状况的原因有以下几点。首先，美国在1870年是一个遥远且内向的国度，从没有人**期望**它去参与欧洲事务，也就没有人会对它感到失望。其次，由于巴黎的美国居民数量远少于英国居民，他们的存在也就不大容易刺激人们的感情，被指责为"无用人口"的概率同样相对较低。最后，沃什伯恩亲自留在巴黎，这给人们留下了十分可靠、令人赞叹的印象。不过，巴黎人对美国人的欢迎态度或许主要源自美国救护所在围城期间明确发挥的作用。

当围城彻底结束后，就连迪克罗本人也被迫承认法国的医疗组织体系存在严重缺陷。巴黎在色当战后仅有6000张床位，这是"远远不够的"。围城开始时，床位总数已经上升到1.3万张，最终则达到3.7万张。各个宗教团体都在自己的活动场所建立了"救护所"，铁路公司也将已经无法运营的车站改成医院。怀旧的戈蒂埃在法兰西剧院里发现"伤员躺在门厅里，那里曾经是批评家们踱步的地方"。学校和法庭同样成了医院，最大的临时医院设在拉布歇雷下榻的大饭店里，而且就位于他所在的楼层下方，此外，新闻界协会也自行开设了一所十分活跃的救护所。

这种成果表面上看起来相当壮观，但也仅仅局限于表面而已。政府在9月规定了两种"救护所"规格：第一种是组织完备的医院，能够接收最危重的伤员；第二种是"私立救护所"，它只能满足一部分要求，因而仅仅获准接收轻伤员。后者成了种种弊端的源头。当局对它们的控制力几近于无，迪克罗声称他的士兵一进入这些医院就再也找不到了——"他们无限期地待在里面，不再回到自己的部队单位"。"私立救护所"为巴黎的贵妇们提供了颇有吸引力的消遣方式，龚古尔对此记录如下，"伤兵成了时髦的目标"。它们也为体格健壮的男子提供了逃避现役的场所，这一避难所一直持续到警方奉命逮捕任何无法给出护工证明却又佩戴红十字标志的人员为止。拉布歇雷饶有兴致地注视着一个"穿着一件紫罗兰色灯笼裤，肩膀上戴着红十字"的小衰仔[54]"虽然哭哭啼啼地进行抗议，还是被带到监狱去了"。

"私立救护所"之间对病人的竞争相当激烈，龚古尔提到有位富人把自己的住宅改建成医院，却苦恼地发现没有一个病人，于是拿3000法郎从附近的医院买回了一位伤员！围城之初，国民自卫军的路易-佩居雷在给母亲的家书中写道："马西厄（Massieux）夫人（一个烈酒商人）催促我装成伤员到她那里去，她已经把自己的精品店改成了一所救护所，而且向我保证到时候在那儿什么都不缺。我很高兴地接受了她的请求，希望上帝能够赐福于我，让某个不幸的人取代我的位置。"到处都能看到从私人住宅里冒出来的红十字旗，拉布歇雷光是从他下榻的大饭店房间里隔窗眺望，就可以数出15面。奥谢批评道："巴黎的救护所里儿戏的太多，认真的太少。"

各类救护所的飞速增殖引发了激烈的内部争议（汤米·鲍尔

斯在 1 月初声称,"世上从没有一个不幸家庭会像现在这些巴黎人道主义社团那样"。),它反过来也会导致战场上出现糟糕透顶的混乱。按照迪克罗的说法,它们的出现时常会导致军、师级野战医院的工作陷入"瘫痪"。英国义工费利克斯·怀特赫斯特曾记录过一起事故——类似的事故还有好几起,新闻界救护所曾奉命派出 200 辆马车前往圣但尼接收伤员:

> 他们大为震惊,但还是竭力搜集了足够的运输工具,然后前往法兰西国王们的最终安息地。当他们抵达那里时,却发现自己得到了错误的命令,伤员已经被军务部门送进了巴黎城内。虽然上级要求出动 200 辆车,实际上却是打算说那里有大约 200 名伤员。

可最糟糕的景象还是出现在巴黎城区里的医院当中。医生并不够,护士也没有接受训练,[55] 医疗手段原始,条件也极不卫生。朱丽叶·朗贝尔注意到正在工业宫（Palais de l'Industrie）接受截肢手术的伤员们发出恐怖的呼号,让人们深受惊扰。她还在围城后期震惊地看到"我们的某位杰出外科医生哭泣着告诉我,他在自己的医院里连一位截肢者都没能救活"。造成这一后果的致命杀手是败血症,而且坏疽也时常导致情况更为复杂,关于后者,利斯特消毒法尚没有让实际治疗手段出现进步。大部分医院都设有一间"死亡棚",任何出现败血症状的人都会被立刻送进去,"原因相当简单,"一位美国外科医生解释道,"如果这些人和战友待在同一个屋檐下,就会导致所有人必死无疑。"全巴黎最大的"救护所"设在大饭店里——有 500 名伤员被从工业宫转移到大饭店，那里的情形可以说尤为糟糕，虽然按照拉布歇雷的说法，这所医院的医护人员比病人还要多。据说在大饭店那病菌丛生的环境里，一个手指受伤的人压根不可能活着走到门口。当鲍尔斯探访此地时，他发觉伤员们：

> 在公司过去习惯于让独身旅客高价入住的那些小房间里，每处都有3到5个人挤在一起。不能说这里的通风设备不算好，因为根本就没有通风，死者——有时会多达50人——"就像是饼干一样堆叠起来"，放在走廊中央，两边的房间大门敞开。臭气多少有些恐怖，就在昨天夜间，一位法国绅士告诉我："送到这里就是个死。"

总的来说，与拉格兰（Raglan）勋爵麾下士兵在克里米亚战争中遭受的困境相比，巴黎的这些"救护所"也好不了多少。在巴黎的这一幕当中，与弗罗伦丝·南丁格尔（Florence Nightingale）最相似的便是美国救护所，它之所以能够成立，还要归功于托马斯·埃文斯医生，这位英俊、富有进取心的牙医此前曾协助欧仁妮皇后逃离巴黎。1867年世博会结束后，埃文斯（出于某种尚不明确的原因）买下了一整套前往巴黎展出的美国南北战争中的最新式医疗设备，战争爆发后，他着手组织了一所救护所，并将所有设备和1万法郎都捐献给它。美国救护所的负责人是斯温伯恩医生（Dr. Swinburne），他担任外科医师长一职，并根据自己在南北战争中的经验开展工作。事实证明，与败血症斗争的最有效方式就是确保完美的通风。法国人对空气流通有一种天生的恐惧，他们恐惧地发现美国救护所将200名伤员放在穿堂风吹拂的帐篷里，只在地上打个洞放上火炉，以此保持温度，使得帐篷底下的地面干燥、温暖。此举取得了奇迹般的结果：大饭店里的伤员有五分之四会流脓而死，而斯温伯恩的截肢案例里有五分之四得以幸存。

英国记者时常称颂斯温伯恩，就连在华莱士的英国救护所工作的艾伦·赫伯特医生也得承认其美国同行堪称"当今的壮观景象之一"。不论在哪个战场，美国救护所总是（按照汤米·鲍尔斯的说法）率先抵达现场，它在大出击期间收治了80名伤员，其中一名还死在沃什伯恩之子的怀里，而在后来的某次战斗中，它的医疗后送站甚至遭到了普军的炮击。它的名声传播得很快，拉布歇雷说："它是每一个法国士兵的梦想，如果他受了伤，就要送到这所救护所。[56]他们似乎都产生了这样的印象：就算他们的腿被打断了，美国埃斯库拉庇乌斯的医疗技艺也能够让腿再长出来。"这或许略带夸张，但埃文斯和斯温伯恩的团队无疑取得了相当大的成效，他们的慈善工作也无疑为美国赢得了巴黎人的感谢。

第12章

饥　饿

　　迪克罗大出击失利带来的痛苦失望情绪一过去，纯军事考量就不再主导巴黎人的内心。此时，一个令人沮丧的话题要比纯军事考量迫切得多。12月8日，龚古尔在日记中写道："人们讨论的只有吃什么、能够吃什么和还有什么可以吃。交谈就由这些话题组成，其他什么都没有……饥饿开始了，饥荒已经露出端倪。"龚古尔在交际圈内发现泰奥菲勒·戈蒂埃正在哀叹"他不得不头一回穿上吊带裤，他的肚子已经再也撑不住裤子了"。龚古尔本人则发觉政府分配的盐腌肉"不宜食用"，还描述了他如何不得不杀死自家养的鸡之一。他"用一把日本刀"相当笨拙地完成了屠宰，"状况相当可怕，这只没头的鸟儿逃离了我，拍着翅膀在花园里乱窜"。沃什伯恩公使的状况要比许多巴黎人好得多，但他也吐露出这样的话语，"我想念普罗克特（Proctors）的甜甜圈和热面包卷"。另一位美国人则带着显而易见的羡慕回忆，他在11月的一场音乐会上看到一位年轻女士"收到了一块奶酪而非一束鲜花"。奶酪——以及黄油和牛奶——此时几乎已经是对过去的一种回忆，巴黎的森林和几乎每一处空地在9月曾经充斥着大群牛羊,此时也已经消失殆尽。新鲜的蔬菜已经枯竭,"掠夺者"以每天一法郎的报酬,冒着相当大的危险,在别动军掩护下前往"无人区"搜寻蔬菜。奥古斯塔斯·奥谢(Augustus O'Shea)还记得他曾认出过其中一位"掠夺者",此人来自马提尼克,属于有色人种,仅仅两个月前还曾在和平路(Rue de la Paix)上的一家高档商店里卖给他一双手套,可他此时遇到的是一个穿得破破烂烂的家伙,而且"踉踉跄跄地背着一网兜花椰菜"。围城开始前,俾斯麦曾以他典型的愤世嫉俗风格预言"8天喝不上加奶咖啡"就足以令巴黎的资产阶级崩溃,甚至连国防政府也没有认真考虑过持续两个月以上的围城战,他们至多只为两个月做了准备。此时,随着圣诞节日益临近,围城的第 100 天也正在迫近。

早在 10 月,巴黎就开始食用马肉,而在 4 年前,巴黎的屠夫曾将它作为一种供穷人食用的廉价代用品引入市场。为了鼓励其他人食用,让食用马肉的风尚为更多人接受,卫生与健康中央委员会(Commission Centrale d'Hygiène et de Salubrité)为自己举办了一场奢华且广而告之的盛宴,宴会菜单如下所示:

    清炖马肉汤
    卷心菜炖马肉
    时风马腿
    煨马骨
    烤马里脊
    冷咸牛马肉

从那一刻起,马肉成了十分时髦的菜肴,对马肉的爱好也得以确立，时至今日，它依然是许多巴黎屠夫的主要收入来源。对某位拒绝与他一同赴宴的"美人"（她是个罕见的例外），沮丧的维克多·雨果写道：

> 我会为你提供一顿无与伦比的佳肴：
> 我杀掉飞马，用它做菜，
> 只为你奉上一只马翼。[57]

随着人们勒紧腰带，许多赛马场优胜者的归宿成了炖锅，其中两匹快步马是沙皇在世博会期间赠给路易-拿破仑的礼物，起初估价为5.6万法郎，此时则以800法郎的价格被一名屠夫买走。不过，巴黎要到11月中旬才头一次意识到新鲜肉类的供给已经枯竭（尽管这种震惊情绪很大程度上被甘必大在库尔米耶获胜带来的兴奋感冲抵了），日后将与围城战永久联系在一起的奇特食谱也源于此时。到那时，"猫狗屠夫"的招牌终于首度登场。尽管动物园里的食肉动物正在食用流浪狗已是众所周知的事实，但屠宰家庭宠物供人类食用的主意起初还是激起了极大的愤慨，拉菲内克家族的一员曾记录道："从某个肉铺的一辆装载猫狗的运输车中传出了令人伤心的犬吠声和喵呜声，一群人受到了感动，甚至可能被激起了厌恶情绪，便对它发动了袭击。随后爆发了短暂冲突，5条狗飞快地在人群的欢呼声中逃了出去。"不过，猫狗肉这类必需品很快就开始为人所熟悉，到12月中旬，拉布歇雷已经以一种据实描述的方式报称，"我在几天前吃了一片猎犬的肉"（尽管这让他"感觉就像是在吃人"），一周后，他又讲述了自己碰见的某个人正在育肥一只大猫，打算把它当作圣诞大餐，这只猫"身边环绕着腊肠般的老鼠"。猫和狗这两种家养宠物在传统上是敌对的，可随着越来越多的猫狗在锅里和好，戈蒂埃声称它们似乎从直觉出发，越来越清楚地意识到自己面临的险境：

很快，动物就观察到人类以奇怪的方式对待它们，他们的手虽然以爱抚为借口，却感觉像是屠夫的手指，是在打量它们的丰腴程度。猫比狗更聪明、更多疑，它们率先意识到这一点，以最谨慎的态度处事。

接下来就轮到老鼠了。尽管老鼠将和信鸽一起成为巴黎围城战中最著名的动物，捕鼠从12月起也成为国民自卫军最喜欢的消遣活动之一，但被吃掉的鼠类总数其实并不算多。[58] 除了对老鼠身上携带的传染病的恐惧（这可能有所夸张），由于需要预先准备大量调味汁才能让鼠肉变得可口，老鼠基本上还是一种富人的菜肴；因此，赛马总会的著名菜单会以浓汁炖鼠肉和"鼠肉派"这样的珍馐作为特色。随着时间流逝，菜肴变得越发奇异，动物园也被迫交出它最珍奇的住客。植物园园长曾经将烧烤过的熊肉、鹿肉和羚羊肉送给雨果；龚古尔最喜爱的布雷邦餐馆提供袋鼠肉；奥谢则在时髦的圣-奥诺雷郊区里的一家肉铺中发现了待售的几具狼尸。由于宰杀狮虎要冒较大风险，它们得以幸存，巴黎人过度夸张的达尔文主义直觉也显然保护了猴子，以及因为植物园的河马重量实在太大，所以没有屠夫负担得起高达8万法郎的预约价。其他动物则无一幸免。等到12月底，就连驯化园（Jardin d'Acclimatation）的骄傲——两头名为卡斯托和波吕的幼象——也在人类用爆裂弹进行了几次堪称耻辱的笨拙尝试后终于丧命。和大部分体型较大的动物一样，这两头可怜的生物被英国肉店的阔气店主鲁斯（Roos）买走了。龚古尔在新年前夜来到这家店里，他对店中状况描述如下："就在不可名状的肉类和非同寻常的兽角之间，一个男孩正在出售几只骆驼肾。"与此同时，墙上"最尊荣的位置挂着年轻的波吕被剥皮后的长鼻，屠夫正在鼓动一群妇女用每磅40法郎的价格买下它。'你觉得那很贵吗？可我向你保证，我不知道自己怎么才能从它身上赚到钱。我指望能弄到3000磅肉，可它只能产出2300磅！'"。龚古尔显然对价格感到震惊，他最后说："我折回去买了两只云雀。"

　　这类陌生菜肴品质如何？人们对此看法截然不同。有个英格兰人在写给妻子的信中表示"马肉非常好，法国厨子也做出了最好的滋味；骡肉和驴肉就和小牛肉一样好……"作为第一批在11月食用马肉的人之一，汤米·鲍尔斯兴高采烈地宣称，"我不敢想象人们还怎么继续吃猪肉"；可是几周后，他又改变了自己的调门，"不管尝试多少次，我都没法吃马"，他还以近乎羡慕的语调补充说"一名自由射手告诉我他用乌鸦和大丽花根茎做了一顿大餐"。到了1月最初几天，他就留下了这样的记录："我现在已经吃过骆驼、羚羊、狗、驴、骡和象，我对它们的认可度递减……马肉实在是太糟糕了，它有一种我永远都忘不掉的奇怪味道。"龚古尔宣称马肉给他带来了噩梦，与此同时，韦莱纳也记起一顿烧煳的马肉餐如何引发了他婚姻中的第二幕，"以及——第一次打架"。朱丽叶·朗贝尔似乎也赞同鲍尔斯的观点，她在12月底写给女儿的信中谈到了自己买回来的驼峰："它是绝妙的！何等的大餐啊！"随着时间的流逝，人们的味觉变得越来越富有鉴赏力；"啤酒厂"鼠和阴沟鼠之间存在着明晰可见的价格差异，美国领事馆的威克汉姆·霍夫曼宣称在各类马肉当中,人们对浅灰色马的喜爱程度远远超过黑马。至于动物园里的动物,他认为象肉"尚可",但最好的还是驯鹿肉。一位法国"专家"认为狗肉"不错,它新鲜、红润、盖着非常白的脂肪,如果做了充分准备,就足以勾起食欲"。谢泼德(Sheppard)教授——他也是个美国人——欣然发现"鼠肉令我震惊,它尝起来就像是鸟肉",而猫肉"味道像是美国灰松鼠,但它甚至更柔嫩、更甜美"。整体而言,从严谨的拉布歇雷到卡那封伯爵的弟弟艾伦·赫伯特医生,大部分人都同意谢泼德关于猫肉优越性的论述,强壮的埃德温·蔡尔德则不大关心味道——只要是食物就行。

在食品短缺充分暴露其严重性之前,对那些还能够负担食物的人而言,这些怪诞的饮食还提供了丰富的幽默来源。《费加罗报》提到一群狗追着某个人穿过了整个巴黎,还跟在他后面大声吼叫;直到那人想起自己在早餐时吃了只老鼠,才理解了那些狗的兴趣所在。某家画刊登载了一幅类似的漫画,一只猫钻进某人喉咙里追捕它的天然猎物,只有尾巴还留在他的嘴巴外面。有人听到埃布拉尔(Hébrard)在布雷邦餐馆享用了一顿狗肉宴后发出了这样的评论:"下一顿,他们会给我们奉上牧羊人。"不过,巴黎人事实上从未沦落到人吃人的地步。

为了补充日益枯竭的食物来源,一些法国最优秀的科学家绞尽脑汁来构思新方法。围城战末期出现了一种"费里面包",这种食物以负责相应事务的部长命名,由小麦、米和禾秆制成。有个法国人说,"它似乎是用从阴沟里捞出来的破旧巴拿马草帽制成的",而对谢泼德教授而言,它尝起来像是"锯末、烂泥和马铃薯皮"。科学委员会建议人们用葡萄糖、蛋清(或明胶)以及橄榄油酿成一种人造奶，这一配方听起来就令人作呕；而且不幸的是，巴黎并没有橄榄油。委员会较为成功的产物是前文提到过的"骨胶原"，它由骨头和明胶制成，在围城战的最后阶段作为肉汤原料销路兴旺，价格则是每千克1法郎。不幸的是，当巴黎处于极度痛苦之中的时候，投机者也能够迅速窥见商机。糟糕透顶的伪劣食物调配品——特别是绝望的母亲们急需的牛奶——出现在市场上：掺了添加剂的南瓜酱被当成杏子酱出售，用马骨胶和糖浆制作的果酱以每磅1.4法郎的价格出售，食用油里掺进了石蜡，龚古尔还曾听说有人推荐食用砷，认为它很够很好地抵御饥饿。屠夫突然跃升为社区里最强有力（也最遭人憎恶）的人物，其中几乎没有人能够正直到不屑于利用这一优势。按照谢泼德教授的说法，猫肉时常被当作"水獭肉、一种珍稀野兔肉或是某种特别古怪的小型绵羊肉"出售，富有讽刺意味的是，有位英国记者拿到的羊肉事实上却是狼肉。还有些设计精巧的黑市买卖：用老病牲畜的价格买下实际上价值可观的赛马，然后用重量相当的老马替代它接受屠宰，设法让赛马活下来，最终在围城结束时将它卖给新"主人"，从中狠狠赚上一笔。

尽管布朗基和左翼人士发出了相当明智的请求，但政府并没有及时建立适当的食物分配体系，而且即便在太晚的时候采取了一定措施，那些措施却也是无效且不公的。围城之初，政府对多种主要食物的价格进行了控制，但它执行得绵软无力，而且泛滥成灾的黑市很快就设法避开了管控。肉类配给制度在10月中旬出现，一开始是每人每天100克肉，到11月就缩减为50克，后来又降低到30克——或者说大约1盎司，不过这并不包括上文提到的那些"奇异"肉类。餐馆也在10月接到命令，要求它们只能给每位客人提供一盘肉,尽管告示被张贴出来,但在钱能够说话的地方,并没有什么人会去关注它。拉布歇雷注意到,"大街上的高档餐馆里仍在举办堪与卢库路斯宴席相当的盛宴",尽管围城持续了几个月,状况也没有什么改变。面包要到围城最后几天才开始配给,尽管关于此事的谣言曾在12月中旬引发了恐慌和暴动。当局从未采取措施打击囤积居奇。较为精明的有钱人可以依靠围城开始前积累的个人储备过活,那些囤积食物、等到价格上涨得足够诱人时才出售的投机商则要不道德得多。有人在10月以每棵2生丁的价格买入甜菜,后来以1.75法郎的高价售出,从中牟取暴利。梯也尔进行休战谈判后,就传出了双方可能早早议和的流言,其他投机者被吓坏了,急忙出售了自己囤积的部分黄油,导致其价格突然下降了三分之二——这是一场暴露出其投机本质的降价。

商人们倾向于长期打烊,这既是因为"暗地里"出售更加有利可图,也是因为堪称耻辱的低效分配体系意味着他们的商店时常真的会空空荡荡。这就导致了无休止的、令人心碎的排队购买食物,一位英国记者(他活得不够长,没能目睹英国在20世纪中叶的状况)发现这个词汇难以翻译:"英语里没有对应的词汇——真令人高兴!"他发现,这样的队伍时常"超过两三百人。队伍向外延伸到街上,配备武装的国民自卫军就像是把他们关在笼中,这些人好比来回巡逻的牧羊犬,颇为困难地平息几乎持续不断的纠纷"。可怜的家庭主妇等待了一个又一个小时(奥谢声称,"为了能够确保买到一篮面包,就得在凌晨3点来到排队地点"。),而且时常空手而归,小市民妇女因此同等怨恨没良心的肉商和那些不用排队也买得起食物的富裕市民。

实际上,唯一有效的配给方式是以所有标准中最不公平的一种——价格——实现的。尽管政府尝试控制价格,可正如下表所示,大部分食物的价格每周都在持续猛涨:[59]

食物	围城前两周	12月10日至24日
黄油	每磅 4 法郎	每磅 35 法郎
鸡蛋	一打 1.8 法郎	一打 24 法郎
家禽	每只 6 法郎	每只 26 法郎
兔	每只 8 法郎	每只 40 法郎
奶酪	每磅 2 法郎	每磅 30 法郎
新鲜猪肉	每磅 1.1 法郎	—(不存在)
猫肉	—	每磅 6 法郎
鼠肉	—	每磅 0.5 法郎
马铃薯	每蒲式耳 2.75 法郎	每蒲式耳 15 法郎[60]
胡萝卜	每盒 1.2 法郎	每磅 2.8 法郎
卷心菜	每棵 0.75 法郎	每棵 4 法郎[61]

就连这张表格也不能反映物价腾贵的全貌,因为等到普军完全封锁巴黎的时候,物价已经出现了显著上涨;以黄油为例,当时的价格比战前上浮了三分之一还多,马铃薯和兔子的价格则翻了一番多。有些人似乎已经准备好了要为失控的食物付出无限度的价格。奥谢记得曾有人以100法郎的价格向他的某位朋友兜售一只胖狮子狗;12月19日,沃什伯恩记录他食用了价格高达"每磅2金美元"的骡肉,圣诞节当天,他看到某家店在以25美元的价格出售一只鹅;谢泼德则注意到圣诞节前一周还能以100法郎买下的火鸡等到圣诞节时已经上涨到了180法郎(它在战前只能卖到10法郎)。到了当年年底,弗朗西斯克·萨尔塞(Francisque Sarcey)仔细审视着"一群游手好闲的家伙围着一只火鸡挤成一

团,就像人们在别的时候习惯性地看到他们簇拥在和平路的大珠宝店外面一样"。这个比方几乎没有夸张,事实上,不止一家珠宝商发现将精品店改成食品店更加有利可图,(按照奥谢的说法)那家店的橱窗里讲究地装饰着"一只死兔子……旁边是一盘杂鱼和三只小麻雀,再往上则是六只鸡蛋围成一圈,就像是一条珍珠项链"。

萨尔塞声称城里甚至到这时还有"大量的兔子和家禽",所以围城战虽然带来了极大的不便,却没有导致真正的饥荒。而在封锁开始前,那些资金足够且具备远见的人已经储备了相当可观的物资。拉布歇雷注意到即便在12月初,英国大使馆的地窖里依然藏着三只绵羊("富户对穷人那只母羊羔的渴望[*]也没有我对这些绵羊的渴望那么强烈")。鲍尔斯的某位朋友"拥有两只羊和一头猪,我可以高兴地说,我和他关系极好,此外,我还和另一位有一头奶牛、能够生产新鲜黄油的朋友处得非常好"。按照另一个英格兰人亨利·马克海姆(Henry Markheim)的回忆,他到了12月20日还曾在一家餐馆里吃到烤牛肉,而且店主保证地窖里仍有足够维持一周的牛肉储备。爱德华·布朗特在围城战的多数时候都养着两头奶牛和两匹马。11月17日,他在一封信中写道:"巴黎还能够再坚持两个月……我杀掉了一头奶牛,所以还有新鲜的肉类,至于早餐的牛奶和黄油,另一头还活着的可以提供……

---

[*] 拉布歇雷在此使用了《圣经》中的典故:"耶和华差遣拿单去见大卫。拿单到了大卫那里,对他说,在一座城里有两个人,一个是富户,一个是穷人。富户有许多牛群羊群。穷人除了所买来养活的一只小母羊羔之外,别无所有。羊羔在他家里和他儿女一同长大,吃他所吃的,喝他所喝的,睡在他怀中,在他看来如同女儿一样。有一客人来到这富户家里,富户舍不得从自己的牛群羊群中取一只预备给客人吃,却取了那穷人的羊羔,预备给客人吃。"(撒母耳记下第12篇)本书中《圣经》译文均引自和合本,下同。

我们在赛马总会吃得不错。我们过得够好了，人们也没什么抱怨……"不过，他又在4天后注意到"穷困的城区里出现了令人不快的凄惨状况"。布朗特在整个11月和12月都可以依靠盐腌奶牛肉过活，他的马匹虽然遭到征用，但在他给朱尔·法夫尔写了一封私人申述书后也得以幸免。直到1月1日，他才被迫杀掉剩下的一头奶牛，这让他能够在围城战的剩余时间里也吃上肉，所以当有人关心他的处境时，布朗特还可以颇为安逸地表示："我觉得一点点饥饿并没有什么危害。"艾伦·赫伯特的体验与布朗特不无类似之处。他在11月底致信兄长卡那封伯爵："食物储备不错；在必要状况下足以支撑到1月底……如果的确要考虑改善生活，那么就请求福特纳姆和梅森公司（Fortnum and Mason）立刻发来火腿、舌头肉、罐装肉和奶酪……"他也保留了牲畜储备，其中有一只名叫"尤娜"（Una）的母鸡，他对"尤娜"极为依恋，甚至到了不准它被屠宰的地步；[62] 以上事实表明这位医生不仅心软，而且从没有像巴黎城里某些较为穷困的英国人——他曾为帮助这些人做了很多工作——那样沦落到极端境地。

美国领事馆也为它需要照料的人员准备了大量食物，其中包括了罐装的玉米片和玉米粉。大约30名使馆人员在感恩节享用了一顿传统的火鸡餐（"一只火鸡价值12美元"）；12月13日，威克汉姆·霍夫曼致信一位同僚："我们（在4天前）吃掉了一头乳猪、一只烤鸭、松露和新鲜黄油。这里没有饥馑——所有人都灌下了1850年度的马尔戈城堡（Château Margaux）葡萄酒……我是在场宾客。"而在圣诞日当天，沃什伯恩公使泰然自若地坐下来享用了一顿始于牡蛎汤的八道菜大餐。有些法国高官似乎也和外交官一样过得很好；威克汉姆·霍夫曼记得他曾颇为震惊地和某位指挥前沿阵地的将领一道享用了长达三个小时的"早餐",在那顿饭里"我们吃到了牛肉、鸡蛋、火腿等,根据我从那里听来的状况,我应当可以说他和他的指挥部人员每天都这样进餐"。一位巴黎人也描述过蓬蒂约路(Rue de Ponthieu)上的一场惊人筵席,当时距离巴黎投降还有两周时间,举办这场宴会的是一位法国海军上校,为的是庆祝他到手了一位新情妇:"穿着马裤和丝绸紧身裤的仆人为我们奉上了配有块菰的肥鹅肝、用真牛肉——并不是植物园的河马肉——做的菲力牛排、巨大的阿让特伊(Argenteuil)芦笋、逃过普军看管的托姆里(Thomery)葡萄以及成桶的最优质香槟。"作者总结道,巴黎城里真正饥饿的人就是那些"受困于贪食欲望"的人。餐馆似乎也没有受到明显的影响,越是昂贵的餐馆,所受影响就越小;围城战结束后,龚古尔和他的朋友们给布雷邦餐馆送去了一面大奖章,上面刻有如下铭文:

> 巴黎围城期间几位习惯于每两周在布雷邦先生餐馆聚会一次的食客从未发觉他们曾在一座有两百万生灵被困的城市里用餐。

它是一则令人印象深刻且发人深省的回忆。

即便对那些没什么钱的人来说,与身处第一次世界大战U艇封锁战最危急时刻的普通英国人相比,巴黎人的状况也几乎不会更糟糕。依靠学徒薪水过活的埃德温·蔡尔德描述过他在年底的一顿饭,那顿饭一下子就吃掉了"拌了调味汁的两盘肉(吃不出是什么肉)和积攒下来的绿豌豆。我发现这顿饭无论如何都相当好,而且很享受这样的饭菜"(当然,他年轻且无忧无虑的消化能力也无疑提供了帮助）。不过，他在不久后的一封家书中承认："参加国民自卫军帮了我很多，我们在巴黎城外可以得到食物供给，而在城内可以每天拿到1.5法郎，不过，当每顿饭都要消耗2法郎的时候，这就不能撑很久了。"许多英国记者提到自己吃过波吕的一片象鼻肉（尽管真的象鼻肉必定几乎和真十字架碎片一样稀少），不过，哪怕是一头年轻的大象也不能让200万人撑上多久，要是考虑到那每磅40法郎的价格，就尤为困难了。除了前文提及的巴黎城内的穷困外国人的困难处境，对数以十万计的真正贫穷的巴黎人而言，关于奇异食物的笑话听起来并不好笑，第二帝国时期他们就在高昂的生活成本下勉强维持，也因必需的调味汁开支而吃不起鼠肉。饥荒从未遥远。12月的第三周，拉布歇雷在克利希大街旁的贫民区里震惊地发现"半饿死"的妇女和儿童坐在门口。"他们说既然没有木柴和焦炭，那么待在户外还比屋里暖和些……"卖淫在妇女中蔓延开来，就像那位贸然搭讪龚古尔的少女，她们以一块面包皮的价格出卖身体；穷人由于无力购买食物，就出售自己的配给卡片，反而令餐馆从中得利。到了12月，随着缺乏牛奶导致婴儿死亡率剧增，哭泣的父母带来小棺材已经成了拉雪兹神父公墓的日常景象。除了儿童之外，受苦最深的还是贫穷妇女。至少大部分男子还可以从国民自卫军领到每天1.5法郎的薪饷，可到他们妻子手中的钱就几乎不够生活了。在路易-拿破仑治下形成的小酒馆习性此时愈演愈烈，因为酒代表了抵御无聊和寒冷的唯一屏障，甚至是抚慰饥饿的最可靠方式——这一点已由希波克拉底（Hippocrates）的一则公理证明。巴黎从不缺少酒或酒精饮料。在较为穷困的地区，此时的酗酒现象最为盛行、最为恶劣。正当巴黎无产者的妻儿排队、死亡之际，男人却喝得大醉，同时还在怒气冲冲地抨击政府。

尽管存在上述困难，但除儿童之外，很少有巴黎人在围城期间真正饿死。或许在这里有必要再度把巴黎围城战和列宁格勒围城战做个对比。后一场战争于1941年6月爆发，列宁格勒早在第一个月就推行配给制度，到了11月，配给量已经下降到低于生存标准。根据当月记录，第一批死于饥饿的人员总数为1 1085人。像鼠肉或象肉这样的奇异肉类根本不可能存在，围城战的第一个寒冬里，列宁格勒市民就沦落到去吃"由锯末制成的烙饼，由木工胶制成的果酱……用研成粉末的墙纸胶制成的粗糠饼，其中还含有驱虫剂"。人们死在工作地点和大街上，到了1942年1月，死亡人数据估计已经上升到**每天**9000人之多。

* * *

除了她似乎深不见底的地窖，巴黎（她已习惯于索取和提供大量的消遣，其数量远多于其他任何城市）只有很少的资源能够供人消遣，让他们将注意力从饥饿的现实上转移开来。防御工事旁的公共步道持续不断地提供周日的主要消遣，人们在那里偶尔还可以用望远镜窥视普军战线，这令它更具生机；拿鲕鱼做鱼饵、如哲学家般一动不动的钓鱼人仍然能够在塞纳河畔找到乐子，尽管他们的努力换来的收获越来越少，引来的好奇群众却从未消失。[63]但随着天气愈加寒冷，这类消遣活动也开始失去了魅力。取而代之的风尚是捕鼠，《巴黎报》（*Paris Journal*）就此给出了颇有帮助的提示，教导人们如何"用钩子和涂了油脂的线捕捉阴沟里的老鼠"。在那些较为狂热的报纸教唆下，追逐间谍、散布传言和粗言秽语仍然充斥在人们心中;不过,布朗基的《祖国在危急中报》已由于缺乏资金在12月8日关张。城里依然有够多的漫长游行和爱国集会,这是为了让人们的身体和情感保持温暖;许多集会在协和广场的斯特拉斯堡雕像前举行,它已成了某种圣地。

与此同时,杜伊勒里宫文件(里面满是揭露第二帝国时期腐化堕落状况的淫秽材料)的刊布也为人们提供了一种崭新而持久的娱乐源泉。拉布歇雷记得他在霍华德小姐那里见过一张收条的副本,它表明了皇帝的情妇如何拿到500万法郎,甚至就连拉布歇雷也得承认,他在发现帝国宫廷曾经是何等"滋生着皮条客和寄生虫、投机者和荡妇的黄金国"后倍感震惊。揭秘令浮夸的书商进入了兴盛时期,他们朝着过路人吼道:"热门的波拿巴女人!她的情人,她的放荡!"杜伊勒里宫文件的公布催生了一批低俗漫画,它们的主要嘲弄对象通常是自命清高又冷淡的欧仁妮;有张漫画是茹安维尔亲王在给赤身裸体的欧仁妮画素描,另一张则让她为了逗乐普鲁士国王而表演康康舞,甚至把衬裙都抛到了头顶上,画中的国王正在沙发上喝香槟,可路易-拿破仑被挂在墙上的笼子里。这一切都得到了特罗胥政府的鼓励乃至赞助,却让龚古尔和其他许多巴黎人感到它"对什么才算合适缺乏庄重、自制的态度";确实,巴黎某种程度上仍在以可耻、可笑的方式将此时的恐怖困境归咎于旧政权。尽管朴素、严厉的布朗基多次反对剧院重开,但曾在9月关闭的剧院仍于10月底再度开放。引领剧院回归浪潮的是法兰西剧院,它演出了《愤世者》(*Le Misanthrope*)的节选,还举办了一场论述"围城期间道德养分"的讲座。11月5日,歌剧院也重新开放,但由于大部分歌手已经在封锁前匆忙离开巴黎,有所缩水的演出阵容可以说颇为差劲。剧院提供的节目质量同样有所下降,而且几乎没有一场演出不以某些爱国论辩作为结尾。拉布歇雷记录过法兰西喜剧院(Comédie française)的一场典型晚间演出,它由"一场演说、一部没有戏服的莫里哀剧和一首自由颂"组成。在那些参与募款演出——收入将捐给医院或用于购买火炮——的女演员当中,有个年轻姑娘名叫萨拉·贝纳尔(Sarah Bernhardt),将近半个世纪之后,尽管她届时年事已高、还断了一条腿,却在另一场战争中再度扮演这一角色。在这些演出当中,再没有什么比充满激情地朗诵维克多·雨果的《惩罚集》(Les Châtiments)更流行了,这是他在流亡时期针对路易-拿破仑写下的充满怨怼的攻讦,截至12月中旬,该书已售出2.2万本。

事实上,在红色俱乐部以外,雨果本人依然是这座被困的城市中最多产的娱乐源泉之一——他让别人得到消遣,与此同时也让自己尽兴。龚古尔在12月的某个晚上拜访雨果,发现这位"神"穿着一件红色粗呢上装,脖子上缠着白围巾,周围簇拥着女演员,正在谈论月亮。后来,龚古尔以显而易见的嫉妒和羡慕情绪回忆这位七旬老人如何在围城期间维持他那值得注意的好色精力,营养不良或缺乏热量也丝毫没有妨碍他:

> 他以照顾孙辈为借口让朱丽叶待在罗昂宾馆(Hotel Rohan),[64]每天晚上将近十点时动身返回默里斯(Meurice)家,那里有一两个乃至三个女人等着他……雨果在一楼选定了他的房间,默里斯夫人的女仆早晨和傍晚在花园里漫步时,若朝那间房的窗户望去,就往往会看到那奇怪的阳具有一部分裸露出来。

"这，"龚古尔评论道，"似乎是雨果在围城期间的主要事务。"然而，如此耗费时间的需求并没有妨碍这位精力充沛的老人在12月发布声明，表示自己打算赤手空拳地独自出城面对敌军，以此表示自己对政府惰性的蔑视。这个打算令大批群众聚集到他的住宅外头，试图劝阻他出城——此次劝阻也的确取得了成功。

大话连篇的宣言和英雄偶句诗仍然不停地涌现出来，不过，他的笔调已经变得愈加节制。

>一环环地狱，阴郁地缠绕；
>怨恨、寒冬、战争、哀悼、疾病、饥荒、空虚。
>巴黎身上有七个黑暗节点。[65]

雨果如是写道；随着12月渐渐过去，城里已经牢牢建起了全部七层地狱，再没什么消遣足以让人分心到消除它的影响了。龚古尔将围城引发的致命无聊感比作"一出到不了高潮的悲剧"。偶尔会出现乐观的假消息，令悲剧得以片刻缓解，就像城里在12月8日盛传布尔巴基将军已经打到尚蒂伊（Chantilly）一样。"没什么比这更痛苦了，"龚古尔写道，"在这种状况下，人们不知道外省的军队究竟在科尔贝伊（Corbeil）还是波尔多，甚至不知道它们是否存在。再没什么比生活在昏暗与黑夜之中，而且对威胁你的悲剧一无所知更残酷了……"到12月15日，拉布歇雷已经觉察出"一种死寂、沉默的迟钝笼罩着城市"。它也对军队造成了影响。纪律越发松弛，那些生活最无聊的堡垒状况尤为颓废。有位军官指出过伊西堡里发生的一件事，点名通常应当由军官完成，但这名军官将任务指派给一名上士，上士又指派给中士，最终去点名的只是区区一名下士。无故缺勤越来越多。随着食物和燃料愈加缺乏，寒冬开始降临，大出击也以失利告终，士气显然正在下降。或许真正令人惊奇的事情是士气还没有下跌到更低的水准。沃什伯恩在12月12日写给美国国务卿菲什（Fish）的一封信中惊讶地表示，奥尔良再度沦陷"似乎对巴黎人影响甚微"，城里甚至开始流传这样的笑话："卢瓦尔河集团军被截为两段……真是太好了！那就给了我们两个集团军！"那些虔诚的巴黎天主教徒依然相信主保圣人圣热纳维耶芙（Ste. Geneviève）会以某种方式及时降下奇迹、干预战事。也有人从多里安的工厂里日益增长的火炮产量中得到了鼓舞；12月17日，有位名叫路易·佩居雷的国民自卫军士兵在给外省的姐妹的家书中写道："……现在，一切都运转良好，我们感觉自己日益强大，每一天，我们的军备都更加可观，我们新建的部队也变得更加坚韧善战。"

虽然人们在大出击过后感到痛苦失望，却没有再度发生像10月31日示威那样的现象，这在一定程度上无疑要归功于饥饿和寒冷的麻醉效应，也缘于巴黎无产者的头号要务已是挣扎求生。但此外还存在两个因素。这座城市以非同寻常的方式越发习惯围城的节奏——人们几乎已经忘记还有别的什么存在形式了。与此同时，市民中也滋生出一种崭新的自豪元素，一种较有节制的自豪方式，巴黎既然已经坚持了这么久，就不会在此刻投降。帕特先生在写给一位英格兰女士的信中为许多巴黎人蔑视危险的心情代言：

> 帕斯卡（Pascal）曾谈论过基督教会的思想："要是可以确定船不会完，那么待在风吹浪打的船上就是件乐事。"[66] 呃，

我可以这么说巴黎,说法兰西:"她不会完!"有人说她死了,但她依然会动弹,所以他们现在说她目前还没有死。

* * *

大出击失利后,政府在不可避免的事后检讨和内省上拖延了好几天时间。考虑到迪克罗所处的位置,他比任何人都清楚此次尝试是在多大的劣势下遭遇失利的,此时,他已经确信巴黎在军事层面上毫无希望。毛奇给特罗胥写了一封信,通知他德军已经再度攻占奥尔良,这被迪克罗视为敌军的厌战迹象,他敦促政府利用这一契机,将它作为打破休战谈判僵局的理由。他指出这是法国从普鲁士人手中争取合理条件的最后机会;如果战争继续下去,普鲁士人只会更倾向于让法国为他们的额外开支买单,法国的谈判实力却只会越来越弱。法夫尔和皮卡尔赞同迪克罗的看法,可是,特罗胥不仅倾向于继续战斗,还决心再度尝试大举出击,他的好战程度几乎超过了政府里的其他任何成员。这似乎是一种古怪的倒置,在巴黎主动出击还存在一定胜算的时候,特罗胥扮演了拖延者的角色,可到了出击前景怎么看都不算好的时候,却是迪克罗扮演了悲观主义者的角色,想要约束住他的上级。

鼓励特罗胥打下去的一个因素是甘必大新近组建了由费代尔布(Faidherbe)指挥的北方集团军,而该集团军的捷报也正在传来。当多雷勒黯然失色、尚齐也在奥尔良战败后,费代尔布就跃升为甘必大手中的王牌,他是参与过殖民战争的军人,曾担任塞内加尔总督。这位将军执行纪律异常严格,他成功地给自己的队伍灌输了某些军人品质——比如说服从,值得注意的是,甘必大征召的不少部队在这方面还存在严重缺失。大出击失败后还不到一周,甘必大就命令费代尔布赶赴巴黎,其目的在于协助巴黎沿东北方向经由圣但尼突破封锁。费代尔布虽然正发着烧,却仍然率部于12月9日攻占了索姆河畔的哈姆(Ham),从而切断了兰斯和亚眠之间的铁路交通。当地的敌军指挥官冯·德格勒本(von der Groeben)将军惊慌失措,命令部队撤出亚眠。尽管费代尔布的作战行动非常漂亮,但它毕竟还是有限且短暂的,因为他手中只有不到5万人,其中可能只有一半算是有效作战兵力,而哈姆距离巴黎至少还有65英里。然而,夺取哈姆的消息对特罗胥而言已经足够了。迪克罗仍然像是一位优秀下属,克服了自己新近滋生的所有悲观情绪,立刻投身到再度发起出击的计划当中,这一次是要在巴黎北面的某个地方与费代尔布会合。最终挑选的进攻地段是勒布尔歇,也就是德贝勒马尔在10月突然陷入灾难的地方。特罗胥觉得他的步兵能够在这块平原上依托北部堡垒的火力"列成适当的战线",就连迪克罗也认为法军将会拥有火炮优势,不至于像在马恩河畔那样一直遭到居高临下的敌军优势火力压制。

作战行动始于12月21日。就在前一天,龚古尔在给弟弟扫墓途中遇到了正在准备开赴克利希广场的国民自卫军。

> 他们身着灰色大衣,背着大包,背包上还有扎营用的木桩。妇女和儿童簇拥着士兵,陪伴他们直至最后一刻。有个背着一只小包的小女孩紧张地躲到她父亲双腿之间,她还拿着一块船用饼干,假装这是军队的配给。年轻女子们既有些害羞,又有点惊恐,她们握着去了酒馆的兄弟或情人的步枪……

清早醒来后，朱丽叶·朗贝尔在巴黎的另一个部分看到了同样的状况，她发现鼓声和《马赛曲》的歌声燃起了自己心中"非同寻常的情感"："将要展开一场出击，国民自卫军也会派上用场！我感觉，它将会胜利，我可以确定，因为我们正处于爱国规训和勇气的巅峰。"她的乐观主义与大出击失利后令人惊异的士气复苏形成了共鸣，但巴黎的战地记者中很少有人赞同这种看法；鲍尔斯在12月19日写道："我很担心会出现大灾难。"他的观点与俾斯麦大致类似，后者对出击根本是漠不关心，反而沉浸在从自家的瓦尔钦（Varzin）庄园送来的大份野猪肉里，就在法军再度出击的消息传来时，俾斯麦还抱怨"总有一道菜太多了"。他在大口吞咽的间隙里评论巴黎领导人的战略，说这让他想起了"一位法国舞蹈大师，他带人跳起四对舞，还朝着自己的学生吼道，现在向右！现在向左！……他去了这儿，他去了那儿。就像是我们的猫尾巴"。

因为普鲁士军方高层再一次至少和巴黎市民同时了解到出击即将发生。法军保密措施低劣的古老故事再度出现，18日，特罗胥发布了一份漫长公告，次日，所有城门都被关闭。巴黎的报界把这一切都传到了德军耳中，勒布尔歇附近堡垒的紧迫活动也暴露出法军出击的具体位置。自从德贝勒马尔在10月的作战行动以来，普军已经极大地加固了勒布尔歇周边阵地（这当然也是10月交战的结果），此时，整个第2近卫师都严阵以待。在突然性带来的所有优势丧失殆尽后，温度计随后也决心与进攻方作对。布卢门塔尔在15日的日记中提到"天气非常温暖，极度反常"，可到了出击前夕，汞柱就开始骤然下落。21日，法军突击部队开始在刺骨严寒中穿过平坦又毫无遮掩的地面前进，此次作战行动与他们的孙辈将要体验的第一次世界大战存在着悲剧性的相同之处。根据当时身处萨克森军中的《每日新闻》记者阿奇博尔德·福布斯[67]的说法:"法军的火力相当猛烈,半打火炮同时闪出火光,但它似乎相当盲目。德军的火力则像钟摆敲击一样规整。"位于良好阵地上的普军火炮用榴弹撕开了这些密集队形,士兵在倒下时还诅咒着未曾谋面的敌人。这场战斗在许多方面比维利耶之战还糟糕,可以肯定的是,进攻方在此战中看到的敌军步兵甚至要比维利耶战斗中的还少。一列装有机枪的装甲列车来回急行,可它的子弹似乎并不会影响到看不见的敌军步兵。有些法军部队——尤其是陆战队——极为英勇地投入战斗,蒙受了惨重损失;截至21日傍晚,普军仅在勒布尔歇南侧道路就可以清点出大约250具尸体。法军高层再度出现了严重的疏忽,出于某些并不明确的缘故,控制圣但尼的一整个军在这一天当中都没有前去给迪克罗的部队提供任何帮助。此外也再度传出了国民自卫军表现屡弱的说法,拉布歇雷指出:"一个营直到躲进城墙里才停了下来。"

拉布歇雷在德朗西(Drancy)附近碰见了迪克罗:"将军的风帽搭在头上,他和他的副官两人看起来都闷闷不乐,以至于我觉得最好还是不要向他祝贺这一天的战斗成果。"而在战线的另一边,福布斯看到有个人骑着一匹白马飞驰,他觉得这个人"或许就是迪克罗本人",他竭力重整前线的部队,"但什么都没有用。他不能让自己的战友奋力前行……各个营跑得到处都是,白马慢步前行,缓缓抬起后腿,好像是在走向自己的光荣葬礼……"。当针对勒布尔歇的正面进攻显然已经以失败告终后,特罗胥(他在欧贝维利耶堡中总揽此战全局)下令部队就像围攻城市一样开挖接近壕和平行壕。这个命令十分不切实际:地面已经被冻硬了,根本无法开挖。白天已经十分寒冷,它甚至令奥谢对进攻者做出了如下评论:"他们是怎么用手指扣动扳机的?这已经超出了我的理解范畴。人们至多能够做到握住望远镜一分钟而已。"可夜幕降临的时候,气温已经下降到零下 14 摄氏度。在光秃秃的坚实地面上,就连立起帐篷都相当困难,那里的法军并没有可以生火的燃料,而且由于军务部门常见的马虎作风,有些被留在战场上的法军部队一连 36 个小时既没有食物也没有酒。鲍尔斯发现他们颇为可怜地打算凑到一起待在浅浅的小洞里,对迪克罗来说,麾下部队的困境"让人在看着他们时心怀怜悯……围巾缠绕着脑袋,毯子在身上裹了又裹,腿上包得破破烂烂……"。他们不再像是士兵,事实上,正如迪克罗描述的那样,这景象是"巴黎城门前的莫斯科"。次日,费利克斯·怀特赫斯特和英国救护所一起观察到一面白旗在无人区里舞动,他们发现这是一位轻伤员将手帕挂在帐篷支柱上以吸引注意力,可这个未曾被人发觉的伤员已经在夜间冻死了。另一支队伍遇见了一个可怜的农民,他在打算挖掘蔬菜时被子弹命中,而刀依然冻在手上。哨兵冻死在前哨岗位上,上报的冻伤病例也高达 900 人以上。

"酷寒,"奥谢说,"真真切切地冻结了法国人的尚武热情。"军队步履蹒跚地回到巴黎,他们从没有受过这么大的苦难,即便在整场战争中,法军看起来也从没有像此刻一样凄惨。朱丽叶·朗贝尔在 22 日看到了败军,她感到原先的全部希望都已土崩瓦解:"军官里出现了忧伤中的忧伤,部队里则出现了反抗。"除冻伤之外,法军还损失了超过 2000 人(其中包括 1 名将领,有人说他其实是被自己的部队击中的);与此相比,普鲁士近卫军仅仅损失了 14 名军官和不到 500 名士兵。与此同时,巴黎还不知道费代尔布已被面容冷峻的曼陀菲尔（Manteuffel）击退，外界救援巴黎的最后一丝希望也和他一同退去。政府的声望落入了新的低谷，巴黎到处冒出了要求特罗胥辞职的红色标语。迪克罗在第二次勒布尔歇会战结束后宣称，"就连最无畏的内心也已放弃强行突破封锁线的希望"，最终，政府在22日不得不给图尔发去一则气球消息，告知后者巴黎的给养只能维持到1月20日。

几乎没有比这更灰暗的圣诞节前景了。

第 13 章
山的另一边

尽管普鲁士人似乎总能极好地了解到巴黎的状况,守卫者却对围城部队的生活知之甚少。这种现象或许有着充分的理由,因为当特罗胥的部队在少数几个场合攻克敌军多面堡后,他们发现了入侵者住得多么稳当、舒适,这令他们感到沮丧。随同普鲁士王储集团军行进的《泰晤士报》记者威廉·霍华德·拉塞尔评论道:"我不由得把德意志线列步兵团非凡的精力和热情与我们的士兵在克里米亚参与围城工作时堪称典型的疲乏和厌恶进行对比。"拉塞尔在旅途中注意到巴黎周边的每一座村庄发生了怎样的变化。他为许多乡间别墅经历的改造感到赞叹:"普军已经利用了其中的大多数,还在里面为士兵搭起梁木,打出射击孔,用栅栏和木堡加固防线。这样,巴黎周遭的每一个村庄都变成了一座小小的堡垒。每一个堡垒都通过堑壕与其他堡垒相连,鹿砦掩蔽着道路,还有供野战炮使用的炮位。"中世纪堡垒专家维奥莱勒迪克(Viollet-le-Duc)当时是特罗胥麾下的一名工兵中校,围城结束后,此人在目睹普军阵地状况时也大为触动:"……每移动一米土壤都必有其目的。哪怕是最小的地形起伏也得到了利用。"而在堡垒化的村庄之间的开阔地带,普军深挖出圆锥状的掩体。圆锥中心是一个大火堆,部队在冷天里会头朝外侧睡在火旁边。法军曾在大出击中夺取过这样一座圆锥形掩体,与它相比,法军那可怜、潮湿、寒冷、缺少遮掩的阵地就实在太令人痛苦了。这种对比将会以令人沮丧的规律性在44年后重现,那时德军将再度在法国土地上掘壕固守。

这些堡垒中的生活还算是安全宜人。当有人在夜间违反了严格的灯火管制措施时,有时会引来令人不悦的炮击,但在其他状况下,法军炮火基本上并不能打搅德军那从容的日常生活。战线之外的围城部队日子就过得相当快活了,他们或是在昂吉安(Enghien)的湖上泛舟,或是在冬季开始后滑冰,又或是仅仅凝视着凡尔赛的奇观。起初,由于巴黎人赶走了所有畜群,还搜集了首都区范围内的所有食物,也就创造出了某种"焦土",配给物资变得颇为紧缺且尤为昂贵。可是,令人尊敬的普鲁士军需官迅速建立了一套行之有效的系统,将来自祖国的补给直接运送到前线。除了军队配发的补给,还有国内的心上人和好心人时常寄来的香肠、烟熏奶酪和烟草包裹作为补充。《每日新闻》记者阿奇博尔德·福布斯跟随萨克森军队来到巴黎以北,根据此人的记录,他作为第103团的客人在前线享用了一顿奢华的圣诞大餐:沙丁鱼、鱼子酱、各类香肠、通心粉煮牛肉、烤羊肉,最后还奉上了巴黎城里久久未曾听闻的奢侈品——奶酪、新鲜黄油和水果。与萨克森人的幸福生活相比,在勒布尔歇被俘的法军战俘所遭遇的苦难令福布斯深深动容:"这些人太饥饿了,到了去阴沟里搜寻芜菁叶和骨头、在垃圾堆里翻找面包皮的地步。"

对德军而言,从法国地窖里"解放"出来的美酒也相当充裕。不过，虽然存在这种劫掠地窖的行为（这是征服者处处享有的特权），漫无目的的汪达尔式破坏行径仍然不算多。当12月的西伯利亚式严寒降临后，门、家具、嵌板，有时甚至连大钢琴都被劈成了木柴。虽然有许多逃离家园的法国家庭在围城战结束后悲伤地发现家里的惨状，这却是战争中普遍存在、不可避免的情形，法军在这方面也绝不逊于德军。埃德温·蔡尔德在12月的日记中就提到他和连里的其他若干名国民自卫军在酷寒中毁掉了一整座火车站，以此获得木柴。总体而言，围城军队表现得当，他们与居民的关系也不可能有多糟。甚至有位法国妇女在凡尔赛向拉塞尔坦陈"不管她有多么厌恶普鲁士人，还是必须承认当女人在天黑后走在大街上时，遭遇冒犯的可能性还是比法军驻扎时要低"。不过，许多普鲁士人后来发现调戏妇女纯属多余，在这个饥饿时期，奉上巧克力和糖就是一种买来微笑（即便没有更进一步）的极好方式。所以，至少在12月底之前，德军的士气和健康状况都相当不错。

俾斯麦在罗思柴尔德家族的费里耶尔城堡——他正是于9月底在此地接见了朱尔·法夫尔——设立了他最初的围城总司令部。那里的庭院中有一座献给奥地利的雕像，某些激情洋溢的泛德意志主义者在它下方刻上了这样的话语："日耳曼尼亚万岁！你的子孙终归一统！"俾斯麦的随从人员则在一间洗衣女工小屋里开心地找到了一本《危险关系》(*Les Liaisons Dangereuses*)。不过，当罗思柴尔德家族的管家坚称屋里连一瓶酒都没有时，俾斯麦本人就没有那么开心了，因为他表示自己之前的确了解到这里"有超过1.7万瓶酒"。然而，费里耶尔庭院里可供狩猎的绝妙鸟儿给他提供了补偿，很快，事实也证明管家表现出了更大程度的顺从。俾斯麦的秘书莫里茨·布施博士详细记载了这位伟人的席间闲谈，从中可以看出，要是俾斯麦没有抛出关于如何和法国打交道的直截了当、愤世嫉俗的评论，或是抱怨毛奇和国王如何对待他，以及谈到在波美拉尼亚故乡狩猎的乐趣，那么谈话就会围绕着食物这一主题展开。这位铁血宰相会向随从人员推荐他的烤牡蛎秘方，会发牢骚说自己原先能在一顿早饭里吃下11只煮老了的鸡蛋，可现在只能吞下3只，还会吹嘘他和同僚们在外交培训时如何练习一边谈判一边喝下四分之三瓶香槟。"把那些容易喝醉的人灌倒在桌子底下，然后就去问他们一切事务……迫使他们承认各种东西……然后让他们签上名字……"这揭示了"铁血"外交艺术的一部分内情。

10月初，俾斯麦略显无奈地将总部移到了凡尔赛，而普鲁士国王当时已经将宫廷设在此处。胃口极大的俾斯麦对口腹之欲的痴迷仍在持续，此外还要加上国内的崇拜者们慷慨寄来的礼物浪潮，这让忠实的布施记录了以下日记条目："今天的晚餐因一块大鳟鱼馅饼而增色，这是一位柏林餐馆业主寄来的爱心礼物，他给邦联宰相附上了一桶维也纳三月啤酒——还有自己的照片！"就算在巴黎城内，也很少有人如此关切自己正在吃什么："12月8日……我们吃了蘑菇摊鸡蛋，而且和前几次一样吃了浸在香槟里煮的野鸡肉和泡菜……12月13日……我们喝了龟汤，其他的佳肴还有一只野猪头以及用覆盆子果酱和芥末酱制成的蜜饯，它们都非常好。"和其中某些极为怪诞的小吃相比，或许简简单单的浓汁炖鼠肉看起来都更容易消化，就连俾斯麦有时也会选择抗拒。12月21日，他中断了就法军在此前一天展开出击的饭桌讨论，转而宣称："总有一道菜太多了。我已经打算用鹅和橄榄毁掉自己的胃，这里又有赖恩费尔德（Reinfeld）火腿，只是因为我想吃到自己的一份，就不由自主地吃得太多……这儿还有瓦尔钦野猪！"有些时候，桌上的话题会转移到推断城内的食谱，其中有位学问渊博的博士先生认为象鼻肉必定是"某种类似舌头的东西，而且尝起来也像舌头一样"。话题偶尔也会偏离到有关食人的看法上，俾斯麦对此做出评论："我认为我已经揣摩到他们会更喜欢吃女人，因为她们不管怎么说都不属于他们那个性别……"

就在巴黎人日益勒紧裤带的时候，他们的大敌则过着这样的日常生活。

然而，不管俾斯麦有多么暴饮暴食，他总归还是保留着一定的清教徒式的质朴。围城结束后，爱德华·布朗特曾与他一道赴宴，布朗特注意到"以蜡烛为例，它们就插在黑色酒瓶里；某个角落里还有一张难看的行军床……"。普鲁士宫廷同样具备这种质朴，尽管他们已经居住在凡尔赛宫里，身处太阳王的各种奢华遗迹之间。这个马鞍上的王国从莱茵河畔一路追随军队的胜利步伐，它的所有主要组成部分都来到了这里。这儿有威严、谦恭的老国王本人，他通常会身着威灵顿靴、某个团的马裤和双排扣长礼服（一直扣到喉咙）进入人们的视野。早年的禁欲生活给他留下了与国王身份并不相称的奇怪习惯，他每顿饭结束时都要给瓶子里剩下的酒做记号，而且直到生命中相当晚的时候，他都凑合住在没有浴室的柏林宫殿里。这儿有高贵的、留着胡须的普鲁士王储，他用一根短烟斗抽烟，烟斗的瓷钵上还刻着王家鹰徽。就这位条顿骑士而言，他颇为奇怪地受到了人道主义焦虑的折磨，[68]这就令他异于同侪，他也极度烦躁不安，以至于他的总部人员抱怨他们根本没有机会在晚上稍微坐一会儿。这儿有面色严厉、蓄着八字胡的陆军大臣冯·罗恩将军。此外当然有那位沉思中的天才——毛奇，他将所有人带到了凡尔赛。《泰晤士报》的拉塞尔在看到他那圆滑、克己的面部特征时总会想起一架"精于计算的机器"。而且到处都有来自德意志小邦和诸侯国的国王和亲王、大公爵和公爵、伯爵和侯爵，一位英格兰女士写道，他们"多得像黑莓一样"，每一个人都坚定地认为自己应当在普鲁士的伟大光荣中分到一份，认为这一要求绝不应当遭到忽视。年轻的约克郡人查理·卡特（Charlie Carter）认为"这些重要人物都……竭尽所能地健康且富有魅力"，不过给美国外科医师查尔斯·瑞安（Charles Ryan）留下深刻印象的却是他们源于本性的朴实，是他们"在路上行走时轮番用力咀嚼手中的某块生火腿或腊肠"。当拉塞尔来到凡尔赛时，普鲁士领导人有条不紊、颇为严肃的表现也令他感到震惊，他曾见过亮闪闪的法军，普军则与此形成了鲜明对比，他们当中"几乎没有金银花边，除了纽扣、马刺或刀鞘外也基本没有什么会反光……"。

　　路德宗的精神已经以颇不相称的方式彻底渗透了凡尔赛宫。根据王储的回忆，当他在 9 月份初次抵达凡尔赛时，他的军队在大露台底部举行了露天感恩祈祷："我认为路易十四要在墓里辗转反侧了……我们唱着同一首战歌，《以我的一切行为》（*In Allen Meinen Taten*），这是我们在 7 月 31 日从施派尔（Spires/Speyer）开赴前线时反复咏唱的歌曲。"普鲁士王室随行人员定期在路易十四的私人礼拜堂里举行讲道，灌输了很多有关基甸之剑的内容。这座宏大宫殿的一楼陈列室都被改作医院，里面满是受伤的德军士兵。空气里弥漫着恐怖的坏疽气味，俾斯麦对这里普遍存在的糟糕医疗条件感到愤怒："……房间相当冷，这是因为他们害怕弄脏墙上的画，所以就不允许加热。好像一位士兵的生命还不如这城堡里的所有没用画作重要一样……"葬礼频频举行，法国居民也越来越习惯于听到军乐队演奏庄重的旋律"我还好吗，啊，灵魂的朋友"。在这之前，踏足宫殿外的神圣草坪几乎是一桩罪恶，国王和他的总部人员却漫不经心地在上面跑马。授勋仪式在附近的博勒加尔（Beauregard）城堡举行，那里曾经是路易-拿破仑的情妇霍华德小姐的住所。每天都有相当稳定的访客人流：美国和英国的将领、身着长礼服的德意志政客以及前来描绘这些领导人（以被他们踩在脚下的巴黎为背景）的画家。

对一位马虎的访客而言，随着围城持续进行，凡尔赛的生活似乎会给他平静、单调乏味的印象。可是，水面下远非平静。首先是凌驾于一切之上的政治问题——德国统一，它要比战争引发的所有迫切问题都更贴近俾斯麦的内心。他勤勤恳恳地在幕后工作，让各个德意志邦国同意将普鲁士国王升格为全德意志人的皇帝，以此使对法战争的胜利达到顶点，也就实现了他统一大业的终极目标。俾斯麦对南德意志的抗拒感到忧心忡忡，这开始影响到他的身体，曾在普奥战争中困扰他的静脉曲张再度带来了痛苦。他向忠实的布施抱怨，表示与拜恩人的谈判差一点就在最细枝末节的议题上崩溃了："你根本猜不到；那是关于领章和肩章的问题。"后来，激动不已的宰相在11月23日对布施说道：

"我们已经有了统一的德意志，有了皇帝！"短暂的沉寂。然后我请求他允许我拿来一支笔，用它在文件上签字……桌上矗立着两个香槟酒空瓶。"给我们再拿一瓶，"主人对一名仆人说道,"这是个伟大的时刻。"

但状况依然远非一帆风顺。当老国王第一次听到称帝建议时,按照他继承人的说法,这"令陛下闷闷不乐,失去了自制力……(他)认为这件事来得最不是时候"。俾斯麦抱怨说一旦战争结束,他就不会在位子上多待一个钟头,人们也一再猜测这位铁血宰相是否即将退休。不过,阿奇博尔德·福布斯还是在元旦当天听到萨克森师里的一位随军神父用这样的言辞布道:"我们已是一个种族,一个民族,现在又成为一个国家……"这番话将在此后的某个时代里拥有尤为不祥的特性。俾斯麦已经赢得了他的帝国。

随后出现的问题是德国的和平目标。法国应当为路易-拿破仑的战争付出何种代价呢?毛奇和获胜的总参谋部在国内公众舆论的支持下希望拿到整个阿尔萨斯-洛林,要得到梅斯和斯特拉斯堡这两座大城。俾斯麦以他有远见的灰蓝色眼眸注视遥远的未来,看到了让秉持复仇主义、极度渴望寻找机会夺回失地的法国出现在德国边境有多么危险。可将军们提出了反驳,他们认为国境线推得越远,德国就越安全。在这个问题上,俾斯麦——以及后来的一整代欧洲年轻人——成了输家。

色当投降后,战争仍在持续,这让普鲁士高层就应当如何作战产生了激烈的分歧。路易十四的宫廷中的密谋与嫉妒,已经在凡尔赛以某种方式侵蚀了这些古板的条顿人。当作风莽撞但总能取得成功的腓特烈-卡尔亲王——他也是王储的堂兄——被封为元帅时,王储暴躁地问道:"为了满足无止境的野心和傲慢的虚荣心,他还打算索取这个军衔多久?"由于罗恩跟不上毛奇索要人员和物资的步伐,这两人也出现了龃龉。所有军人都和俾斯麦发生了冲突,许多军人以怀疑的眼光审视王储,认为他心太软,此外还流传着有关王储妃——维多利亚女王之女——用英国自由主义思想控制他的丑陋传言。原先的普军高层就如同一架上足了油的机器,所有部件都在顺畅运行,还由一台素来正确的"计算机器"主导,不论参与何种任务都能够完成预定目标,但它此时已经不再是这样了。对重大军事挫折的恐惧从未远离。当然,面临巨大压力的法国人并不能看出其中的任何一点;要是特罗胥能够获赐无所不知的天赋,他就很可能会被说服,继而更为主动地(尽管他宣称这种主动做法时常出现在自己的思绪里)遵循叙弗朗(Suffren)的格言:"坚持到最后一发炮弹,或许那就是得胜的一发。"[69]

首先,当普军高层出于声望而非战略考量选择了凡尔赛作为总部驻地后,它就发觉自己时常面临威胁,就连法军在巴黎以西发动的轻微军事行动都有可能导致恐慌。其次,随着大批法军出现在外省,巴黎城内还有一支稳坐不动的军队,遭遇两面夹击的恐惧就不断困扰着普军。11月初,当多雷勒在奥尔良附近取得最初几场胜利时,毛奇的总部已经在严肃讨论是否应当停止围困巴黎。冯·布卢门塔尔抱怨"我军的作战行动以难以言传的痛苦方式进行",他写下了当时的状况:"国王以为我们在巴黎前线的处境极度危险,因此不会准许把任何部队派出去。我从没有沮丧过这么久。"当迪克罗在11月底尝试突围时,又有人短暂地设想过放弃围困。12月16日,正当费代尔布在亚眠附近颇为活跃之际,和国王一样对作战方式感到忧愁的王储在日记中写道:"我们在北边的态势似乎又一次变得越发危急,就像南边的态势一样……国王陛下对未来即将出现的状况看法最为悲观……"甘必大展现了法军的恢复能力,它一再令王储感到灰心:"一个集团军战败溃逃后,照样有大批新锐人员能够以极快的速度再次集结、武装起来,轮到他们作战时还打得不错,这的确是惊人的。"或许在王储的诸多忧虑当中,最为现实的就是法军快速纵队切断围城军队与后方之间的脆弱联系。这种恐惧感并不局限于王储一人。迟至12月中旬,布施博士仍然颇为焦虑地推断道:"费代尔布业已指明了(临时)截断兰斯-亚眠段铁路的方式,如果法军从东南方向出动30万人攻击我军和德国之间堪称单薄的交通线,会发生什么状况呢?届时,我们大概很可能会被迫放弃巴黎。"让军事史学家感到惊讶的是,甘必大在战争中直到很晚才想到这一作战行动——正如后文不远处所说,实在是太晚了。

  当酷寒于12月到来时,受苦的并不仅仅是法国守军。即便身处相对奢华的俾斯麦驻地,布施博士也写道:"虽然我的壁炉里正烧着大根大根的山毛榉木材,我还是不能把自己的房间弄得足够暖……"两周后,拉塞尔还在抱怨"被冻得缩成一团"。可想而知,前线的士兵状况会有多糟。拉塞尔注意到随着越来越多的德军伤员不治身亡,凡尔赛的葬礼变得越发频繁。到了1月,每个连的病员已多达三四十人,有的部队甚至还会更高。在健康状况下降的同时,士气也出现了惊人的衰竭。冯·施托施(von Stosch)将军在写于11月23日的家书中反映了每一个德军基层士兵的想法:"我认为我们应当可以在圣诞节前回家。"可就像朝鲜战争中的麦克阿瑟(MacArthur)一样,事实将令他感到痛苦失望。令人不快的圣诞节来了又去,部队依然身处巴黎周边的堑壕,看不到战争即将终结的前景。官方公报里日复一日地讲述一句套话:"巴黎方面一切无事。"1914年到1918年间的德军会对这句话异常熟悉。恋人和近亲的照片在反复翻看后已经变得脏污陈旧。跟随萨克森军队的福布斯发现他们当中的酗酒现象剧烈增长。

战争的拖延也给领导人带来了显而易见的影响。到了11月,国王开始担心德军从奥尔良后撤的途中可能会陷入溃退,这种焦虑一再引发梦魇,令他痛苦不已;布卢门塔尔也受到了某种神经症状的严重困扰;俾斯麦的健康同样没有好转。拉塞尔在1月7日写给卡那封勋爵的信中给出了解释,俾斯麦"因病卧床,他那静脉曲张的疾病和不加节制的食欲叠加在一起:啤酒和香槟、暴食、缺乏锻炼、长期脑力劳动"。王储在元旦前夜对拉塞尔"吐露了极大的厌战情绪,因为如今是在毫无意义地消耗鲜血,而且会延长所有人的不幸与痛苦……"。就连俾斯麦也产生了抑郁倾向。他向妻子吐露:"士兵们冻僵了、病倒了,战争还在拖延,中立国家正在干涉我们的事务……法国也在武装。"时间似乎并不站在普鲁士一边。王储沮丧地预言道:

这场斗争持续得越久,就对敌军越有利,对我军越不利。欧洲的公众舆论不可能对这种状况无动于衷。我们不再被看作受罪的无辜受害者,却被当成傲慢的胜利者,即便打败敌人也不会满足,还热烈渴望着将其彻底毁灭。在中立方眼中,法国不再是一个虚伪、卑劣的国度,却成了一个拥有英勇决心的民族,它在捍卫其最宝贵事物的光荣战斗中拼死对抗强敌……俾斯麦让我们变得强大,但他剥夺了我们的朋友,剥夺了全世界对我们的同情,而且——剥夺了我们的良心。

要想尽快结束战争，显然就得有所作为，此时，似乎只剩下一种方式能够实现这一点。炮击巴黎迫使其屈服！国内的公众舆论此时已经越发不耐烦地要求采用这一手段。当巴黎围城战开始时，普军面前有三种选择：正面强攻拿下城市；像围攻梅斯一样断绝其食物来源；像对斯特拉斯堡一样用强有力的克虏伯大炮轰击城市，直到平民迫切需要停止战争为止。鉴于巴黎永备堡垒的威力和强攻堡垒时步兵可能蒙受的巨大伤亡，普军从未认真考虑过第一种选择。王储在10月8日写道："我当然指望困死这座城市。"那时，普鲁士领导层的所有派系都赞成这一观点。两周后，随着巴黎凭借其抵抗决心令普鲁士人首度感到惊诧，冯·布卢门塔尔写出了一份详尽的评估：

> 我不认为我们有希望在11月10日之前炮击伊西堡、旺夫堡和蒙鲁日堡……到那时，这些堡垒将会遭到至少四五天的炮击，接近壕会向前推进，炮群则在第二阵地就位。可以于12月1日向伊西、旺夫这两个堡垒发起突击。真正的困难状况届时才刚刚开始，那就是攻击封闭的城墙。即便我们成功地以突击夺取了城墙，那也不可能早于1月1日——可如果仅仅封锁堡垒，也大概会在那个时候收到成效。巴黎的给养供应不可能维持那么久。我的观点是我们不应当考虑炮击，而要完全依靠饥饿。

冯·布卢门塔尔将自己的看法呈递给了"完全赞同我"的毛奇。毛奇的战略便基于这个乐观且错误的推断，没有将在巴黎附近准备一支攻城重炮纵列视为优先事务。他的炮兵指挥官冯·欣德辛（von Hindersin）将军此前被留在色当，负责组织将"战利品"运回德国的事务。

冯·欣德辛到来后立刻以强硬推销自己货物的军人方式开展游说，主张早早轰击巴黎。出于政治因素，他的方案立刻得到了俾斯麦的支持，国王随后也表示赞成。没有一个议题会导致普鲁士领导层发生如此激烈的分歧。而在另一边，反对炮击的人物包括王储（出于人道主义）、毛奇和大部分将领，而将领中只有被俾斯麦争取过去的冯·罗恩是例外。毛奇的态度纯粹是基于军事考量。俾斯麦在对待军事问题时秉持着门外汉的乐观态度，再加上他对法兰西民族特性那根深蒂固的鄙夷，于是便轻率地认为"两三发炮弹"足以把巴黎吓到投降，但毛奇——他观察到法军的炮击对他自己的阵地影响甚微——认为至少要等到集结250门重炮且每门炮配弹500发后才可以展开炮击。毛奇宣称，这个举动必定会给"军队的双腿挂上铅坠"。后勤难题堆积如山。毛奇位于法国境内的4个集团军全都依靠颇为原始的铁路网络获得补给，而铁路网络在连上德国境内的单线铁路前还要交汇在一处瓶颈站点——摩泽尔河畔弗鲁瓦尔（Frouard）。只有一条铁路线可以为围城部队提供给养，而且就连这条路线也要到图勒要塞于9月25日陷落后才真正能派上用场，并且，由于围城大军每天都需要大量物资，这条铁路也日复一日地发生堵塞。此外，在斯特拉斯堡与梅斯于10月底沦陷前，德军实际上根本凑不齐炮击巴黎所需的250门重炮。

就在10月将过之际，法军依然没有显露出投降的迹象，毛奇意识到他得着手准备最终的炮击，不过作为一位谨慎的指挥官，他还是对炮击秉持保留态度。德军已经损失了相当多的宝贵时间，即便在此之后，长时间的拖延也显然无可避免。就算直到马恩河畔楠特伊（Nanteuil-sur-Marne）的铁路都畅通无阻，冯·布卢门塔尔也意识到王储集团军（它将承担炮击的主要责任）仍然需要拖行弹药整整56英里，而这"虽然需要至少1700辆车，我军的攻城炮场里却只有600辆"。由于路况十分糟糕，装满沉重物资的车辆需要9天时间才能在楠特伊和攻城炮场所在的维拉库布莱（Villacoublay）之间往返一次，而且许多车辆被负载压垮了。随着天气寒冷起来，新的困难也降临了。而且克虏伯阁下的超重炮的射程也是个问题，其极限射程为5600米，所以，除非先行压制巴黎的堡垒，然后继续前进，不然这些大炮就只能打到巴黎的郊区。

11月20日，俾斯麦着急地将有关炮击的最新讨论状况转达到布施博士那富有同情心的耳朵里："和昨天一样晚的时候，我再次向国王表示现在就是该做个了断的时候了，他也无法反驳我。国王告诉我他已经下了命令，可将军们说还没准备好。"布卢门塔尔在描述同一场会晤的记载中甚至提到他向俾斯麦宣称"我宁愿退役也不会准许它"。布卢门塔尔的神经痉挛症状出现了明显恶化，俾斯麦的不适也是如此。后者在28日向布施抱怨："要是他们能让我担任24小时总司令……我就只会下一道命令——'开火！'我们只要在4周前开始轰击，完全有可能现在就已经进了巴黎……"实际上，热忱的炮兵冯·欣德辛将军在几天前已经不得不向俾斯麦坦陈，炮轰无论如何都不可能在1月1日之前开始。然而，人们在凡尔赛已经能感到国内的压力与日俱增。"赶快炮轰巴黎，那就可以解决它了。"奥谢在一封从德军遗体上发现的书信中读到了这样的话语，它堪称无数德意志妻子和恋人的典型态度。

报界无疑是在俾斯麦的蓄意纵容下被煽动起来的,此时它呼唤着采取最终行动,一首小调也流传开来:

> 好好的毛奇,别傻了,
> 还得做到底:砰!砰!砰!

等到12月的第二周,国内的群情激愤已经导致柏林总督发来电报,表达了对动乱的担忧。俾斯麦幸灾乐祸地在病床上把这个消息转给国王。

一场至关重要的作战会议在12月17日召开。尽管俾斯麦被排除在外,毛奇却已经改变了意见。王储虽然已经成了少数派,却还是坚定地抗拒着俾斯麦和将领们。他的声音是当时德军营垒里唯一一个基于人道立场发出的声音,人们或许会猜测,要是他没有过早地死去,[70] 20世纪欧洲的命运会幸福多少,死亡将这个心地善良的人物从德国皇位上拉了下来,把宝座留给了他的儿子——年轻的威廉二世。就连困死巴黎的方针都令王储感到困扰,他在日记中吐露自己不停地担忧城内儿童的命运。就在炮轰的威胁越发迫近之际,拉塞尔在写给卡那封勋爵的一封信中谈到了王储如何向他倾吐内情:"当我想到妇女和儿童时,我就一个又一个钟头睡不着觉。"而当重炮真的开始轰击时,新近发现的事实令他受尽煎熬:"在斯特拉斯堡,围城战导致当地不得不设立一座医院收治失去了肢体的儿童。"但在12月17日,俾斯麦再度赢得了胜利。与会人士商定首先应当对阿夫龙山(Mont Avron)发动试验性炮击,这是一座位于巴黎东面堡垒线以外的孤立高地,法军后来出于支援大出击的目的占据此地。如果德军能够成功拿下阿夫龙山，就可以全力炮击南面的堡垒，城市本身随后也会成为目标。一旦火炮和弹药准备完毕，轰击就将开始。

* * *

而在普军占领的凡尔赛之外，在依然由法军掌握的地区，甘必大虽然不知道他的活动依然能够在敌军总部引发恐慌，却仍然坚持不懈地竭力战斗到底。可12月带来的宽慰几近于无。奥尔良之败和大出击的失利堪称甘必大的军队战事发展的分水岭，士气也从那时起开始骤降。战争在许多地区变成了由非正规自由射手发起的破袭游击战，其中一方的暴行导致另一方以残酷的暴行回敬，法国平民则在普军的报复中首当其冲。随着外省平民越来越厌倦这场毁灭性的战争，他们拒绝收容、支持甘必大麾下士兵的案例也就越来越多。在令人沮丧的无尽退却途中，匆忙用纸糊成的靴底崩裂瓦解，这导致许多士兵在冰冷的环境中赤脚行进。当他们听到甘必大的乐观言辞时，就会对他发出诅咒，比如说他在12月从布尔日发出的一封电报："这里的状况改善得很快，从现在开始，你们过不了几天就能听到我们的消息。抽抽好雪茄，保持好心情……"将领中的腐败相当猖獗，有位将领以将指挥部设在当地某家妓院里闻名，许多部队也毫无纪律。正如王储所论："这就是法国人的典型表现，只要斗争还在持续，就算身处与自己愿望相悖的战场，他们也会英勇奋战，可要是一切都完了，他们就会不管不顾，恕我直言，这就是法军士兵通常情况下的预期作为。"甘必大到处面临着困扰。无政府主义者巴枯宁（Bakunin）现身里昂，当地短暂地飘扬起了红旗，他也一度成为当地的公社主席；10月31日，一位名叫克吕瑟雷（Cluseret）的冒险家（他曾参与过美国南北战争）在马赛发动了一场暴动，其结果要比弗路朗斯在巴黎的暴动成功得多。南方各地发生了诸多动乱，这一切都得设法平息。最后，普军的推进迫使甘必大迈出了堪称耻辱的一步，将他的"政府"从图尔迁到了波尔多，这就为此后两场战争中的法国政府开创了先例。

当将领们一个又一个地令他失望后，他也同这些将领变得不和了。多雷勒遭到了解职，还受到了责骂，说他的行为几乎与巴赞相当，在这种近乎叛国的指控下，不少将领选择了辞职。这种种举动也不能避免如下事实：到了1月，甘必大麾下原本可能解救巴黎的所有军队都已在战场上遭遇失利。就算尚齐依然能够成功地给卢瓦尔河集团军灌输相当可观的精神力量，他还是被迫退到勒芒，基本上已被压制。费代尔布虽然在北方的佛兰德和阿图瓦（Artois）上演了奇迹，但当他在圣康坦（St.-Quentin）陷入绝境后，奇迹也就此结束，他此时显然无法突破德军战线与特罗胥会合。这就难怪有人报道称甘必大看起来老迈沮丧了。但甘必大出于本性，依然拒绝放弃希望，而且他手中还有两张颇为破旧的牌可以打出去。

当路易-拿破仑还待在皇座上的时候，为自由事业和被压迫者而战的伟大意大利斗士朱塞佩·加里波第（Giuseppe Garibaldi）实际上已经开始考虑率领志愿军攻入法国。可当崭新的共和国宣布成立、法国也成为劣势一方后，他的同情心就迅速转向了。10月7日，加里波第在儿子里乔蒂（Ricciotti）和梅诺蒂（Menotti）的陪伴下，率领途中加入的数千名士兵登陆马赛，他的手指因风湿病而弯曲，腿上的旧伤则令他时常只能乘坐担架行进，但他依然不屈不挠。克雷米厄在图尔听到这个消息时说："我的主——我们需要的就是那个！"加里波第的部队被分配到法国东南部地区，承担次要任务，这是为了避免麻烦。加里波第却迅速地充分利用了这一点。11月19日，里乔蒂和560名士兵（还要加上一位似乎无所不在的《每日新闻》记者）攻击了位于塞纳河上游的沙蒂永（不要把它和巴黎南缘的沙蒂永混淆起来），它地处巴黎东南方向，距离巴黎约120英里。那里的德军兵力将近1000人，但里乔蒂成功地俘获了167名德军，缴获了大批战利品，还杀死了负责指挥的上校。里乔蒂随后撤出战场，仅仅付出了3人阵亡、12人负伤的代价。这场漂亮的突袭令当地德军大为惊慌，这种惊恐情绪甚至扩散到了凡尔赛，因为沙蒂永同普军通往巴黎的唯一一条补给线的直线距离仅有60英里。王储忧伤地预测道："要是加里波第成功地推进到维特里勒弗朗索瓦（Vitry-le-François）或我军铁路线上的其他要点，就能够暂时切断前线我军和国内的一切联系。"沙蒂永战后一周，加里波第冒险尝试与德军展开正面会战，想要以此夺回第戎，结果并没有取得多少成功，反倒差点在冯·韦尔德（von Werder）将军手中遭遇灾难。但加里波第的战绩已经在业余战略家甘必大心中燃起了光明的幻象——尽管这来得实在太晚了。

甘必大在12月中旬（直到这时）才决心动用他手中的最后一位将领布尔巴基，让他率领一支10万人的军队与加里波第会合，发动针对洛林的右勾拳攻势，以此切断普军的交通线，解巴黎之围。几乎没有比这更不幸的选择了，要是换成尚齐或费代尔布，前景都或许会好得多。但这位衣冠楚楚的近卫军依然是帝国时代快活韵律的产物，[71]他在内心依然是个帝国的支持者，对甘必大和共和国都缺乏热情,对持续作战也没有激情。反过来说,他的文官上级也对他缺乏信任,事实上,布尔巴基对自己都没什么信心,他麾下曾有位年轻军官建议发起夜战,他却抱怨说:"将军就该是你们这般年纪,我老了整整20岁。"事实证明,弗雷西内的铁路线在将布尔巴基的集团军运往东南方向时实在是不堪重负,而且在严寒的天气中,部队也受了很多苦。当这些吃得差、穿得破的官兵抵达第戎地区时,他们的战斗力已经显著下降。布尔巴基在和加里波第联络时出现了很大的混乱,此外,法军的参谋工作颇为无能,布尔巴基也没有树立鼓舞人心的榜样作用,而且在当时的气候条件下,只有俄军能够勇猛地发起攻击。尽管如此,冯·韦尔德在这个崭新的威胁下还是被迫短暂撤出了重要的中心城市第戎,进而导致凡尔赛再度出现了极大的惊慌。迟至1月14日,王储仍在热忱地祈祷:"我们坚信上帝,相信他能够在那块极为坚固的防御阵地上成功挡住布尔巴基将军。"

但已经太晚了。美国驻巴黎领事馆秘书威克汉姆·霍夫曼是一位美国南北战争老兵,曾在维克斯堡(Vicksburg)围城战中以上校身份效力于格兰特麾下,他震惊地发现"(法军)从未认真尝试过切断德军交通线"。他后来回忆过联邦军骑兵统帅谢里登将军曾向他宣称——尽管谢里登同情德国,而且他的用词让人想起了康布罗纳(Cambronne)的妙语——要是他"能够率领3万骑兵在外活动,就能让那个国王××××"。事实上,谢里登对普法战争中交战双方的骑兵运用水准评价极低,要是甘必大手中有位杰布·斯图尔特(Jeb Stuart)乃至谢里登本人——更不用说一位罗伯特·E. 李(Robert E. Lee)了,巴黎围城战乃至整场战争的结局都很可能会被改写。可以肯定的是,未能尽早考虑主动猛攻毛奇的交通线一定会被评价为图尔政府最糟糕的战略失误之一。面对布尔巴基造成的损害，普军指挥官冯·曼陀菲尔将军奉命前去补救局势，曼陀菲尔本人也承认加里波第-布尔巴基战役原本有可能会成为法军在"1870—1871年战争中最幸运的事件"。事实上，它将是法军在那场战争中的最后一场大灾难。

# 第 14 章

轰击下的巴黎

在 12 月 27 日那个寒冷的早晨,一位名叫海因茨勒(Heintzler)的法国上校正和他的妻子在新近夺取的阿夫龙前哨据点为几位朋友举办早餐会。突然,一发普鲁士重炮炮弹毫无预兆地飞进了屋里,打搅了聚会。享用早餐的人群中有 6 人当场身亡,男女主人受了重伤,只有团军医和一名仆从毫发无伤。两天后,费利克斯·怀特赫斯特记下了他在医院里看到的 6 人遗体:"残躯惨不忍睹,没有一个人能够被辨认出来。"在那两天时间里,普军用一种口径从前无人知晓的火炮持续不断地向阿夫龙倾泻重型炮弹。令人沮丧的围城新阶段已经开始了。

阿夫龙高地是巴黎城正东面的壮观天然地形,它能够俯瞰四周。但它就像是孤岛一样位于法军堡垒线之外,一道既宽且深的沟壑将罗尼堡和阿夫龙隔开。法军在配合迪克罗展开大出击时攻占了此地,所以,当大出击失败后,合乎逻辑的做法是放弃此地,然而,军人在放弃这种教科书式的防御地形时还是会习惯性地迟疑。尽管法军炮兵事实上由施托费尔(Stoffel)上校(他是思想开明的前驻柏林武官,曾竭尽全力向法国发出警告,他预料到了

自德国返回的路易-拿破仑，1871年

特罗胥将军

普鲁士王储

俾斯麦侯爵

巴黎世博会上展出的克虏伯 50 吨钢制攻城炮，1867

法军的秘密武器"机枪"，这是在美国加特林机枪的基础上发展而来的

进行步枪训练的国民自卫军

围城：樊尚大道边的树被砍倒用作燃料

普军从沙蒂永炮击巴黎

在奥尔良站生产邮政气球

阿道夫·梯也尔  拉乌尔·里戈

夏尔·德莱克吕兹  路易丝·米歇尔

1871年春,雅各宾政府拉倒旺多姆圆柱

公社社员拆毁梯也尔在圣乔治广场的宅第

街垒中的背水一战,1871年5月

香榭丽舍公园中的战斗

化为废墟的杜伊勒里宫,1871年6月

只余下框架的市政厅,1871年6月

"她为自己的遗产而惊骇。"——出自杜米埃的画作

毛奇的军队将会表现出何等的战斗力）指挥，但法军在占据阿夫龙的4周时间内几乎没有着手组织防御。其原因不仅在于常见的三心二意和拖延，还在于营养不良的士兵的确没有办法在冻硬的土地上挖掘工事。高地上准备的堑壕工事几乎只能防御野战炮的火力。正如奥谢评论的那样："土地几乎没有被搅动过。"位于战线另一边的福布斯则注视着在运输巨炮时果断砍伐树木的萨克森人对法军的反应大感惊奇：他们竟会不听也不看这些备战过程中产生的种种喧哗。为了炮击这块小阵地，毛奇出动了他手头最重型的76门火炮。克虏伯造钢制24磅炮实际上可以发射56磅重的炮弹，还有口径更大的克虏伯炮能够发射110磅重的榴弹。有位目击者后来颇为恐惧地向奥谢倾诉他看到克虏伯炮在阿夫龙打出了一个宽4英尺半、深1码的大坑，按照20世纪的标准，这算不上什么，但在那个年代却创造了纪录。狭窄的法军堑壕很快就被炸得失去了作用，年轻的士兵被这种骇人听闻的新体验吓坏了，他们尖叫着跑向后方，施托费尔上校的火炮阵地一个接一个地遭到了压制。猛烈的炮击持续了一整天。次日，德军炮手重新调整了表尺，炮火仍在持续，而且更为精准、破坏力更大。特罗胥亲自出城观察战况——汤米·鲍尔斯也是如此——这两人都在炮火下表现出习以为常的勇气。可到了29日，法军还是再无其他选择，只得撤出整块高地。

经历了长达48小时的德军炮击后，阿夫龙高地呈现出一幅荒芜凄凉的景象。就连久经战火的福布斯也在跟随萨克森人进入此地时大感惊骇：

只有那些长久追踪这场战争的人才会对死者的外表如此

熟悉，原先看到死亡场景时的刺激感和毛骨悚然已经沦为对过去的回忆，当这种感觉模糊地重现在他脑海中时，他几乎可以微笑；但那些死者给人带来的恐怖厌恶感逾越了我在第一次亲历战场后的颤抖梦魇中曾目睹乃至幻想的一切。记住他们是如何被杀的。不是被击针枪那小巧的子弹，那只会在人身上钻出一个小孔，并不会导致他不成人形——除非有机会命中面部；也不是刺刀的猛戳；而是被重量可怖的炮弹屠戮，被许多磅火药的爆炸炸成碎片，被沉重的铁质破片砸烂、撕裂。

对战争记者——直到1914年为止，在他们熟悉了肢体毁伤孕育出的冷漠之前——而言，这是一种多少还有些新鲜的反应。

而在另一方，奥谢对巨型炮弹如何"真真切切地修剪"阿夫龙感到惊诧，但他同时也颇为敏锐地注意到"它们的庞大尺寸本身在某些场合下削弱了其破坏力，因为炮弹入土太深了，它们迸发出的那些大型弹片就会被卡在地上，无害地陷在黏土里"。事实上，德军的炮弹中只填充了黑火药（因为TNT炸药尚未发明），造成的伤亡还不到100人。与其说将法军逐出了阿夫龙的是炮弹实际杀伤效果，倒不如说是它们对士气的削弱效果。但德军的胜利已经足以对双方产生显著影响。在巴黎，面对敌军的攻击潜力可能已经强于巴黎防御力的第一个明确信号，士气便受到了沉重打击。哪怕在市中心，也能够太过清晰地听到轰击的声音，它激发了巴黎人的心底里潜藏的坏兆头。沃什伯恩写道："巴黎人今天'倒下'了，我认为特罗胥正在走向倒台。但和我们在对付叛乱时的某些军官一样，他也是很难摆脱的。"在凡尔赛，阿夫龙被视为超出了一切预想的"试演"。就连王储也被迫承认"我们享有了一场未曾预料的漂亮胜利",他在反轰击阵营中的主要支持者布卢门塔尔则宣称阿夫龙之战的"漂亮"结果现在已说服了他,"成功炮击堡垒和部分城区的时刻很可能已经到来了"。他总结出的原因则是,显然"法军已经不再尝试顽抗"。经过一场漫长的会议,普鲁士国王于元旦前夜下令尽快轰击巴黎。这个举动将令新怪兽和新神话的卵细胞受精,它将会以"条顿式恐怖"的名义长久地令世界舆论受到冒犯和惊骇。王储在日记中写道:"或许我们不用为自己的愚行忏悔……!"

为了让重炮能够不受打搅地从近距离阵地上轰击城市,德军就得首先压制住城南的堡垒。法军中有位别动军下士在元旦当天从伊西堡致信父亲:"……简而言之,生活还可以过得下去,哎,可我还是有个想法,我们不能长久地享有这种相对的安乐了……轰击即将到来。"守军积极投入到填充沙包的工作当中,还采取了其他各种最后关头的紧急防御措施。1月5日,这位下士再度致信父亲:"上午8时,他(一位士兵战友)刚刚打开一扇对着沙蒂永的窗户,想把饭盒里没人吃的饭倒掉,就在那时,一发炮弹从他头顶上飞过,穿过了我们的营房,我不知道它最后在哪里炸开了……一瞬间,所有人都躲到了床底下,套上了靴子。"普军将220毫米火炮设在能够俯瞰周边地区的沙蒂永高地(它是普军在9月从迪克罗手中夺取的)上之后,它们在很短时间内就击毁了几乎所有炮孔,将堡垒的内部空间变成了一片死亡区域,使面朝外侧的兵营变得无人居住。除了重炮之外,普军还使用了一种法军炮手更为厌恶的武器作为补充:发射20毫米炮弹的弹道低伸的"墙炮",它能够击穿土墙,在1300码外击毙人员,让修复防御工事的工作变得十分危险。当天下午2时，伊西堡的火炮全部被打哑，就像法军将在1914年再度发现的那样，他们的堡垒确实不足以面对克虏伯先生的最新产品。旺夫堡的故事与此类似，那里的9门火炮都被迅速击毁，它向伊西堡和蒙鲁日堡发出的紧急救援呼吁也都落了空。只有蒙鲁日堡仍然以一定的力度展开还击，但正如毛奇后来所述："这座堡垒再也无法充分发挥火力。"不过，即便是他那精明的目光也看不出当时的巨型榴弹就长远层面而言在物质上效率低下——事实上，即便是阿夫龙的胜利也暴露出这一点。整场炮击中有多达6万发炮弹倾泻到旺夫堡，但它的1730名守军中只有20人被杀。伊西堡的状况与之类似，1900名守军中仅有18人战死、80人负伤。尽管伊西堡内有四分之三的兵营已被摧毁，土堤却依然保持完好，没有一座堡垒的实质性防御工事出现过缺口。然而，这些事实对毛奇来说并非显而易见，普军在伊西堡和旺夫堡取得的明确战果使他们的攻城炮队此时可以继续前进，向巴黎市中心再推进整整750码。

　　就在堡垒虽然遭到炮击却尚未屈服的时候，普军已经从1月5日起开始轰击巴黎城区，用毛奇那冷酷的技术性词汇来说，这个举动就是"特定装置以30度仰角将炮弹送入城市心脏"。第一发炮弹可能落在了左岸的拉朗德路（Rue Lalande）上，它的弹片击中了一个正在摇篮里沉睡的婴儿。其他大批钢铁则在蒙帕尔纳斯公墓犁开了地面，不过，那里的所有者已经不再会受到伤害了，但其中一发落在卢森堡附近的炮弹则的的确确地把一个放学回家的小女孩切成了两片。悲剧一个接一个地发生：使用"牛津毕业生"作为笔名的亨利·马克海姆记录下他在炮击首日目睹的恐怖状况，"一位老妇人的脑袋被炸开"，三天后，他地处荣军院附近的住宅也被命中；朱丽叶·朗贝尔则说有位不幸的母亲回家后发现自己的两个孩子已被一发炮弹炸得尸骨无存；而在外国人社区当中，有个美国年轻人——来自肯塔基州路易斯维尔（Louisville）的查尔斯·斯瓦格尔（Charles Swager）——原本是前往法国"疗养"，此时却被炮弹炸掉了双脚，一个月后便因伤死去；6名正在排队购买食物的妇女当场死亡；在拉丁区，国民自卫军的一名随军女商贩在床上中弹身亡；而在一家酒馆，几名酒徒被正好在马路上炸开的一发榴弹打死，对幸存者而言，这条路的名字看起来必定非常合适——地狱路（Rue de l'Enfer）。龚古尔在6日写道："榴弹开始落到布瓦洛路上……明天，毫无疑问，榴弹会落到这里，就算它们杀不了我，也会毁掉我生命中依然热爱的一切……妇女和儿童伫立在门口，半是惊骇，半是好奇……"

榴弹的落弹速率是每天三四百发；其中仅有一小部分是针对城南堡垒的，然而，它们的到来极有规律，甚至令龚古尔想起了"蒸汽机活塞的运动"。一般来说，炮击会在晚上10时之后开始，其后会在夜间持续四五个小时，艾伦·赫伯特医生认为这正是普鲁士人"天性十分善良"的表现。爱德华·布朗特爵士持有不同意见，他在1月17日写道："这噪声极为巨大，我就算在和平路上也睡不着。"尽管离他最近的落弹点也远在荣军院。德军火炮使用了高倍装药和最大仰角，其射程令交战双方都感到震惊。实际上没有一发炮弹曾落到塞纳河右岸，尽管有一发炮弹命中过圣母桥（Pont Notre-Dame），但前所未闻的7500码射程仍不断得到记录。先贤祠和荣军院的穹顶成了德军偏爱的目标，它们的邻近地区受损最为惨重。萨尔佩特里埃（Salpetrière）医院是一座显眼的建筑物，它的屋顶上装有一个庞大的红十字架，内有2000名老妇人和100名精神错乱者，萨尔佩特里埃遭到了反复炮击，以至于让人怀疑普军是在蓄意轰击医院。同样临时充当医院的奥代翁剧院也被命中两次，炮弹还毁掉了植物园玻璃房里无价的兰花藏品。还有一些炮弹命中了圣热尔曼街旁的圣叙尔皮斯（St.-Sulpice）教堂，毁掉了一幅描绘最终审判的画作。某些收效较大的炮弹命中了奥尔良站的气球作坊，迫使这个高度易燃的产业转移到东站避难；与此同时，他们也命中了气球发明者之女蒙戈尔菲耶小姐的住宅，导致两人遇难。

尽管这位86岁高龄的强悍老姑娘是拒绝转移的人员之一，半夜里毫无先兆就惨遭死亡或伤残的威胁还是迫使左岸的许多居民离开家园，这一威胁不仅令人忧心而且始终存在，它与伦敦人在1944年和1945年经历的V-2火箭体验不无类似之处。被迫离家的人员总数高达2万之多。这些难民让泰奥菲勒·戈蒂埃想起了一场"把祖先卷进野牛皮里带走的印第安人迁徙，妇女们竭力用披巾碎片包住面色苍白的吃奶孩子，把他们往自己小小的胸膛上推……其他逃难者则被某些沉重家具压得弯腰步行，再没有什么比这支在阴影——雪的乌青色反光和炮弹的红色火焰照亮了它——中行进的送葬队伍更生动地表现出不祥兆头了"。

就连龚古尔的小圈子也受到了触动，亲德人士勒南（Renan）则成了条顿钢铁冰雹下的第一批逃跑者之一。难民给已经出现衰退迹象的配给体系进一步增加了负担，许多人在离开所在城区时面临着完全丧失配给的威胁。

当未知事物起初带来的恐惧消失后，愤慨就成了人们对轰击的主要反应，1月11日，随着死于同一发炮弹的6名儿童郑重出殡，愤慨情绪也达到了最高潮。巴黎这座光明之城、神圣之城受到了玷污,此外,无辜的孩童间或遭遇开膛破肚的命运,医院也偶尔遭遇炮击,这种种状况激怒了大部分巴黎人,德军对人道主义原则的冒犯也使得法国赢得了战争期间最强有力的国际支持。在英国高级外交代表悉数缺席的状况下,爱德华·布朗特此时承担了领事职责,他写下了这样的话语:"起初我不相信普鲁士人会特意挑选教堂、医院等建筑物作为轰击目标,可当他们把炮弹打进萨尔佩特里埃后,在我看来,他们就必定是蓄意轰击了……"(足够奇怪的是,暴烈的罗什福尔却不相信"敌军让炮群蓄意瞄准医院",不过,毛奇在回应特罗胥提出的抗议时却表示自己希望尽快让火炮接近目标,以便更清晰地分辨出红十字旗,这对普方的论据几乎毫无帮助)。无差别炮击的残酷性令大部分英国记者感到反感。鲍尔斯评论道:"本该期望敬畏上帝、尊重战争法的普鲁士人会遵循这类作战中的常规做法,应当在炮击一座满是毫无自卫能力的人的城市之前预先给出提示……"奥谢说得更加直率,他将炮击斥责为"对无辜者的屠戮,血腥的狂欢节"。"尽管我是个中立人士,"他在16年后出版的回忆录中写道,"我个人在炮击中也毫无损伤,它却在我胸中燃起了愤怒和怨恨;此刻,尽管我已经抹去了日记里异常痛苦的想法,可还是怀着厌恶之情看待它。"此前,普军高层曾让身处凡尔赛的拉塞尔认为炮弹不会落进城市,此时,拉塞尔却震惊地"目睹他们的大炮以安全范围内容许的最高仰角开火,我可以看到城墙以内很远的地方发生了爆炸……"。费利克斯·怀特赫斯特则是巴黎城内的少数持有不同意见的人物之一,他以冷静的逻辑和一定的正当理由解释道:"城市就像大门一样,必须要么封闭,要么开放。如果它是一座不设防的开放城市,国际法就会禁止你轰击它,你只能先要求它投降,然后(若是城市拒绝投降）再通过强攻将其拿下。如果它是一座地处堡垒之后的设防城市，你不论何时、不论采用何种方法，都可以加以轰击。"尽管如此，所有大国都对普鲁士人发出了抗议——只有没有外交代表发言的英国是个例外，正如爱德华·布朗特所论，此举"带来了令人痛苦的影响"。

可是，鉴于轰击带来的实际损害和伤亡相对而言并不算多，人们对轰击的态度也就从愤慨迅速转变为一种相当值得一提的冷漠。这个崭新的共同威胁暂时把巴黎的各个阶层合拢在一起，其团结程度超过了围城的其他任何阶段，这种情况多少让人想起了（1940年和1941年间）遭遇空袭的伦敦。早在1月8日，沃什伯恩就可以写道："巴黎人在这一切事务上的无忧无虑和冷淡令人惊叹……现在，女士们和先生们会集体远足去破晓山，欣赏炮弹落地。"在令人不快的乏味围城生活当中，轰击事实上成了宝贵的消遣。另一个美国人内森·谢泼德写道："昨夜我们有一两千人在协和广场观赏炮弹。每个人都颇为享受。"通常情况下不会冒险的拉布歇雷也离开了他的宾馆，在破晓山观看轰击，这是为了"目睹我们正在遭遇轰击的说法有多少真实成分"。他在那里发现了"携带望远镜"的投机商，他们"以一个苏的价钱让人看到普鲁士炮手"。后来，他又听到一位母亲威胁她不听话的孩子："要是你不好好表现，我就不会带你去看炮击。"拉布歇雷以他喜好的讥诮风格[72]评论道："差点被炮弹命中的人实在是非常多。"每个人都有自己的炮击故事，小男孩们以正牌巴黎人的敏锐商业意识在出售弹片纪念品上大发横财。朱丽叶·朗贝尔曾在某条街上听到两个流浪儿的对话："我告诉你，炮弹正落到这里。你能看见砸出来的洞，它是个好地方！"到了围城战末期，龚古尔在一辆公共马车上看到"一个身着白色外套的人拿出一发炮弹,对售票员说道:'我上车的时候替我拿一下,小心啊!看在主的分上,小心啊!'"。这令他多少感到有些焦虑。对炮击的习以为常孕育出了相当可观的蔑视情绪。当一发榴弹爆炸时,法兰西学院的一位历史教授平静地说道:"先生们,要是它没有妨碍你们,我们就继续!"有人还听到让·雷诺阿有位漫不经心的朋友在炮击中问道:"谁在开火?"

生活以奇异的方式一如既往。按照命令,每间房里都要准备好若干桶水,大门也不能锁上,这是为了方便过路人在炮击时进屋避难。卢浮宫里的大部分珍宝已经在围城开始前转移到了布列塔尼;米洛的维纳斯则被装进板条箱,安放在警察局的一处秘密保险库里;凯旋门和马利骏马等艺术品此时也被人用沙袋包裹起来。龚古尔在1月9日注意到左岸的街道上已经没有人了,而且当一发炮弹落到汽车站,导致8匹马丧生后,当地的公交业务也陷入了中断,但就其他方面而言"并不存在恐惧或惊慌。每个人似乎都过着惯常的生活,咖啡馆的主人正在以令人钦羡的沉着态度更换被榴弹炸开时的冲击波震碎的镜子"。事实上,轰击的开始甚至唤起了某些人心中全新的乐观想法。以特罗胥为例,他认为自己期待已久的普军全面进攻即将开始,国民自卫军士兵埃德温·蔡尔德则在1月5日的日记中写道:"最恐怖的炮击持续了一整天,我们希望被派出去。"然而,希望很快就化为泡影,他忧伤地补充说:"可是,似乎我们要进行一场没有战斗机会的战役,太糟糕了,或许还会好不少。"4天后,他心满意足地在破晓山躲避炮弹:"几分钟后,我可以从声音里分辨出它们是落在右边还是左边,而当我认为某发炮弹可能会落到讨厌的近距离位置后,我就跑到了一棵树后面。我毫发无伤地回了家,在里沃利路遇上了玛丽和她的女主人。于是就依次帮助她们走到了特罗卡德罗。"次日,蔡尔德对左岸进行了广泛的探索,其后便总结出其他巴黎人也正在得出的一个结论:"越来越确信实际上不可能有效轰击巴黎,用这样坚固的石块建成的房屋只能被零星地破坏。虽然炮弹重量很大,但一发炮弹也仅仅能打掉一块石头而已……"

事实证明,普军的轰击失败了。尽管克虏伯先生亲自提出交给罗恩 6 门曾在 1867 年的世博会上展出过的巨型臼炮,它们口径为 560 毫米、弹重 1000 磅,但实际上没有一门臼炮运抵前线,普军使用的其他火炮(尽管它们按照 19 世纪的标准也堪称巨兽了)则根本不足以完成任务。除此之外,越发增加的装药重量也导致许多火炮出现磨损乃至在炮手面前爆炸。因此,当最终的统计结果出炉时,人们发现在为期三周、耗弹约 1.2 万发的轰击当中,巴黎实际上仅有 97 人死亡、278 人负伤以及 1400 栋房屋损毁,而普军本身也因法军的反炮兵火力损失了数百名炮手。[73]这就难怪沃什伯恩会在 1 月 16 日宣称炮击"迄今为止并没有起到加速投降的作用。另一方面,它显然让人们变得更坚定,更有决心"。

轰击的发起者又一次未能发觉它的无效。1 月 8 日,《泰晤士报》的拉塞尔可以在凡尔赛看到"巴黎有 3 个不同街区正在失火……这是一个平静、寒冷的夜晚,月光明亮、星星闪烁,凡尔赛宫的窗户上映着光,传来嘈杂的笑声和玻璃杯的叮当声"。而在城市的另一边,福布斯观察到南部城区上空出现了一片"连绵不断的白色烟雾条纹",他放飞想象,将这件"悬在巴黎上方的枢衣"与"1832 年霍乱蔓延时期的邓弗里斯(Dumfries)"做了比较。普军的"恐怖武器"并没有他们所期望的那么可怕,关于这一事实,普鲁士人发觉的第一批迹象之一是有位极其美丽的法国孀妇科尔迪耶夫人（Mme Cordier,她正是那位在色当声名远扬的英勇将领德加利费的妻姐）申请入城。拉塞尔看到她身着深色丧服,倚靠着一名普军参谋的胳膊:"最小巧优雅的脚穿着最高跟的靴子,一只小狗跟在她后面疾走。她的一切（脸、身、腰）都是小巧的,只有眼睛和护送者是例外。"拉塞尔明显是突然着迷于她,他殷勤有礼地解释说,科尔迪耶夫人的请求源自以下动机:报答"正身处城墙之内的 B 夫人的关照"。布卢门塔尔惊讶地补充说:"她坐着一辆装备完善的马车从图尔赶来,对在头顶上飞过的诸多炮弹满不在乎。"当天,科尔迪耶夫人获得了自由通行的权利,得以进城探视情人,王储再一次表现出他确凿无疑地容易受到伤害,因他从前对轰击的想法而感到极度苦恼:"几周之前,俾斯麦伯爵向自己保证一旦 3 发榴弹落地爆炸,就将取得最惊人的战果,可现在已是轰击的第 5 天了,却依然没有获得这些战果。"他注意到罗恩此时已经受困于慢性哮喘,而俾斯麦也"只是刚刚从足部的神经风湿痛中恢复过来"。1 月 12 日亦即 3 天后,王储听说普军的炮弹已经落到了某座巴黎教堂的会众当中,他对此评论如下:"这样的消息令我的心绞痛起来。"

不过,凡尔赛却即将发生另一件重大事件,它堪称欧洲近代史上最重要的事件之一,将会把普鲁士人的思绪从轰击的缺陷中转移出来。在那座辉煌的大厅里,仅仅几年前维多利亚女王还曾与路易-拿破仑一道在第二帝国极尽奢华的氛围中起舞,如今普鲁士的威廉一世国王在此自称为德意志人的皇帝。俾斯麦最终得偿所愿。威廉·霍华德·拉塞尔描述了镜厅里的景象:

12时，远处的一门火炮传来了连绵不断的轰鸣，它盖过了宫廷里颂扬那位帝王的人声。那时出现了一片期待中的宁静，然后，由各个团的乐手组成的合唱队反复吟咏起赞美诗那美好、雄浑的庄严旋律。国王则手持头盔，身着全套制服，就像一位德意志将领那样沿着漫长的廊道骄傲地缓步前行，向对面临时搭建的圣坛前的教士们点头致意。他停顿下来，把制服理得齐齐整整，还一边用闲着的那只手捻着胡须，一边审视周遭的情况。

这一奇特景象竟发生在一幅描绘法兰西人痛击德意志人的画作下方，还发生在一座刻有"献给法兰西的全部光荣"的庞大宫殿里，拉塞尔对此评价道："轻浮的命运女神是多么幽默啊！"可对于龚古尔这样的法国人来说，他就几乎无法看出这种幽默了，龚古尔如同先知般地哀叹道："那的确标志着法兰西的伟大就此结束。"它不仅令欧洲旧秩序中的某一部分陷入消亡，还给轰击巴黎带来的创伤上增添了令人惊骇的羞辱，这两者结合在一起后，将会联手给此后四分之三个世纪的法德关系注入特殊的苦涩滋味。

在轰击后的第11天，"牛津毕业生"马克海姆评价道："可能出现的饥荒状况令人颇感忧虑，它有着未知的恐怖，竟让我们对轰击的危险有些漠视。"对许多巴黎人而言，他们距离饥荒的这些"未知的恐怖"并不遥远，此时，1月又带来了全新的痛苦类型，一种令营养不良大为加剧的状况。寒冷！燃料此时已经短缺到绝望的地步，正如奥谢所述，它带来了"极度的困境"。早在11月20日，使用气球时急需的煤气就已实行严格的配给制度，它基本上已被油取代，5天后，油也被征用，光明之城的街道堕入黑暗。

看起来就连天气也要背离巴黎的事业，先是异常的秋雨令马恩河涨水，妨碍了迪克罗的大出击，而在此时，自12月中旬那堪称凶残的严寒开始，巴黎也正在遭受记忆中最寒冷的冬季。

奥谢写道："要是我们还没有先吃掉那些挽马的话……或许还可以驾着一辆四匹马拉的车咔嗒咔嗒地驶过塞纳河……"美国公使馆的威克汉姆·霍夫曼一般情况下并不是个喜欢夸张的人，可他也提到过显然有饥饿的老鼠闯入了一位同胞的厨房，它们吃掉了一些还没洗干净的盘子上的油脂，然后在那人的卧室里被活活冻死了。当煤消失后，木柴也很快耗尽，而且也没有马匹可以用来运输剩下来的一点点燃料。为了保持房间的温度，朱丽叶·朗贝尔表示她每天需要100千克木柴，可她**每周**事实上只能弄到75千克，"那还能怎么做呢？"就像每一场困局那样，穷人的日子总是更加糟糕。

马克海姆在圣诞节过后不久曾和母亲一道前往贝尔维尔，他震惊地看到：

> 挤满了大道两旁的小树几乎没有一棵还能剩下来，到处只剩下树桩，保护树木的铁栏杆扭曲地倒在地上，陷在土里。而在更远处，巨大的树干倒在地上，周遭涌动着一群渴求木柴的妇女儿童，他们用可怜的小斧头劈砍着细枝和树皮……整个贝尔维尔都已出现在街道上，如同蚂蚁队列一样涌动，命运驱动着人，人人带走自己的那份战利品，树枝、原木、柴捆、四处搜集过来塞进围裙里的嫩枝，这是一场绝望的生存斗争。拉雪兹神父公墓就在一旁……我们停顿片刻，仔细端详挖掘者们正在高地东侧斜坡上开挖的一条漫长

开阔的壕沟……悲哀的家属们含着眼泪注视着异常拥挤的壕沟群体,把死者塞进如此狭窄的空间里。"没关系,"一位不大介意坟里的惨状的掘墓人说道,"这里的空间足够把他们都装进去……"

很快,当这些手忙脚乱的燃料拾荒者把邻近地区也盘剥一空后,他们就开始光临巴黎城中较为高档的地区。"我听说,"沃什伯恩在12月27日写道,"昨夜有人闯入了几座院子。领事馆附近的沙约路(Rue de Chaillot)旁原先有高高的护栏把几块空地圈起来,昨夜却都被人推倒带走了。"就在同一天,龚古尔在皇后大道(现在的福煦大道)上遇到了

一群危险的人,我发现自己周遭是恐怖的女性面庞,这些人头戴马德拉斯布制成的风帽,在乌合之众中给人留下了复仇三女神般的印象……她们正在劫掠一座存有用于制备木炭的木材的仓库。寒冷、冰冻,再加上缺乏燃料去加热微薄的肉类配给,已经促使这群女性陷入狂怒之中,她们朝着工棚、木板路障冲了过去,将落入她们愤怒之手的一切统统撕开。在这些妇女的破坏进程中,恶劣的流浪儿也为她们提供了帮助,他们把梯子架在皇后大道的树上,折断能够接触到的一切,每个人都拿线绑紧了一小段柴捆,用插进口袋里的一只手把它拖在身后。

三个星期后,就轮到香榭丽舍蒙受同样的命运了。在那里,龚古尔看到"一群黑压压的孩子拿着小斧头、匕首以及一切能用

来砍的东西,切下了许多枝条,树枝塞满了他们的手、口袋和围裙,而在倒下的树木留出的空隙里,还可以看到老妇人们的脑袋,她们正在忙于用镐挖掘树根的残余部分"。与此同时,就在邻近的一家咖啡馆里"七八名年轻的别动军军官正围绕着一名交际花炫耀、献媚,发挥幻想和合理想象决定一份大餐菜单",这是围城时期极为典型的鲜明对比。

服装问题的窘境也根本无助于抵御严寒。燃料短缺导致大部分洗衣房关门,人们学会了把衬衣内外反过来穿。"想象一下,"路易·佩居雷向他的姊妹吹嘘,"我一连39天穿着同一件衬衫!"按照汤米·鲍尔斯的记录,就连上流社会的女人"此时也无一例外地穿着色调暗淡的朴素衣物,这让她们看起来像是有教养的上层女仆"。不过,费利克斯·怀特赫斯特则有限度地对此表示支持,他宣称"并不是没有好衣服,而是穿得太体面地出门会让人面临被当成普鲁士间谍(或者说被当成英国人,这是更糟糕的状况)逮捕的危险"。衣物的匮乏在穷人中同样最为严重,其中许多人不得不典当掉自己的劣质衣物换取购买食物的金钱。政府在12月底着手分配法兰绒衣物,罗思柴尔德家族为穷人提供了4.8万件儿童衣物和数量相当的成人衣物,这是他们在围城期间的诸多善举之一。然而,这些善举并不足以满足需求,就算加上巴黎那些空想发明家的新主张也同样不够:用报纸制成衬衣(它们被委婉地命名为卫生法兰绒),关于这一点,各家报纸也吹嘘自家的纸张可以"舒舒服服地一连穿上一个月"!

与营养不良和寒冷携手出现的还有不可避免的共生物——疾病。此时,围城迫使巴黎的大部分饮用水来源于未经过滤的、污浊的塞纳河水,这导致天花病例快速上升,伤寒也是如此。疾病在人口过多、卫生状况不佳的贫民窟暴发状况最为严重，但在当时的状况下，围城期间竟然没有暴发任何一场大规模流行病，这或许可以说是个奇迹。尽管如此，1月依然带来了令人惊恐的死亡人数骤增，拉布歇雷在他的饭店庇护所里写道："他们每天晚上都在正对着我头顶的房间里钉棺材。"从下方的表格中或许可以得出结论，寒冷引发的肺炎对死亡人数骤增起到了尤为猛烈的推动作用。这些统计数字并没有揭示出死亡率最高的是幼儿（他们失去了奶水和温暖），接下来是妇女，随后则是老人和失业者。正如俄国人将要在列宁格勒围城战中亲身体验到的那样，任何一个有工作的人（即便是自己在小酒馆里暖身子、妻子在排队购买食物的国民自卫军士兵）都拥有更高的生存可能。

死因	围城第 1 周的死亡人数	第 10 周	第 18 周（1 月 14 日至 21 日）
天花	158	386	380
伤寒	45	103	375
呼吸道疾病	123	170	1084
所有死因	1266	1927	4444

到了 1 月中旬，政府被迫采取一项措施，而它也扫除了有关巴黎食物供应状况的最后一丝幻想。面包这一生活中的主食也被列入了配给，而且每个成年人每天只能拿到半磅多一点的面包，五岁以下的儿童更是只有一半，不过，面包的质量已经是足够糟糕，它导致儿童的死亡数目甚至超过了肠炎。"这漆黑、沉重、可怕的食物，由面粉、燕麦、豌豆、菜豆和米制成，"沃什伯恩评论道，"厨师把一条面包放到我手中，我还以为这是个铅块……"

肉类配给（在还能够发放的时候）此时也下降到每个成人每周只能拿到大约四分之一磅。"就个人状况来说，我过得相当不错，"爱德华·布朗特可以继续写道，"我依然有一匹马和一些奶牛、饼干和果酱，但我周围的悲惨状况是骇人听闻的。"这段话并非夸张。那些还能够负担得起外出赴宴开支的外国人常常震撼于餐馆门口的乞儿们那苍白憔悴的面容。拉布歇雷记载过这么一桩事，他前往某位朋友的空置住宅，却发现"有三户人家住在里面——其中有一家由父亲、母亲和三个儿童组成，他们正在一个装满了水的桶里煮着一块大约四英寸见方的马肉。这桶非常淡的汤要让他们支撑三天。而在之前一天，他们只是一人吃了一根胡萝卜"。1月7日，龚古尔以他惯有的聪敏总结了这座垂死之城的前景："巴黎在围城期间的苦难？它在头两个月是笑话。第三个月，笑话开始变味。现在，没有人觉得它还好笑，我们正飞快地走向饥荒……"

从战略角度来说，有个身处巴黎的英国人恰如其分地把特罗胥此时的处境比作"独自留在棋盘上的王，它在被将死之前还有足够的空间走上几步"。就像在象棋中那样，现在只有奇迹才能拯救巴黎，当普军开始轰击后，虔诚的特罗胥下出的第一步棋就是祈祷奇迹降临。有位深通历史典故的神父告诉他圣热纳维耶芙在14个世纪之前将匈人逐出巴黎门外，而此时正是此事的周年纪念日，特罗胥匆忙起草了又一份冗长的宣言，指出他如何通过祷告向这座城市的主保圣人求助。当内阁得知这一消息时，它给反教权主义态度较为激烈的阁员们带来的爆炸性影响远大于任何一发普军炮弹，朱尔·费里甚至跳出了椅子，就好像炮弹将要从他身下穿过一样。宣言被搁置了，此外，维克多·雨果还提出了冷酷的建议："将军，把你的祈祷书扔给垂死者吧，让我们赶紧发起突围。"作为替代品,特罗胥获准在1月6日发布一份更为轻率的宣言:"巴黎总督不会投降。"这样,随着奇迹被共和派的世俗人士排除在外,政府就被迫考虑以更为务实的方式走完这座城市的最后几步。领导层中此时已经出现了严重的分裂。迪克罗早已放弃了任何取得军事胜利的期望,他所能做的就是建议将巴黎驻军分成小股部队,渗入普军防线,伺机与甘必大会师;至于他本人,迪克罗认为既然他在巴黎已经不可能取得什么战果,就以其典型方式申请乘坐气球离开巴黎,与甘必大并肩作战。特罗胥和大部分领导人认为只要食物还能够维持下去,城市就应当可以坚持战斗,因而决心展开最后一次大举出击。在做出这个孤注一掷的决策时,他们和过去一样,再度被甘必大发出的又一件浮夸公文说服了,这件公文提到了布尔巴基的进军,认为此次大规模推进将会切断敌军的交通线。到了这时,就连特罗胥总部里最死硬的乐观主义者也不会认为出击还有可能取胜。

不过,直到1月15日举行的政府工作会议上,才有人真正提到了是否可以投降。所以,就像是11月底大出击前夕那样,促使官方做出这一毁灭性决定的并不是军事上的考量,甚至也不是食物问题。正如迪克罗在回顾围城战时所论:"实际上,所有防御措施都围绕着一件事!**对叛乱的恐惧**……它时常被迫面对两个敌人:一个敌人日夜不停地收紧由火与钢组成的包围圈,另一个每时每刻都在等待冲向市政厅的时机……"当有人率先提出城市应当投降时,所有人脑海中立刻闪现出一个疑问:那些赤色分子会准许投降吗?尽管弗路朗斯和其他在10月31日后入狱的红色领袖依然被囚禁在马扎斯监狱,可红色报纸和俱乐部根本就没有降低对政府的抨击力度。政府也并没有采取任何后续动作,这令沃什伯恩以及大多数身处巴黎的外国人都颇为惊愕。此时，随着事态变得越发绝望，愤怒的声音也达到了新的顶点。贝尔维尔的俱乐部提出了计划，要求政府应当用唱诗班打头阵，径直冲出普军防线；也有人喊出："你们有40万之多的军队，还让他们炮击我们！"不过最重要、比以往任何时候都响亮的声音则出自巴黎市民、出自国民自卫军，他们要求大举出击。1月6日，巴黎到处悄悄出现了染成红色的海报，它们也在支持国民自卫军的要求。这些海报由德莱克吕兹起草，由"20个区的代表"签署，它们呼吁立刻用神秘的公社取代政府，而且——再度——呼吁立即让国民自卫军投入战斗。巴黎的工人们在受尽了这么多煎熬后还如此渴望战斗，这虽然令人震惊，却也是明白无误的信号。同情赤色分子的国民自卫军下士路易·佩居雷在1月初写道："大部分人、大部分居民都加倍努力展开抵抗，全心全意地渴望向普军进军，将他们碾碎。"（另一方面，在资产阶级当中，开始越来越频繁地听到"宁要俾斯麦，不要布朗基"的口号。）在巴黎盛行的激昂言辞甚至传到了凡尔赛，布卢门塔尔在1月16日记录道："看起来巴黎似乎将要发生一场灾祸，它会降临到现在还统治着那里的人身上。根据巴黎的报纸，贝尔维尔区的工人俱乐部正在发表激烈的演说，它们都在号召公社——也就是恐怖统治。"

就在同一天，国防政府在一如既往地多番拖延后，最终下定了决心，某位政府成员的话播下了一个想法的种子："当1万名国民自卫军倒在地上后，舆论就会平息了。"这个想法后来甚至在将领中也颇为流行，尽管他们此前对国民自卫军的军事价值颇为鄙夷，不过对正规军（特别是外省的别动军）而言，他们已经越发厌烦巴黎人，认为他们并没有在守卫自己的城市时承担相应的负担。出击就这样决定了。法军将在三天内尝试发起最后一次突围，特罗胥事后将它描述为"最高程度的努力"（不过等到这时才发动这样的努力显然已经太晚了），这一次还会投入国民自卫军。它基于特罗胥的副手施密特将军制订的一份计划，将会向巴黎以西出击，目的在于迫近距离凡尔赛最近的比曾瓦勒（Buzenval）。毋庸赘述，普军在这一地段的防御也最为坚固，如果说它还有什么战略上的正当理由，那就是和尚齐会师的粗略想法——按照预想，尚齐这次也会在出击方向的翼侧等待。

第 15 章
断裂点

不管国民自卫军的兵力数字有多么可观，不管他们拿起武器的时间已经有多长，人们依然无法发挥想象，将这支部队称作劲旅。国民自卫军里是有一些不错的营和不错的指挥官——比如说阿蒂尔·德丰维耶勒（Arthur de Fonvielle），他是气球飞行家威尔弗雷德（Wilfred）的兄弟，曾在抵抗俄军的高加索战争中在沙米尔（Shamyl）一方作战。但这样的部队和指挥官都只是少数。巴黎人所能铭记的，是说大话的贝尔维尔部队在大出击中一遇到炮弹就转身逃跑，是其他国民自卫军部队在第二次勒布尔歇战斗中做出的同样举动，还有国民自卫军这个整体中无所不在的纪律涣散和酗酒现象。曾有一个国民自卫营被派往伊西堡接替已经筋疲力尽的守军，但要塞的指挥官第二天就把他们打发回去了，他对此给出的解释是该营醉醺醺地抵达堡垒，而且互相斗殴了一整夜，因此，他宁愿让他麾下的疲惫部队继续应付局面。第 200 国民自卫营在大出击期间抵达克雷泰伊，结果却醉到了需要劳烦托马将军亲自出马把它送回后方的地步。该事件发生后，这位脾气火爆的老将军公开将这个营作为典型，宣称国民自卫军在这种状况下成了额外的威胁，按照代里松的说法，托马的这个举动"签下了自己的死刑执行令"。无所事事的自卫军在空虚中为自己的酗酒找到了借口，而且官方强制推行的预防性管教措施也实在太少了。有位海军将领曾尝试把士兵送到危险岗哨待几个晚上，希望以此治愈酗酒现象；但按照怀特赫斯特的说法，更为典型的状况是某位食品杂货商以"那里既冷又湿"为由拒绝承担警戒任务，又或是像第147营那样全体拒绝赶赴前哨据点——原因在于他们上次出勤时妻子并没有拿到津贴。对贝尔维尔人而言，纪律在本质上就是某种不受欢迎的东西。"纪律有什么用？"当弗路朗斯的射手部队被解散时，曾有位雄辩家在法维耶（Favier）俱乐部展示了非同寻常（或许有些误导）的逻辑，他问道："现在，它又是怎样为我们效劳呢？它导致我们被普鲁士人打败。是那些有纪律的部队在雷什奥芬（Reichshoffen）、福尔巴克（Forbach）和色当战败；是那些有纪律的部队在梅斯投降。"

他或许也可以理直气壮地发问，国民自卫军到底有什么用呢？它月复一月只接受两种任务，要么是消极地在城墙上站岗，要么是平息巴黎城内的乱子（可还得承认一点，大部分乱子都是国民自卫军自己惹出来的）。自卫军士兵埃德温·蔡尔德的日记散发出无休止的无聊和空虚感，即便如此，他凭借年轻人的热情和乐观，哪怕是在苦涩的结局到来前夕，仍然希望自己能够扮演更英勇、更有意义的角色。在大出击时期，蔡尔德从12月1日开始的日记内容如下：

> 7点起身。8点在我们连通常集结的地方（圣拉扎尔站）集合。我们随即开赴工业官后方的香榭丽舍，遇到了另外3

个连,在我们的营长指挥下进行了大约两个小时的"营教练"。下午退回了几件裤子之类的东西,由于种种原因——比如说尺寸太大——要进行更改……

12月2日。7点起身。8点全连集合,并没有进行训练,只是上尉连长说了几句建议和警告,下午2点,我们奉命去取自己的"军大衣"……2点取完大衣后,我们奉命在半个小时后全副武装,穿上大衣、背上背包,及时赶赴马德莱娜,一直在那里手持武器,一小时又一小时地等待着外出的命令,直到晚上7点才拿到弹药,并得知需要准备在凌晨3点半出动。鉴于我们站了将近8个小时,其间完全没有活动过,大部分人都被冻僵了,秩序也不是非常好。

12月3日。3点差一刻起身。我身穿全套装备前往马德莱娜,可到了那里之后就遇上了上士,他告诉我们行动已经取消,不过我倒是没有什么懊恼,当夜的多数时候都在下雪,我没发牢骚就回到了床上,8点再度起身,第二次整装待命,但这次并没有带上背包或水壶,又前往我们的集结点,在那里接到了在家休息、随时准备动身的命令……

12月4日。7点起身。快活地吃了一顿不错的早餐,然后走到我们的集结点,从那里赶到马德莱娜,在那里停留大约1个小时,不过,最后在10点半左右听到了期盼已久的命令:"全营!以半排为单位,列队!前进!"随后,我们伴着鼓声和笑脸漂亮地走上了追寻光荣之路,我们穿过了里沃利路和巴士底狱,在沙朗通门离开了巴黎……

蔡尔德的营在大出击失利后抵达了马恩河畔的克雷泰伊,当时，战败的部队正在从那里跑回巴黎。行动就此终止。蔡尔德继续写道：

> 12月5日……下午1时我们全副武装接受了枪支检查。此后沿着马恩河溜达了一段，看着炮兵和别动军从一条由船只搭成的浮桥过河，这是一幅非常美丽的画卷，在这个晴朗的寒冷白昼，天空蓝得毫无瑕疵；此后，我四处搜索，想要找到些能让床软点的东西……
>
> 12月6日……黄昏时举办了业余音乐会（一个班），我尽了自己的义务，把《统治吧！不列颠尼亚》（*Rule Britannia*）教给他们。我们得知敌军随时有可能发动进攻，所以我们只能断断续续地睡眠……

到了11日，蔡尔德已在前线待了10天，却没有打出过一发子弹，他最终在这一天回到了巴黎。

> 等到我们抵达马德莱娜的时候，我们已是从头到脚都闷在泥里，我自己还没有习惯双肩上的沉重背包，几乎在行进大约14千米路程后就疲惫至死……

12月18日，亦即第二次勒布尔歇战斗前夕，蔡尔德的营再度接到做好出动准备的命令。

> ……4点起身，5点全副武装赶往我们这回设在堑壕里、位于蒙鲁日堡正前方的大前哨点；从那座堡垒里打出的子弹

在我们头顶上呼啸而过,几乎把我们用乱石摞成的脆弱居所震成碎片,还在我们耳边萦绕……11点,我奉命前往前哨屋执勤,每次执勤为期4个小时,那个据点几乎徒有虚名,我在那里一直待到周二上午……

12月23日。4点半左右起身,准备咖啡,6点开始全副武装充当预备队,随时准备在必要状况下增援一队正在前方挖掘新堑壕的水手;就在我们隐蔽的地方附近,一道墙后方有个池塘,它迅速变成了一片滑冰场,天气冷得吓人,得依靠滑冰保持血液循环。我们没在白天派上用场,所以在傍晚6点左右返回营地,在那里生了一大堆火打算睡觉,可就算裹上了毯子和大衣也抵不住严寒,我们睡不着,就抽了一夜的烟……

12月24日。滑冰以及其他事情,总之一切能够维持身体温暖的举动……

12月25日(圣诞节)……玩牌。3次执勤。白天2小时,晚上先后执勤,合计2小时。下午5时,和另外14个人志愿前往位于我们正前方的巴涅(Bagneux)村进行短期侦察。搜索了大约20间房屋,但并未发现敌军……

12月27日。上午10点,和几个人一道前往蒙鲁日堡,拿回来一些靶子,我们后来把它们放在一大片射击场上,连里其他士兵每人朝标靶射击4次(要求2发上靶)。后来,我们返回营地,竭尽所能地清理枪支,尽量以这些事情自娱自乐……

12月28日。我们这回相当幸运,置身在被一堵墙掩蔽着的窝棚当中,棚里还有一只中心滚烫的火炉,我们得走上一段距离,把卡尚(Cachan)火车站彻底拆掉,屋顶、地板、大门……全都拆了。在某个下士职位出缺后，我被提名——毋宁说是推荐——为下士人选，不过，由于有些人对我的国籍存在意见，我便在上尉要求下从"竞争"中退出，以免发生分歧。酷寒，冷得吓人。

1月5日，蔡尔德返回巴黎，随后记下了他所在的营如何向协和广场行进：

……在国民自卫军司令克莱芒·托马将军检阅下通过广场，他自然对我们的军容等方面倍感满意，用美国人的话说，那都是些"空话"……

幻灭开始出现，到了1月12日，埃德温的思绪正陷入阴郁：

……我怀疑自己是否会看到结局，是否会任凭自己的尸骸腐烂在战场上，不能说我对这件事有多少关注，但我还是希望在后者降临前干掉一个普鲁士人……

之所以国民自卫军还沉浸在这种令人心碎的空虚当中，一定程度上要源于19世纪法国全体资产阶级的世界观，这一世界观深深扎根于1793年的恐怖之中。即便是像龚古尔这样通常状况下颇为清醒的知识分子，只要提及无产者就会几乎丧失理性，他在12月29日写下的文字足以证明："皇帝提供的奢侈安乐令工人阶级道德败坏，我对此尤感震惊。我看到这个阶级彻底变得软弱。它的雄浑、尚武和富有进取心都已变成了喋喋不休和对外表斤斤计较……在来自拉维莱特的营里，国防政府只能找到懦夫。国民自卫军的堕落程度超出了有教养的人能够想象的极限……"至于资产阶级对由无产者组成的国民自卫军态度如何？如果说它在围城期间有过什么变化，那就是变得越发严酷，这并不令人吃惊，态度的变化源自诸多示威（尤其是10月31日那次）唤醒的崭新恐惧。迪克罗在对国民自卫军的总结性评论中称其为"我们武装起来的是毫无良知的暴民，梯也尔先生正确地将他们称作'卑劣的人'"。在整场围城战期间，就像资产阶级始终不曾抛弃恐惧一样，职业军人也从未摒弃对国民自卫军的蔑视，由于贝尔维尔部队在大出击期间表现低劣，特罗胥欣然以此为依据立刻将若干个营集体解散。军方并未尝试让国民自卫军接受适当的训练，也对他们一再发出的要求装备夏塞波步枪、以此取代手头的老旧鼻烟盒枪的呼吁装聋作哑。这是一种灾难性的权宜之计；难怪自卫军会在少数几个交火场合表现极为低劣！为了应对大众的压力，政府组建了拥有40万人的国民自卫军；他们的训练和装备都严重不足，以至于并没有什么军事价值，但已经足以构成自进入19世纪至此时最强大的革命威胁。

在列宁格勒围城战之初，与国民自卫军地位相当的苏联民兵曾有过英勇表现，这足以证明巴黎的国民自卫军本有可能发挥何种作用。尽管有些民兵部队仅仅接受了一天训练就投入战斗，但他们实际上极为英勇顽强地与正规军在前线携手奋战，在30万志愿入伍的民兵（其中许多是妇女）之外，有四个师几乎全军覆没，其余的师蒙受了大约50%的伤亡。

1月18日，国民自卫军开始向巴黎以西方向行军，准备主动攻击世界上最能干的职业军队。龚古尔当时就在那里注视着他们：

这是个浮华的、令人心潮激荡的景象,军队向着正在远处轰鸣的大炮行进,这支军队当中有着胡须灰白的父亲,也有没长胡子的儿子,在它那敞开的队列里,还有把丈夫或情人的步枪斜挎在背上的妇女。市民大众在出租车、没有上色的公共马车和被改为军队补给车辆的搬运车随同下走向战争,这种生动场景根本无法诉诸笔墨。

1914年飞速赶往马恩河的出租车精神似乎在这里闪现,朱丽叶·朗贝尔也被正在行军的国民自卫军震撼了,这些人"跟在乐队之后"行进,"渴望投入战斗,决心在拯救我们的巴黎的最后一搏中拼上一切"。(可是,尽管用于此次出击的将近10万人中有一半出自国民自卫军,埃德温·蔡尔德再度失望了。18日,也就是他23岁生日后一天,蔡尔德发觉自己身处巴黎的另一边,"那天下午,伴着非同寻常的美妙火炮乐声玩牌打发时间"。次日,当出击进入最高潮阶段时,蔡尔德在继续玩牌后奉命回城:"下午4点,背包赶赴巴黎,但由于某些管理问题,我一直全副武装待在原地,直到7点差一刻才开始前行,但在出发前已经感觉疲倦了。")

汤米·鲍尔斯正身处等待着投入进攻的正规军队列之中,他一如既往地尽可能靠近前线,因而发觉了截然不同的情绪:"我觉得他们呈现出的热情极少,他们的鼓和号都陷入沉寂,就连通常会标志着某个法国团正在行进的不断唠叨和戏谑也不见了……"就像巴黎守军此前几乎每一次主动出击中发生的那样,由于粗劣的参谋工作,部队在集结地带出现了不可避免的混乱状况。塞纳河上只有两座桥梁可供通行,而且十分不可置信的是,法军并没有下达任何移除桥上路障的命令,因此,人员、火炮和救护队就近乎绝望地挤在了路障面前。鲍尔斯提到，随后就是"无止境的混乱和延迟"。这一次，天气再度背叛了法国人，它让状况变得更为糟糕。17日的突然解冻让原本冰封着的地面沦为滑溜、危险的淤泥，浓重的雾霭[74]则令在泥浆中的进军变得更为艰难。攻击正面恰好处于瓦莱里安山上的火炮射程之内，这座山横跨在热讷维利耶半岛根部，那正是迪克罗企图在10月份突破的地段。特罗胥的计划就是将部队分成三个纵队同时推进：左翼的维努瓦进攻蒙勒图（Montretout），中央的贝勒马尔行经现在的圣克卢赛道赶赴比曾瓦勒，右翼的迪克罗从他此前的作战地段杀奔马尔迈松。这一回却轮到迪克罗本人犯下了严重拖延的错误；奥谢尖刻地写道，他的拖延"可以归咎于环境，他需要在夜间行进大约7.5英里，需要在路障丛生的铁道上行军，需要在被一支迷了路的炮兵辎重队占据的公路上行军。然而这并不是在越南的南圻，而是在距离巴黎不远的地方，在这里，如果能够得到参谋地图和侦察望远镜的帮助，一位聪明的猎人花费半个小时就足以掌握各类地形特征"。

虽然法军计划于早晨6时发起攻击，但进攻还是延宕了几个小时，而且迪克罗最终未能投入攻击。奥谢补充说，这类延迟并不是"破坏特罗胥构想的唯一错误。国民自卫军的士兵们从凌晨2点就开始全副武装、带上背包和4天的配给，整整负重4英石（1英石约合6.35千克）。线列部队同样憔悴、疲惫，当在10点接到前进命令时，这些人的行军步伐已经变得机械、毫无弹性"。然而，法军起初还是取得了若干令人鼓舞的胜利。在左翼，维努瓦的朱阿夫兵挽回了他们在沙蒂永丢失的名誉，在蒙勒图附近奇袭了一个来自波森（Posen）的团（这一迹象表明，就连毛奇麾下的某些部队也不再以惯常的毅力投入战斗），一直突入到圣克卢郊区。而中央方面，架设于加尔泽-拉贝热尔（Garches-La Bergerie）高地上的普军火炮原本可以压制投入攻击的法军，高地本身也是凡尔赛的重要屏障，不过，贝勒马尔实际上还是在这块高地上取得了立足点。就在德国皇帝登基的第二天，由于法军机枪在距离他仅仅两英里外发出了嗡嗡声和咔嗒声，他和宫廷成员被吸引到了马尔利（Marly）高架渠上，焦虑不安地观察着战况。俾斯麦在前往皇帝所在地的路上遇到了一名火枪兵，他"让我们以为我军处于艰难境地，敌军已经打到了拉塞勒（La Celle）后方山地的树林里"。他的秘书布施博士在日记中深表恐惧，他担心法军"有可能继续推进，迫使我们撤出凡尔赛"，皇储甚至在次日上午吐露，当他"照例前往省长官邸向陛下报告时，行李车已然装载完毕，为匆忙离开所做的一切准备都已完成！"。昨日加冕式上的喜庆心情已然逝去；镜厅里原本曾经云集的王公们此时已经换成了成排的普军伤员，根据威廉·霍华德·拉塞尔的说法，那里已是"一条哀悼之谷"。

实际上，由于迪克罗并未从右翼支援贝勒马尔，后者很快就会遭到打击。热衷冒险的鲍尔斯当时亲临现场，他认为：

> 如果军官还算称职，还有能力领导他们麾下的士兵，那么我确信（法军）或许能够夺下整个加尔泽、高地上的炮群乃至其他一切；但他们似乎昏了头，不知道应当做什么，也不知道应当去哪里，不过，我还是得遗憾地表示其中有些人以"再度返回"谷地的方式解决了后一个问题。他们的缺陷的确对士兵不无影响。

到了当天下午，普军火炮已经挡住了法军的全线进攻，法军并未夺取任何一个要点，也丧失了主动权。鲍尔斯在傍晚时分沮丧地离开战场，他预计"真正的斗争将在次日开始，状况（对法军）绝非有利"。

迪克罗终于登场了，他一如既往地以惹人注目的方式骑在白色战马上抵达战场，远远位于部队前方，这一次，那难以置信的好运气再度庇佑他毫发无伤，但他的蛮勇根本无助于改变交战态势。两位充当随军女商贩的妇女以堪与迪克罗相比的勇气，从战死士兵身上拿起了夏塞波步枪，她们后来也倒在了第一线。这便是当天记录下的悲惨景象。正当特罗胥的副官代里松上尉和一匹被近失弹弄得难以驾驭的坐骑苦斗之际，他看到自己的勤务兵从身旁飞驰而过："他依然坐在马鞍上。但一块弹片已经将他的下半个肚子完全削掉，肠子也不见了。躯干的上半部仅仅依靠脊柱和下半部连在一起，从体侧到大腿出现了一个巨大的红色伤口。他扬起手臂倒地，而坐骑也在这时陷入惶惑，飞快地奔向空地，可伴着它的只有叮当作响的空虚马镫。一阵寒战将我贯穿。"对拉布歇雷而言，"战斗中最令人心痛的场景[75]是一名法军士兵倒在法国子弹下。他是第119营里的一名列兵，此人拒绝前进。指挥官对他予以申斥。那名列兵却朝指挥官开了枪。贝勒马尔将军就在一旁，他命人立刻处决列兵。一伍士兵在列队后朝他开火，这人倒下了，人们认为他已经死去。其后不久，一些担架员从他身边路过，认为这人是在交战中负伤，就把他放到了担架上。就在那时，人们发现他依然活着。一名士兵上前给他补枪，那一枪却哑火了。补枪的任务被交给另一名士兵，他一枪把这个不幸的家伙打得脑浆迸裂"。

国民自卫军的表现整体而言卓越得出乎意料，在蒙勒图战斗中尤其如此。可在贝勒马尔的关键地段，鲍尔斯此时目睹了不祥的状况：

……山顶上爆发了激战，我们的第一线由别动军组成，正在前方大约30码处的林地里展开散兵战。就在那时，一名副官带着一个团的国民自卫军上前增援，他们看起来非常不错，端着刺刀以跑步冲上山坡，上校气喘吁吁地跑在前面，副官激动地挥舞着战刀，鼓舞士兵前进。然而，当他们推进到位于我下方不远处的时候，当他们开始听到炮弹从脑袋旁边呼啸而过后，他们就一起相当滑稽地集体逃避、躲闪，放慢了速度，一致地停了下来，然后俯卧在地上，朝前方的别动军开火！

对训练状况糟糕的国民自卫军而言，这并不是他们唯一昏了头的场合。代里松看到一个团的"鼓手敲出了冲锋鼓号，上校下达了命令'前进！'，全团齐呼'共和国万岁！'，却没有人动起来。这持续了3个小时，迪克罗亲自来到现场，高呼'前进！'士兵用呼喊回应他，但仍没有人付诸行动"。某位姓罗什布吕纳（Rochebrune）的上校中弹身亡，后来据推测，子弹来自分发给国民自卫军的一把鼻烟盒枪。随着夜幕逐渐降临，一些糊里糊涂的国民自卫军甚至朝特罗胥自己的随从队伍开火，不过他们声称是把这些人当成了普鲁士枪骑兵，随从里有位年轻的中尉德·朗格勒·德卡里（de Langle de Cary）被一发子弹贯穿胸膛。

可以说，这就是特罗胥从他麾下军队里得到的最后致意。当天晚间，他意识到比曾瓦勒方向的出击已经以失败告终，次日上午，他下达了退却命令。可是，军队那薄弱的纪律已经再也无法支撑下去了。迪克罗写道：

> 退却这个词一说出口，左后方就开始出现溃退……一切都崩溃了，一切都没了……路上的混乱状况骇人听闻……国民自卫军在开阔地上四处逃跑……士兵们徘徊着、迷惘着，寻找他们的连队和军官。

随着国民自卫军接连不断地穿过巴黎街道，"我们被出卖了"这样的凄惨吼声再度响起，这一回，很少有巴黎人还不相信他们即将走向末路。比曾瓦勒战场展现出一幅恐怖景象，美国救护队的成员告知沃什伯恩"整个地区到处都是死伤者，500辆救护车还不足以运走其中的一半"。特罗胥请求休战两三天，不过也有人声称，特罗胥的做法既是为了埋葬死者，也是为了向赤色分子展现严酷的现实状况。事实必定足以令人惊诧：普军总共损失了仅仅700人，而法军的伤亡已经超过了4000人，其中1500人是国民自卫军。战争结束后，特罗胥根据自己的估算认为，法军八分之一的伤亡需要归咎于自身，不过，有一点毫无疑问，政府已经极为成功地实现了让国民自卫军"见血"的目标。对奥谢而言，将国民自卫军投入比曾瓦勒堪称"一桩不容争辩的罪行"，他的多数记者同行也赞成这一看法。

鲍尔斯跟随着这支浑身泥泞的败军返回城墙之内："我在返回巴黎途中发现大军团大道两旁各站着一大群急切盼望消息的人……他们分成若干个小群体，悲伤地聆听着关于来回行军、饥饿、缺乏休息和糟糕领导力的诸多抱怨,国民自卫军关于战况的主要说法就是这样。"在此之前,还有一位英格兰人威廉·布朗(William Brown)提及了巴黎城内令人不安的新状况:"从昨天晚上开始,一种奇怪的变化席卷了全城;为数众多的部队在昨夜开拔,后来还传来了一些炮声,可随着晨曦慢慢迫近,炮声也逐渐沉寂下去。所有的国民自卫军都已离开,恐怖的寂静笼罩着四周,听不到一声枪响,每个人都想要知道这意味着什么。这会是我军最终取得胜利,迫使敌军撤出阵地,已经在敌军防线以外交战,因此才听不到声音吗?又或者它是一场悲伤到难以细想的大灾难……?"截至21日,整个巴黎都知道了这寂静意味着什么;龚古尔解释道,它是"死寂,是那种灾难降临到大都市时带来的死寂。今天,人们不再能听到巴黎还活着。所有的面庞都显露出病人的神情"。朱丽叶·朗贝尔说得更为明了,她径直写道:"巴黎完了!"

20日下午,特罗胥从他设在瓦莱里安山上的据点返回巴黎,正如他那过于轻描淡写的说法所示,"我的出现已经没什么用了"。政府和巴黎的区长们立刻召开了联席会议,特罗胥在会上被要求"亲自解释相关军事状况和我的个人意图"。特罗胥答道,从军事层面而言,一切都已经完了,他本人则"正式拒绝承担任何新军事行动的责任,它们只会导致毫无正当战略目的的屠戮"。这次会议比此前任何一次都激烈,由于比曾瓦勒出击以失败告终,总督已经陷入极度难堪的境地,就像是有炭火自四面八方堆到他头上。区长们的指责尤为激烈,他们的领头人是蒙马特尔区的乔治·克列孟梭,此人仍然要求不惜一切代价继续作战,说法和凶悍程度一如他47年后身为法国总理时的模样,克列孟梭届时将会咆哮道:"我,我要作战。"然而,特罗胥的副手,富有影响力的法夫尔此时也倾向于投降,这是因为他在比曾瓦勒交战期间得知尚齐最终在勒芒彻底溃败,损失了1万人。卢瓦尔河集团军已经不复存在。此时,两位领导人之间发生了激烈且不体面的一幕,法夫尔怒斥特罗胥,指出后者曾许诺"永不投降",特罗胥则以牙还牙,将灾难归咎于法夫尔坚持要求"不交出她的一寸土地或要塞的一砖一瓦"。多里安将这一幕转述给罗什福尔,承认尽管此事令人痛苦,可"当他听到他俩互相把对方的大话扔到脸上时",还是差点大笑出来。

不过,所有派系终究还是在一点上达成了共识:特罗胥必须走人。当这一点挑明后,这位将军宣称,对他而言,辞职有悖于军人荣誉。但政府必须将他撤换。经过漫长的讨论,与会者达成了如下妥协:特罗胥将被解除军事指挥权,但保留政府主席职权;另一方面,他的巴黎总督职位则会被撤销。最后一个举动给人留下了深刻印象,它展现出这个律师政府最终所依靠的典型做法。当特罗胥轻率地发下誓言时,他宣称的是"**巴黎总督永不投降**",因此,按照法国人那不可战胜的逻辑,如果总督职位已经不复存在,那么就不算违背诺言。通往投降的道路已经敞开,尽管有些身处巴黎的英国人还会想起拜伦《唐璜》(*Don Juan*)里那不朽的愤世嫉俗诗句:"她低语'我绝不答应,'……却已经允诺。"可是,谁会来代替特罗胥呢?会议最终决定由坚韧的老将维努瓦掌管军务,法夫尔则负责通过谈判达成休战,这是一个惹人厌恶的任务。

就在特罗胥离开总部之际,他的参谋们震惊地听到此人就自己的牺牲喃喃说出了异样的渎神话语:"我就是这个境地下的耶稣基督!"22日,爱德华·布朗特拜访了特罗胥,发现他虽然保持平静,却已被抛弃,只是和"特罗胥夫人以及一名忠实的参谋人员待在一起"，但他依然流露出一种古怪的自我满足感："他向我发问，想知道我是否曾想到一点，依靠留在巴黎的那种士气低落、半饥半饱、只有酒类堪称充裕的军队，究竟能否有效地抵御侵略者那受过高度训练的强大军队。"很少有人会为这位将领中的哈姆雷特黯然离职而感到哀伤，可不论好坏，他终究还是从被围的最初几天起就领导着巴黎。拉布歇雷堪称对特罗胥态度最为温和的人物之一，他评论道："就这样，可怜的约拿离开了，他已经被鲸鱼吞噬。"特罗胥有许多传遍巴黎的双关语外号出自维克多·雨果之手：比如说"trop lu"（读得太多），或是"trop choir（败得太多）的过去分词形式"。[76] 如今他又写下了一首带有嘲讽色彩的墓志铭体小诗：

……勇敢的军人，诚实，虔诚，无能，
不错的大炮，可没什么后坐力……[77]

沃什伯恩写道："特罗胥被废黜了，他在位子上待得太久，已经伤害了事业。"后来又补充说，特罗胥已经"证明他自己是被托付如此重担的人当中最软弱无能的……他太过孱弱，什么都做不了，就像印第安人的倚着树汪汪大叫的狗"。可是，特罗胥从没有任何一棵树可供倚靠。尽管他"需要回应许多"，可即便按照奥谢那相当宽厚的说法，"整个内阁中只有多里安是一名优秀的部长，那也是因为他讲究实际，是一位实干家。其他人不过是喋喋不休的空谈货色"。 威克汉姆·霍夫曼将特罗胥视为"学识、能力、软弱、盲信的奇怪混合体，我毫不怀疑他会自信地预计圣热纳维耶芙将亲自前来拯救她所钟爱的城市"，霍夫曼还认为"要是维努瓦或迪克罗从一开始就指挥军队，结局本可以有所不同"。但没有人会幻想维努瓦的到来还能够改变此时的局面，按照龚古尔的说法，这不过是"在病人垂死之际更换医生"。

在维努瓦就任之际，贝尔维尔仍然因它的国民自卫军无谓遭到屠杀而极度愤怒，意识到投降即将来临后，它发起了围城期间的最后一场暴动——这也是最激烈的一场。1月22日，就在快到凌晨1点的时候，一队武装人员出现在马扎斯监狱，要求狱方释放弗路朗斯和在10月31日后被捕的其余人员。他们诱使典狱长接见由三四个人组成的代表团，这几个人立刻夺下了大门，然后让同伙一起涌入。典狱长（他在处事时似乎表现出了明显的软弱，事实上后来也被当局以同谋罪名逮捕）交出了弗路朗斯和其他人员，只不过要求闯入者开具一份"人身收条"。暴动分子敲着鼓赶往第20区的区政府，洗劫了那里储藏的所有食物和酒类，并着手设立了总部。弗路朗斯在夜间颇为精明地人间蒸发，可就在当天下午，他的解救者便再度赶往市政厅。德莱克吕兹、阿尔努（Arnould）和其他红色领袖已在里沃利路上一栋相隔不远的房屋里商讨后续行动，可就在这时，布朗基仍然一如既往地在附近的一家餐馆中超然地注视着事态发展。和此前的情形一样，示威起初是相当和平的，示威人群中充斥着针对政府的愤怒辱骂，还夹杂着"给我们面包！"的呼喊。可市政厅里并没有政府大员，于是，费里的一名副手居斯塔夫·肖代（Gustave Chaudey）出来会见群众领袖，警告他们市政厅这一回已经严阵以待，每一扇窗子后面都有全副武装的布列塔尼别动军。这一回，维努瓦麾下的政府军已经准备妥当并且决心投入战斗。

尽管肖代从中斡旋，但到了下午3时许，第101国民自卫营里的两三百名全副武装的士兵已从巴士底狱赶赴现场。他们的领导人则是拉祖阿（Razoua）、马隆（Malon）和头戴平顶军帽、身着男子制服的路易丝·米歇尔那样的极端分子，此外还有两个半疯的家伙：曾领导 10 月 8 日骚乱的萨皮亚和因普鲁士钉出名的朱尔·阿利克斯。他们在市政厅前方设立了一处威胁性的阵地，然后就有人开了一枪，这一枪可能源自国民自卫军，但这一点并不能肯定。人群变得大为惊恐，有人喊道"他们在朝我们开火"。萨皮亚的士兵此时单膝跪地，朝着市政厅打出了一轮精心瞄准的齐射。菲尼斯泰尔别动军里的一名准尉贝特朗（Bertrand）副官当时恰好站在门外，他中弹后身负重伤。一道无须说明缘由的命令随即下达，此后，这栋庞大建筑物的每个窗口里都爆发出一阵毁灭性的火力。从围城之初算起，这是法国人第一次朝着法国人开火，是法国人第一次杀戮法国人。它是一个可怕的预兆，表明了未来将会发生什么，居斯塔夫·肖代后来也被人以命令别动军开火为由处决。就在这时，一个眼尖的布列塔尼兵瞄准了正在打手势的萨皮亚，一枪将他打倒，造成了致命伤。共和派记者朱尔·克拉勒蒂当时恰好赶到广场，他描述了"绝望的人群在乱窜，想要冲向各个方向脱身。交火每时每刻都在持续。市政厅的窗户统统打开，别动军严阵以待。人们在我身边倒下。在左边，我看到一个年轻人陷在已经被一阵小雨浇透、冲淡的黄色烂泥里；在右边，一位头戴礼帽的围观者当场被杀"。路易丝·米歇尔在那一天赢得了"红色圣女"的称号，群众遭到枪击的景象令她陷入疯狂。她依托着一辆被推倒的公共马车，以此为掩蔽开火，她不仅射杀敌人，还严厉叱责那些仅仅对着市政厅墙壁开枪的战友。交火持续了半个小时之久，直到维努瓦派出的援军抵达现场才宣告结束。国民自卫军被驱散了，可为了掩护退却，他们推倒了更多的公共马车，还在空旷的广场上留下了5名死者和18名伤员，其中还有妇女和儿童。

周日傍晚，沃什伯恩在前往市政厅调查事态的路上遇到了"一个熟人，他是法国海军里的一名年轻外科医生，可以说是彻头彻尾地焦虑不安、意气消沉"。这位军医向他讲述了射击事件，然后表示"没有人知道将会发生什么，但无论如何，法国都已经'完了'"。就在围城走向终结之际，一个令人不快的新阶段看起来注定将要开始。事实上，1月22日暴动并不能算是企图展开全面革命，参与暴动的人数远少于10月31日，主要的红色领袖如德莱克吕兹、布朗基、皮阿乃至弗路朗斯都没有参与其中，而且直到那天为止，绝大部分国民自卫军都拒绝暴力革命。但开火改变了一切，巴黎分化成两个不可调和的阵营。资产阶级此时已看到红色革命即将到来，一位驻扎在伊西堡（第101国民自卫营曾经因"无用"而被送出这座堡垒）的别动军下士在写给父亲的信中附和了资产阶级的态度："……这些不幸的杂种……他们不过是怯懦的盗贼，对我们而言，这些人比普鲁士人更危险；布列塔尼人朝他们开火——所以，布列塔尼人万岁！……"可现在，维努瓦做到了巴黎资产阶级认为特罗胥在几个月前就应当完成的事情，他下令查封《战斗报》和《觉醒报》，关闭所有红色俱乐部，还在军事法庭起诉德莱克吕兹和皮阿（但皮阿一如既往地人间蒸发了）。

朱尔·法夫尔后来回顾道，1月22日暴动结束后，"距离内战已经只有几步之遥，距离饥荒则只有几个钟头"。尽管他可能夸张了饥荒的紧迫程度（后来的估计表明城内还有足够再维持10天的食物），对内战的恐惧却突然变得千真万确。政府并不愿意尝试两线作战，因此认为必须尽快缔结休战协定。他们甚至没有时间去征询甘必大和图尔政府的意见。23日，朱尔·法夫尔召见了原本担任特罗胥参谋的代里松上尉，让他带着一封公函前往俾斯麦那里。法夫尔嘱咐他要严格保密："当我们被迫告诉他们真相时，只有主知道巴黎人会对我们做什么。"代里松飞速赶往塞夫尔桥（Pont de Sèvres）上的会谈地点，此前，他曾于10月在桥上会见了出使巴黎进行休战谈判的美国将领伯恩赛德和福布斯。他设法安排双方在当天傍晚6时停火，然后迅速回城找到法夫尔。法夫尔头戴礼帽，身着质地糟糕的律师袍，显得颇不相称；代里松则整洁地身穿红色条纹裤，他俩一起乘坐一艘划艇穿过塞纳河，小艇上的几处弹孔让这趟旅途变得颇为危险。他们手忙脚乱地拿着一口老式长柄平底锅往外舀水。登陆后，法夫尔立刻被护送到俾斯麦的居所。"部长阁下，自从费里耶尔一别后，您变得苍白了"，主人如此向法夫尔致意。俾斯麦就像猫戏弄鼠一样玩弄这位心急如焚的老律师，当法夫尔第一次带着自豪感提及巴黎的抵抗时，俾斯麦展现出和费里耶尔会谈时同样的残酷："啊！你在为你们的抵抗骄傲吗？哦，阁下，让我告诉你，如果特罗胥先生是一位德军将领，我今天晚上就会把他枪毙……不要对我谈起你们的抵抗。它是犯罪！"当天夜间，法夫尔与俾斯麦共进晚餐，据说，后者兴高采烈地告诉皇储自己已经"像狼一样饥肠辘辘"，甚至在次日夜间吃了"一桌三人份的晚宴"。

休战谈判持续到24日，这一天恰好是腓特烈大王的诞辰，普鲁士人将此视为吉兆。俾斯麦知道他已握有全部所需的牌，他颇有把握，态度强硬，不过，法夫尔还是争取到了足以让他带回巴黎供政府审核通过的条件。唯一尚未解决的争议点是国民自卫军是否可以保留武装。25、26、27日这三天，法夫尔再度与俾斯麦会谈，这一回，多特普尔（d'Hautpoul）将军还作为军方代表陪同法夫尔出席，普鲁士王储和布施博士都认为这位将军的奇怪举动源于饮酒，不过更加宽大为怀的法夫尔坚持认为他的心烦意乱完全是出于情绪原因。俾斯麦身着那件在世博会期间让巴黎为之注目的白色胸甲骑兵制服，那些光辉的日子不过是在三年半之前，此刻看上去却像是属于另一个世纪。"他看上去像是个巨人，"代里松说，"穿着紧绷的制服，胸膛宽阔，肩膀挺拔，充盈着健康和力量，他的靠近便压垮了这个弓背、高瘦、样貌可怜的律师，那人的律师袍上满是褶皱，白发也落在了衣领上。啊呀，这副容貌！它足以让人区分胜利者与失败者，分辨强者与弱者。"这便是全新的欧洲权力平衡。交谈话题立刻便回归到国民自卫军身上。法夫尔表示法国需要至少保留三个正规师以维持秩序，听到这番话后，毛奇宣称他只能接受两个正规师，而且要求解除国民自卫军的武装。这让法夫尔颇为激愤，他喊道："无论付出何种代价，我都不能让国民自卫军解除武装。那就意味着内战。"俾斯麦则冷酷地回应道："你真蠢。你们早晚得向国民自卫军解释清楚，坐等局势发展将一无所获。"他还愤世嫉俗地补充："趁着你们还有军队可供镇压，赶紧激起一场暴动吧。"按照俾斯麦的说法，法夫尔"怀着恐惧之情看着我，好像是要说：你是何等的嗜血之徒啊！"。

最终，法夫尔获准保留国民自卫军的武备，但毛奇坚持要求以只保留一个正规师作为交换条件。事实证明，这一折中将会对法军的秩序造成灾难性的影响。至于其他条款，军队需要交出武器和军旗，但军官可以保留佩剑；巴黎将会立刻获得停战，停战也将在三天时间内适用于法国其他所有地区；巴黎将支付一笔200万法郎的战争赔偿金,将外围堡垒交给普军,把设在土堤上的火炮投入壕沟,但在休战生效期间——它将持续到2月19日——任何普军都不得进入巴黎;休战期间将通过自由选举产生国民议会,并在波尔多召开会议以决定是否继续作战或应当根据何种条件缔结正式和约;与此同时,普军也要竭尽所能确保巴黎的给养补充。法夫尔乞求对方给出最后的恩惠,让巴黎能够打出围城期间的最后一弹,他的请求得到了许可。这一天是1月27日,值得注意的是,这也是皇储的继承人威廉皇孙[78]的13岁生日,新德意志帝国的皇储在他的日记中写下了一则虔诚的愿望,但历史会让它听起来多少有些讽刺:"愿他长成一个善良、正直、真诚、可信的人,能够以一切善良和美为乐,成为一个纯粹的德意志人,能够学会有朝一日沿着他祖父铺设的道路前行……即便是现在,这个男孩头上就被寄予了这么多希望,真是个令人无法平静的想法。"

当天夜间,法夫尔和他的随从离开了凡尔赛,按照某个德国人的想法,他们看上去"像是明天就要被送上断头台的可怜犯人。让我多少感到有些怜悯"。回到巴黎后,法夫尔乞求他那15岁的女儿在火炮停止射击之际待在自己身边。午夜钟声响起时,法夫尔站在奥赛码头的阳台上,听到远处的最后一声轰鸣渐渐消失,然后便啜泣着倒在了孩子的臂弯里。

* * *

巴黎以混杂着愤怒和麻木的态度迎接了休战消息。代里松将法夫尔的和谈要求转达给普军,但由于第一个接到要求的普鲁士军官言行轻率，巴黎城从 24 日起就已知晓发生了什么。龚古尔在那天夜里离开了布雷邦餐馆，他发觉"大道上的所有嘴巴里都说着投降这个词，就在几天前，说出它还可能颇为危险"。龚古尔和他的圈子成员曾经压低声音讨论这个糟糕的消息，在此期间，其中某位名为迪梅尼尔（Du Mesnil）的人缓慢而庄重地说道："存在一种危险。那就是，即使签署了投降协定，也不能确定巴黎城里的强硬派是否会拒绝它。"次日，埃德温·蔡尔德从国民自卫军退伍。1 月 22 日暴动期间，他所在的营奉命武装起来，这给了蔡尔德在围城期间最后一次亲历交火的机会，可是他"并不怎么希望在街上暴动中被杀，因而以'外国人'身份获得了豁免"。到了 25 日，他已经受够了：

> 我向上尉提交了辞呈，对整个事态都极度反感。40 万人投降，因为其中有一半，也就是 20 万人作为军人根本派不上用场。我怜悯人民，但鄙视首脑。人民将信心全部寄托到他们身上，这本可以多少有所作为，要是能让一半人牺牲在敌军面前，那就没什么可指责了……人们似乎不知所措，他们无法理解自己的处境，政府也害怕说出"投降"这个词，所以称其为"休战"。对 20 年未曾中断的繁荣来说，这是个怎样的结局呀！对喜好奉承、自称为文明先锋的国家来说，这又是怎样的教训呀！"骄者必败"，等等。

次日：

> 11 点前去点名。最后一次听到有人在全连面前宣读"自

卫军士兵蔡尔德，外籍志愿兵，应自身要求从连中除名",[79] 此后，我再也没有权利称呼自己为军人，结束了一场长达40天的不流血战役，在此期间，几乎没有看到敌人，也没有打出一发子弹。就是为了这样的兵役，他们还在讨论是否给每个人发一块奖章。我何必戴上它而蒙羞！

然而，在宣布投降的公告中，政府还是竭尽全力保持巴黎城那英雄主义的神秘气氛："全体巴黎人民刚刚树立了道德力量和勇气的榜样，敌人率先向它致敬……"而在报界当中，《世纪报》应和道："巴黎已经获得了整个欧洲的尊重。"《黄昏报》(*Le Soir*)写道："旧法国已死！新法国万岁！"在少数几份态度较为冷静的报刊中，《时代报》(*Le Temps*)抗辩道："是时候终结华丽修辞的蒙骗了，这就是我们的主要祸患之一。"左翼的《唤起报》(*Rappel*)发出了不祥的警告："这不是休战，而是投降……巴黎在愤怒地颤抖。"然而，对普通市民而言，投降却被呈现为一种毫无希望的死亡象征。勒尼奥（Régnault）被一些人评价为法国最有希望的画家，后来却在比曾瓦勒战死，就在他的葬礼上，龚古尔记下了"一个庞大的人群送别这位逝去天才的年轻躯体，人群在为法兰西的安葬而哭泣"，随着炮声归于寂静，眼泪涟涟的朱丽叶·朗贝尔匆匆写下这样的话语："我应当乐于死在此刻。"即便在较为温和的左翼当中，人们也愤愤不平地仇视、怨恨法夫尔及其共犯，国民自卫军下士路易·佩居雷在给姐妹的信中写道："最后还是来了！……巴黎已经投降！政府说是'休战'，用它来宽慰我们，可对那些更诚实、更有信仰的人来说，这个词就应该被翻成投降。我们还能做什么呢？我们只能诅咒、痛骂他们的名字，告诉我们的孩子有朝一日谴责他们的回忆……"

正当伊西堡的驻军即将开拔之际，上校告知他的下属："士兵们！你们不得不放下武器。军官们！你们可以保留武器。但我想对你们所有人说，你们中的每一个人，个个都配得上携带武器。"他随后以麻利的动作解开皮带，将剑交给勤务兵，拿起手杖，孤苦伶仃地离开堡垒，从一群等待接防的普军士兵身边走过。一切都结束了。围城战在持续130天后告终。1月30日，记者朱尔·克拉勒蒂写道："堡垒已被占领。一片浓雾笼罩着巴黎，它似乎带着沦陷的忧愁……有人看到被解除武装的别动军四处徘徊，看到了沮丧的士兵和水手；沙袋和装备正在被交还，沾染血迹的担架堆叠了起来……可为什么啊！"他以不可摧毁的法兰西式乐观总结道："在这片浓雾后方，希望依然未曾离开我们。"

对巴黎而言，战争或许已经结束，但对外省而言，战争仍在持续。由于谈判时并未征询甘必大，关于法夫尔休战的传言要到27日才传到波尔多，这让他不无理由地彻底陷入了南方人特有的那种暴怒当中。甘必大立刻发布了一份否认和谈的声明，宣称："我们无法相信这种谈判会在没有事先告知代表团的状况下进行。"实际上，法夫尔在1月27日派出了一名时年30岁的志愿者拉卡兹（Lacaze）乘坐"理查德·华莱士"号气球（它是城里的最后一只气球）离开巴黎，此人要奉命将休战的相关消息告知甘必大，可是，在这出围城战中的终极悲剧里，拉卡兹从未抵达目的地。"理查德·华莱士"号以巴黎城里的英国大慈善家命名，人们最后一次看见它的时候，这只气球正位于波尔多附近的阿卡雄湾（Bassin d'Arcachon）上空。为什么拉卡兹在越过海岸线时一直没有打开气阀？这一疑问永远无法得到解释，或许他心脏突然犯了毛病，或许他因长期营养不良而失去知觉，又或许只是出于一个简单的缘由，他无法忍受回到已被征服、遭到羞辱的法国土地上。不论原因如何，巴黎北站至今仍然为他设有一块小小的纪念匾，纪念勇敢的巴黎气球驾驶员中的第二位（也是最后一位）遇难者。

因此，直到29日上午，一封来自法夫尔、告知投降事宜的唐突电报才让甘必大醒悟过来。甘必大盛怒之下的第一反应是拒绝接受，他下达了一份命令，敦促属下充分利用休战，将它"作为训练我军稚嫩部队的学校"。不过，此时就连他都开始意识到战争已经毫无希望，当法夫尔的特使们在2月6日抵达波尔多时，这位丘吉尔式的外省独裁者用自己的辞呈迎接了他们。

然而，还有一场战争灾难尚未结束，而它正源于法夫尔给波尔多下达的命令存在缺失，波尔多还没有执行这一命令。布尔巴基被困在法国的东南角落里，他并没有接到任何投降命令。在短暂地迫使普军撤出第戎后，他的战役就越来越偏离原有轨道了。由韦尔德和曼陀菲尔指挥的两个普鲁士集团军此时不断压迫他麾下衣衫褴褛、饥肠辘辘的败军之师，迫使他们退入法瑞边境上茹拉（Jura）山脉的冰冷坡地。这些人陷入了绝望的困境。"由于树上已没有可供人员食用的叶子，"罗什福尔写道，"他们从树干上剥下树皮食用，马匹则在倒毙于路之前啃食炮车上的木头。"布尔巴基本人自杀未果，他的集团军残部最终也只能稀稀落落地退入瑞士境内寻求避难。关于那里的战况，此处不妨引用迈克尔·霍华德的经典研究《法普战争》(The Franco-Prussian War)中的论断："曾发生在欧洲军队身上的最大灾难之一。"

在法国的漫长历史中，最具灾难性的战争就此结束。

与这场失败给国家带来的损失，以及半个世纪后法国在复仇时损失的生命相比，法军的总损失并不算很大：大约有15万人战死或因伤死亡，负伤人数也与此相当（德军的战死和负伤人数分别仅有28 208人和88 488人）。在巴黎围城战时期，法军的战斗损失（包括国民自卫军在内）共有28 450人，其中只有不到4000人属于战死。根据谢泼德教授的数据，围城期间各种原因导致的死亡总数合计为6251人；其中仅有6人的死因被登记为"显然缺乏食物"，不过，此外还有4800名幼儿、体弱者和老人"可能由于缺乏食物或食物质量低劣而过早死亡"。[80]

但在巴黎，真正的杀戮尚未开始。

第二部分

公　社

第 16 章
不安的间歇

随着炮声归于寂静，在所有巴黎人心中，对投降感到耻辱还是满意的分歧，很快就被一个念头压过。食物！1月30日，前自卫军士兵蔡尔德在停火后的第一封家书中对父母表示："我再度成为一位自由、明白事理的公民，能够评判自己的举动，此刻也不用再忍受上校、少校、上尉或是这个懦夫族群中任何一类人的谎话，当我能够离开这座艳丽（原文如此）的城市时，我应当回到自家炉边，仰赖你们的家长情感为我准备一场不错的盛大欢迎仪式，那时候得有烤牛肉或是一条羊腿，又或是鲜鸡蛋……"随着解围近在眼前，人们对食物的渴望几乎比围城的最后阶段还要强烈。朱尔·拉菲内克（Jules Rafinesque）在给身处伦敦的内弟路易·哈克的信中写道："由于食物补给即将到来，我不认为我们会死于饥饿——哦，卢卢（Loulou）*，给我们吃的第一条羊腿得很嫩，做得很好！足够的果酱，更多的果露，更多的果露！"

很快，事实证明实际情况甚至比政府猜测的更糟糕。政府大

---

* 路易的昵称。

大高估了城内剩余的食物储量,这最后一次展现了它的无能:朱尔·费里此前曾指派两名官员记录日益减少的食物储备,目的在于让两人相互监督,可相当难以置信的是,官方非但没有比对这两人分别得出的估算结果,反而将它们加了在一起。于是,到了投降的那一天,按照当时的消耗水准,城内的食物可能连一周都维持不了了。《每日新闻》的阿奇博尔德·福布斯是毛奇麾下默兹河集团军的随军记者,他设法在 31 日乘马进入巴黎,空空荡荡的食品店令他大为震惊。[81] 福布斯发现整座城市"都萦绕着一种半甜半臭的气味,这是烹调马肉时散发的味道……",他时常害怕自己那匹膘肥体壮的坐骑会被人夺走、吃掉。店里还陈列着的少量食物此时都已标上了天价:1 棵小小的干瘪卷心菜价值 2 法郎; 1 棵韭葱 1 法郎; 1 只家禽 45 法郎; 1 只兔子 45 法郎 (通常是猫); 1 羽鸽子 25 法郎; 2 磅雅罗鱼 22 法郎。几天后,福布斯那些跟随皇储的同行看到了饥饿的巴黎人在讷伊桥上乞讨面包,这令人更感惊骇,他宣称,这种景象"将会令人长久铭记"。那些忙于给步枪上油并修理破损装备的普军士兵吃得很不错,而当他们看到"手指上戴着珠宝的纤弱女士在田地里搜寻冻坏了的蔬菜"时,也不可能无动于衷。显然,为巴黎补充食物已经成了一件十万火急的事情。尽管人们每天都能看到法国农民把越来越多的牛群赶入这座饥饿之城,但法国本身所能做的相当有限,这是因为乡村已经遭到了破坏,交通也被打乱。就连原先的敌人也展现出了焦虑之情,德皇亲自命令将 600 万份军队配给食物送入巴黎,同样堪称幸运的是,早在休战开始前很久,普鲁士人就以引人注目的预知能力开始修复桥梁和铁路隧道。

不过,巴黎在她需要食物的这个时刻主要还是依靠英国和美国。这两个国家立刻予以回应。格莱斯顿先生的政府征用了海军船只运载陆军的食物储备，在德特福德（Deptford），24个大烤炉日夜不停地烤制面包和饼干，各类捐献也淹没了市长大人救济基金会（Lord Mayor's Relief Fund）。根据负责在巴黎分发食物的爱德华·布朗特的说法，光是在2月份的最初几天里，伦敦救济委员会（London Relief Committee）就发出了"将近1万吨面粉、450吨米、900吨饼干、360吨鱼和接近4000吨燃料，此外还有大约7000头牲畜"。美国运出了大约价值200万美元的食物，但其中大部分都滞留在勒阿弗尔港——这是因为找不到人卸载货物。英国人也面临着类似的困难。1月31日，布朗特在给妻子的信中写道，"悲惨状况令人惊骇，"他还补充说，"我们希望配给物资能够在这周末运达，但铁路状况非常糟糕。没有办法运到布洛涅或加来。我不堪工作重负……我买了些马肉分给自己手下的职员和其他人，以免他们饿死。"此外还存在一些人为障碍，比如说法国当局坚持退回英国捐赠者送来的野鸡肉，理由在于"这些东西是给贵族而不是老百姓吃的，较为慎重的做法还是不去分发它们"。

不过，各类食品补给还是开始逐渐运抵巴黎。根据一位英国报道者的记录，2月4日上午，宣告第一批运输队抵达的鼓声将他唤醒。7日，市长大人救济基金会的代表抵达巴黎，食物运输的涓涓细流已成洪流。莱昂（Lyon）两兄弟来到巴黎搜集演讲素材，希望在英格兰发表演说以强化援助效果，他们在路过郊区时看到"一列漫长的补给车队，每一辆马车上都写有大字'不列颠政府的赠礼'。我们对我们的国家感到自豪，于是在进入巴黎时身子都不禁高了几寸"。在一个还不算过度热衷于这种感情外露方式的国家中,充满感激的回应立刻出现了;朱尔·法夫尔电告市长大人,宣称"在这个极端不幸的时刻,它听到的第一个表达同情的外界声音就源自英国人民。巴黎市民永远不会遗忘……"。由于英国在战争期间的"光荣孤立",巴黎人曾对它怀有怨恨,但这种怨恨此时已经大为消解。食物来得正是时候,运输英国食物的第一批马车在菜市场卸货时甚至引发了一场难以控制的骚乱,劫掠也伴着骚乱出现,导致珍贵的食品遭到了令人愤慨的浪费。鸡蛋、蔬菜、黄油和鸡被人们踩在脚下,骚乱持续了7个小时,在此期间,警察似乎无力干预。

巴黎的外国人社区里,有许多人已经无力购买救济食品,他们的困境和巴黎人如出一辙,这一回,又是那位慷慨的理查德·华莱士前来帮助他那些愤愤不平的英国同胞,除了在围城期间已经捐出的大笔金钱,他此时又额外捐出了成千上万英镑。布朗特同样自掏腰包,他作为临时代办,已经被各式各样的请求淹没;此外,英国大使莱昂斯勋爵当时仍然不在巴黎,可勋爵发给布朗特的第一条消息里就让他"照顾"大使身处加尔莫罗会修道院的外甥女,还略带傲慢地补充说:"你已出色地完成了诸多工作,我肯定你会乐意为此辛劳。"许多英国人也拥有自己的私人救济来源。奥谢就有位好心的朋友从凡尔赛骑马进城,还在鞍袋里藏了一条羊腿;商业旅行者威廉·布朗则在1月18日致信妻子,提到"日间交通线已经畅通无阻……",还明确要求她从克罗斯和布莱克韦尔公司(Crosse and Blackwell)订购"2只大号火腿、1打炼乳、1打2磅装焖牛肉罐头、1打烟熏鲱鱼、1打什锦果酱、1打阿普斯(Apps)半磅装的可可粉",不过他直到2月23日才收到包裹。看起来艾伦·赫伯特医生的家庭尤为关切他的幸福安康。在围城的最后几天里,他的兄长卡那封伯爵曾接到从凡尔赛发出的一封感人信件,写信人名叫马丁·哈珀(Martin Harper),原先是赫伯特的仆人,此时则是《泰晤士报》记者拉塞尔的通讯员。哈珀在信中表示他已经"预备了2条羊腿、4只鸡和一只鹅"等食物,准备把它们带给艾伦·赫伯特,表示"勋爵大人根本不用对我心存感激,因为我总是爱戴赫伯特先生"。与此同时,伯爵自己也已经让他的特使路易·格莱斯纳(Louis Gleissner)携带食物从伦敦动身;但这两人在运送食物时都被人捷足先登,因为医生的另一位兄弟下院议员奥伯龙·赫伯特(Auberon Herbert)在自己的背包里塞了一块牛肉,在停火后立刻秘密潜入巴黎,似乎成了第一批进城的外国人之一。其他人则像汤米·鲍尔斯那样,急急忙忙地第一时间抓住前往凡尔赛的机会,想要吃上一顿包括"煎蛋卷、白葡萄酒配鳎鱼和一块烤里脊牛排"在内的丰盛筵席;而按照埃德温·蔡尔德的记录,他在2月5日和自己的朋友艾伯特"无法抗拒诱惑",一道买下了刚从凡尔赛运来的一只家禽和一些新鲜黄油。他俩"让我们的看门人加以烹调,和后者一家一起吃掉了它。似乎好时光即将再度到来,愿事实证明的确如此。美好的一天"。

到了2月的第二周,食物供应已经卓有成效。它也让巴黎的外观产生了足以为人察觉的显著变化。《每日新闻》的一位记者在评论巴黎访客的"怀疑"时指出:"这些访客进入了餐馆,看到那里有着可以让人大快朵颐的充足食物,于是得出结论,巴黎并没有受到什么严重伤害……"可就像围城时期那样,食物分配中同样存在着严重的不平等现象,所以,穷人往往仍然要面临严重且令人愤慨的饥饿状况。1月31日,奥伯龙·赫伯特致信在外交部供职的奥多·拉塞尔（Odo Russell）："在巴黎，除了较为贫穷的阶层，其他阶层里似乎并不存在真正的窘迫状况；但在穷人当中，窘迫还是切实存在的，而且有可能继续滋长。"他的预言千真万确，3个星期后，艾伦·赫伯特医生在写给兄长卡那封的信中表示："尽管已经有了新鲜肉类，但它的价格完全超出了穷人的承担范围，工作也只能缓慢开始……我在投降后见到的坏血病病例比围城期间还多。"

涌入巴黎的食物早晚能够令经历围城的人们身体复原，但它几乎无法修补巴黎人的心智和灵魂里潜藏的损伤。从心理角度而言，在出现前所未见的失败或毁灭性的和平条件即将到来时，人们在这样的耻辱面前就不可能维持心理健康。在这座城市里，大街上的绝大多数美丽树木都已遭到砍伐，许多房屋也因炮击而崩塌，这令城市毫无光彩，让人很难想起1867年时那个闪耀着光辉的巴黎，这种状况当然无法令士气振作起来。当然，所有法国人都在一定程度上产生了羞耻感，可是，只有巴黎人才受到了一种神经官能症的额外影响，这种症状大体可以被认为是一种"围城热"（obsidional fever）。就像看不见的寄生虫影响人类一样，"围城热"在围城期间越发折磨人们，而且这个祸患的影响直到此时才完全暴露出来。无聊；营养不良；对明天将会发生什么怀有忧虑和迟疑；过度乐观之后是最糟糕的失望，这种循环导致习惯性高度敏感的人们精神失衡——上述因素都是产生这种祸患的原因之一。可最为重要的原因还是那种与其他人隔绝的孤独感，这是一种摧毁灵魂的感觉。有许多巴黎人赞成科学委员会秘书圣埃德梅的观点：迄今为止，围城期间最可怕的匮乏就是缺少来自外界的消息——这甚至比食物匮乏更糟糕。就连比其他任何人消息更灵通的沃什伯恩也在围城的最后两周里写道:"在我看来,自己似乎是在被活活焚烧。"

有位法国医生在关于围城的病理学研究中分析了"围城热"症状,认为它包括了如下表征:间谍躁狂症、猜疑、对权威的反抗、源自自我确证需求的华丽且空洞的长篇大论以及恐惧带来的迫害——这种不正常的举动指向了常见的"国贼"群体:共济会会员、犹太人和耶稣会教士。这种神经官能症能够令英雄在一夜之间成为叛国者,它变化无常的程度甚至在法国也前所未见。再没什么能够比人们对待传奇军士霍夫态度的骤变更生动地展现这一点了。霍夫最初依靠大胆的夜间突袭成为巴黎的宠儿,然后便在尚皮尼战场上消失无踪,整个城市都为他哀悼。可1月初开始出现他实际上是普军间谍的谣言,这当然可以解释他为什么能够如此轻易地获得普军头盔和其他战利品。一份报纸宣称:"有个参与此事的妇女……曾在几周之内从霍夫军士手中拿到了7000法郎。一位普通军士拿出7000法郎,这听起来真可疑……!"可是,尽管人们针对可怜的霍夫进行了种种诽谤,却从没有人能够拿出更坚实的证据。

"围城热"效应给人们内心带来的影响远非错觉。早在1月,朱丽叶·朗贝尔就记下了她亲历的一系列恐怖梦魇:"整整6天里,似乎世界上的所有蜈蚣都钻进了我的脑袋,附着在里面,我不得不将它们一个个地扯掉,每一回都撕裂了我的大脑皮层。"此时,已经被围城弄得伤痕累累的神经又不得不面对投降带来的致命空虚感。龚古尔曾在11月的某个时刻注意到围城生活中的某个方面"几乎可以让你爱上它"。它就是生活中的兴奋感,"战争环绕着你,几乎要触及你,持续不断地创造出紧张刺激,危险从你身边掠过，让人的心脏始终跳得略快一些，这也多少产生了些愉悦"。现在，这一切已经结束了，龚古尔先知先觉地预见到，"这种焦虑不安的愉悦过后就将是非常、非常、非常空虚的无聊"。无聊，诸多高卢病症中最致命的那一个，再度出现。巴黎城此时已经充斥着毫无方向的漫步人群，他们漫无目的地注视着商店橱窗，正规军和别动军士兵等待着返回家乡，国民自卫军没有工作，小市民也没了谋生行当。在天真的旁观者看来，历经多个月的战争和匮乏后，这种景象似乎已经足够和平了。而在表面下方不远处，投降留下的真空里却潜涌着危险的动荡状况。就算不考虑其他任何因素，在过去的 4 个月里，市民们已经被灌输了去杀普鲁士人的想法；但绝大部分人都没有机会发泄这些精心培养出来的暴力欲望。他们的欲望依然未能得到满足，在这样一场失败带来的沮丧中，许多巴黎人就像懊丧的孩童一样，随时准备好一脚踢开面前的任何东西。

要想应对这种痼疾，巴黎就需要精通心理学的领导者，哎呀，可事实证明法国的新政府在这方面的无能程度足以和前任政府在战争方面相媲美。

大部分能够逃离巴黎的人此时都在匆忙逃跑，它在过去 4 个月里成了一座监狱，弥漫着恶臭的气氛。逃离巴黎起初并不容易，因为这需要获得法国和普鲁士当局的双重许可，不过，即将回国争取连任议员的拉布歇雷得知大约有 2.3 万巴黎人自称是新的国民议会的外省议员候选人，以此为由离开了城市时，感到颇为好笑。此后，随着控制力度逐步减弱，离开巴黎的人已经多到让某位巴黎人认为许多法国人打算永远移居国外的地步。德加（Degas）动身赶往梅尼-于贝尔（Ménil-Hubert）堡，马奈则前往阿卡雄休养身体,这两人都曾在巴黎国民自卫军中效力;贝尔特·摩里索(Berthe Morisot)则被她的父母带到皮维·德·沙瓦纳(Puvis de Chavannes)那里待在一起;莫奈和毕沙罗在交战期间就已逃往英国,此时也仍然留在那里,只有雷诺阿是(印象派画家中)少数几个返回巴黎的人之一。有人估计,仅在休战谈判持续的那几周里就有至少10万人离开巴黎,这些人多数是中产阶层的市民,他们要么能够负担出城的开支,要么就在外省有地方可去。他们在路上遇见了那些较为穷困的郊区居民,他们在战争期间转移到外省,此时则带着成车的家具和食物返回战后家园。路上也有些较为富裕、财产较多的巴黎人,他们在围城前就已离开城市,此时回来是为了清点财产或收取房租。可一旦实现目标,其中许多人就会尽快离开巴黎。巴黎的无产者不可避免地被严酷的经济现实束缚在首都里,在这些无产者看来,这些回城者甚至比那些正在离开城市的资产阶级更惹人厌恶。红色领袖们依然因1月22日的杀戮而满怀怒火,他们注意到了资产阶级的离开意味着国民自卫军中的诸多资产阶级营兵力锐减,而这些营正是政府在过去维持巴黎秩序时所依赖的部队。这正是未来事件中的不祥要素。

随着休战的来临,围城时期的许多重要人物也离开了巴黎,就此消失在我们的故事之外。包括鲍尔斯、奥谢和拉布歇雷(他此时已经凭借"围城中的居民"身份暴得大名,那将有助于他在争取连任下院议员时获得大众支持)在内的大部分英国记者,已对他们所目睹的一切深感厌恶,纷纷拖着憔悴的病躯匆忙回国;而在其他自始至终亲历围城的英美人士当中,理查德·华莱士、艾伦·赫伯特医生、沃什伯恩公使以及他的助手威克汉姆·霍夫曼都在短暂外出后依然留在巴黎。埃德温·蔡尔德在2月中旬心怀狂喜地回到家中，但仅仅过了几天，他就发觉自己竟在欣赏卡文特加登（Covent Garden）剧院上演的一场舞剧时呼呼大睡，到3月3日，他又踏上了重返巴黎的道路。迪克罗将军过上了满怀怨言的准退休生活，特罗胥则实现了他一直许下的诺言：一旦将战时角色履行完毕，就退隐到被人遗忘的地方。此刻，一个富有韧性的小个子正在走向特罗胥留下的位子，此人在法兰西政治舞台内外扮演过诸多不同角色，活跃时间远超过了一代人的时间：他就是阿道夫·梯也尔。

2月8日，法国通过投票选举产生新政府，根据休战协定规定，该政府将负责批准或拒绝德国提出的永久和平条款。几乎不会有哪次选举有这么凶险的兆头了。为了找到能够被接受的法律依据，选举主办者不得不追溯到第二帝国之前，甚至要依靠第二共和国在1849年颁布的《选举法》。这部法律规定了普选形式的选举，每个省的选民并不是在各个政党推举的两三名候选人中加以选择，而要从一份漫长的候选名单上选出代表他们的人物。每一份名单上得票数最高的候选人将会当选；候选人可以让自己的名字出现在多份名单上，因此实际上也可以在多个省份当选。[82]当重复当选的状况发生时，就要随即举行补选。选举造势活动仅仅持续了8天，而在被德军占领的43个省里，竞选活动事实上遭到了禁止。与此相比，在堪称神经过敏的巴黎，短暂的选举过程中仍然出现了极大的热情和混乱。可以看到各式各样给人留下深刻印象的公开宣讲，拉布歇雷听到一位候选人以这样的话语开始演说："公民们，我代表前进！"但就整个国度而言，可以将参与竞选的人们分成两个主要阵营："和平名单"阵营和"继续作战名单"阵营。如果说后者主要由巴黎城内的左翼煽动者组成，那么"和平名单"上的人物则基本都是来自法国乡村的保守人士。许多前文中曾为我们熟知的名字（如法夫尔、西门、加尼耶-帕热斯、格莱-比祖安）都出现在了这份名单上，这使许多人倍觉反感，比如说龚古尔，他就对这些人居然"自以为是到胆敢参与选举！"感到愤慨。投票日当天还传来了一个几乎已被遗忘的声音，源自依然以战俘身份待在德国的路易-拿破仑，但它几乎无法勾起什么回忆。前任皇帝在一份以人们所熟知的古怪开头起始的宣言中声称自己"遭到了命运的背叛"，提醒法国他仍是这个国家的"真正代表"，其他任何政府都属于"非法"。

然而，路易-拿破仑的干预（他相当可悲地想去效仿伯父大胆冲出厄尔巴岛的举动）对波拿巴派分子的选举前景几乎毫无帮助。计票结果表明，他的支持者中大约只有 20 人得以当选，其中大部分还是被忠诚的科西嘉人选入议会的。选举最终以"和平名单"取得令人震惊的压倒性胜利告终。在 768 个议席中（尽管由于重复当选等原因，当即产生的议员实际上仅有 675 人），绝大部分席位属于保守派、天主教徒和乡村人士。议员中有 400 多人拥护君主政体，不过他们的效忠对象存在差异：既有支持流亡在外的尚博尔伯爵的正统派人士，也有团结在路易-菲利普之子欧马勒公爵（Duc d'Aumale）周围的奥尔良派人士（这一派人数较多）。名副其实的共和派在议会里不超过 150 人，这些人同样分成了朱尔·法夫尔这类"可敬"的温和派人士和罗什福尔这样的左翼极端分子；后者约有 20 人，而且大部分是在巴黎当选的。不到 6 个月内，法国就先是从波拿巴治下的帝国骤变成自由主义的共和国，此时又再度变得极端保守，而且绝大部分议员都拥有保王倾向。这种来回摇摆注定令人不安,不过,它或许没有乍看起来那么惊人、那么不合逻辑。帝国因发动战争而遭到责难,共和国则因继续作战且输掉战争而同样遭到非难。这两个派系都已经名声扫地,所以,外省人就带着怀旧的愿望转向看似黄金时代的最后一个君主国,路易-菲利普的君主国。毫无疑问,当赤色分子在巴黎围城期间的所作所为和共和派政府在对待赤色分子时有多么绵软无力的消息传到外省后,保守派的选举行情也随之提高,种种胡闹令这些人大为恐惧,他们担心要是再给赤色分子一次机会,或许就会影响到对他们而言极为宝贵的财产、宗教以及其他一切。"乡下野蛮人"(这是巴黎无产者对他们的侮辱性称号)竟然能够对巴黎赢得这样一场彻底的胜利,这一点本身并不算令人惊讶或有失公平,因为这个国度在 1871 年依然有 80% 以上的人口在土地上劳作。

纵然存在这一事实,可不论是在 768 个议席中仅仅分配给巴黎[83] 43 个的《选举法》,还是最终选举结果,都没有考虑到巴黎在法国所占据的那种亦真亦幻的主导地位。

以居高临下的鄙夷态度看待外省是她的传统作风。在波旁王朝治下,要是一位贵族从巴黎被流放到自己的外省庄园里,这样的命运简直比死亡还糟糕。早在开战前,历史学家泰纳就对龚古尔兄弟说过,法国让他想起了"兴盛时代的亚历山大港(Alexandria)。在亚历山大港下方悬吊着尼罗河谷,但它是一条死亡河谷"。此刻,4 个月的孤立给了巴黎一种与国家其他部分的空前疏远感,它似乎给丹东的著名傲慢言辞"巴黎就是法兰西"注入了前所未有的说服力。鉴于巴黎人无法目睹甘必大在外省征召的部队所取得的业绩和所蒙受的痛苦,他们就自然地得出结论,认为自己肩负了战争的主要重担。国民自卫军的佩居雷下士12月19日写给姊妹的信就颇具代表性地反映了他们的态度:"我们意识到法兰西正在赶来帮助法兰西,也就是说,外省深知它们此刻的命运要在巴黎的城墙内决定。"到了围城战末期,巴黎已经多次让她自己膨胀到了盲目自豪的危险地步,希腊人将这种状况称之为目中无人(hubris),其后几乎总会出现灾难性的失败。"哦,城市,你将让历史在你面前跪下",维克多·雨果曾如此宣称。可法国的其他部分这时也会如此卑躬屈膝吗?陷入神经质的巴黎过度傲慢地看待自身,这也就为她准备了一场痛苦的幻灭。

选举结果就像晴天霹雳般击中了秉持共和主义的巴黎。其中极端派所承受的痛苦尤为剧烈,因为巴黎的43个议席是分给整座城市的,并没有分配到各个区,所以只有一小部分极端派领导人得以当选:包括德莱克吕兹、皮阿、米利埃,此外还有像甘必大、加里波第、[84]罗什福尔、克列孟梭和维克多·雨果这样形形色色的盟友。因此,对左翼而言,选举代表了一场失利,其糟糕程度仅仅略低于投降,他们此后将会把寻求和平的保守乡绅和普鲁士征服者相提并论。在围城期间,巴黎的无产阶级及其思想家认为,他们不仅与外部敌人作战,也是在为理想的共和国而战;他们首先是为了大革命为他们许下的基本人权而战,在捍卫这些权利时却遭到了资产阶级和外省人的一再欺诈。在9月的少数几个光荣时刻后,他们和共和梦想间的距离似乎已经近到前所未见的地步,可现在,似乎欺诈又将再度上演。外省和愤愤不平的巴黎之间已经产生了一条裂痕,每当新的国民议会有所举措,这条裂痕就会继续加深。

国民议会的第一个动作就是选举产生新政府首脑。梯也尔顺理成章地当选了，他作为"和平名单"的领袖，已经在不少于26个不同选区当选，与此相比，甘必大（梯也尔称他为"暴怒的傻瓜"）仅仅在10个选区当选。此时，新议会中的绝大部分议员将执掌法国最高权力的职位交给了梯也尔，他随即着手组建政府，其成员的思想当然也与梯也尔颇为类似。梯也尔身材矮小、头发花白，长得像个侏儒，他戴着眼镜，蜡黄色的面庞像猫头鹰般斯文，此人虽然已73岁高龄，却丝毫没有丧失那残酷无情的气势。他是一位技艺纯熟的政客，拥有在法国政府的复杂环境中打拼将近半个世纪的经验，而且对法国历史的造诣也同样深厚。首先，他坚定地握住了缰绳，实现了特罗胥或法夫尔都无法完成的目标——同时掌控议会和政府。他漫长政治生涯中的第一位导师正是塔列朗；而且梯也尔曾帮助路易-菲利普登上王位，在他治下三度出任首相，因此，人们没有理由怀疑他会放弃奥尔良派倾向。他在第二帝国时期坚持反对路易-拿破仑，而且拒绝在9月4日宣布成立的共和国担任官职，不过，他还是愿意和共和国打交道。梯也尔曾经宣称："就出身而言，我属于人民；我的家人是马赛的小商人；他们在黎凡特经营小本布匹生意，不过却被革命弄得破落了。就教育而言，我是个波拿巴分子；我出生在拿破仑最为光荣的时刻。就品味、习惯和关系而言，我是个贵族。我对资产阶级毫无同理心，对他们统治下的任何制度也秉持同样态度。"另一方面，就天性而言，他对贫穷及其任何表现形式的同理心就更加少了。里昂曾在1834年发生过一场事态严重的暴动，它甚至有可能传播到巴黎，时任内政部部长梯也尔狡猾地传播了里昂革命者正在取得胜利的谣言，这样就诱使巴黎的持不同政见者领袖公开露面，促使他们发动暴动，而后加以残酷镇压。随后发生了在杜米埃笔下名垂后世的"特朗斯诺南（Transnonain）街屠杀",所以左翼始终认为梯也尔需要为此负责,他也深知自己从新的国民议会那里只能得到敌意。[85] 极度务实的梯也尔致力于"几乎不惜一切代价签订和约",有位《每日新闻》记者在谈及和约条款时评论道:"就算法兰西要毁灭,她至少肯定可以从梯也尔先生那里获得一场第一等的葬礼。"[86] 他选择的词汇或许有些不祥。在梯也尔最新的任期内,将有成千上万的巴黎人需要安葬,他们的葬礼却远非"第一等"。

甘必大及其代表团早已被逐出了图尔,并在12月10日撤到了波尔多,因此,新议会的首次会议也在此召开。2月13日,议会在建于18世纪的波尔多大剧院召开第二次会议,人们届时会目睹一幅生动展现议员心态的画卷。加里波第费力地想要站起来发言,却招来了一片嘘声,最终,"不要加里波第!""不要意大利佬!"和"让他管住自己的舌头!"这样的吼声让他彻底陷入缄默。有人听到,一位长着黑色长胡须的观众在座席上吼叫:"你们这些乡下的多数派,听听城里的声音。"随后,议长就命人清空了旁听席。加里波第也离开了,并在议会之外赢得了热烈的掌声,他宣称自己之所以前来法国,就是来为共和国而战,此刻,他认为自己的任务已经结束。当天夜间,加里波第身着他那件人们熟知的红衫,头戴宽边帽,动身赶往卡普雷拉（Caprera）岛,此后再未返回不知感恩的法国。雨果坦率地评论道,加里波第是"唯一一位从未在这场战争中失利的法军将领",这是事实;不仅如此,在左翼眼中他还是独一无二的共和事业英雄,这种侮辱无法容忍。

当梯也尔就职后,他最迫切的任务就是与征服者缔结和约。

时间已然耗尽。休战协定将在19日到期,不过,梯也尔还是设法将期限向后推了一些:先是延后到24日,然后又拖到26日。2月21日,梯也尔抵达凡尔赛,拉锯式的谈判随后持续了6天。他一上来就证明了自己是比法夫尔棘手得多的谈判对手。26日,身体依然有恙的俾斯麦愤怒地拒绝继续延长休战期限,宣称如果再不缔结条约,德军就将与"他们所能找到的作战对象"恢复敌对状态,梯也尔对此给出了回应,他警告铁血宰相,这样的举动将会招来整个欧洲的公愤。最终,双方在当天夜间签订条约。返回巴黎的途中,梯也尔崩溃了,他在自己的马车里哭泣。法国将要失去整个阿尔萨斯和洛林的大部分地区,包括梅斯和斯特拉斯堡两座要塞城市,这是她最美丽、最具价值的两个省份。梯也尔激发了普鲁士军方对荣耀的贪婪需求,依靠艰苦的谈判设法保住了贝尔福(Belfort)城(这座城市尽管经历了漫长的围城战,却从未选择投降),作为交换条件,巴黎却需要蒙受让征服者举行胜利游行的耻辱。德国人要求法国交出前所未有的巨额战争赔款,其金额高达60亿法郎或者说是2.4亿英镑,但他们还是接受了英国方面的强硬表态,意识到法国永远都不可能拿出如此庞大的赔款,因而将总额降至50亿法郎——这依然是一个天文数字。[87]德国将继续占领部分法国领土,直到法国缴清赔款。当龚古尔听说这些条件时,他叹息道:"在我看来,和约条款对法兰西而言是那么沉重、那么惨痛、那么致命,我很害怕战争只会在我们准备好作战前再度爆发。"即便在法国边界之外,也有许多欧洲人赞同龚古尔的看法。

2月28日,梯也尔将和约提交到议会,希望大感惊骇的议会能够正式批准条约。埃德加·基内预言道:"割让阿尔萨斯-洛林就是让战争在和平的面具下永久持续。"梯也尔警告俾斯麦的言辞也与此类似。维克多·雨果发表了一通在某位同时代的英国编年史家眼中"愚蠢程度绝无仅有"的演说，但他还是预言"这时刻将会发出声响——我能够感到极好的复仇正在到来"。1792年的法兰西将会"再度笔直站立！哦！她那时会成为不容忽视的大国。我们将见证她仅仅发出一击就收复阿尔萨斯，收复洛林！那就完了吗？不，我们将见证她一下子收复——请好好记下我的话——特里尔（Trèves）、美因茨、科隆、科布伦茨（Coblence）……以及整个莱茵河左岸"。说完这段话后，他又自行向德国人发表演说，和蔼可亲地向他们推荐共和国的益处："你们让我摆脱了皇帝，我也该过来弄掉你们的皇帝！"然而，国民议会还是以546票赞成、107票反对、23票弃权的表决结果通过了条约。巴黎对此大为恼火，它沉浸在无力的暴怒与愤慨当中，甘必大和来自阿尔萨斯-洛林的议员集体辞职，一同辞职的还有6名来自巴黎的极左派议员，其中就包括罗什福尔和皮阿。维克多·雨果在一场辩论中激烈反对宣布加里波第当选无效的动议，此后，他也追随甘必大等人的脚步，于3月8日辞去议员职务。一位来自乡村的子爵对他吼道："国民议会拒绝聆听维克多·雨果先生的话语，因为他说的不是法语。"国民议会无疑多少带着一些解脱情绪看待这位老牌煽动家的离开，但他的辞职又给巴黎人的伤痛感情再度增添了一丝愤慨。

这座城市长久以来都在给外省发号施令，而新的国民议会既不能也不想领会它的心态。天主教领袖蒙塔朗贝尔（Montalembert）的女婿、新近当选的议员莫子爵（Vicomte de Meaux）承认："我们外省人无法理解巴黎人，似乎我们说的都不是同一种语言，而且他们成了某种疾病的受害者。"不论这种"疾病"状况如何,大部分议员都不会对此追根溯源,他们更愿意直接接受维奥莱勒迪克的看法:"巴黎是个怪兽般的聚合物,为了法国和全欧洲的和平,必须将它摧毁……"当巴黎议员抵达波尔多时,这些人"依然激荡着爱国主义,眼神虽然空洞却洋溢着共和信念",一位左翼历史学家以激烈的笔调写道:"他们发现自己面对的是40年来的贪婪仇恨、地方要人、愚钝的城堡主、毫无气质的火枪手、衣冠楚楚的教士……一个根本未曾料想到的市镇世界加入了与巴黎的战斗;这座无神论的革命城市曾创造出三个共和国,粉碎了诸多偶像。"

国民议会似乎要永无止境地在巴黎的伤口上撒盐。其后,它宣布多雷勒·德·帕拉迪纳将军将取代克莱芒·托马,出任巴黎国民自卫军司令。这并不是一个令人愉快的选择。多雷勒是声名远扬的反动人物,他原先是波拿巴分子,也对巴黎人秉持激烈的敌意,此外,他此时并没有被巴黎人视为库尔米耶的胜利者,反而被看成是未能成功援救巴黎的家伙。显而易见,梯也尔打算用这个任命来限制国民自卫军的权力。

此时,随着国民议会在波尔多的议程即将结束,它匆忙通过了一系列法律,首都的诸多派系对此感到无法接受。一份具备追溯效力的判决文件令人震惊地将布朗基、弗路朗斯和另外两名煽动家以参与10月31日暴动为由缺席判处死刑,此外还有包括皮阿的《复仇者报》(*Le Vengeur*)和言辞下流却受人欢迎的《迪歇纳老爹报》在内的6家左翼报刊遭到停刊。不过,在新议会的所有举动中,再没有什么比《清偿法》激起的愤怒更正当、更广泛了。这部法律规定战争时期延缓偿付的所有债务都要在48小时内付讫；另一部与此类似的法律则规定房主也有权索取累积下来的所有房租。这两部法律的残酷程度足以与其愚蠢程度相当，它们给成千上万巴黎人带来了令他们束手无策的打击。鉴于工商业已经停滞了4个月之久，而且仍然在实质上陷于瘫痪，所以只有少数富人有足够的资金去偿付债务并缴纳租金。与此同时，议会还投票通过了决议，停止向国民自卫军发放每天1.5法郎的军饷，这是又一项旨在削弱国民自卫军潜能的举措，但这笔军饷在围城期间事实上为许多人提供了某种形式的失业救济金。于是，这三个充满偏见的举措打击了巴黎社会的庞大切面——作为职员、店员、工匠和小公务员的小市民中很少有人拥有自己的住宅，这些人发现他们此时已经被推进了底层无产者的营垒里，这些无产者原本只能遭到小市民的鄙视和怀疑。他们也起了反心，路易·佩居雷写给他姊妹的信就颇为典型地反映了这一点："房主毫无理由从那些唯一的家当就是日常工作收入的人那里索取租金……我们应当在能够付房租的时候再付，而且还会有许多人永远都付不了。"

加斯东·克雷米厄（Gaston Crémieux）口中的设在波尔多的"乡巴佬议会"的最后一个举动就是在3月10日宣布它将要休会，并（以427票赞成、154票反对的投票）决定20日在凡尔赛复会。考虑到特罗胥和法夫尔在10月31日和1月22日枪战事件中蒙受的羞辱，议会显然有理由认为，在位于愤怒、混乱、无神论的赤色巴黎之外的地方更容易催生一个好政府。英国大使莱昂斯勋爵在呈递给外交大臣格兰维尔勋爵的报告中用了一些不祥的词汇："议会里的大部分人坚定地反对共和国，要想建立一个符合它口味的政府，这就几乎一定会和巴黎及其他大城市的赤色分子发生战斗。因此，议会根本不喜欢迁回巴黎的主张……我不由自主地认为，如果政府越快在首都安顿下来，越快结束与暴民的战斗（如果必须展开战斗），那就越好。"在巴黎人眼中，这个最后的轻微动作背后的动机也是显而易见的，不过，选择凡尔赛并不仅仅被视作怀疑的象征，还被视作虚弱的代表——这要比前者危险得多。

* * *

与此同时，面对受创的巴黎，冷漠、麻木的议会还在从波尔多持续不断地让它伤上加伤，这座城市蒙受了任何一座骄傲的首都所能知晓的最糟糕的羞辱。作为法国与德国交易的一部分，梯也尔保住贝尔福的代价是允许德军在巴黎举行胜利阅兵式，并占领巴黎两天。拉布歇雷漠不关心地写道："我完全确信这群自负、愚蠢的人宁愿让威廉国王把他从法国索取的赔款数额加倍，也不愿让他的军队在里沃利路上行进。"事实上，很少有巴黎人会觉得这座遥远的外省城市的命运值得让巴黎——在承受这一切痛苦后——遭到这样的耻辱。愤怒情绪不仅普遍存在而且颇为激烈，除此之外，人们的情感中还夹杂着一种遭遇背叛的感受，这是因为政府曾在2月4日发布公告："敌军将不会进入巴黎。"要是再想起特罗胥"巴黎总督决不投降"的诺言，或是法夫尔说的"不交出她的一寸土地或要塞的一砖一瓦"，那就实在是太痛苦了。路易·佩居雷在给他的姊妹奥克塔维（Octavie）的信中写道："这些保王党人给他们的国度带来了何等的羞耻，何等的侮辱！……所有人的胸膛里都充斥着怒火，要是普鲁士人对此胆敢露出些许嘲弄迹象，那么某个感觉太过耻辱的爱国者猛地打出一枪就根本不会令人惊讶。"老资格的社会主义者路易·勃朗告诉朱丽叶·朗贝尔，俱乐部里的话语"吓坏了"他，要是普军横穿巴黎，他"担心"会发生"某些愚行"。刚刚进入巴黎的莱昂兄弟发现，当人们得知这个消息时，"愤怒的武装人群发誓即将报复普鲁士人"，他还颇为不祥地补充说："国民自卫军已经强行占有了他们的武器装备，而且表现得非常激动。"

在德军阵营中，也有些人（包括普鲁士皇储）质疑胜利入城式是否明智，可在指定举行仪式的那一天，单单是入城式的壮阔就足以扫清一切顾虑。3月1日上午8时，普军第14骠骑兵团的1名年轻中尉和6名号手骑马赶到星形广场，他们纵马跃过巴黎人在凯旋门附近设下的锁链和其他路障，漠不关心地继续穿过那座神圣的大建筑物。目睹此举的爱德华·布朗特"对普鲁士人的勇气感到震惊"，巴黎大众似乎也被弄得猝不及防。列队行军业已开始。

不到4年前，曾有一场阅兵式在城外的隆尚为普鲁士国王举行，如今，在截然不同的环境下，3万名为入城式精挑细选的士兵正在隆尚接受德意志皇帝的检阅：这是3万名让他在这4年里由国王升格为皇帝的军人。皇储站在已然衰颓的路易-拿破仑看台上，他注意到"所有木制部分都被烧毁，只有支撑着墙壁的铁制框架还摇摇晃晃地靠在一起。人们在光秃秃的墙上草草涂下侮辱性的下流言辞和图画，以此辱骂这位被放逐的统治者"。那些士兵曾在沃斯、格拉沃格特、奥尔良和第戎奋战，那些士兵曾从色当打到巴黎，当他们迈着正步通过时，试图为《每日新闻》记录这一事件的阿奇博尔德·福布斯被一种历史感淹没了："军号响起号角声，军鼓敲出银铃般的撞击声，而低音大号的悦耳音调给它们调了音。马匹永远都喜爱悦耳的声音，它们拱起脖子，急不可耐地咬着马勒，把泡沫斑点甩到骑手们擦得锃亮的皮革上。它们骄傲得像是能够意识到这一天的意义与光荣。"随着阅兵队列的行进，福布斯偶然注意到一个动人的场面，它似乎概括了这个崭新国家的力量与团结："皇帝掉转马头，和他的儿子面对面。手伸了出去，紧紧握在一起，带着爱和相互的感谢。"其后的随员在福布斯看来像是"半部《哥达年鉴》*"。

有些赶赴巴黎的枪骑兵在布洛涅森林里迷了路，不得不让法国围观者替他们指路，这在无意间产生了一丝荒谬意味。然而，当纵队涌入香榭丽舍大街后，就连巴黎人（他们永远无法抗拒阅兵，也不能扼杀自己的好奇心）都几乎无法遏制自己，不由自主地勉强产生了对征服者的艳羡。"一个连的枪骑兵将点缀着蓝白色小旗的骑枪插在他们的马鞍上，引领着纵队前进，"沃什伯恩向他的国务卿报告，"萨克森人身着浅蓝色外套跟在后面，之后是身着沉重制服、迈着勇武步伐的拜恩猎兵。紧随其后的是更多枪骑兵，偶尔会出现一队身着白色制服、头戴方形军帽、羽饰飘扬的俾斯麦胸甲骑兵，他们或许能够让那些较为聪明的法国观察者想到拿破仑一世的战争中南苏蒂（Nansouty）和拉图尔-莫堡（Latour-Maubourg）麾下赫赫有名的胸甲骑兵。此时出现的是随着6磅炮行进的炮兵，他们外表极佳，机动准确完美，必定能够得到所有军人的赞赏……""多么坚实而庄严的队列，"正在返回英格兰途中的奥谢气喘吁吁地表示，"这场奇观是我曾目睹过的最刺激景象之一。"

当德军部队解散队列后，他们在杜伊勒里宫里用桂冠为自己

---

* 《哥达年鉴》（*Almanack de Gotha*），1763—1944 年间出版于哥达的欧洲贵族名录。

加冕,在这座城市中自豪地结成小队大步走动。有些士兵身后跟着成群的顽童,他们大声喊叫、吹口哨,其他士兵则被身处安全距离的人们送出了嘘声。可是,尽管存在诸多预兆,德军却没有遭到任何袭击。事实上,有位英国记者声称"这个地方看起来像是在举办一场盛会,在目前的状况下可以说是令人作呕",另一位记者则注意到巴黎女性"公开表达她们对侵略者那男儿气概、勇武外表和殷勤姿态的钦佩"。在一个丑陋的时刻,俾斯麦发觉自己被协和广场上的一群愤怒围观者包围,但他高度镇定地掏出一支雪茄,向最具敌意的看客借了个火。拉菲内克家族在那"两个悲伤的日子"身处他们口中的"普属帕西"(Passy-Prusse),根据他们的说法,贝尔维尔已经"自行筑起街垒,用大炮和机枪武装起来,并发誓决不让德国人踩到它的土地上"。不过幸运的是,普鲁士人还是足够谨慎,没有去捅这个马蜂窝。在普军占领下的巴黎,大部分商店坚决关门,它们的窗户上盖着黑布,至于那些被指控为敌人服务的小酒馆业主,不仅酒馆窗户被砸碎,房屋也遭到了洗劫。看似对征服者太过友好的平民也遭到了野蛮的报复,许多女性仅仅因为极其薄弱的借口就被撕掉衣服。至于福布斯本人,有人看到他向萨克森王储脱帽致敬,于是在德军走开后,他就被人痛打一顿,还差点被扔进塞纳河里。

除此之外,普军的占领还是在毫无抵抗的状况下结束了。3月3日早晨,龚古尔被"乐声,他们的乐声"惊醒了,他发现"这是一个壮丽的早晨,有着对人类灾难(不论它们被称作奥斯特利茨大捷还是巴黎陷落)无动于衷的美好阳光。天气极好,可空中充斥着这个时节里人们从未听到的乌鸦聒噪,而且它们还在列队行进,就像是那支军队的黑色护送者。他们在移动!他们终于离开我们了！"。一名《泰晤士报》的记者目睹了离开城市的德国军官们在穿过凯旋门时大声欢呼起来，这位记者承认："不论人们在此刻可能会同情哪一方，都不能不捕捉到这种激情的感染，都不能不感受到心脏在跳动、脸颊在抽搐——就像如洪流一般呼啸翻滚的人群在急速流动一样……"3月6日，俾斯麦和他的随从人员启程返回祖国；因此，忠实的布施以如下说法终结了他的记述："一个明朗的早晨。鸫和雀为我们唱出的离别的讯号。"

随着最后一名德军撤出城市，巴黎人随即开始用康迪氏液清洗敌军曾经践踏过的街道，还用许多堆篝火"净化"已被玷污的铺石路面。但德军留下的糟糕污渍是一切事物都无法轻易抹去的。对任何一个拉丁民族而言，有一些耻辱只能以鲜血洗清。还要再过半个世纪，法国才能够强大到足以对德国人实施报复，届时，流淌的鲜血却将源于法国人自身。

第 17 章
蒙马特尔的大炮

"当你了解巴黎时,"曾担任特罗胥副官的代里松上尉在谈及这座被围的城市时写道,"她就不再是一座城市,是一个活生生的存在,一个自然人,她拥有狂怒、疯狂、愚蠢和激情的时刻。"当时,有些身处城墙之外的人也感到她正濒临某个"狂怒时刻",这里面就有莱昂斯勋爵和普鲁士皇储,后者在 3 月 4 日的日记中写道:"我们必须做好准备,目睹温和派和赤色分子在巴黎的战斗……这个不幸的民族命运是何等凄惨。"

在巴黎城内,这座城市却开始显出彻头彻尾的欺骗性外表,就表面现象而言,它似乎已经平静如常,这往往会令人难以看清这座城市的真正心绪。严冬过后,春天此时似乎立刻就会来临,人们的健康也迅速恢复。到了截至 3 月 11 日的那一周,死亡率相较 2 月第一周已经降低了三分之一以上。商业正在复兴,人们再度看到街道上出现车流和煤气灯光。威廉·吉布森(W. Gibson)牧师是一位英格兰循道宗教士,他在战前曾经花费 10 年时间竭力劝说巴黎人"改宗"。吉布森在围城战结束后返回巴黎,起初,他发觉那些曾经身强体壮的运煤工已经衰弱到只能把煤炭送到最多三四层楼的地步，可到了3月9日，牧师的注意力已经集中到了这座"正在恢复它过往的美丽夜景"的城市。

对那些停留在重新灯火通明的大道上的粗疏观察者而言，巴黎人看起来似乎更为开心了。被围城打乱的生活脉络正在重新编织起来。对龚古尔而言，2月24日是值得纪念的吉日，因为他正是在这一天发现自己的文学品味终于回归。然而短短三天后，他就因某些无法解释的不适而陷入焦虑："巴黎的表象下潜藏着……阴郁、焦躁的东西……"次日，他又写道："环绕在你身边的沮丧情绪实在难以描述，巴黎正在陷入最令人不快的恐惧——对未知的恐惧。"即便是富有洞察力的龚古尔也难以准确判断出表象下暗藏的症状，就连像沃什伯恩这样精明、经验丰富的观察者也被它难倒了。威廉·布朗在即将永远离开巴黎时以抒情笔调致信妻子："现在我感觉一切的确都已过去，感谢上帝，和平与商贸会带来希望，各类食物都很充裕，春季的天气相当美好，同样重要的是未来的前景，我希望能够尽快看到你们所有人的亲爱面庞，我感到极度欢乐。"与此同时，朱尔·费里在3月5日从巴黎自信地向身处波尔多的同僚朱尔·西蒙发出电报："整座城市全然平静。危机已经过去……"

然而，2月26日发生在巴士底广场上的一桩野蛮暴行却反映了巴黎的真实情绪：就在两天前，国民自卫军部队就已怀疑政府打算将他们遣散并解除武装，因而在这座广场发动示威游行，而且也结合了针对德军胜利入城式的抗议（第二共和国也恰好是在1848年的这一天创立的）。25日，示威已经俨然变为左翼的朝圣之旅，到了傍晚时分，七月柱基座旁的花环和旗帜已经高高堆积起来；26日（梯也尔签署和约的那一天），它已演变为国民自卫军从上午10时一直持续到傍晚6时的大游行。尽管没有人携带武器，但每个营还是带着自己的乐队参与了游行，而且军旗都包上了黑纱。大约30万巴黎人参与了游行，其中许多人（比如说路易·佩居雷）发现这是一幕令人尤为欢欣鼓舞乃至"宏伟壮观"的景象。国民自卫军的领袖们在胸前佩戴了红色肩带，在此刻向任何能听到他们说话的人发表煽动性演说。某位正规军军官听到国民自卫军第238营的一位代表宣称（他恐吓性地提到了1793年、1830年和1848年）："那些拥有垄断权力的剥削者似乎认为人民永远会循规蹈矩。他们似乎忘记了人民有时候会突然觉醒……"

人群的情绪堪称凶险，只需要一点刺激，就足以造成一桩事件。突然之间，"间谍！间谍！抓住他！"的吼声打断了各场演说，有个人被拖出来拳打脚踢。此人的名字似乎是温琴佐尼（Vincenzoni），但他犯了什么错仍然说不清，目击了这一幕的莱昂兄弟记得有人认出他原先是一位帝国警官，左翼的同情者则声称他是个政府暗探，当时正在清点参与示威的部队单位数目。不论真相如何，暴民们都渴望着鲜血，这个不幸的人被拖到塞纳河畔，周遭响起了"揍他！打他头！淹死他！"的吼声。根据后续调查结果，此人乞求暴民允许他举枪自戕，但暴民拒绝了这种人道做法，他们怒吼道："把他扔进塞纳河！扔进塞纳河！"随后，温琴佐尼的四肢给绑了起来，"就像一个包裹"般被带走，人们带着他从一排系泊的驳船间走过，把他狠狠扔进塞纳河里。但水流不断地将这个不幸的男人送回岸边，在那里，"有些恶棍让暴行达到了极致，他们朝这个人身上投石……"这些恐怖的景象持续了至少两个小时，直到受害者最终淹死为止——而它们正发生在数千名对此毫无反对之意的巴黎男女眼皮底下。

就在同一天，暴动分子突入了圣-佩拉吉监狱解救囚犯，其中一位囚徒是名为保罗-安托万·布吕内尔（Paul-Antoine Brunel）的少尉，此人因参与一月骚乱而遭到逮捕，将在后续事件中扮演关键角色。布吕内尔在围城期间就是抵抗到底的坚定信徒，因而在巴黎投降前不久被维努瓦下令逮捕，其罪名是命令第107国民自卫营里的士兵控制弹药库和电报机、阻止国防政府乘坐气球离开巴黎。就在布吕内尔获释的时候，另一些国民自卫军大胆地冲入德军即将占领的多个城区，从炮场里转移出了大约200门大炮。这些大炮里的绝大多数都刻有国民自卫军的编号，而且是在围城期间通过公共捐助的方式"购买"的。自卫军完全有理由认为这些大炮是"他们"的财产，他们此举的动机似乎纯粹源自不让大炮耻辱地落入德军手中的决心。失败和新国民议会施加的其他诸多耻辱激怒了国民自卫军中的死硬"民众"派系，他们此时采取行动拯救了巴黎人仅存的一点尊严，而在这件事上，其他许多巴黎人也和他们站在同一战线。他们高唱着《马赛曲》，以惊人的努力将200门大炮拖到了蒙马特尔。蒙马特尔位于"己方"土地上，而且处于半完工状态，只有一条道路可供通行，因而成了一座难以接近的堡垒。转移大炮将带来深远的后果，尽管2月26日的骚动已经遍及城内，可是鉴于国民自卫军和正规军之间并未发生实际冲突，这件事也就相对而言无声无息地过去了。

经历过22日的枪击事件和投降后，国民自卫军中倾向于左翼、拥有"共同利益"的营于1月底逐步团结在一个自称为"国民自卫军中央委员会"（Comité Central de la Garde Nationale）的管理机构旗下。到了3月初，由于国民议会不得人心的措施令越来越多的部队进入中央委员会的轨道，许多"资产阶级"营也因大量成员离开巴黎而陷入解体,中央委员会就握有了可观的潜在权力。真正指挥国民自卫军的已不再是新任司令多雷勒,而是中央委员会。此外,由于法夫尔在凡尔赛所做的灾难性妥协(尽管俾斯麦告诫他不要这么做),正规军已被裁撤到仅存一个师,与此同时,国民自卫军仍然保持了武装,它此时已是法国最强大的武装力量,而且由于2月26日的事件,还有200门大炮可供它支配。3月3日,多雷勒·德·帕拉迪纳将军抵达巴黎。他急忙宣布自己要"坚决果断地镇压一切破坏城市安宁的人",这也很难让他受人欢迎。当他召集国民自卫军的各位营长开会时,260名营长中仅有大约30人出席。此时,政府突然意识到"持不同政见"的国民自卫军(他们已经自称为"联盟军")有多么强大,而这正是政府自己在围城期间创造的弗兰肯斯坦。3月5日,布卢门塔尔在他的日记中怀疑,巴黎守备司令维努瓦"即便握有4万人"可能也无法掌控局面。

于是毫不夸张地说,巴黎的权力平衡(事实上是整个法国的权力平衡)仅仅一夜间就已逆转。对梯也尔而言,潜在的威胁已经大到无法置之不理的地步。3月8日,正规军奉命收回已被擅自取走的大炮。维努瓦本人和大部分下属军官一样,对这群"武装暴民"给他的武装力量带来的一连串侮辱充满了怒火,正规军和国民自卫军间的相互厌恶已经达到了最高峰,尤为值得一提的是,来自外省的别动军对自卫军在围城期间的表现依然颇为鄙夷。但在那一天,维努瓦麾下士兵的表现可以说是无力之极。国民自卫军似乎变得坚韧起来了,面对他们坚决拒绝交出大炮的态度,正规军选择了退却。当正规军表现得如此虚弱后,中央委员会成员杜瓦尔又在当天晚些时候烧毁了格勒内勒街(Rue de Grenelle)

上的一座正规军兵营。维努瓦气急败坏，无能狂怒。于17日抵达巴黎[88]的梯也尔意识到当局需要全面展示军事实力才能吓得国民自卫军交出大炮。按照他的估计，大约3000名宪兵和警察再加上可供维努瓦调遣的1.2万到1.5万名正规军就足以弹压那支特罗胥迟迟不敢投入作战的民兵。次日上午，他们就要把大炮搬离蒙马特尔。"以抵抗普鲁士人为借口的邪恶之辈已经控制了一部分城区，"梯也尔向巴黎人宣称，"你们将会赞许我们诉诸武力，因为有必要不惜一切代价……恢复秩序——这是你们福祉的根基。"但他误判了巴黎和国民自卫军的情绪，其糟糕程度和他误判了战败后的法国正规军的士气相当。

18日上午，沃什伯恩公使和几位美国朋友——包括莫尔顿夫妇——前往距离巴黎大约12英里的小瓦尔（Petit-Val）消遣。他在出发前顺便去了一趟外交部，在那里发现了某些隐约的骚动迹象，可在其他地方，"街上并没有什么激动的状况，似乎就没有什么不寻常的事情在发生……"莫尔顿先生提到他听到了某些传言：蒙马特尔发生了一场冲突，而且有两位将军被杀，可在整整4个月的围城战后，沃什伯恩已经不再关注这些巴黎假新闻了。然而，到了当天晚上沃什伯恩回城的时候，他将发现梯也尔政府早已逃离巴黎，公社的时代就此开启。

维努瓦解除国民自卫军武装的行动包括四个相互独立的行动：法龙（Faron）将军率领一支部队占领贝尔维尔和肖蒙山丘（也有些大炮被拖到了那里）的骚动温床；沃尔夫（Wolff）将军指挥第二支部队前往巴士底狱；安里翁将军则指挥第三支部队负责保护市政厅；夺回蒙马特尔大炮的任务主要由叙斯比耶勒（Susbielle）将军的师承担，该师下辖两个旅，分别由帕蒂雷尔（Paturel）将军和勒孔特（Lecomte）将军指挥。事实上，这支部队乍听起来给人留下的印象要远强于它的实际兵力，以分配到主要任务的勒孔特旅为例，它的兵员主要是第88团里那些稚嫩、缺乏经验的年轻士兵。正规军在周六破晓前冒着冰冷的雨水赶赴预定地点，他们的热情几近于无；某位帕特里（Patry）上尉跟随自己所属的团前往巴士底狱，他记得自己对两件事怀有同等的厌恶，一是任何想把这陷于毁灭的国度拖入内战的想法，二是有人朝他高呼，要把"奥尔良王室带回杜伊勒里宫"。然而，就像围城战期间发生的诸多灾难性战斗一样，这次军事行动开始时还是比较顺利的。虽然今天的蒙马特尔在凌晨3点还不会上床就寝，可当叙斯比耶勒师在这个时间就位时，那座猝不及防的村庄已经睡得很死。那些依然清醒着、负责看守神圣大炮的国民自卫军哨兵在惊恐中逃离；只有一名正在给刺刀上油以消磨时间的自卫军士兵蒂尔潘（Turpin）被一发夏塞波子弹打伤。蔷薇路（Rue des Rosiers）上的岗哨也遭到生俘，这些人被关进了图尔-索尔费里诺餐馆的地窖里，离甘必大攀上气球的地方很近。截至凌晨4时，蒙马特尔的军事行动已经完全结束，正规军夺回了大炮。

可是，叙斯比耶勒师表现出几乎令人难以置信的不称职作为，堪称导致法国输掉战争的职业军人无能表现中的典型。它发觉自己竟然没有带来拖曳大炮所需的挽马编队。尚皮尼、勒布尔歇和比曾瓦勒再度重现（梯也尔以过度轻描淡写的说法谈及此次军事行动，"它缺乏让战争取得胜利的热切警觉性"）。正规军就和他们夺回的大炮待在一起，无力移动。与此同时，在一位国民自卫军随军女商贩的帮助下在蔷薇路6号给蒂尔潘止血的红色圣女路易丝·米歇尔，设法逃出了此地。她肩扛一支步枪，一路高呼"背叛！"跑下了山。很快，蒙马特尔的"警备委员会"就将支持者集结起来。太阳在升起，而马匹依然没有到达，蒙马特尔的居民们意识到态势依然处于僵持，也就恢复了神智。整个巴黎都能听到不祥的警钟，它惊醒了国民自卫军。到处都冒出了密密麻麻的人群，包括国民自卫军和不可避免地渗入其中的巴黎暴民，他们以敌对态度包围了正规军。人群的外观令《泰晤士报》的一位记者想起了吉伦特派革命者的景象，他惊恐地"看到武器竟然落在这样的人手中"。他们不断朝正规军涌来，距离越来越近，而正规军的军官们要么太缺乏经验，要么太沮丧，居然无法阻止暴民靠近。当时在其下的巴士底狱的帕特里上尉声称："我一生中从没有比这更耻辱的时刻。我接到的命令是驱散一切人群，可街上只有一个庞大的人群，我的连完全被淹没在里面。我自己连移动都困难。"在这种状况下，正规军根本不可能保持任何主动权。

上抵蒙马特尔，那里的状况甚至更为糟糕。到了7时45分，勒孔特的部队实际上已经被群众淹没，这些人向士兵表达亲善态度，将各种煽动性论据倾泻到他们那稚嫩的耳朵里。突然之间，有人看到第88线列步兵团里的某些士兵倒转了步枪，他们在一片"线列步兵万岁！打倒维努瓦！打倒梯也尔！"的喊声中将枪托举向天空。大约就在此时，年仅29岁的蒙马特尔区长乔治·克列孟梭医生出现在现场，他要求人们将蒂尔潘送到医院。克列孟梭也告诫勒孔特，要是他不尽快带走大炮，就可能惹来大麻烦。勒孔特拒绝送走蒂尔潘，这个决定令暴民（他们正被狂暴的路易丝怂恿起来）又一次大发雷霆。勒孔特鲁莽地下令士兵朝暴民开火，但立刻意识到自己的命令不会得到执行，于是取消了它，转而命令士兵用刺刀自卫。这两道命令都同样不切实际，由于第88团的倒戈，勒孔特陷入孤立，被人们从马上拽了下来。

随后发生的事情带有这种事件固有的混乱气息，因为它的记载大体上得依靠那些后来因参与此事而被判处死刑或囚禁的目击者的回忆。勒孔特将军给人痛打一通还遭受侮辱，而且群众有段时间似乎把他当成了维努瓦本人，随后，他被押解到国民自卫军设在"红堡"（Château-Rouge）的据点，"红堡"实际上是一座与著名的"煎饼磨坊"（Moulin de la Galette）类似的舞厅。这个据点的指挥官是西蒙·马耶尔（Simon Mayer）上尉，他匆忙赶到克列孟梭所在地，向后者报告勒孔特居然沦为了自己的战俘。克列孟梭要求马耶尔对将军的人身安全负责，可上尉在回程途中接到了"第18区警备委员会"发来的一整套新命令，它们由左翼极端分子起草，其中的代表人物就是克列孟梭的副区长，那个长着大胡子、名叫泰奥菲勒·费雷（Théophile Ferré）的赤色极端分子。"警备委员会"担心克列孟梭想要放跑勒孔特，于是下令将他转移到设在蔷薇路上的另一个国民自卫军据点。马耶尔遵守了命令。

押解队伍中原先就有国民自卫军士兵和勒孔特麾下的第88团里的某些士兵，但主要还是那些随风倒的家伙，某些蒙马特尔贫民窟里最糟糕的下等人。其中包括了娼妓和极为恶劣的悍妇群体，后者曾将早期的小规模冲突中杀死的一匹军马剥了皮，这些人不禁令人想起了恐怖时期的"编结者"[*]。她们发出怒吼，要让这个战俘见血，马耶尔和他麾下的士兵很是花了一番功夫才确保勒孔特不至落入她们手中。行进速度因此变得很慢，直到下午2时30分，这支队伍才抵达那条有着好听名字的道路。阿方斯·都德

---

[*] 指雅各宾统治时期一边打毛衣一边旁听公审的妇女。

（Alphonse Daudet）在几天后来到现场，这条路上的"鹅卵石路、菜园和矮屋"让他想到"城市杂乱地向外蔓延、渐渐萎缩、最终消亡在田野边缘时形成的平静郊区之一"。到了这时，维努瓦已经取消了军事行动，让勒孔特听天由命。

而在蔷薇路 6 号，伴着连珠炮般越发激烈的嗜血咒骂声，捕获了勒孔特的人们打算着手审讯。可到了下午 4 时，又一队国民自卫军押来了第二名战俘，这是个身着罩袍、头戴丝绸礼帽的白胡子高个老头。此人正是克莱芒·托马将军，刚刚退役的国民自卫军前任司令。他们在皮加勒广场（Place Pigalle）上抓住了托马，他似乎是出于好奇心才愚蠢地前往那里。由于托马参与过镇压 1848 年革命，他早就遭人憎恨，此时，那些捕获托马的人更是将他视为需要为国民自卫军在比曾瓦勒惨遭屠戮负责的家伙。他的出现事实上给这两位将军判处了死刑。暴民彻底失控，他们涌入房屋，要求立刻处决这两人。此时，马耶尔上尉立刻冲到区政府，告知克列孟梭这两位将军正面临危险。按照一位目击者的说法，有位自卫军军官向暴民屈服，他要求进行举手表决。"每个人都举起了手"，于是，托马将军就被拖到小菜园里——这是"一座真正的城郊菜园，每一位租种者都有自己那长着醋栗和铁线莲的角落，带有大门的绿色栅栏将它们分隔开来"（都德语）。国民自卫军并没有组建像样的行刑队，于是第一轮杂乱齐射后，那位老将军却依然站在那里。有个参与者后来在狱中告知罗什福尔，托马表现得极度英勇，他喊道："杀了我！这没法阻止我称你们是懦夫和杀手。"子弹一发接着一发，直到托马最终倒下，其中一发子弹洞穿了他的眼睛，那只眼睛直到最后一刻都在羞辱行刑者。勒孔特随后就被一枪命中后背解决了。后来进行尸体解剖时，人们发现将军们有好几处伤口是夏塞波步枪的子弹造成的,但国民自卫军并未装备这种枪,因此,他们大概是被勒孔特自己的部下开枪打死的。

此时,一些极度丑陋的景象随之出现了。人们持续不断地朝已经残缺不全的遗体开枪,与此同时,暴民中那些发狂的女人还蹲下来对着尸体撒尿。顽童们为了争夺站到小菜园墙头围观尸体的权利相互争斗。就在这时,克列孟梭抵达了现场,他拼命喊道:"不要流血,我的朋友,不要流血!"却被人告知"这已经太晚了"。用克列孟梭自己的话说:

>……挤满了庭院的暴民们受制于某种狂乱情绪,于是涌上了街道。他们当中有猎兵、线列步兵、国民自卫军、妇女和儿童。所有人都像野兽一样尖叫着,却没有意识到他们在做什么。根据我当时的观察,这种病理学现象或许可以称作嗜血。一种疯狂气息似乎蔓延到这群暴民当中:……男人们到处跳舞,以某种野蛮的狂暴力度相互推搡。它是那种在中世纪时常出现的精神极度亢奋状况之一,如果人群受到了某些原始情感的压力,这类状况就依然有可能发生。

克列孟梭在当天似乎始终怀着乐观的错觉:他先是认为转交大炮时不会发生什么冲突,后来又认为勒孔特不会遭到伤害。看到实际发生的状况时,克列孟梭突然大哭起来,据说,人们要到1918年战争胜利之际才会再次看到这位坚韧的医生-政治家在公开场合潸然泪下。他同样大大误判了暴民的情绪,以至于自己的生命安全也一度受到威胁。而在巴黎别处,当尚齐身着全套将军制服走出奥尔良站时，他被另一群暴民当成了多雷勒，因而差点蒙受了和托马、勒孔特相同的命运；维努瓦也差点丢了性命，他的死讯甚至一度广为流传；就连特罗胥也声称要不是有人及时提醒，他也难以幸免。

这片喧闹、残暴的景象中还有另一出死亡，与其格格不入。一位沉浸在最深刻哀痛中的谢顶老人走在一列漫长、混杂的送葬队伍前方，这群前往拉雪兹神父公墓（Père-Lachaise cemetery）的人中，既有文人，也有跟跟跄跄的醉汉，还有些集结起来的国民自卫军武装人员。这位老人正是维克多·雨果，他的儿子夏尔此前突发中风身亡，这时，雨果正跟在夏尔的棺材后面："打击接着打击，损失连着损失，啊！双倍的煎熬。"[89]这些话语同样适用于法国。龚古尔发觉一同赶来悼念的人们以轻浮的态度拿梯也尔开玩笑，这令他感到震惊，"正在我们周遭发生的恐怖革命。我感到非常伤心，充满了最痛苦的不祥预感"。

就在同一天，柏林的心绪却变得最为喜庆，这与巴黎形成了鲜明对比。她正在庆祝自己那位得胜的君主凯旋。一面横幅飘扬在腓特烈大王的雕像上，横幅上写有一首长诗，它的开头是："万岁，威廉皇帝！向您和在您指引下从阴森恐怖的远方胜利归来的勇敢德意志民族致敬……老弗里茨会自豪地俯瞰着他的子孙，大为赞许他们的勇气。"庆典一连持续了几天，在此期间，人们耀武扬威地在街上拖曳从瓦莱里安山缴获的法国巨炮；但对喜气洋洋的柏林人而言，最让他们高兴的似乎是看到他们未来的统治者出现在皇家阳台上，此人正是年仅13岁、身着全套枪骑兵制服的威廉皇孙。在这一切喜庆气氛中，衣着破旧的法国人的前任皇帝也得以离开设在威廉高地的囚禁场所，获准不举行任何仪式就前往位于英国的永久流放地。

当托马将军和勒孔特将军被打死时,维努瓦已经将他的部队撤出了巴黎的诸多动乱中心,将他们集中到荣军院周围。帕特里上尉从巴士底狱赶到荣军院,当他看到一辆单马拖曳的客车驶过,还载有一位身着灰色大衣的绅士时,便得知了惊人的消息:"这就是那位以良好秩序退往凡尔赛的陆军部部长。"上尉对此感到震惊。

自从凌晨5时起,梯也尔政府的领导人就在奥赛码头焦急地等待消息,可坏消息一个接着一个。其中大部分人从去年9月开始就已经经受了种种煎熬,他们的神经都有些不安。到了近午时分,陆军部部长勒弗洛将军(他刚刚在巴士底广场从暴民手中逃出)估计40万国民自卫军中只有不超过6000人还忠诚于政府。境况看起来已然绝望,对政府而言,此时已经不再仅仅是夺回蒙马特尔大炮的问题,而是能否还能支配巴黎的问题。梯也尔对于历史的判断力使他做出了一个重大决定:政府将"彻底且立即地"从巴黎撤往凡尔赛。在1848年革命期间,他就曾建议路易-菲利普如此行事——"然后带着比若元帅和5万大军回来"。而且他认为,要是国王采纳了这个建议,七月王朝的王室现在依然还会待在杜伊勒里宫里;他还记得就在同一个革命之年,温迪施格雷茨(Windischgrätz)在维也纳就这么做过——常言道,后退是为了跳得更远,仅仅几周之后,温迪施格雷茨就重新征服了这座反叛的城市。梯也尔颇有道理地指出,如果政府继续待在巴黎,"暴动的思想将会传染到正规军里,他们接下来立刻就会抛弃我们"。西蒙、法夫尔和皮卡尔提出了抗议,因为放弃巴黎可以说是无法想象的。市政厅自去年10月31日以来已经大大加强了防御,为什么不以它为核心建立一个抵抗中心呢?但梯也尔态度坚定,此外，费里市长已经从市政厅得知布朗基的追随者打算夺取此地。

大约下午3时，几个与政府为敌的国民自卫军营出现在外交部下方的码头上，他们的到来解决了争议。"我们大祸临头了！"勒弗洛喊道。梯也尔通过一条暗藏的楼梯逃到了大学路（Rue de l'Université），维努瓦匆忙给他派去了一名卫兵，梯也尔就在这名卫兵的保护下潜逃到了凡尔赛。其他部长紧随其后，他们身后则是维努瓦麾下的所有正规军，巴黎对此大为惊奇，纷纷嘲笑这些逃跑的官员。

3月18日的所有事件都完全出乎诸多红色要人的意料，也不在中央委员会的掌控之中。没有人预见到政府会在当天上午奇袭蒙马特尔，也没有人预见到此举将引发可怕的报复，但至少所有人都预见到了一点：这个不受支持的政府在受阻后将会撤走。因为没有人曾为这样的突发事件准备预案，就像当天发生的其他一切事件那样，政府撤离巴黎引发的反应完全是自发且毫无配合的。就在中央委员会陷入犹豫之际，已在2月26日示威中被人从圣-佩拉吉监狱里解救出来的保罗-安托万·布吕内尔开始行动起来。作为一位机敏且高效的领导人，布吕内尔一发现政府丧失了控制力，就将主动权抓到了自己手中。他领着一群国民自卫军包围了第120团所在的欧仁亲王兵营，将该团军官关押起来并解除了士兵的武装，而且许多士兵似乎乐意站到叛军一边。布吕内尔率部从兵营出发赶往市政厅，其他国民自卫军小股部队也在途中纷纷加入。拿破仑兵营和市政厅之间有一条秘密地道，效忠政府的部队就曾在10月31日通过这条地道涌入市政厅，双方在这座兵营里发生了短暂的交火，最终共有3人中弹。随后，兵营里的线列步兵团士兵喊着"共和国万岁！"冲到外边，交出武器。

截至当晚7时30分,市政厅已被彻底包围。鉴于特罗胥政府曾对市政厅进行的要塞化改造,它依然堪称一个坚固据点,但守卫它的军队和宪兵还是逐渐退却,沿着地下通道外出避难。一个多小时过去了,费里发觉他实际上已被抛弃,与他的政府失去了联系。布吕内尔和与政府为敌的民众当时依然被挡在这栋难以攻克的建筑之外,费里却在此时借助梯子从一扇后窗逃走。他当夜躲在一个朋友那里,次日上午也启程赶往凡尔赛。紧追不舍的布吕内尔此时攻入了市政厅,他在一片嘈杂的欢呼声中在它的钟楼上打出了一面红旗。为了预防政府突然发起反击,他迅速下令在里沃利路上设立街垒,并且派出分遣队占据其他政府建筑。

伊莱休·沃什伯恩和莫尔顿一家在乡村里度过了一个白天,而当他在那天夜间返回巴黎后,就震惊地发现"马车被禁止在主干道上通行,我被迫走小路。我很快就发现造反的国民自卫军临时搭起的街垒阻塞了道路。在向各位指挥官出示名片后,我才得以穿过已经修建起来的兵营。虽然我目睹了大规模公开骚乱的诸多迹象,但我直到次日上午才能够理解状况有多么严重……"。自1793年以来,革命者首次成为巴黎无可争辩的主人。鉴于他们已经掌握了强大的力量,这些人将会继续夺取整个法国吗?

第18章

公社夺权

3月19日,周日,巴黎在这天早晨醒来后,迎来了一个阳光灿烂的春日;尽管天气依然寒冷,空气中却充盈着美妙的前景,它足以令人们在度过如此严酷的冬季后心情舒畅。人们开始在街上走动,一种节庆气氛随之出现,这让人们不禁想起了推翻路易-拿破仑的9月4日"革命"——至少在无产者街区是这样。这与前一天蒙马特尔的阴森景象形成了鲜明反差。"不能说巴黎是'焦虑不安'的,"吉布森牧师写道,"人们在周日和往常一样漫步,国民自卫军也在道路中央行进。事实上,一切都洋溢着节日气氛。大部分国民自卫营前头都走着青年妇女(每个营一名),她们头戴平顶军帽,身穿灯笼裤,肩带上挂着一只小木桶。"对日常生活而言,唯一可见的乱象就是"公共交通暂时停顿"。据估计,约有2万名国民自卫军和平地驻扎在市政厅外,他们的刺刀尖上还挂着整条整条的面包。已从英格兰返回巴黎的埃德温·蔡尔德当时正漫步"在卢浮宫畔,遇上了许多正在游行的国民自卫军的营,有的营支持昨天的事态,有的则表示反对"。龚古尔当时也在外面,鉴于国民自卫军与他几乎处处政见相异,这便立刻激起了他身上那种资产阶级特有的反感情绪:"看到他们那愚蠢、下贱的面庞就会令人不禁产生憎恶感,胜利的狂喜和沉醉给他们的脸上增添了放荡的神采……我在回家途中从人们的脸上读到了茫然的冷漠,有时会带有令人悲哀的讽刺意味,大部分则是纯粹的惊愕,年老的绅士在绝望中扬起双手,小心翼翼地观察周遭状况后才彼此耳语。"《泰晤士报》的拉塞尔刚刚逆着人流从凡尔赛赶到巴黎,他发现政府职员挤到了卢浮宫里:"兵营大门旁有 20 个人,他们愤怒地注视着巴黎自卫军和宪兵,那些人正急急忙忙地手动搬运着军队的金库,把它们堆到几辆手推车上……"在他看来,"将正在受难的西欧之都交给那些比'哥特人、汪达尔人抑或是毁灭性的匈人'更可畏的反对派"是"全然不可思议的"。他急忙将这个消息传给了莱昂斯勋爵。大使以相当悲观的态度看待梯也尔离开巴黎,这在一定程度上是受到了个人感受的影响——莱昂斯直到4 天前才重返设于巴黎的大使馆,在性格上明显倾向于稳定的他并不喜欢再度赶赴凡尔赛的前景。

要是说巴黎的街道相对而言还算是平静的话,那这种平静并没有出现在刚被攻克的市政厅里,在那里,形形色色的"革命者"和异议分子正在就突然强加到他们身上的命运展开争辩。所有人都对此大为震惊,有些人感到惊骇,大部分人甚至可以说是胆怯。尽管后来有许多人认为那个"邪恶"又神秘莫测的"(第一)国际"精心策划了 3 月 18 日事件,可实际上没有人比它那包括卡尔·马克思在内的领导层对此更为感到惊讶了。那天发生的一切事件都带着自发的基调,如前所见,暴动者之所以会攻占已被放弃的政府部门,那完全应当归于布吕内尔等下级指挥官的自作主张。国民自卫军的中央委员会既没有任何组织,也没有任何策划,结果就在此时陷入了不知所措的状态。应当采取何种行动呢？应当由什么人或什么组织填补政府离开巴黎后出现的权力真空？

由此爆发的争论不仅激烈，而且时常颇为混乱。布吕内尔希望立刻向凡尔赛进军并逮捕政府，与此同时，路易丝·米歇尔则在凶暴地主张尽快刺杀梯也尔。一位中央委员会成员宣称："至于法兰西，我们并不会冒昧地将法律强加于她，我们已经在她的法律下吃尽了苦，可我们决不希望继续服从于乡下的全民公决。"这番话令老牌社会主义者路易·勃朗（晚年的他已经深深浸淫在国家的神圣感里）大为光火，他抗议道："你们这些造反的家伙是在抗拒以最自由方式选举出来的国民议会！"[90] 会议得出的所有结论就是鉴于中央委员会是唯一能够管理巴黎的机构，它就应当占据支配地位。在一位名叫阿道夫-阿方斯·阿西（Adolphe-Alphonse Assi）的并不称职的国际会员领导下，中央委员会掌控了局面，阿西热爱精美的刺绣，而且早在1870年就曾协助发动过克勒索大罢工。

在市政厅举行的第一轮会议中，争议最为激烈的议题莫过于两位将军之死。考虑到这是暴民在狂热气氛中做出的自发举动，无论中央委员会整体还是某个单独的红色领袖都不用为此负责。然而，他们能够声明与此毫无关系吗？《唤起报》表达了深切的悲痛，但也指出国民自卫军当时已经竭力尝试阻挡暴民，就连某些最极端的左翼分子都深感震惊。漫画家安德烈·吉尔（André Gill）沮丧地预言道："公社完蛋了！"中央委员会里的波兰革命者巴比茨克（Babick）也对杀戮表示不满，并敦促委员会声明与此无关。然而，另一个人立刻大吼起来，他的声音盖过了巴比茨克："不要断绝和人民的关系，免得他们反过来断绝和你的关系！"

总的来说，与会者的感觉是这样令人遗憾的事件在革命中终究不可避免，1793年的记忆已被勾起。然而，当天上午在《公报》发表的一篇社论却激起了极大的愤慨，社论指出："这桩骇人的罪行发生在中央委员会眼皮底下，这让人们领会到如果这些困扰巴黎、令法国蒙羞的野蛮煽动家取得胜利，巴黎将会陷入何等的恐怖。"新政权决定从源头上封堵"这些中伤言辞"，因此，它的第一批动作之一就是派出特使接管这份报纸。次日，在新政权管制下恢复出版的《公报》便急忙替委员会撇清了所有责任，它为此将杀死两位将军的事件描述成"处决""两个在我们今天看来犯下过罪行、因而不得人心的家伙"。《公报》在复刊后的第二期走得更远，它甚至宣称处决这两位将军乃是"根据战争法"。

除了在革命者队伍中造成了波动外，以私刑处决两位老将的消息也令诸多法国人感到不悦：龚古尔表示他体验到"自己已厌倦身为法国人"。堪称灾难的是，中央委员会通过《公报》发表的言论此时已经和暴行联系在一起。凡尔赛正规军军官的餐会上怒潮涌动，他们下定决心，要为勒孔特和托马复仇。当朱尔·法夫尔宣布"决不与凶手谈判"（这口吻比他在围城期间对普军使用的任何言辞都严厉）时，政府和暴动者间的和解前景就显然希望甚微了。然而，在这个关键时刻，在排除了谈判的可能性之后，人们很难看出梯也尔将如何效法温迪施格雷茨夺回维也纳，一劳永逸地驯服巴黎。他已经两次低估过事态的严重程度。首先，尽管马克思主义者后来声称梯也尔蓄意激起了革命，但事实上可以明确看出，他从未预计到维努瓦在3月18日的军事行动将导致公开革命。就像新国民议会的大部分成员一样，他太过轻视巴黎左翼的决心。此时，他又低估了与他为敌的国民自卫军的军事潜力，这同样颇为危险。18日夜间，正规军在向凡尔赛开进途中侮辱了在他们身边行进的、效忠于政府的警察和宪兵，这就表明了他们同样军心不稳。抵达凡尔赛后，他们到处游荡，拒绝向军官敬礼，还公开宣称不会与巴黎的兄弟为敌。莱昂斯勋爵认为梯也尔唯一能够依靠的部队就是教宗的朱阿夫兵，帕特里上尉也赞成这一观点，他身着便服在巴黎"侦察"了3天，抵达凡尔赛后却发觉自己的连里只剩下一名军士和三名军官。其他人都已离开。此外，由于大批资产阶级在休战期间离开巴黎，国民自卫军中的"可靠"部队数目锐减，它们在围城时期曾有五六十个营，此时据估计已经只剩20多个，与此相比，大约300个"造反"的营此时却已装备了充足的大炮。维努瓦花了很大功夫才在凡尔赛和巴黎之间建立起前哨据点，凡尔赛方面每天清晨都会带着理由充分的恐惧醒来：在梯也尔能够组织其反击前，暴动者就会以压倒优势的兵力扑过来。

布吕内尔等人打一开始就敦促中央委员会这么做，梯也尔之所以幸免于难，原因仅仅在于市政厅内的混乱令暴动方事实上陷于瘫痪，这将最终导致所有红色梦想悉数破灭。就像市政厅外的街道沉浸在狂喜中一样，当时并没有迹象表明血腥的内战即将爆发，因此，茫然的革命会议上既不存在什么紧迫感，也没有人认为巴黎爆发了一场任何合法政府都将注定出兵镇压的叛乱。大部分讨论仅局限于地方范畴内的巴黎自治政治议题，以及考虑如何举行市政选举（选举产生了著名的"公社"）和废止事关债务与租金的不平等法律的社会议题。在军事层面上，中央委员会的第一个举动是任命一位名叫吕利耶（Lullier）的无名人物指挥国民自卫军，却忽略了更加显而易见的人选布吕内尔。吕利耶是个因举止不端而被开除军籍的前海军军官,后来有位公社成员将他描述为"既无道德亦无才能的酗酒傻瓜",有一回,他的战友们得把这人看管起来,以防他不小心自己摔出窗外。在近来的市政厅争夺战中,政府军的地道突袭手段发挥了重要作用,吕利耶似乎对这种给他带来恐惧的战法念念不忘。暴动者已经找出了三条地道并将它们悉数封死,但他们仍然认为还存在未曾找到的地道。因此,暴动方将庞大的兵力部署在市政厅附近,还在厅内的桌上架起了机枪,让枪口出现在窗户上,并在窗口堆起了沙袋和羽毛褥垫。可除了采取这些相当没有必要的预防措施外,吕利耶一事无成。最糟糕的是,他根本没有尝试夺占瓦莱里安山——这个制高点在整个围城期间都能够卓有成效地控扼巴黎城通往西面的道路。梯也尔已经在18日傍晚下令守军撤退,此后将近3天里,这座对巴黎和凡尔赛都至关重要的庞大要塞都无人据守。3天后,梯也尔才在维努瓦将军的压力下勉强抽出少量正规军重新占领瓦莱里安山。暴动者已经丧失了主动权,凡尔赛那边已大为动摇的自信心也开始恢复。

至于中央委员会在其他方面的作为,它实际上并没有采取任何通常会与革命统治联系在一起的行动。莱昂斯勋爵对此感到惊喜。他在3月21日写给外交大臣的信中表示,中央委员会在《公报》上发表的诸多宣言"在我看来就形式而言比国防政府的那些宣言冷静、庄重、明智得多。就实质而言,它们仍缺乏政治知识和智慧。但愿国民议会不要采取暴力且缺乏考虑的举动令局势进一步恶化"。他以一条带有个人悲观情绪的注释收尾:"无论如何,要是国民议会把它搬到某个令人忧愁的法国外省小镇,我都丝毫不会感到惊讶。"次日,就在艾伦·赫伯特医生回到巴黎的时候,莱昂斯勋爵收到了率领使馆全体人员离开巴黎的命令，他本人则要前往凡尔赛。巴黎的英国居民再度发觉他们失去了大使。不过，这一回似乎没什么可担心的。吉布森牧师在3月21日写道："今天的巴黎要平静得多……大部分公共马车正常运营。依然有成群的人在街角极为真诚地聊天，虽然没聊到什么大事，却非常激动。"次日，牧师前往暴动的起始点蒙马特尔，但那里也"一切都相当平静"。埃德温·蔡尔德也一连几天得到了同样的观察结论，还抓住机会拿回了他的雇主在围城期间质押的40条表链，不过，他还是认为大街上那不寻常的"寂静"中存在着某些"微不足道的"乱象。然而，这种寂静让所有人都在讨论和解的可行性，根据吉布森牧师听到的传言，"凡尔赛的国民议会并不会专横地对待暴动，反而要和国民自卫军的领袖们议和"。

当政府撤出巴黎后，官方在城内留下的最后遗迹就是20个城区的区长了。早在19日，梯也尔就指示区长们和暴动者谈判，不过，他的动机绝不是尝试和解，而是争取他所急需的时间。就政治层面而言，各位区长的立场就和他们所代表的城区一样差异极大。他们当中既有基本上算是梯也尔派系的第2区（银行业和商业城区）保守派区长蒂拉尔（Tirard），也有支持德莱克吕兹的第9区区长莫蒂（Mottu）和第20区区长朗维埃（Ranvier）。不过其中大部分人还算是中间偏左，而且即便是那些右翼区长也讨厌国民议会针对巴黎的"去首都化"措施，他们希望获得一定的市政自治权，以此恢复巴黎的主导地位。所有区长都渴望尽量避免内战。其中最重要的人物是蒙马特尔区长、激进派人士克列孟梭，此人也是一位议员，而且早在3月8日就试图调解政府和国民自卫军之间有关火炮的争端。在他的领导下，从19日下午2时起，区长和中央委员会成员在邦瓦莱（Bonvalet）餐馆进行了一系列会谈。克列孟梭向暴动者指出他们的地位并不合法："巴黎无权反叛法兰西，它必须承认国民议会的绝对权威。中央委员会只有一个打破僵局的办法：让位给那些决心从国民议会那里为巴黎争取到让步的议员和区长。"作为回应，瓦尔兰提出了一系列温和得令人吃惊的要求："我们不仅希望通过选举产生市议会，而且要名副其实的市政自由，要废除警察局，要让国民自卫军有权任命其领导人并自行重组，要宣布共和国才是合法当局，要不折不扣地延期支付积欠租金，要建立一部公平的票据法律……"这些要求相当合理。

谈判一直拉锯到20日凌晨4点。当蒂拉尔区长口中冒出"叛贼"这个称呼时，人们的情绪就变得激动起来。这个称呼令暴躁易怒的奥弗涅人茹尔德（Jourde）提到了"内战"这个致命的词汇，他预言道："它（战火）不仅会在巴黎燃起，而且会遍及法国，它将是血腥的，我警告你……要是我们战败，就会烧掉巴黎，把法国变成第二个波兰。"然而，刚刚结束了漫长的流亡、从英格兰回国的路易·勃朗却为和解发声，这位老人拥有极大的影响力。双方最终达成了协定，区长们将尽力争取国民议会接受中央委员会的条件，中央委员会则将计划于22日举行的市政选举推迟到国民议会投票通过一部巴黎市政法律为止，而且它还会将市政厅移交给区长。到了第二天，中央委员会就面临着由较为激进的革命者组成的二十区警备委员会[91]的猛烈抨击，理由则是它在与区长们打交道时态度太过软弱、顺从。他们已经听到了法夫尔等人在凡尔赛说出的凶狠、强硬的言辞，事实上也无法保证国民议会将接受区长们的斡旋。这些人心中无法摆脱对资产阶级"建制派"出于本能的怀疑,他们都还记得在以前的每一次革命当中,资产阶级如何设法扼杀了无产者所设想的与生俱来的基本权利。从大革命算起,这还是革命者首次暂时握有武力优势的时刻——他们在整个世纪里都对它翘首以待。但时间显然不在革命者一边,所以,他们怎么能将它浪费在旷日持久的谈判上?

21日,中央委员会告知克列孟梭它拒绝履行协定中有关移交市政厅的部分。但它仍然会推迟选举。对梯也尔而言,这一答复本身就堪称一次不小的胜利,尽管这绝不是和平事业的胜利。克列孟梭既恼火又失望,从此刻起,区长们基本上就招致了双方的疑虑,凡尔赛怀疑他们太过激进,暴动者则认为他们太过温和。就在那一天,政府发布了一份公告,禁止任何文武官员与中央委员会来往,这加深了他们对梯也尔的动机的猜疑。次日亦即22日,梯也尔在另一份宣言中说出了毫不妥协的话语:"自由人民所能犯下的最大罪恶就是背叛国家主权,给处于动乱中的国家带来新的灾难。经历了巨大的灾难后,当外国人尚未离开我们被蹂躏的土地时,愚蠢的罪人们就毫不害羞地将动荡、毁灭和耻辱带给他们假装尊崇、捍卫的巴黎。他们用鲜血玷污这座城市,激起了公众的反抗……"这番话几乎未留和解余地,但当天还会发生更糟糕的事情。

梯也尔一边在表面上用左手摆出和解姿态,一边用右手试探他在巴黎城内的潜在支持力量。他在19日又任命了一位军官取代不得人心的多雷勒指挥国民自卫军。此人是60岁高龄的海军将领赛塞(Saisset),他在围城期间有着军中罕见的优异表现,而且还失去了一个儿子。梯也尔匆忙将赛塞派往巴黎,还交给他一个颇具风险的任务:召集国民自卫军中的"忠诚"部队。赛塞很快就会发现他的地位有多么脆弱，他肩负的任务又有多么不可能完成。作为一个考量因素，这里应当指出国民自卫军中的资产阶级部队事实上已经瓦解，它也不再能够对其领导者的向心力做出任何回应。然而，当冲击带来的第一波瘫痪效应过去后，巴黎就开始出现一批保守的反动势力。这当中混杂了各类反革命和"温和"元素，其中包括了退役的校官、体面的店主、老绅士和小衰仔，此外还有国民自卫军资产阶级部队的残余，他们被吸引到歌剧院和证券交易所周围，而且在蒂拉尔的第2区区政府一带分布尤为密集。另一个集结点似乎是博内（Bonne）先生在嘉布遣大道（Boulevard des Capucines）上的房屋，他是个裁缝，原先还担任过国民自卫军上尉。博内在他的窗户上贴出了如下海报："是时候筑起一道抵御革命的堤坝了，愿所有好公民前来帮助我。"它的署名是"秩序之友会"（Réunion des Amis de l'Ordre），这个名字从此便流传开来。

21日，"秩序之友"在旺多姆广场上的国民自卫军总部外举行了相当平和的示威游行。当地的国民自卫军指挥官贝热雷依靠两个连将他们驱散，但他担心"秩序之友"有可能在次日出动更多人重回广场，甚至计划以猛攻夺取总部，为了预防这种状况，他便请求出动援军封锁广场。次日上午，当"秩序之友"再度出现，而且人数远多于21日时，事态似乎证明了贝热雷的恐惧事出有因。此时，领导"秩序之友"的已经是那位无畏的海军老将赛塞，他们集结在歌剧院广场上，目的是沿着里沃利路行进，一路上召集支持者，然后在市政厅前举行示威。这些人特地没有携带武器——只有一些较为神经质的人秘密带上了手枪和藏刀手杖。他们打出写有"为了和平"的旗帜，在行进途中交替呼喊"国民议会万岁！"和"共和国万岁！"。当示威者出现在并不算长的和平路上时，他们就遭遇了贝热雷麾下严阵以待乃至乐于扣下扳机的国民自卫军，后者已经在通往旺多姆广场的要道上摆开阵势。双方互相辱骂，情绪越发激动，根据中央委员会的说法，贝热雷曾 10 次宣读命令示威者离开的《敦促书》。但他的声音还是被噪声盖过了，来自后方的压力每时每刻都在推挤着"秩序之友"的前列人员，让他们越来越迫近国民自卫军的防线。随后就发生了交火，而且从没有人知道谁开了第一枪——这正是这类环境下时常发生的状况。

就在"秩序之友"抵达前不久，沃什伯恩那位年轻貌美的朋友利利·莫尔顿就在前往英格兰时装裁缝沃斯家的沙龙途中来到了旺多姆广场。她穿过诸多路障，平安抵达沃斯在和平路上的住所，然后就听到了正在迫近的游行队列发出的嘈杂声。由于利利在围城期间并未身处城内，这还是她头一回看到巴黎出现这类状况。她冲到了楼上的窗口，盯住了人群中一个"英俊的年轻人"，她认出此人正是《巴黎报》的编辑亨利·德·佩纳（Henri de Pène），似乎也是此次示威的领导者之一。

> 德·佩纳看到有人站在沃斯家的阳台上，就打招呼邀请他加入队伍，沃斯先生明智地走回屋里，他摇动着自己那颗盎格鲁-撒克逊脑袋说道"和我无关"……这群人沿着和平路行进，挤满了整个路面。人们无法想象我们在听到大炮轰鸣，[92] 看到下方的街道上弥漫着硝烟、惊恐的嚎叫和骇人的呻吟也传到耳朵里时会感到多么恐慌。某个人把我从窗口拉走，关上窗户隔绝外界的恐怖声响。德·佩纳是第一位死

者。街上满是死伤者。(银行家)奥廷格(Hottinguer)先生手臂中弹。"秩序之友"中的幸存者尽可能快地拔腿跑开,伤者留给店主们照顾,死者则被留在原地,直到后续救援到来为止。这实在是太恐怖了!

沃斯偷偷护送莫尔顿夫人沿着一条小路离开现场。她在经历这段痛苦体验后终于安全回家,而后服下一剂甘菊花茶镇静剂上床休息。

在那些和"秩序之友"一道游行的人中有位名叫加斯东·拉菲内克(Gaston Rafinesque)的年轻医学生,他的父亲也是一位医生,而且就在帕西行医。加斯东表示,当国民自卫军打出第一轮齐射后:"那些射手就开始在开火完毕后前进,这就是他们当中某些人会被留在后方的战友打伤的缘故……"当射击沉寂下去后,加斯东和另一名医学生帮忙收治伤者和收殓遗体,他们收殓的第一具遗体属于一位老绅士,他身上还佩戴着荣誉军团勋章。加斯东后来回忆道:"炽烈、灼热的阳光点燃了整个场景,它一如既往地、永恒地对人类的不幸场面无动于衷……"这一事件令他对反叛者极度厌恶,因而认为有必要立刻拿起武器与叛军作战,他的父亲朱尔·拉菲内克则在写给内弟路易·哈克的信中表示,"有时候我想要弄明白去瑞士行医是否明智"。日后以"和平路屠杀"为人所知的事件导致"秩序之友"死亡十余人,伤员数目则要远多于死者,另一方面,贝热雷的国民自卫军共有一人死亡,两三人负伤。双方都指责对方率先开枪,却始终未能找出真凶,不过,贝热雷所部打出第一枪的可能性倒是比较大。可在那个时候,谁先开枪已经根本算不上什么了。不论事实如何,这都是 1

月 22 日市政厅外枪战后巴黎发生的第一起流血事件。正如都德所述:"闹剧正在变为悲剧,大街上的人们不再欢笑。"巴黎与凡尔赛间的裂缝已经到了不可弥合的地步。

与此同时,中央委员会在等待加里波第(他们已经将国民自卫军的指挥权授予了他)[93]到来时将指挥重担交给了布吕内尔、厄德和杜瓦尔,他们取代了嗜酒的吕利耶,前三人此时都已晋升为"将军",后者则已因他的无能行径被捕。新的指挥官们立刻着手解决梯也尔在巴黎的残留据点。蒂拉尔的第 2 区区政府和克列孟梭的蒙马特尔区区政府均被攻占,克列孟梭本人也被他那不驯的副手费雷逮捕。原本作为调解者的区长已经穷途末路。而在凡尔赛,人们谈论的全都是"镇压"。梯也尔在 25 日给蒂拉尔下令:"不要继续进行徒劳的抵抗,我正在重组军队。我希望我方在两三个星期内就能够拥有足以解放巴黎的兵力。"可是,当蒂拉尔要求梯也尔出动两个宪兵团时,他却被告知:"我连 4 个男人和 1 个孩子都给不了你。"化装后徒步离开巴黎的海军将领赛塞在向梯也尔报告任务失败时,悲观地估计得动用 30 万人才能平定暴动。似乎没有一个事实能够支持梯也尔的乐观想法。可以肯定的是,沃什伯恩在凡尔赛(他已在 24 日决定将官邸迁至此处,但仍在巴黎城内保留一个落脚点)并没有找到什么能打动他的东西。那里盛行的依然是混乱和无组织。由于过度拥挤,大约 60 名议员只能睡在会议厅里,有些时候甚至穿着睡衣出现在辩论现场,按照沃什伯恩的看法,那里的条件比"移民时期的西部蒸汽船还糟糕"。他们向试图调解的巴黎区长们发出嘘声,可当沃什伯恩到访国民议会时,他却发现"当巴黎燃烧之际,那个庄严的机构却在讨论琐碎小事"。利利·莫尔顿坐在剧院顶层楼座里(那是玛丽-安托瓦妮特在凡尔赛度过最后一晚的地方），身处沃什伯恩和威克汉姆·霍夫曼之间，她听到梯也尔用他那短促尖厉的声音（其中带着彻头彻尾的伪善）反对动用武力，法夫尔随后高谈阔论光荣的"法兰西天命"，这些言论博得了热烈的掌声，也使得女宾们起劲地挥动手帕。然而，坐在她一边的霍夫曼低声吼道："果不其然！"另一边的沃什伯恩则感慨："何等的废话！"

沃什伯恩在他于3月25日发给国务卿菲什的报告中表示"……今天的事态比以往任何时候都更令人沮丧。巴黎暴动分子的权势和实力每时每刻都在滋长……"。状况的确如此。在巴黎，诱人的春季天气和令埃德温·蔡尔德大为担心的"恐怖寂静"仍然持续着。它的表面下依然潜藏着一种严重的紧张情绪，"那些勇敢到开门营业的店主依然把护窗紧紧抓在手边，随时准备在得到消息后立刻关门"便将这种情绪暴露无遗。这时，中央委员会除了意识到它是整个巴黎的主人之外，来自各省的欺骗性好消息也强化了它的决心。哪怕是圣艾蒂安（St.-Étienne）、马赛、克勒索、里昂和图卢兹等远方的重要中心城市，也已发生了同情巴黎的起义并宣布成立公社。它决心抛弃原先向区长许下的诺言，并且完全无视国民议会，立即举行已被推迟的市政选举。

3月26日，巴黎举行选举。在485 568名在册选民中共有220 167人前去投票。梯也尔根据显而易见的弃权人数宣称他取得了胜利，可正如他所知，真相却是代表资产阶级的选民中已有很大一部分在休战期间或是3月18日事件爆发后离开了巴黎，就此"弃权"。事实上，如果对比此次选举和上一年11月举行的市政选举的投票人数，就会发现支持革命者的选民人数显著增加，这证明了梯也尔和新国民议会与巴黎的疏远有多么严重。

那些曾和弗路朗斯一道在距离特罗胥鼻子只有几寸远的桌上走来走去的激进人士，他们在10月31日当天提出的要求终于得到了迟来的满足。赤色分子以四比一的优势掌控了巴黎的新市议会，他们立刻获得了"巴黎公社"的称号和随之而来的那令人敬畏的一切。

3月28日，星期二，完美的春季阳光下，公社正式在市政厅成立。绝妙的舞台由布吕内尔一手操办，堪称吊诡的是，即便从已被废黜的路易-拿破仑治下那较为华丽的时代算起，仅就壮观层面而言，这还是巴黎前所未见的奇景。有些巴黎人甚至发觉他们开始回想起了世界博览会时的壮观巡游。似乎整个巴黎都在场，都在狂野地欢庆。市政厅前方立起了一座用猩红色布料装饰的平台，台上站着新近当选的公社委员，当国民自卫军的大队人马从台前经过时，委员们也身披红色披肩并向士兵敬礼。这支只经历过些许训练且在围城期间表现低劣的民兵从没有走过这么好的队列。似乎有一个新的春天正在迈步走来，一种新的昂首阔步的气势正在呈现。下午4时，架设在码头上的炮群发出了嘹亮的齐鸣。阿西站在一座头戴弗里吉亚帽的共和国雕像前想要发表演说，可他的话立刻被一再发出的"公社万岁！"吼声淹没了。他扔下文稿，用最大的音量吼道："以人民的名义，宣告公社成立！"人群也陷入了疯狂。就在诸多乐队高奏《马赛曲》之际，成千上万名驻扎在广场上的国民自卫军用刺刀尖挑起了他们的平顶军帽。从下午到深夜，200个国民自卫营走过广场，军官们扬起马刀向弗里吉亚帽下的那座共和国半身像敬礼。渐渐西沉的太阳仍然令刺刀闪闪发光，映照出当时的所有红色片段，从国民自卫军刺刀上绑着的飘带到亨利四世的雕像，一切都被它那猩红色的帷幔和缠人的顽童掩盖了。

"这是怎样的一天！"小说家朱尔·瓦莱斯（Jules Vallès）感慨道，"哦，伟大的巴黎！"也正是在这一天，维多利亚女王为新落成的阿尔伯特音乐厅揭幕，随之而来的是无与伦比的欢庆景象。与此同时，梯也尔在凡尔赛宣布外省城市的暴动已被平定。但这个消息并不会及时传到巴黎，无法给市政厅的欢庆气氛投下阴影。事实上，没什么能够让人在这个无忧无虑的时刻想起当天的事件令法国逾越了内战的界限。巴黎与凡尔赛间的桥梁已然坍塌。

第 19 章
红色幽灵

"现在已经选出了我们的公社,我们应当焦急地等待它将做出的举动,这些举动会令我们了解它。愿主保佑,让事实证明这一充满活力的办法会带来益处,让我们获得真正诚实、持久的公共机构。这是每一个人都希望、渴望的东西,因为我们已经不满很久了。我觉得,这就是为什么人人都把它和自己的美好愿望联系在一起。"原国民自卫军下士路易·佩居雷在他于 28 日写给姐妹的一封信中如此表述,佩居雷承认自己相当支持公社。

不过,公社将要做什么呢?此时,这已是所有巴黎人(不论是资产阶级还是无产者)心中最关键的问题。然而首先需要问出的是,公社是什么?这个神秘词汇"在第二帝国时期被呢喃低语,在国防政府时期被大声吼出",可它的确切含义是什么?就连许多喊得最响亮、后来也在公社红旗下无悔战死的人都很难给公社下一个合乎逻辑的明确定义,而且,就算在多年后的今天,人们也仍笨拙地抓着粗略的口号、互相冲突的意识形态和含糊的抽象概念不放。像德莱克吕兹和瓦尔兰那样的人物本可以为历史学家阐明这一切,可他们要么战死在街垒里,要么被行刑队在萨托里处决，根本没有机会写下回忆录或记录下自己的信条。关于公社的社会、哲学层面，人们撰写的小册子和书籍可以堆成若干座金字塔，但其中有许多公然表现出倾向某一方面的偏见，因而比毫无益处更加糟糕。在公社出世的时候，人们仍对先前席卷全欧的革命感到忧虑，投向王公的炸弹杀死了无辜的路人，工人暴动无所不在，而且它们背后显然是马克思的第一国际，而在公社灭亡后的时期，人们还会目睹更多的无政府主义炸弹和更多的动乱。其他方面尚算平静的19世纪的居民，他们的感官长久以来已因传统而麻木，他们比我们这个时代的人更反感任何将威胁到现存秩序的思潮，会本能地将其视为极为险恶的异端邪说。除去身处巴黎的支持者，公社在存续期间并没有多少朋友，由于合法当局的军队在最终取胜后曝光了公社的血腥行径，与此同时又蓄意忽略了他们本身杀戮公社支持者的事实（尽管后一种杀戮的规模要大得多），当那些篡改事实又无人挑战的说法广为流传后，公社的外部友人就更少了。由于上述种种原因，在相当长的一段时间内，鲜有正派的资产阶级史学家能够不戴着最为暴烈的红色眼镜去评判公社。另一方面，马克思主义者则出于与其对立的目的歪曲了公社，从而创造出一则神话，将公社描绘成它从未呈现出的模样。

  这本书既不是讨论上述问题的场所，也没有足够的空间可供讨论，因此只能尽力为这两种相反的错误说法描绘简短的轨迹。但或许可以从一点出发：公社**不是**什么。尽管公社在1871年3月的名称与共产主义存在相似之处，但二者毫无关联。正如恩格斯本人后来所承认的那样："国际没有动一个手指去促使公社诞生。"*

---

* 恩格斯原文为"这个成就就是巴黎公社，公社无疑是国际的精神产儿，尽管国际没动一个手指去促使它诞生；要国际在一定程度上对公社负责是完全合理的"。参见《马克思恩格斯全集》，人民出版社，1956—1986年，第33卷，644页。

时年52岁的卡尔·马克思此时已然成熟，他端坐伦敦，就像一位技艺娴熟的木偶戏大师般拨动绳索，控制着国际遍布世界的各个支部，向四面八方发出大量信件。他对法国支部评价并不高，还曾于1868年在给友人库格尔曼的信中抱怨"这个流氓支部的一半或三分之二是由受倒贴的姘夫和类似的恶棍组成的"。它在此前一年里收到的经费总额仅为63英镑，而在帝国的最后几年里，由于领导人不断遭到审判和关押，支部也变得愈加虚弱。帝国倒台后，马克思的同情对象突然从普鲁士变成法兰西，而且在写给恩格斯的信中批评了巴黎的国际会员渴望"在那里用国际的名义干蠢事……'他们'想推翻临时政府，在巴黎建立公社，任命皮阿为法国驻伦敦公使"。尽管马克思很不喜欢推翻路易-拿破仑的资产阶级温和派，但他仍然在9月9日发布的第二篇宣言中表示，"在目前的危机中，当敌人几乎已经在敲巴黎城门的时候，一切推翻新政府的企图都将是绝望的蠢举"。

马克思已经从1848年的教训中意识到了一点：在准备尚不充分的时刻，匆忙发动革命将带来危险。此时，他认为革命领袖的第一职责是勤勉地教育群众，让他们意识到自己的终极使命。直到3月18日为止，马克思都强烈反对在巴黎发起任何暴动，革命的成功完全出乎他的意料。尽管他从未对公社的长期前景有过多少幻想，可此时马克思还是立刻凭借直觉感知到了巴黎的这场新革命潜藏着多么重大的意义，他赶上了潮流。从长期来看，公社对马克思的影响要远大于马克思对公社的影响。

3月23日，马克思向法国外省城市的国际支部发出指示，敦促它们展开"牵制"行动，以此减轻巴黎的压力，与此同时，他派出他最信赖的人之一塞拉耶（Serrailler）前往巴黎充当联络员。

可是就在这时，那些身处巴黎的国际会员摇摆不定，他们与中央委员会的革命者发生了争执，用更现代的说法就是，认为委员会里的许多人犯了"路线错误"，并等待着导师的建议。他们实际上要到革命已牢牢站稳脚跟、中央委员在市政厅坐稳了之后才决心加入其中。但外部世界已经习惯于在巴黎发生的一切事件背后标定出"红色幽灵"。3月24日，吉布森牧师宣称"中央委员会的大部分成员都是**国际秘密协会的成员**"，然而国际会员在其中只占了一小部分，甚至后来在国际影响力臻于极致的时候，在大约90名公社委员中，国际会员也从未超过20人。龚古尔说过："……正在发生的事情恰恰是工人征服法国……这些人是瓦解和毁灭的躁动媒介。"这样的说法同样属于错觉（尽管错误程度或许要小一些）。可以肯定的是，与大部分领导者属于资产阶级的1848年革命相比，公社的创立者们更具无产阶级气息。可即便如此，也只有21名公社委员能够算得上名副其实的工人，除此之外，委员中的记者、作家、画家和各式各样的知识分子共有30人，小市民出身的职员和小商人共有13人，此外，公社初期提出的要求中根本就没有社会主义成分，更不用说马克思主义了。

即便在公社结束整整一代后（尽管它在那时依然被红色幽灵笼罩着），有部著作[94]仍错误地将它称作"巴黎共产主义共和国"。可是，"公社"这个词实际上在马克思出版《共产党宣言》前数百年的中世纪就已出现了，它最终可以用来指代任何一座自治市镇。成立这样的市民"公社"，往往是为了从某位地方领主手中争取独立。1789年，在巴士底狱被攻克后，巴黎人匆忙组织起巴黎公社，目的就在于承担巴黎的行政职责。随着大革命的演进，极端派系逐步取代了温和派系，最终，前者在1792年8月10日解散了原有的巴黎公社，代之以革命公社。正如卡莱尔所论："世上从未有过这样奇怪的市政机构。它管理的不是一座大城，而是一个处于暴动和狂乱中的庞大王国，这就是落在它头上的任务。"正是革命公社迫使国民议会废黜路易十六，而且由于缺乏对手，在选出国民公会前，它也成了实质上的法国临时政府。在性情暴烈的丹东领导下，它一方面牢牢确立起法兰西第一共和国，另一方面成功地将保王派外来入侵者逐出法国领土，当这两桩魔术般的业绩结合在一起后，就给围城期间的赤色分子[95]提供了尤为重要的诱导，让他们回溯历史，试图寻回公社这一全能的护身符。即便在1792年9月选出国民公会后，公社依然在幕后掌握着实权，它迫使国民公会在每个场合都征询其意见，与此同时也要为最糟糕的过度恐怖行径承担绝大部分责任。直到罗伯斯庇尔在将近两年后倒台为止，革命公社都在事实上控制了法国，以至于这一时期经常被人称作"巴黎的专政"。这种说法本身就会让公社的记忆深受1870年巴黎革命者的喜爱，对他们而言，巴黎相对于法兰西的支配地位依然神圣且不可动摇，就像历史学家梯也尔也永远对公社的先例感到忧心忡忡一样：1789年那单纯、毫无野心、一定程度上合法的公社日后变成了有无限权力且永不满足的饕餮怪物。

因此，虽然马克思曾在去年9月告诫法国的无产阶级"不是应该重复过去，而是应该建设将来"，但就其定义而言，在1871年掌权的公社不过是个毫无意识形态与规划、而且时常回望1793年的口号而已。公社在成立当天逮捕了一位名叫比尼翁（Bignon）的78岁老人，指控他在1822年（也就是半个世纪之前）告发了拉罗谢尔（La Rochelle）的4名军士，导致他们因密谋反对当局而遭处决，这是堪称典型的回望过去姿态。用一位研究公社的法国历史学家的话来说:"这个名称实在太过模糊,因而并不能表明其计划,然而它就像在风中飘扬的旗帜,将一些人的传统记忆和另一些人的梦想团结在一起,就这样让法国革命者集结起来……"[96] 在公社这个名字当中,其支持者或是看到了自己的乌托邦,或是发现了消除与现行秩序间的仇怨的手段,或是找到了排解对现行秩序不满的方法。

巴黎并不缺乏仇怨和不满。尽管直接催生公社暴动的要算是围城的残余影响,但其中许多易被激发的怒火早在很久之前就已积累起来。正如前文所述,工人阶级从大革命中获得的与生俱来的权利一直被人夺走,革命者对此深感不满,关于其后被残酷镇压的多次暴动,人们对它们的回忆仍然堪称痛苦。比如说,马奈虽然并非公社成员,却也永远不会忘记当自己还是一位艺术生时曾从五六百具"被盖在一层稻草"下的尸体旁走过,那些受害者是在1851年政变期间惨遭屠戮的。此外也存在与怀疑感联系在一起的幻灭感,就像路易·佩居雷抱怨的那样,"自从9月4日以来,还没有建立过哪怕一个共和机构"(尽管要让临时政府在战时抽空创立"共和机构"或许多少有些不切实际)。

然而,不满情绪的最大源头还是第二帝国治下那恶劣的社会环境,而这又可以追溯到路易-拿破仑未竟的改革。尽管奥斯曼做了大量工作,但工人们当时还是聚居在环境极为恶劣的贫民窟里(这在一定程度上也要归咎于奥斯曼的工作),生活开支的剧烈上涨程度也远远超过了薪水涨幅,人们需要在恶劣的环境下长时间工作,仅在巴黎一地,就还有数千名8岁儿童充当劳工,没有就业保障,没有医疗福利,也没有退休金,工人们的结社权利、新闻自由都遭到压制,他们任何能够争取较好条件的手段都受到了限制。出身中产阶级的正规军人罗塞尔后来投身到公社一方,他在看到自己麾下的巴黎人时倍受感动,因而感慨道:"这些人有充分的战斗理由,他们是在为自己的孩子或许可以不像自己那么卑贱、堕落、失败而战。"至于第二帝国留下的光荣,龚古尔听到的某种说法就可以径直归纳工人对它的态度:"由于我没钱,对我来说,那些在我从未驻足过的地方设立的纪念馆、歌剧院、歌舞咖啡厅有什么意义呢?"正如公社社员们将会证明的那样,他们宁愿令这些文明的荣耀都毁于火海,也不愿让巴黎的工人继续丧失争取更好的生活的权利。

最后,还有一些人仅仅是被公社的表面目的吸引过来的,即争取巴黎的市政独立。自从废除令法国陷入恐惧的革命公社后,这座城市的行政权就被置于塞纳省的省长之手,所以,任何一个小型乡村社区享有的真正自主权都要远远超过这座工业化的大都会。他们要求建立市政预决算和地方税收体系,要求控制当地教育和警察,要求让巴黎城有权选择自己的地方法官,这让公社支持者赢得了许多外人的同情。可敬的约翰·康斯坦丁·斯坦利阁下(the Hon. John C. Stanley)出身贵族,这位正在休假的英国近卫掷弹兵团上校当时正和美国红十字会一起在巴黎工作,他承认:"我对赤色分子中最好的部分怀有一种强烈的非理性同情。他们是在为市政自由而战,这是我们所有市镇一贯享有的权利。"

再没什么能够比公社创建者的诸多来源,能更好地反映出它在理念和目的方面令人困惑的多样性了。自始至终主导公社的最大的两个派系分别是以德莱克吕兹为首的雅各宾派和布朗基派。布朗基派是老派的社会主义者——只有卡尔·马克思不这么看,马克思认为他们"只是凭借革命的和无产阶级的本能"才获得了这个称号。他们的信条基于试图建立由小有产者组成的去中心化社会的蒲鲁东主义，布朗基派的理念带有强烈的个人主义色彩和无政府主义潜在倾向，与马克思主义那依托于群众组织的"新"教导直接对立。布朗基派并没有确切的经济纲领，而且激烈地反对教会和正规军制度，他们希望废除前者，以取消征兵制削弱后者。绝大多数布朗基分子都是富有献身精神的革命者，就连马克思也勉强承认赋予该派系名称的领袖是这个世纪最伟大的革命者。奥古斯特·布朗基有时会被人称作"老家伙"或是听起来没那么亲切的"革命蜘蛛"，有时则被称为"闭门者"——这是因为他在圣米歇尔山和其他多座法国监狱里被囚禁了整整28年。直到此时，他仍是红色领袖中最受大众欢迎的人物，也堪称传奇。布朗基时年66岁，面容憔悴又瘦长、短发花白、胡须稀疏，这让他看上去像是格列柯（Greco）画中的使徒。作为抵抗到底派的精神领袖，围城期间针对临时政府的大部分暴动和示威背后都有布朗基的影响，不过，漫长的囚禁岁月已经教会他避开公众的关注。尽管如此，虽然布朗基采取了巧妙的回避态度，国民议会还是令他猝不及防地对他参与10月31日事件进行了追溯判决，最终到了3月17日，梯也尔的警察将他逮捕。"闭门者"再度身陷囹圄，他在巴黎的派系则变得群龙无首。

至于那个被粗略地统称为雅各宾派的大型革命者集体，就更缺乏统一计划了。他们坚持抽象的政治自由概念，而且时常回顾1793年的同名前辈，希望从中获得指导，其中一人承认，"有关他们（1793年的雅各宾派）的记忆始终与我同在"，在这方面，他们完全是因循守旧的。他们并不信任马克思的新式哲学，而且许多雅各宾派在公社问题上与国际会员毫无共识。这些人的领袖是德莱克吕兹,他身边围绕着在10月31日被召集起来的群众,他那饱经风霜的悲剧面容依然能够博得支持与同情,但他当时已经又老又病。在魔鬼岛流放期间患上的慢性病毁掉了他的身体,因此,他虽然只有62岁,却过早地精力衰竭。由于健康状况,他在公社夺权过程中并没有发挥显著作用,也不觉得自己有能力在下属各委员会中起到主导作用。在法国境内,知名度仅次于德莱克吕兹的雅各宾派人士就是罗什福尔,他在2月的选举中在巴黎当选议员,就此回归政治舞台。但罗什福尔的贵族情感或许会让他在面对市政厅里的"群氓"景象时选择退缩(尽管作为这个世纪最杰出的辩论者,他曾大力促成这种状况),他并没有参加公社举办的选举。他端坐在自己的报纸编辑部里猛烈抨击凡尔赛,不过偶尔也会指责公社。另一位用大话在巴黎人当中激起革命宣传的修辞大师维克多·雨果已经宣告自己不必肩负任何责任,他再度退回布鲁塞尔,在那里大呼"这两家倒霉的人家"。* 至于离开巴黎的缘由,他的解释倒是不无道理:他留在巴黎"只会令状况恶化"。德莱克吕兹最讨厌的费利克斯·皮阿就内心而言也是个雅各宾派,他的《战斗报》以《复仇者报》之名重生,其用语一如既往地粗俗,而且注定将成为公社的主要宣传工具;在公社的领导人中,皮阿既是最无能、最不负责任的,也是最吵闹的。

前文中已经讨论过国际派扮演的角色,但它完全不像它的后继者(现代的共产党)那样是一个坚如磐石的整体。比如说,它的活跃分子之一伯努瓦·马隆(Benoît Malon)就曾向劳拉·马

---

* "这两家倒霉的人家"(A pox on both your houses),出自莎士比亚《罗密欧与朱丽叶》第三场第一幕,系茂丘西奥在决斗中受了致命伤后对蒙太古家和凯普莱特家发出的咒骂。

克思（Laura Marx）坦陈自己从未听说过《资本论》，而且只知道她父亲是"一位德国教授"，这让劳拉倍感震惊。争吵不休的国际巴黎支部会全力支持公社，要在很大程度上归因于瓦尔兰，他敦促该支部的人要以"中央委员会成员而非国际会员的身份"行事。欧仁·瓦尔兰时年31岁，是一位惹人注目的英俊装订工，第二帝国时期曾经前往比利时避难。他在9月4日后回国入伍，负责指挥国民自卫军第193营，直到该营在10月31日暴动后被解散为止。他将证明自己是最具同情心的公社领导人之一，或许也是最能干的管理者。公社在短暂又多灾多难的存续期间取得的绝大部分社会立法成就要归功于泰斯（Theisz）和匈牙利人莱奥·弗兰克尔（Leo Frankel），这两人同样是国际会员。另一位有趣的国际支持者是年仅20岁的俄国人：叶卡捷琳娜·季米特里耶夫，这个难以解释的人物多少会让人想起陀思妥耶夫斯基笔下的某位任性女主人公，她的美丽和多情为公社注入了些许魅力。她是沙皇军队中某位退役骑兵军官的私生女，在圣彼得堡接受了良好教育，在此期间也成为当地"进步"圈子里充满激情的一员。她与一位年老且得了肺结核的上校缔结了形式婚姻，* 然后前往瑞士与国际取得了联系。1870年，季米特里耶夫来到伦敦，成为马克思及其女儿们的密友，而后在他的推动下于1871年3月前往巴黎，她名义上是要组织一个国际影响下的"妇女联合会"（Union des Femmes）帮助公社，但也是马克思的私人特派报告员。

在组成公社的三个主要群体周围，还存在着由各式各样的人组成的星云：无政府主义者、知识分子、放荡的艺术家、甘必大

---

* 19世纪下半叶的俄国妇女在申请出国时需要丈夫或至少一位监护人，因此缔结形式婚姻是一种出国手段。

的追随者、心怀不满的小市民、无业游民、落魄者和难以分类的人。无政府主义者中最醒目的人物是令人敬畏的路易丝·米歇尔。路易丝和叶卡捷琳娜·季米特里耶夫一样是私生女，她的父母是某个法国城堡主和他的女仆。她当时已经40岁了，20岁之前，路易丝曾沉浸在雨果的魅力之中，不仅和他长期书信往来，也曾向他献上诸多平庸的诗歌。路易丝后来成为一名学校教师，到了1853年，她已经牢牢确立了自己作为反波拿巴的"赤色分子"的声望。她围城期间成了为人熟知而且多少有些男性化的人物，她闯进教堂索取设立国民自卫军救护队所需的经费，腰系一条宽宽的红带，几乎每时每刻都在肩上扛着一杆（上了刺刀的）步枪。路易丝是1月22日市政厅外枪战中群众一方的主要号召者之一，也正是她在3月18日后希望前往凡尔赛暗杀梯也尔（后来，她甚至化装从巴黎往返凡尔赛，只是为了证明可以完成刺杀）。随后几个月里，路易丝无处不在：她同时是蒙马特尔区男子和女子警备委员会的成员，还和叶卡捷琳娜·季米特里耶夫一道组织妇女，并且帮助公社救护队工作，以及在街垒上开枪，她还发表过不少演说。

知识分子中包括了帕沙尔·格鲁塞（Paschal Grousset），一位26岁的记者，日后将被任命为公社对外联络代表，此人与充满激情的路易丝形成了鲜明对比。格鲁塞是个性格热烈、衣冠楚楚的小个子科西嘉人，由于极为注重仪表，竟让罗什福尔给他起了个"女士理发师"的外号。1870年1月，格鲁塞曾向皮埃尔·波拿巴亲王提出决斗要求，亲王却在盛怒中射中了格鲁塞在决斗中的副手维克多·努瓦尔（Victor Noir），因而激起了帝国末期规模最大的反波拿巴示威之一。虽然沃什伯恩是彻头彻尾的反赤人士，但他与格鲁塞会见的次数要超过其他任何一位外国外交官，而且格鲁塞还给他留下了很好的印象。或许沃什伯恩受到了两人首次会晤的些许影响，那次会晤"和我此前拜访外交大臣迥然不同，我并不用等待轮到自己获得接见，因为他从未召见过任何一位外国代表……"，尽管如此，沃什伯恩在三个星期后依然能够在和菲什的对话中将格鲁塞描述成一个"机智、受过良好教育而且外表优雅"的人物。另外两位著名知识分子是勒克吕（Reclus）兄弟：弟弟埃利泽（Élisée）是著名的地理学者，他的公社生涯因他落入凡尔赛军队手中戛然而止，哥哥埃利（Élie）则被提名为国家图书馆馆长。作家中包括了朱尔·瓦莱斯和韦莱纳，前者永远都为自己少年时的悲惨贫困经历感到痛苦，后者已经在一定程度上疏远了年轻的娇妻，而且也因围城期间养成的酗酒恶习陷于堕落，他担任了一个级别不高的职务：公社新闻处处长。艺术界的主要代表是居斯塔夫·库尔贝（Gustave Courbet），由于留着浓密的大胡子又沉溺于饮酒，他看起来远比52岁的实际年龄要老。库尔贝在4月中旬的补选中当选公社委员，他参与公社的主要动机似乎是帝国时期建制派压制了新艺术运动和印象派。毕沙罗同样支持公社，雷诺阿则因库尔贝和公社的关系而赞同它。

还有一些几乎完全非政治性的军人冒险家也投身到公社一方。夸夸其谈的弗路朗斯或许可以算在其中，他是10月31日示威中的群众领袖，自从入狱、获救并被缺席判处死刑后，他就潜藏在巴黎，但此时已被选为了公社委员，代表动荡不安的贝尔维尔。军人里还有不少波兰流亡者，事实将证明波兰人东布罗夫斯基（Dombrowski）和弗罗布莱夫斯基（Wroblewski）是公社最能干的两位指挥官,这些人之所以会被吸引过来,乃是源于一种孤注一掷的想法:为任何地方的自由而战都是在为遭受压迫、陷于瓜分境地的波兰而战。像蒙马特尔的泰奥菲里·费里和游手好闲的放荡者拉乌尔·里戈这样的人就是纯粹的恐怖分子,他们参与公社的目的并没有那么高贵,只不过是出生年代较早的艾希曼(Eichmann)和贝利亚(Beria)而已,这两个阴郁的人物将在公社的最后阶段尽情发挥。最后还有红色俱乐部的诸多代表,这些人脑子里仍然一如既往地满是狂野、热烈的想法。疯狂的朱尔·阿利克斯堪称他们的典型代表,他曾在围城期间雄心勃勃地动员巴黎妇女,想要让她们装备自己那致命的普鲁士钉,遭遇挫败后又在此时自称"妇女联合会"的创始干事,但公社时期的这类妇女组织实际上主要还是由路易丝·米歇尔和叶卡捷琳娜·季米特里耶夫创立的。

因此,公社从掌权的第一天起就面临着显而易见的危险:多种多样的个性、意识形态和利益令成员产生了截然不同的渴望,这种差异或许可以让它不堪重负乃至彻底垮台。而且公社并没有显而易见的领袖能够引导这种多样性。要是布朗基还在,那么本可以出现一个截然不同的故事。但布朗基已经被梯也尔牢牢掌握在手中,而在其他人当中,唯一可能成为领袖的德莱克吕兹身体状况不佳,因而宁愿彻底退出舞台。梯也尔在事态发生之初似乎至少做出了两个精彩的盘算:一个是逮捕布朗基,另一个则是迫使公社成员在有时间明确制订计划或政策前就投身到公社事业当中。所以,根据莱昂斯勋爵在 3 月 30 日发回伦敦的报告,梯也尔的"宏大愿望","似乎就是让公社成员们自行争吵起来……"。他不用等待太久。

就在公社宣告成立的 3 月 28 日当晚，新选出的委员们便到市政厅内举行了首次会议。那里立刻出现了盛行于红色俱乐部中的腐臭混乱气氛。中央委员会并没有派人负责将市政厅移交给新机构，委员们其至得在锁匠打开会议室门锁之后才能找到开会的地方。国民自卫军懒洋洋地躺在弥漫着烟草味道的走廊里，或是酒醉，或是沉睡。这一天那激动人心的事件令人们变得疲倦，而在这疲倦中却爆发出个人间的争吵。关于应当由谁来担任主席，与会者立刻产生了分歧。德莱克吕兹极力反对让他的老对头布朗基缺席当选为"名誉主席"，作为妥协，这个职位最终落到了最年长的在场人士、75 岁的夏尔·贝莱（Charles Beslay）头上。会上不时出现像废除死刑这样无关紧要的奢论，而在它们当中还夹杂着有关公社地位合法性的诸多理论争议（事实上，这个国家过去半个世纪里经历过四个政权——波旁王朝、奥尔良王朝、共和国和波拿巴帝国，没有一个经由选举产生，但每一个都被外国承认为法国的合法政府。在这样一个国度，合法性是一个能够永远争论下去的议题，公社也必定永远无法解决它）。

显而易见的是，在场的大多数人都希望公社立刻攫取纯粹市政职能之外的权力，第 2 区选出的公社委员右翼区长蒂拉尔以此为借口宣布辞职，另外还有几人紧随其后。[97] 关于公社此时是否应当向凡尔赛进军等更为急迫的议题，会场上也出现了漫长的争辩，但这些辩论中同样弥漫着抽象考量。公社是不是选举产生的革命机构？就连某些曾经肯定这一点的人也在此时心怀犹豫。要是公社进攻凡尔赛，德国人会有什么反应？尽管他们已经根据休战协定（在 3 月 12 日）撤出了凡尔赛和巴黎南面、西南面的大片土地，他们却依然占据着城市东半面的原有围城阵地。德国人刚刚和当局签订了对自己极为有利的条约，当"抵抗到底"的拥护者打垮政府时，他们会在一旁坐视吗？俾斯麦难道不会干预此事，反过来摧毁公社吗？这看起来的确是个威胁。另一方面，也有些公社成员指出德国人已经受够了战争，他们已经将大批最优秀的部队抽调回国，而且他们绝不会急于进一步卷入法国内部事务。

午夜过后，公社的第一次会议就在既不和谐也不愉快的气氛中结束了，会上并未做出任何决定。次日，公社再度召开会议。这次会议成功通过了组建10个委员会以处理各类事务的决议。其中最重要的是执行委员会，其成员为厄德、特里东（Tridon）、瓦扬、勒法兰西（Lefrançais）、皮阿、杜瓦尔和贝热雷。尽管它名为"执行"委员会，应当负责执行其他委员会通过的法令，但它实际上并没有行政权力，因为它的每一个举措都得回溯到公社委员会议本身。公社的实权究竟在哪里仍不清晰，与此同时，就像1793年最初成立的公社令国民公会感到烦恼一样，中央委员会仍旧存在，而且不断干涉公社执行委员会的工作。重要性仅次于执行委员会的是军事委员会，其中的知名成员有厄德、贝热雷、杜瓦尔和弗路朗斯（更出色的布吕内尔似乎是因在对待区长们及其和平动议时态度太过倾向和解而被排除在外）。治安委员会的关键职位被两个阴险人物占据：费雷和拉乌尔·里戈。公社时期成就最大的委员会或许是劳动、工业与交换委员会，该部门的运作主要由国际会员完成，其中包括马隆、弗兰克尔、泰斯和阿夫里亚尔（Avrial）。另一个影响力极大的委员会是财政委员会，它由克莱芒、瓦尔兰、茹尔德、贝莱和雷热尔（Régère）组成。

各个委员会的绝大部分代表在履行职责时都带有明白无误的

怯弱，这与革命并不相符。被任命为邮政局局长的泰斯出现在邮局，并"请求"在围城期间创建气球邮政业务的朗蓬交出职权。朗蓬在回复中表示他不会交权，要是有人用暴力强迫他默许此事，他就会带着邮局的全体职员动身前往凡尔赛。泰斯只得表示退让，等待公社的后续指示。当年老的贝莱（他本身是一位失败的银行家）紧张地前去法兰西银行负责"接管"时，那里的情形甚至更加滑稽。行长鲁兰（Rouland）已经逃到了凡尔赛，把这个强有力的机构留给了德·普勒克侯爵（Marquis de Plœuc），他率领400名装备棍棒的银行职员在外列队，直面可怜的贝莱。两人随后进行了一番谈话，德·普勒克唤起了贝莱的爱国意识，提醒后者"法兰西的命运"就在他手中。这显然吓住了贝莱，他向市政厅发回报告，表示要是公社对法兰西银行动手，就会"没有工业，没有贸易，如果你们侵犯了它，所有期票也会变得毫无价值"。与此同时，瓦尔兰和茹尔德从罗思柴尔德家族手中借来了50万法郎，而且设法从法兰西银行预支了100万法郎，这就暂时保障了公社的财政状况。国民自卫军的军饷得以发出，公社也能够立刻履行它的义务，这就让夺取法兰西银行变得没那么具有诱惑力了。马克思和日后的列宁都将这个疏忽视作公社犯下的两个大错之一，因为法兰西银行的金库里有着价值超过20亿法郎的财富，这足以为公社提供最强大的武器和最有力的人质。马克思表示，要是公社夺取了这些财富，"这会迫使整个法国资产阶级对凡尔赛政府施加压力，要它同公社议和"。[*] 与此相反，贝莱却和蔼地让

---

[*] 这句话实际上出自恩格斯在1891年为马克思《法兰西内战》德文版撰写的单行本导言，并非马克思所述，参见《马克思恩格斯全集》，人民出版社，1956—1986年，第22卷，225页。

自己置身在德·普勒克办公室旁的一个小房间里，完全处于后者的羽翼之下，在此期间，这位精明的侯爵尽可能慢地为公社提供预支经费，同时却将钞票的印版和他能够抽出的资金偷运到凡尔赛。

3月29日起，如同洪水般的法令开始从公社里喷涌而出，它们的混杂程度代表了市政厅内盛行的氛围：在什么事情更为优先的问题上出现了极度混乱。公社废止了招人厌恶的房租法令，从而豁免了此前9个月的房租，这令市民大为满意，此外，公社也颁布法令禁止臭名昭著的公营当铺出售质押物品。[98] 它取缔了赌博，并于4月2日取消对教会的官方支持。公社还抽空颁布了与火腿集市有关的法令，它的18个条款中甚至有一项特别规定，要求巴黎人不应在"公共小便池以外的场所"解手。有些法令禁止人们公开展示来自凡尔赛的布告，还威胁对劫掠者处以死刑。公社宣布废除正规军的征兵制，另一方面也要求所有体格健康的公民必须在国民自卫军中服役。除此之外，公社在这一时期进行的唯一一场军事行动就是重新占据正规军业已放弃的城南堡垒，为了预先阻止凡尔赛军队进攻巴黎城，它还给守卫环城铁路西段的军官下达命令："不论白天黑夜，都在这个岗位上安排一个精力充沛的人。这个人在站岗时应当装备一根枕木。每当一列火车开来，如果它拒不停下，就必须让火车脱轨。"

就这样，在3月即将结束之际，自从梯也尔放弃巴黎以来，这座城市的革命主宰者们已经因自己的迟疑不决而损失了无价的13天，梯也尔却没有浪费这段时间。公社并没有利用起初的优势对凡尔赛发动攻势，这在列宁眼中是公社犯下的第二个致命错误。正如马克思在评论1848年革命时所述："防御是任何武装起义的死路，它将使起义在和敌人较量以前就遭到毁灭。"*公社即将为它犯下的错误承担后果，此时即将在遥远的伏尔加河畔的辛比尔斯克（Simbirsk）庆祝自己的第一个生日的列宁，作为马克思的门徒，将不会在机遇到来时重复同样的错误。

* 这句话实际上出自恩格斯著《德国的革命和反革命》第十七节"起义"，但最初以马克思的名义在《纽约每日论坛报》发表。参见《马克思恩格斯全集》，人民出版社，1956—1986年，第8卷，102页。

第 20 章

梯也尔先生宣战

鲍威尔（Powell）是一位新近抵达巴黎的英格兰外科医生，却得知除了科马克医生的英格兰救护队还在运作外，围城期间的其他所有救护队都已关张，这令他大为震惊。鲍威尔医生解释说："居然没有人想到还会发生战斗，这着实奇怪。"一旦最初几天的激动、惊惶和革命激情冷却下去，资产阶级和未曾投入革命的人们竟高兴地发觉巴黎的日常生活似乎仍然未受影响。尽管有些极左报刊（比如说复活了的《迪歇纳老爹报》）就像在围城期间一样，发出了骇人听闻的咆哮和威胁，但公民的自由权利实际上没怎么受到侵犯。私有财产并未遭到没收，除了《费加罗报》和《高卢人报》这两家极度反对公社的右翼报纸被接管外，其他报刊仍然照常出版。在新任警察主官拉乌尔·里戈的极力促成下，革命者在 3 月 18 日至 3 月 28 日的第一轮清洗中逮捕了 400 余人，但其中大部分人都被放走了，例如克列孟梭。沃什伯恩在寻找一位他的私人秘书麦基恩（McKean），这位美国国民似乎"走丢"了，在这途中沃什伯恩瞥见了一场军法审判，这让他不禁想起了令人恐惧的 1793 年，沃什伯恩本人在 3 月 25 日发给国务卿菲什的公函中还特地提到了统领蒙马特尔的"将军"、前炊具经销商加米耶（Gamier）呈递的一份古怪报告：

> 他先是说那里"没什么新情况，夜晚宁静无事"。随后又表示自由射手在10点05分带来了两名市政警察，[*]这两人立刻就被枪决了。接下来提到，"午夜过后20分钟，一位被指控用一支手枪开火的公安卫士遭到枪决"。在与这个宁静"无事"的夜晚有关的报告末尾，他指出第28营的卫兵在早晨7点带来了一名宪兵，此人也被枪决。

不过，尽管存在这些早期的过激行为，却没有迹象表明巴黎已处于新一次的"恐怖统治"之下，反公社分子在睡觉时还不用害怕清早的敲门声。

实际上，尽管大部分巴黎法官和警察（上文记录的处罚措施显然不鼓励警察冒险出外巡察）都已"消失"，法律的执行也陷入僵局，但城市秩序却维护得相当好，这颇为令人惊讶。鲍威尔医生声称："抢劫、袭击和其他罪行变得非常罕见，这是我记忆中最罕见的时候。"他的说法得到了其他诸多目击者的证实。街道空旷得异乎寻常，往来走动的人们用"公民"称呼彼此。由于邮局的朗蓬兑现了他的威胁，带走了所有邮政官员，邮件和电报业务都暂时中断了（这种状况在围城期间也从未发生）。沃什伯恩则注意到，他偶尔遇见过几对正在前往区政府的新人，但"心烦意乱"

---

[*] 市政警察（sergents de ville，本书原文作 sergents de ville），系1829年至1870年间负责维持城市治安的警察部队，1870年9月7日起易名为公安卫士（gardiens de la paix publique）。

的新郎或是对是否能够找到主持婚礼的区长感到怀疑，或是担心区政府是否已成为公社的"禁闭室"。但人们依然会缔结婚姻，日常生活在很大程度上也一如既往。事实上，吉布森牧师认为他"自从围城开始以来，还从未见过街道被清理得如此干净"。根据公社的命令，8所歌剧院重新开放，人们逐渐习惯了阳光明媚的春日天气，公社普通支持者们那极度愉悦的心情也持续不断。对于巴黎城中那些毫无特权的人、受压迫的人和失意之人而言，这最近几天必定拥有难以想象的魔力，必定是充满希望的黄金时期。

到了4月初，梯也尔已经设法在凡尔赛集结了6万多人，他可以说是已将家底搜罗殆尽：既从外省调来了别动军，又动员了逃出巴黎的宪兵和"秩序之友"派的国民自卫军。与对德和约中规定的兵力总数相比，此时的兵力已经超额50%左右，而且人员组成也颇为混杂。凡尔赛方面尚未制订夺回巴黎的计划，但作为准备措施，还是有两个骑兵中队在3月30日前往库尔贝瓦地区进行侦察，此地恰好与讷伊郊区隔着塞纳河对望。此举显然完全源自加利费侯爵的主张，这位干劲十足的将军曾在色当指挥骑兵发动了最后一次近乎绝望的英勇冲锋，此时则从德军战俘营回到了凡尔赛的营垒。加利费是一位文雅、诙谐又极度尖刻的廷臣，日后将成为未来的爱德华七世的密友，他的妻子曾是帝国最有名的美人之一，而且因在路易-拿破仑的蒙面舞会上装束奢华而闻名，加利费将在公社的最终篇章里扮演一个重要且令人恐惧的角色。尽管加利费看起来正是第二帝国那种华丽且荣耀的将军，可他却拥有一种特殊的战争经历，它与法国正规军此时面临的战争类型尤为契合。那位颇有影响力的侯爵夫人设法为她的丈夫在路易-

拿破仑的墨西哥战役中争取了一个指挥职位（毫无疑问，这也会让她在巴黎的活动更为自由），在这场针对胡亚雷斯（Juarez）麾下非正规军的战争中，法军也逐渐习惯于不留战俘。加利费在墨西哥以他的无畏和残暴而闻名，他既蔑视自己的痛苦，也无视他人的苦难。加利费曾在一场社交晚宴上向莫尔顿夫人详尽描述了自己的墨西哥战争经历，这些话令她倍感震惊："他的肠子中了弹，被当作死人丢在战场上。他匍匐前行，'始终把我的内脏盛在自己的平顶军帽里'，设法抵达了一间农舍，在那里得到了好人的照料……"此时，加利费向这位轻信的女士保证他佩戴了一个刻有自己名字的银盘，以此"确保上述内脏归位"。

尽管加利费在 3 月 30 日的侦察兵力不多，可还是成功地驱逐了公社方国民自卫军据守的一个小小的前哨据点，因此，梯也尔接到的报告也不可能让他对巴黎的防御状况产生什么敬畏。两天后，信心倍增的梯也尔举办了一场会议，尽管内容严格保密，但他又在当天向国民议会宣称：

> 法国所拥有的最优秀的军队之一已在凡尔赛组织完毕，于是，好公民就可以打消疑虑，期望一场痛苦而短暂的斗争就此结束。

这不啻宣战布告；这场斗争注定会痛苦，但决不会短暂。

在巴黎，公社领导人终于看到了梯也尔的宣言，随后，他们原先有关政教分离的讨论中也多了一些现实议题。公社最后在一片分歧和混乱中达成一致意见，巴黎的军队应当在 5 天内向凡尔赛进军，在此期间，贝热雷将对库尔贝瓦方向实施威力侦察。但梯也尔率先行动了。这一天是 4 月 2 日,棕枝主日。作为梯也尔所称的"好公民"之一,龚古尔当天的日记开头如下:"大约 10 点,库尔贝瓦方向响起了炮声。感谢主!内战已经开始了。"这一天慢慢过去,龚古尔注意到:"炮声渐渐消失了。凡尔赛被打败了吗?啊呀,就算凡尔赛遭到了最小的挫折,它也会输掉的呀!"随着素来好奇的龚古尔匆忙赶往巴黎市中心,他也听到了一些着实凶险的谣言。可在那里,他依然一如既往地研究"人们的表情,因为它好比是革命事态发展的晴雨表,我察觉出一种含而不露的满意,一种潜藏的欢乐。最后,一份报纸告诉我贝尔维尔人已经被打败了"。

龚古尔的日记条目颇为公允地总结了这一天的前哨战。梯也尔出动重兵猛攻库尔贝瓦,以此为加利费的侦察行动提供支援,公社军队则在 30 日得到警告,加固了当地的防御,在圆形广场(Rond Point)设置了堑壕工事。战况在巴黎清晰可见。沃什伯恩因为在围城期间从未目睹过战斗而感到失望,此时则发现"我的家人看到了一幕非同寻常的景象,周日早晨,从我居所的上层窗口可以看到发生在巴黎城墙下的一场正规会战进程,可以听到火炮的轰鸣声、步枪的咔嗒声和机枪的独特声响"。不过,在相当长的一段时间内的确难以判断谁正在取得胜利。事实上,库尔贝瓦的战况起初还是惹人怀疑。凡尔赛正规军被打退了,一个线列步兵营呼喊着"公社万岁!"陷入崩溃,这是不祥之兆。另一方面,据说朱阿夫兵却高呼"国王万岁!"发起猛攻。突然之间,比曾瓦勒的故事又重演了。暴动后的国民自卫军在训练和纪律方面仍然不比 1 月份好多少,有些人喝醉了,而且所有人都因为过度自信而沉浸在兴奋之中,他们一旦面临压力,就陷入溃散并放弃阵地。他们逃过了桥,逃到讷伊大街,告诉那些听众围城期间时常耳闻的托词,其中最主要的就是那句差劲的抱怨:"我们被出卖了!"前自卫军士兵蔡尔德参加了棕枝主日礼拜仪式,随后返回家中,他在路上遇到了几名逃兵,而后尖刻地评论道:"据我所知,他们缺乏最亟须的东西——'胆量'。"他又补充说,这是一个"沉闷的日子,非常适合发生重大事件"。

加利费的部队几乎毫未遭遇抵抗,就夺取了那座至关重要的讷伊桥。这场胜利虽然规模不大,却大大鼓舞了梯也尔麾下军队已然动摇的士气。双方的伤亡都很少,但受害者中却有讷伊的一所女校中的倒霉学生,她们在参加棕枝主日远足时遭到了政府军榴弹的轰击。对居住在巴黎这一地区的平民而言,此事只是个序幕,可同样是在这一天,还有一名受难者将会引发悲剧得多的连锁反应。宪兵部队的主治外科医师帕基耶(Pasquier)随同凡尔赛军行进,他是维努瓦麾下的首席军医,也显然是一位极受爱戴的人物。根据官方说法,帕基耶自愿前往讷伊桥与反叛者谈判,还打出了一面休战旗;根据公社方的说法,他们只是看到了一个袖子上绣有金色条纹的人,因而认为他是位将军,就将此人击毙。不论真相如何,这场杀戮在凡尔赛军中激起了极大的愤慨,梯也尔将该事件的价值利用到极致,谴责它是堪与杀害托马和勒孔特相比的暴行。

凡尔赛发动攻击的消息让巴黎彻底脱离了那种平和的愉悦状态,全城震动,有的地方还陷入暴怒。公社发布了一则歇斯底里的宣言,其中夹杂着诸如"朱安党人、旺代人和特罗宵的布列塔尼人"之类的词语,这体现出公社雅各宾成员对历史的那种异常依恋,宣言表示:

保王党的密谋分子业已发动**攻击**,

尽管我们态度和缓,他们还是发起**进攻**了……

有些人此前仍然认为公社不过是一个合法产生的市政议会,他们此时彻底真正陷入了震惊之中。埃德温·蔡尔德指出,大道上"极为焦虑","几乎在每个拐角处都能遇到正在行进的营,他们的军鼓和小号创造出最为可怕的不和谐音调。抵达王家路时,我碰到了全体集结起来行进的部队,他们说这些人是要径直前往凡尔赛,但我怀疑他们是否能够抵达那里"。市政厅内则一如既往地陷入纷争。在公社中,厄德、杜瓦尔和贝热雷等"将军们"要求立刻发动反击,可令杜瓦尔怒火高涨的是,此前三天里一直在《复仇者报》以围城期间敦促特罗胥般的语调敦促公社方采取行动的皮阿却在此时退缩了。最终拟定的计划要求国民自卫军在次日(4月3日)大举出动,分成三个纵队向凡尔赛进军。贝热雷和弗路朗斯指挥右翼纵队绕过瓦莱里安山两侧前往吕埃尔(Rueil)村,厄德指挥中央纵队经由默东和沙维尔(Chaville)向前推进,杜瓦尔则向在围城期间让迪克罗陷入困境的沙蒂永高地发起攻击,以此保障左翼安全。计划本身无可指摘,但它太过依赖国民自卫军的战斗力,而且忽略了一个事实:由于吕利耶那堪称耻辱的疏忽,瓦莱里安山现已被敌军炮手占据。

3日一早启程离开巴黎的部队与其说像是一支军队,倒不如说像是一群暴民,不过,这终究还是非常接近公社领导人们曾在第一次围城期间一再呼吁的猛烈出击。可是,由于仓促和缺乏组织性,出击的国民自卫军竟然忘了带上它最强大的军事底牌——200门火炮,那些原先的开战理由此时依然被留在蒙马特尔的炮场里。尽管在前一天遭遇失利，但国民自卫军仍然充满自信，然而，这还是不足以弥补装备和训练方面的缺失。所有人都认为"一阵葡萄弹"就足以驱散士气低落的"保王党人"。而且没有人比国民自卫军的指挥官们更自信。贝热雷原先是个书店职员，他乘坐一辆四轮敞篷马车在拂晓时分抵达集结地点，他华丽的打扮和漂亮的及膝长靴让人多少想起了大仲马笔下的火枪手，他在第一份公文中宣称："贝热雷亲临讷伊，（凡尔赛方的）线列部队士兵不断前来，他们表示除了高级军官外没人想要战斗。"弗路朗斯也在那里，一如既往地服饰奢华，他穿着他那包括蓝色紧身裤的克里特式制服，挎着大弯刀，腰间一条插满了手枪的土耳其式腰带。这回，他在发给市政厅的电报中写道："我们将会成为胜利者……毫无疑问。"节日心情曾经在平安幸福的3月盛行，此时也依旧占据主导地位，这让公社的记录者之一埃德蒙·勒佩勒捷（Edmond Lepelletier）想起了"与其说是一支朝坚固阵地开进的冲击纵队，倒不如说是一群吵闹的野餐者，他们快活、犹豫地前往野外"。贝热雷-弗路朗斯纵队没有派出任何侦察兵，就让这支杂乱密集的队伍漫步过了塞纳河，而且始终占据大路中央。他们一直闲逛到贝热尔高地为止，那里离特罗胥的最后灾难发生地已经相当近了。

随后，在俯瞰着这场征讨的瓦莱里安山要塞里，一门重炮轰鸣起来。它瞄得并不算特别准，但还是有一发炮弹落到了贝热雷纵队那挤得密密麻麻的队列里，随后又是一发。一名军官被炸成两段。这已经足够了。似乎根本没有人预计到这种状况（特别是贝热雷），它就像一场引燃火药库的爆炸，令惊慌情绪向后传遍了整个已然紊乱的纵队。它一分为二，后部骤然散开，全速逃回塞纳河对岸。而在这条河的另一边，一位《泰晤士报》记者碰到了"两个军官躲在一栋房屋里，士兵也正在乞求村民出借衣物，这是为了避免身着制服沦为敌方俘虏"。很难有比这更彻底的士气崩溃了。然而，素来冒失的弗路朗斯和此时已经没那么自信的贝热雷还是位于纵队前头，与后方隔绝，他俩仍然决定继续率领手头残存的3000名前卫部队余部向凡尔赛推进。

公社军队已然落入圈套。贝热雷的部队刚刚在平原上展开，凡尔赛军的骑兵就横扫过来，他也被迫退过了塞纳河。这时，势单力孤的弗路朗斯身边只剩下少数忠诚的猎兵和他克里特时期的老战友奇普里亚尼（Cipriani）。弗路朗斯展现出了近乎自杀性的勇气，他无视了奇普里亚尼撤回巴黎的劝诫，而是悲伤地继续朝吕埃尔推进。他在村子中的一座旅馆里解下了自己那条著名的腰带，放下了马刀和手枪，筋疲力尽地猛然坐下。当天夜间，某个名叫布朗热（Boulanger）的上校率部包围了吕埃尔村，布朗热曾在迪克罗的大出击期间有过引人注目的英勇战斗表现，到了下一个年代的末尾，还会有一出法国政治的怪诞插曲以他的名字命名，即布朗热运动。根据一份记载，村民向凡尔赛军告发了奇普里亚尼和弗路朗斯，奇普里亚尼立刻被打倒，弗路朗斯则徒手冲了出去。一位骑在马上的宪兵上尉显然认出了弗路朗斯，上尉用马刀猛地一击，就将他的头颅劈成两半。

这位虚浮冒险者的遗体随后被扔上一辆粪车，政府军耀武扬威地将其拉回凡尔赛（据说有些讲究的贵妇人用雨伞柄的金属包头戳刺那具尸体已经被砸烂的头颅）。这是第一位被杀死的公社领袖。其他地方也处处发生了当场处决的行为，至少有5名被俘的暴动者按照加利费的命令被处决，虽然明面上的理由是他们原先是正规军里的逃兵，但显而易见的是，这一举动就是对前一天主治外科医师帕基耶被射杀的报复。事实上，加利费在同一天发布了一份声明，宣称他的士兵已经遭到了"暗杀"，于是"我正式宣布和这些杀手之间没有休战，也没有慈悲。今天上午，我不得不做出示范，让它成为有益的惩戒"。库尔贝瓦的一名妇女告诉《泰晤士报》的一位记者，有许多战俘"先是被宪兵以极为残酷的方式对待"，然后遭到射杀。同一位记者还引述了大意如下的传言：维努瓦将军本人已经下令就地处决所有投降的国民自卫军士兵，公社左翼指挥官杜瓦尔的命运似乎表明这类传言的确不无根据。截至3日晚间，杜瓦尔已经成功地率领大约1500人在沙蒂永高地站稳了脚跟。但凡尔赛军在次日上午发动反攻，杜瓦尔及其部下被迫投降——显然他们已经得到了保全性命的许诺。任何依然身着正规军制服的人员都被当场枪决，包括杜瓦尔在内的其他人则被送往凡尔赛。他们在路上被维努瓦拦了下来。这位将军质问公社队伍里是否有一名领导人，杜瓦尔随即站了出来。此外还有两个人来到杜瓦尔身边，维努瓦称他们为"可憎的渣滓"，回头转向参谋人员，下令将这三名战俘枪决。[99]这道命令立刻得以执行，一名上尉还从死去的公社"将军"身上扒走了靴子作为战利品。这一事件标志着恐怖的公社"人质"悲剧已然开幕。

　　公社军向凡尔赛的推进处处以灾难性的崩溃告终。唯一实现的作战目标就是夺回讷伊桥。巴黎陷入一片动荡。当天下午，沃什伯恩在协和广场遇到了几百名兴高采烈的妇女，她们排成队列，准备向凡尔赛进军。

　　　　这是拙劣地效仿那些在路易十六时代向同一地点进军的

人。她们在香榭丽舍列队行进，穿过了蒙田大街……其中许多人戴着"红色软帽"，所有人都在唱《马赛曲》。每当她们遇到一辆公交马车，就会把它拦下来，命令乘客下车，然后自己坐上去。有个60岁的老妇人坐在一辆公交马车顶上展开一面红旗并发布口头命令。我并不知道她们将会走多远，或是将会遭遇什么。

至于其他地方，吉布森牧师发现国民自卫军三三两两地踱步，看起来极度沮丧，"筋疲力尽，满身尘土，和星期天傍晚开始进军时的外表差异极大"。公社在6日为在这两天的战斗中死去的"英雄们"举办了一场规模宏大的国葬。3辆庞大的灵车载运着死者，[100]各个角上都覆盖着红黑旗，在肃穆的气氛中穿过巴黎。德莱克吕兹和5名公社领袖戴上红色领巾，脱帽走在送葬队列前头。几个营的国民自卫军跟在他们身后，吉布森认为这些人"看上去严肃而悲伤"，不过，没那么宽厚的埃德温·蔡尔德则认为"几英担肥皂会对他们有些好处"。蒙布的鼓发出低沉的声响，妇女也在啜泣，在这种背景氛围中，人们恭敬地将遗体下葬到拉雪兹神父公墓里的一处公共墓穴。

巴黎人已经沮丧地意识到自己再度被围，就算没有这场阴郁的列队送葬，他们也能够回想起几个月前发生的事情。城门已被关上，车队也停止了行进。听到这条消息后，吉布森牧师惊呼道："我们像是被关在笼中了！"可以说他这是与大部分巴黎人产生了共鸣，吉布森的门房承认："我在围城期间从未感到害怕，如今却在颤抖。"尽管交通已被切断，还是有数以千计的人设法离开了巴黎，按照吉布森听到的一则传闻，每天都有5万人离开。有许多害怕被征入国民自卫军的男子选择逃之夭夭或躲藏起来。由于公社当局要求任何人在离开巴黎时均需出示通行证,沃什伯恩(他当时正行使德国临时代办的职权)就被希望得到通行证的阿尔萨斯人包围起来,这些人宣称他们已经成为德国公民。埃德温·蔡尔德又一次奉命打包店里的手表和表链库存(从去年8月算起,这已经是他第14次打包了),以便让精神紧张的卢普先生带着它们离开巴黎。复活节星期日当天,蔡尔德惊讶地注意到教堂看起来是多么地空空荡荡,大道上也越发空旷,大商店都关了门——这是因为它们的店主都已经离开。龚古尔在星期六那天漫步到瓦赞餐厅,想要问问当天特制的菜肴是什么,却被告知"什么都没了,没人还留在巴黎"。他只认出了一位在围城期间始终能够看到的老妇人。走出餐厅后,空旷的街道给他留下的印象是"这座城市仿佛发生了瘟疫"。

市政厅中,公社的统治者们在应对第一轮军事挫折时发扬了真正的1792年革命精神。阿西和吕利耶出于疏忽未能进占瓦莱里安山,因而让人怀疑从事叛卖活动,便被匆忙投入监狱,过度自信的贝热雷也紧随其后。公社公布了一份简短声明,"任命公民克吕瑟雷为战争部部长"。但是,与政府军冷血地处决杜瓦尔和其他被俘的国民自卫军士兵所激起的愤慨与怒火相比,公社反攻惨淡失利所带来的震惊就相形见绌了。有许多人在谈论动用"以眼还眼、以牙还牙"的手段,其后不久,一个寂寂无名的公社社员于尔班(Urbain)提议采取报复措施,它日后将以《人质法令》之名永远恶名昭彰。4月5日,《人质法令》虽然遭遇了些许反对,但还是得以通过,法令开篇如下:"看到凡尔赛政府公然践踏人道律法和战争律法,看到就连踏上法兰西土地的侵略者也不会不名誓到做出它业已犯下的恐怖罪恶行径……"它规定了下列内容：凡被指控与凡尔赛政府有勾结者应当立刻关押，应当在48小时内组建陪审团审判上述人员，被判应予监禁的人即成为"巴黎人民的人质"。但凡有一名公社战俘遭到杀害，就要立刻"通过抽签"处决三名人质。从暴行到暴行，从恐怖到恐怖，内战就这样以不可避免的方式不断升级，此时，这一点在法国已是显而易见。谁将成为人质？巴黎的反公社人群中笼罩着一种全新的情绪，这是一种局促不安的沮丧感，龚古尔阴郁地预测道："要是凡尔赛不尽快行动，我们就将看到这些温柔的人道之友将战败的怒火转化成屠杀、枪决和其他行为……"

但梯也尔并没有着急。这并不是他的计划。就像拿破仑三世一样，他希望"不要轻率行事"。尽管公社军无可救药的表现的确令凡尔赛军士气大涨，他还是觉得自己不能太过依赖手头的正规军。[101]这支军队中依然存在着令人不安的动摇，一直有士兵去投奔公社。要是连毛奇都对冲向巴黎怀有犹豫，那梯也尔难道不该在深思熟虑后也稍做暂停吗？只有在拥有压倒性的兵力优势时，他才会在十拿九稳的情况下发动城内巷战，在那个战场上，革命者固守在他们传统的街垒后方，可以屠戮他的部队。除此之外，他还决心一定要让镇压来得彻底、持久。此时，梯也尔已经确信时间站在他这一边，这种想法与莱昂斯勋爵、沃什伯恩等人的悲观主义截然不同。公社从国外获得的支持几近于无，只有卡尔·马克思和他的国际成员发出了孤单的声音，[102]甚至像加里波第和马志尼（Mazzini）这样的职业革命家也对它置之不理。维克多·雨果同样如此。而在法国的外省，同情公社的暴动也要么遭到镇压，要么中途夭折，不过，巴枯宁依然间歇性地给里昂制造麻烦。加斯东·克雷米厄则在马赛宣布成立公社，但到了4月8日，政府军在直瞄距离上炮击了已被公社占据的省政府，杀死了150多名起义军，此外还逮捕了500人，公社也就宣告终结。看起来凡尔赛军似乎可以再度将巴黎包围起来，以便将巴黎向外传播暴动的风险降到最低，而且，这一回也不会有甘必大在外省肆意袭扰围城部队了。

因此，梯也尔并没有尝试扩张他在圣周取得的胜利，而是专心"重整"自己的部队。4月6日，老迈且不受欢迎的维努瓦戴上了一枚荣誉军团勋章，他在梯也尔军中的司令地位也被麦克马洪取代，后者在莱茵河彼岸被囚禁7个月之久，此时正急于寻找机会洗刷色当的耻辱。与此同时，谈判家法夫尔也被派往普鲁士总部，请求普方准许法国正规军兵力超出和约中规定的限额，这是为了弥补他在1月做出的严重误判。俾斯麦起初以玩世不恭的超然态度对待法国人相互杀戮的滑稽景象，此时则开始担心公社可能会影响到自己在国内的大敌——德国的社会主义者，因此欣然准许正规军数量先是膨胀到8万，然后上涨到11万，最终更是达到17万。40万法军战俘的遣返进程得以加速，这些人在回到法国后就涌入特别营地在那里恢复战斗力（尤其是迪克罗将军组织的营地），准备在第二次巴黎围城战中扮演崭新的角色。

第21章
再度被围

由于杜瓦尔和弗路朗斯死去，布吕内尔、吕利耶、厄德和贝热雷也不同程度地失势了，公社的军事指挥层中就出现了一个真空地带。此时，一个崭新的人物进入其中：居斯塔夫-保罗·克吕瑟雷。时年47岁的克吕瑟雷就像弗路朗斯一样，是个真正的军人冒险家。他缺乏弗路朗斯的浪漫理想主义，个性总体而言并没有那么多彩和动人，然而他在回顾往事时，可以发现自己拥有更为非凡的冒险者生涯，军事背景也要深厚得多。克吕瑟雷在圣西尔军校成为军官，然后参与镇压1848年起义，可随后就卷入了革命俱乐部的活动，因而被转入预备役。克里米亚战争期间，克吕瑟雷被召回现役，他在这场战争中受了伤，晋升为上尉，而且获得了荣誉军团勋章。他后来从克里米亚被派往阿尔及利亚，但在1858年因卷入盗窃仓库事件而被革除职务，从此开始前往美国寻找发迹机会。在美国南北战争当中，他以北军志愿者的身份再度投入军旅，还曾短暂地担任过麦克莱伦将军的副官，而后便获得了准将军衔。根据沃什伯恩的回忆，当他和林肯总统在国会大厦内谈话时，有位参议员向他们引荐了克吕瑟雷，此人全力推荐这位前来为联邦军效力的"英勇法国人"。参议员主张将克吕瑟雷任命为准将,按照沃什伯恩的说法,林肯并没有被这番话打动,而且似乎根本就不打算给他军官职位,但最终还是屈从于参议员的压力。但在克吕瑟雷获得任命后不久,联邦军的高层就发现他显然不能胜任任何作战职责,把他打发到巴尔的摩(Baltimore)的一个无足轻重的岗位上。沃什伯恩尖刻地补充道,克吕瑟雷"在军队里待了很长一段时间,长到能够获得入籍文件,这似乎就是此人的主要目的"。内战结束后,他又短暂地追随过一颗志趣相投的明星——"探路者"约翰·查尔斯·弗雷蒙(John C. Frémont),后来还参与过密谋为了爱尔兰的自由而袭击加拿大的芬尼亚运动(Fenians)。克吕瑟雷被提名为芬尼亚运动的"总司令",追随这项事业前往英格兰,在那里参与了1867年袭击切斯特(Chester)监狱的战斗。英格兰的局势变得太过危险,他因此返回法国,结果,仅仅过了不到一年时间,克吕瑟雷就因煽动罪被判入狱,但他以自己的美国公民身份提出抗辩,被改判驱逐出境。帝国被推翻后,已经和国际建立了松散联系的克吕瑟雷作为无政府主义者巴枯宁的特使返回法国,他(于10月31日)在马赛宣布成立公社,自封为"南方诸集团军总司令",让甘必大颇为难堪。

根据同伴罗塞尔的记述,克吕瑟雷身材高挑,"肤色白皙,头发与胡须黝黑,相貌英俊。他必定是个运气非常好的单身汉。拥有记者的口才,深知如何灌输一套不合时宜的原则"。人们几乎总能看到他嘴角叼着一根方头雪茄——这是在南北战争时期养成的习惯。克吕瑟雷过去经历中的暧昧不清之处催生了诸多说法。有人声称他在南北战争中实际上是为邦联一方而战,还有人表示他曾被南军缺席判处死刑,甚至也曾因勾结芬尼亚分子而被某个英国法庭判处了同样的刑罚。因此，不论他做了什么，背后的动机总是很容易惹得人们公开质疑。此人既愤世嫉俗又懒惰。当克吕瑟雷在4月初接受任命时，他对巴黎前景的看法并不比第一次围城期间的特罗胥好到哪里去，而且，这位昔日的正规军人也和特罗胥一样鄙视国民自卫军。他无法仅仅将这个观点保留在心中，于是滋生了不幸的后果。尽管如此，在军队的具体运作方面，他的实战经验仍然多于其他任何一位公社成员，也正是出于这一原因，当国民自卫军中央委员会被公社领导在军事上表现出的无能弄得焦躁不安后，才会把他推到前台。尽管克吕瑟雷已于4月2日被任命为公社战争部部长，而且强烈反对计划于次日展开的反击，但他并未阻止此举，只是在贝热雷回撤途中以"抗命"为由将其逮捕。此刻，在4月3日的征讨遭遇灾难性失败后（克吕瑟雷表示这让他想起了奔牛河之战），他下令公社部队在巴黎的堡垒和土堤（它们曾阻挡普军数月之久）后方摆出纯粹的防御性姿态。由于梯也尔的巩固阶段给了公社喘息时间，克吕瑟雷就能够不紧不慢地着手改革国民自卫军。

这个时机已经相当晚了，可以说实在是太晚了，而且要面对的是一个奥吉厄斯牛圈般极度艰难的任务。国民自卫军在第一次围城期间业已养成根深蒂固的恶习。4月1日当天，至少有两个部署在库尔贝瓦的营"彻底喝醉了"。由于国民自卫军的军官依然通过选举产生（其当选依据往往与作战效能毫无关系），任何层面的纪律都几近于无，一旦军官下达不受欢迎的命令，士兵就可以发动新的选举将其罢免。一位社员向斯坦利上校坦承："我们全都雄心勃勃，我们全都希望成为指挥官。"

当克吕瑟雷评论自己接手的局面时，他的说法几乎毫不夸张:"我从没见过任何能够与1871年的国民自卫军相提并论的混乱状况,这是纯粹的无政府状态……"整支军队里充斥着全然不懂军事的旧式雅各宾信徒(和第一次围城期间一样),他们认为只需要波澜壮阔、不可阻挡的普遍征兵就能够取得胜利,完全忽视了自18世纪以来军事科学已经取得了相当程度的进步。任何需要参谋工作的勤务都存在相当程度的缺陷,军需、通信和卫生勤务都陷入了绝望的混沌状态,公社既没有骑兵,实际上也没有工兵。这一点并不令人惊讶:4月3日,许多国民自卫军是在腹中空空、缺少弹药的情况下上战场的,也没有带上大炮。尽管3月28日参与布吕内尔列队阅兵的营数量惊人,可是其中有许多营并无营长。在军事决策层,像28岁的厄德这样的"将军们"从未指挥过一个营参与实战,他们还经常因互相矛盾的指令而疲于奔命,这些指令有的是他们自己设在旺多姆广场的总部签发的,有的是中央委员会签发的,有的是公社签发的,还有的是各区的地方委员会签发的——哪一个好像都不能凌驾于其他机构之上。克吕瑟雷将前正规军中校路易·罗塞尔任命为自己的参谋长,罗塞尔宣称:"我的大部分时间被既固执又没用的人们占用了:出身五花八门的各类代表,打听消息的家伙,发明家,但最多的还是那些离开岗位的军官和士兵,他们抱怨的要么是首长、要么是武器、要么是缺乏粮秣和弹药。还有些几乎无处不在的独立指挥官,他们既不接受命令,也不执行命令……"

在"弗路朗斯射手"(他们现已自行更名为"弗路朗斯复仇者")的样板作用带动下,大量"私军"涌现了出来,其中包括"东印度水手""敢死队""贝热雷尖兵""蒙鲁日志愿兵"和"公社土耳科兵"。每支私军的装束都完全按照自己的兴致,对奇异、奢侈制服的爱好也影响了许多高级军官，他们从那些著名的军队裁缝那里赊账定制了极为华丽、俗气的军服。某些高级军官的妻子们也不甘落后，人们时常能够在国民自卫军的总部里看到厄德夫人这个时髦气派的人物，她要求人们称其为"厄德将军"，而且要么打扮成佩着手枪的亚马孙女战士，要么（根据阿方斯·都德的说法）"像皇后一样，戴着镶有八颗钻石纽扣的手套"。克吕瑟雷或许想起了他对南北战争的记忆，想到了名将尤利塞斯·格兰特的装束有多么随便，因而决心肃清这种不合乎无产阶级的豪奢。4月7日，他宣布废除将衔，此外还下达了限制令，要求未来"不再有绶带、闪亮装饰品和金色穗带……"。这道命令并没有让克吕瑟雷得到多少巴黎人的欢迎，因为巴黎人对"光彩"有着彻头彻尾的拉丁式激情，而且公社最终也会重新设立将军。[103]

克吕瑟雷的下一个改革措施令他更加不得人心。这就是将国民自卫军分成"野战"营和"驻防"营（它也是特罗胥曾在围城期间尝试过的做法），并且将所有40岁以上的士兵都归入后者。自卫军士兵抱怨这种做法"破坏了围城期间形成的团结友爱纽带"，但只要有任何一个国民自卫营会因此具备战斗力，它就是有意义的。克吕瑟雷最大的贡献无疑体现在选择下属方面，罗塞尔成为他的参谋长，35岁的波兰人雅罗斯瓦夫·东布罗夫斯基则接替贝热雷担任巴黎城防司令。事实将证明他们是公社最能干的两位领导人，由于东布罗夫斯基的指挥才干和罗塞尔积极贯彻克吕瑟雷的改革措施，与4月3日的糟糕表现相比，公社军队的战斗力已经出现了惊人的提升。

东布罗夫斯基属于贫穷的波兰贵族阶层，他曾在俄军中获得过军官职务，但后来因参与1863年波兰起义而被判处流放西伯利亚15年。他在行经莫斯科途中逃跑，一路赶往巴黎。围城期间，东布罗夫斯基表示自己愿意为特罗胥效力，但后者却拒绝了他的请求——考虑到有许多波兰裔士兵在毛奇麾下参与战斗，这种拒绝无疑是出于怀疑。此时，奉命指挥公社野战部队的东布罗夫斯基率部进占受到威胁的讷伊地区，他的弟弟瓦迪斯瓦夫则负责把守右侧的部分防线。当雅罗斯瓦夫的瘦小身躯和纤细胡须出现在前哨阵地时，这似乎给国民自卫军安上了全新的心脏（至于参谋长罗塞尔，后文中的某一章会有更详尽的讨论）。4月9日，两个蒙马特尔营突然越过塞纳河，对驻扎在位于库尔贝瓦东北面的阿涅尔（Asnières）的凡尔赛军发动了夜袭，缴获了几门大炮。即便龚古尔对公社并不友善，他也注意到其战斗精神有所提升："为什么普鲁士人没有遇到过这样顽强的抵抗呢？"他在4月12日再度发问，而且较为准确地总结道，这是"因为在这次战争中，是人民自己在进行自己的战争，不是在军队的命令下打仗"。他在这些日子里也曾在别处抱怨："无能的国防政府没有能够利用这种英勇，这种行径无论如何咒骂都不为过。"

尽管梯也尔在凡尔赛军完成重组前并不会认真考虑再度攻入巴黎，但他还是对讷伊郊区持续施压。凡尔赛军夺回了讷伊桥，但在4月余下的多数时间里双方还是在一条条街道上来回拉锯，东布罗夫斯基的士兵据守在用从路面上掀出的铺路石建成的街垒后方，抵抗着凡尔赛军的以响彻巴黎的毁灭性持续炮击为主的进攻。公社军顶着炮火防守阵地，他们依托街垒，背后就是家园，不再采取任何雄心勃勃的进攻战术，出人意料地稳守阵地。随着他们越发熟悉战斗，抵抗也日益顽强。战斗间歇期间，人们甚至能发现那四处出没的路易丝·米歇尔竟在一座废弃的教堂里演奏着管风琴。伤亡并不轻微。掷弹兵团的约翰·斯坦利上校跟随一支英国救护队前往讷伊,他发现漫不经心的公社方军医"穿着满是污渍的围裙而非制服……抽烟,还把原先用于取出子弹的工具拿来搅咖啡"。几天后,"我看到有个被一小块弹片击中的人若无其事地跑了半分钟,然后就倒了下去。我们扶起了他,这人的腿被截掉了……"。面对伤员的悲惨状况,斯坦利颇感怜悯,[104]他们仍然罹患围城后遗症,此外还要加上多年来的穷困生活的影响:"令我最痛苦的并不是伤口,而是看到他们的腿干枯到可怜的地步,它们真的还不比壮汉的拇指粗。"伤员中的卫生损失也高得令人泄气。"我得遗憾地说还是老一套,40台手术中很难有一台的伤员能够恢复。酒,酒,还是酒,当他们躺在木支架上喘气时,在他们检查伤口的地方,总会有酒气。在需要全部的镇静和生命力以抵御冲击时,他们所能提供的只不过是焦躁不安、血气耗竭的状态。"

即便在巴黎市中心,在那些用于收治公社方伤员的人满为患的临时医院里,状况也可以说是同样令人痛苦。龚古尔参观了其中一座医院,那里的"战争画卷掺杂着学生寝室的杂乱无章",留在医院里的人以冷酷的高兴语气谈起自己目睹的那些骇人听闻的肢体伤残状况,这令他感到震惊。他得知有个人的下颌被打没了,"一副真正堪称古董的面具……而且,想象一下,护理员竟还在不断询问他的姓名!"他们还给龚古尔指出了一个头戴黑色无檐便帽的大忙人,他的职责是脱下死者的衣物,报酬是每次40个苏:"这真是他的激情所在……你应该看到他是用何等热爱的眼神张望四周,窥探那些即将咽气的人……"在博容(Beaujon)医院工作的鲍威尔医生则注意到受过训练的护工严重短缺——其中许多人已经离开了巴黎。卫生条件糟糕得令人咋舌:"15名做过截肢手术的病人全都死于败血症或坏疽……并没有适当的监管手段,访客们随意来去,而且还不准神父探视伤员或垂死者。"医院被迫在酒精瓶中加入石炭酸,以防它"会立刻消失"在护工的喉咙里。

受难者也不仅是参战人员。富饶的讷伊村尽管在普军炮击期间大体上得以保全,却正在逐步走向毁灭,许多居民已被困在废墟里。斯坦利上校在4月的最后一周写道:

> 每一棵树都被打成碎片,地面上满是葡萄弹、霰弹、实心弹和破碎的榴弹,此外还有压平的子弹。我进入了那些原本相当漂亮的房屋,它们的地板在晃动,只能靠一边支撑,已经被彻底毁掉了,台球桌、望远镜、沙发和昂贵的家具全都被打得粉碎,大炮放置在美丽的花园里,墙上也都打了洞,以便让它们在各个花园间转移。寝具和家具都堆叠起来筑成街垒……我们在许多房屋里发现死者倒在地上,他们早在几天前就已经待在那里了……那些尽其所能活着的人们只能纯粹依靠面包在地窖里度过这漫长的时光……

排字工查尔斯·斯凯利(Charles Skelly)就职于巴黎的一家英语周刊,他在4月20日写给母亲的一封信反映出这种环境下的居民生活状况。斯凯利住在讷伊的鲁勒大道(Avenue de Roule)上,已经有了两个小孩,而且他的妻子即将产下第三个。他曾在后窗目击从瓦莱里安山打出的炮弹落在行进中的公社部队当中,也目睹了随之而来的溃退。三天后亦即4月5日,特里萨·斯凯利(Theresa Skelly)生下一个小孩,次日(周四)上午,她的丈夫一如既往地前往巴黎工作。

……可到了傍晚，当我打算回家时，我发现暴动者已经在泰讷（Ternes）的土堤上架设了火炮，正在横扫我们那条街，我那天晚上睡在了巴黎。次日（美好的周五）上午，我的通行证接受了严密审查，然后一早就幸运地获准通行。我怀着沉重的心情找到了家，可我发现妻儿都安然无恙，这得感谢上帝。特里萨身体太弱，不能走动，但有位邻居帮忙给孩子们穿上衣服，我成功地贴着墙边行走，把他们安全地带到巴黎，在那条危险的道路上，炮弹就在我们头上和身边呼啸。我从那个上午起就从未回过家，城门已经关闭，实心弹和榴弹的弹雨下个不停。我日日夜夜都前往泰讷，从那里可以看到我们的房子笼罩在烟雾里……我无力拯救他们……

4月11日上午，斯凯利设法冒着双方火力进入讷伊：

（他抵达了）……距离房屋只有几码远的地方。我非得穿过鲁勒大道才能到家，但那是不可能的；要是我在那条要命的街上被人看见，就死定了，我本该从他们炮口下过去的。我看到自卫军在维克多·努瓦尔路尽头朝着因克尔曼大道（Avenue Inkermann）交叉路口圆形广场上的士兵开火，那里正对我们的家门……

斯凯利虽然已经离家这么近，却还是被迫犹豫不决地再度返回巴黎："他们在榴弹的恐怖嚎叫和撞击间行进，设在库尔贝瓦的

（凡尔赛）炮群打向泰讷门，土堤上的（公社）炮群也在还击。"在巴黎又度过悲惨一周后，他向英国大使馆请求帮助，但它没法帮上什么忙。随后，就像围城期间诸多亟须帮助的英国人一样，他将脚步转向理查德·华莱士的方向，后者毫不犹豫地为他致信美国救护队，请求他们将特里萨和孩子转移出来，相关开支均由华莱士承担。可斯凯利却发现美国救护队已经"关门"了，他最终向一支法国救护队的队长报告了自己的状况，让队长同意介入此事：

> ……次日凌晨5点，一名国民自卫军陪伴她进入我的房间，我是何等喜悦……由于在街道上现身几乎就会招致死亡，他们在走过萨隆维尔（Sallonville）之前一直是穿过此前在墙上打出的缺口，穿越了花园和房屋……我们可怜的宝宝脸上黑乎乎的，全是尘土……我无法告诉你她所见所闻的所有恐怖状况。有个曾给他们带去一些砂糖的可怜人就在我们房屋前被射杀，他当时正在折返途中，两名自卫军士兵想要把他扶起来，但其中一个也倒下了……

随着凡尔赛军的火炮和弹药逐步到位，讷伊的炮击体验也将扩散到巴黎西面的其他郊区。4月15日，周六，当"几发榴弹的呼啸声"在这天上午响起时，龚古尔正在自己位于布洛涅森林附近欧特伊的住宅花园里劳作。其中几发在离他很近的地方炸开，有人大声呼喊"所有人都下地窖"。炮击持续了将近两个小时，有一场"恐怖的爆炸"威力强大到震动了地上的整栋住宅，把他忠实的看门人佩拉吉打倒在地。龚古尔开始受困于"一种怯懦感,我从未在普军围城期间有过这种感觉。从物理层面来说,人已经到了地底。我选择将一只床垫铺在地上,然后躺在上面,我依然处于一种昏睡的麻木状态,只能模模糊糊地意识到炮击和死亡……"直至下午3时,炮击力度才有所减弱,炮火开始向前落到公社军部署了多门大炮的土堤上。当龚古尔从他的地窖里冲出时,他发觉紧靠在自家住宅后方的3座房屋都被命中了。

内战的讽刺意味之一就在于,随着炮击范围日益扩大,政府军炮火的主要受害者反倒是巴黎城内最坚定的反公社人士。克吕瑟雷在尝试夺回瓦莱里安山时曾将他手中口径最大的海军炮群部署在特罗卡德罗,这反过来令外表光鲜的帕西住宅区遭到炮击。朱尔·拉菲内克医生在发往伦敦、写给内弟的信中将那里的状况比作落入盗匪手中的旅人:"当宪兵抵达时,不幸的旅人已经暴露在双方的打击之下。普鲁士人的围城战根本无法与此相比……"根据他的描述,占据帕西的"盗匪"是"一支名副其实的欠薪雇佣军,一群肮脏、下流、丑恶、狂暴、不驯的暴民,可他们装备优良,能够在墙壁后方和街道上的防御战里打得相当不错……"。为了给他依然留在帕西的寥寥几个病人出诊,这位医生得频繁地在炮火的夹道攻击间奔跑,他声称公社方之所以会宣扬自己已在特罗卡德罗部署大炮(从那里显然无法炮击到相隔6000码的瓦莱里安山),目的纯粹在于"吸引炮弹落在"这个厌恶公社的资产者街区。

很快,来自瓦莱里安山的炮弹就开始进一步深入城市中心,弹着点就和普军炮击时期一样随意和无情。沃什伯恩在4月12日记下了榴弹碎片命中位于埃图瓦勒附近的美国公使馆,"距离我执笔的地方还不到20英尺"。两天后,他仅在凯旋门上就数出了27

处独立的炮击痕迹，斯坦利上校则在路过时捡起了门上某座浮雕被炸飞的肘部。落到这一区域的炮火有时会密集到没有人能够沿着香榭丽舍大道走到圆形广场的地步。大道已经几乎荒废。住在附近地区的美国人心情焦虑，他们日夜不停地涌向美国公使馆申请通行证或"保护文件"，而在英国大使馆，一位二等秘书则会体贴地重复莱昂斯勋爵于去年9月逃走前发布的一则告示，告诫人们："现在那些继续留在巴黎的英国臣民将为此自负风险……"到了4月25日，沃什伯恩已经做出决定，将自己的家属转移到乡村，他认为这是审慎之举，吉布森牧师也做了同样的决断。梯也尔的胡乱炮击从军事层面来说就和普军在1月份的努力一样毫无效果，它的主要战果反倒是令他在巴黎的天然盟友陷入恼怒和沮丧。埃德温·蔡尔德在4月11日写给父亲的信中宣称："我一度在情感上几乎成了法国人，但现在却和鄙夷德国人一样鄙夷他们。"在这之前，蔡尔德刚刚目睹了他那座教堂外有一发炮弹打断了一位70岁高龄老妇的双腿。27日，在注意到一如既往的"浪费弹药"后，蔡尔德希望"整个事件能够以这种或那种方式结束。它已经彻底变得令人恶心，在围城期间，人们至少还知道他们受难的缘由和目的，可现在，很难说他们更喜欢公社还是政府。双方都充分证明了自己的无能"。几天后，蔡尔德又在评论中指出无差别炮击"致使许多原先根本不同情公社的中立人士加入'造反'的一方"。像斯坦利上校这样经验丰富的军人也和前自卫军士兵蔡尔德一样鄙视"太过愚蠢的矮子梯也尔"处事拖拉，与此同时，彻底陷入气恼和沮丧的龚古尔则抱怨："在这一切恐怖声响结束后，什么都没有发生，人们只得自言自语：'没关系，明天会好的！'可那个明天永远不会来临……"

被困的市民群体中时常会流传政府军即将重新突入巴黎的传言，但它们最终都令人失望，不过，在 4 月即将结束之际，梯也尔和麦克马洪实际上还是定下了一套进攻方案，根据该方案，他们将会把手头积攒的全部兵力用到一处。梯也尔或许比任何一位军人都了解巴黎城防的优点（以及缺点），因为他在路易-菲利普治下担任大臣时曾负责城防建设。他深知这套防御体系里潜在的阿喀琉斯之踵就位于城市最西南面的破晓山顶，塞纳河就在离它不远的地方汇入塞夫尔河。他的军队将竭力尝试从这里突入城内。但他们首先得夺取伊西堡，这座壮观的堡垒控扼着河上的通道。

4 月 25 日，梯也尔答应了公社的要求，双方在讷伊休战，以便让当地饿得半死的可怜居民撤出战区。此时，村里几乎没有一栋房屋还矗立着，许多居民也几乎无力走出自家地窖。梯也尔以 24 小时休战为幌子，在此期间将他麾下的炮兵主力从讷伊地段转移到直面伊西莱穆利诺（Issy-les-Moulineaux）的地段。西塞（Cissey）将军麾下有至少 53 个炮兵连集中到那里，他们还得到了强大的步兵部队的支援。次日，梯也尔宣布开始进行"积极作战行动"，在一阵尤为猛烈的炮击后，凡尔赛军于当日晚间夺取了莱穆利诺村。27 日，西塞部成功推进到距离伊西堡不足 300 码的一条平行壕，当时，这座堡垒也始终笼罩在猛烈的弹雨下。按照公社的记录者利萨加雷的说法，伊西堡——它已经在 1 月被毛奇的炮兵重创——很快就"不再是一座堡垒，甚至几乎都不是一块筑垒阵地，只是炮弹轰过后留下的一堆乱七八糟的泥土瓦砾。从被砸开的门式窗中可以看到郊外乡村，弹药库暴露在外，半个 3 号棱堡陷在护城壕里，人们可以驾驶车辆通过缺口……"。堡垒的守备司令是工人梅吉，他曾在去年杀死过一个前来逮捕他的警察,此时,梅吉多次请求克吕瑟雷派出重兵援救,但援军根本没有抵达战场。战至30日,西塞的部队已经向前掘进到堡垒的斜堤底部,守军内部的恐慌情绪骤然爆发,梅吉则也毫无办法阻挡。这时,他下令部队钉死火炮,撤出堡垒。

它是公社迄今为止在军事层面蒙受的最沉重打击。作为战争部部长,克吕瑟雷立刻意识到撤出伊西堡一事——对巴黎城防和他本人——有多么重要。尽管巴黎自4月4日起还没有经历什么重大震荡,而且克吕瑟雷的改革也开始收到一定成效,但他的将星已经开始逐步黯淡下去。4月17日,一座由船只组成的浮桥突然垮塌(这显然是源于管理不善),导致大批国民自卫军溺死,由此催生的怒火直指克吕瑟雷,此人对国民自卫军战斗力的鄙视不加掩饰,这也导致公社圈子内部对他愈加不满。圆滑处事绝不是克吕瑟雷最擅长的方面,而且执行委员会也发觉它时常需要给他那些较为炽烈的批判意见浇水降温,试举一例,他曾经将挥霍弹药斥责为一桩"纯粹的君主主义愚行"。这些话伤人很深,而克吕瑟雷也时常在市政厅遭遇抨击。4月20日,在一场气氛激烈的会议中,韦莫雷尔宣称"我们在过去的一个月里睡着了,我们毫无组织",德莱克吕兹则以冷淡的态度展开辩护:"我们之所以选择克吕瑟雷,是因为找不到其他军人。"为了争夺国民自卫军的控制权,中央委员会和公社之间展开了激烈的竞争,前者并不愿意将它原先拥有的权力让渡出去。因此,克吕瑟雷的每一个改革措施都遭到其中某一方的攻讦,还得把许多时间浪费在挑动其中一方对付另一方上,而他本来就不是那种精力极为充沛的人。倘若克吕瑟雷是一位有才干的领导人,他就会发现有必要严格限制中央委员会介入战事的权力,但这位永恒的阴谋家非但不能弥合两个对立机构间的分歧,反倒助长了其不和状况。

截至 4 月 30 日,克吕瑟雷在仅仅上任 4 周后就已被密谋和争吵折磨得精疲力竭。然而,在听到梅吉的战报后,他还是罕见地骤然爆发出能量,亲自冒着滂沱大雨走在不到 200 名士兵前头,想要看看还能如何挽回伊西堡的局势。抵达堡垒后,他颇为惊讶地发觉当地状况依然和梅吉离开时一样,并没有人在此据守[105]——仅有的例外是一个"十六七岁的流浪儿,他靠在入口处一辆手推车里的火药桶上轻声啜泣。他有一根打算用来引燃火药桶的火绳,打算在敌军进入时把自己和堡垒一起炸飞。我飞奔过去拥抱了他,自己也哭了起来"。克吕瑟雷身着平民服装,头戴尤利塞斯·格兰特可能在里士满城下戴过的那种阔边毡帽,尽管炮弹在这满是孔洞的堡垒里呼啸,他却不为所动,反而立刻下令重新占领伊西堡。大炮火门中的钉子被取了出来(原先的钉炮做法相当笨拙),新锐部队也匆忙涌入。他依靠奇迹拯救了伊西堡,但这个奇迹并不足以拯救克吕瑟雷。克吕瑟雷离开期间,伊西堡陷落的谣言已经传到了巴黎,市政厅外也发生了示威,对于那些亲身参与过 10 月 31 日和 1 月 22 日示威的公社领导人来说,状况相似得令人惊恐。当克吕瑟雷返回市政厅报告自己取得胜利时,按照此人的说法,他落入了"一场埋伏"。他在公社会议厅门口遇到了一脸沮丧的潘迪(Pindy)和公社特别卫队里的一名哨兵。"我亲爱的朋友,我需要执行一个非常令人悲伤的任务,"潘迪说道,"我不得不逮捕你。"

第 22 章
雅各宾派的回归

次日，亦即 5 月 1 日星期一，一则公开声明透露了克吕瑟雷被捕。根据沃什伯恩的说法，它激起了高度兴奋的情绪。尽管官方理由是"无能"，可种种流言迅速传遍了巴黎：有人说克吕瑟雷因密谋推翻公社而被逮捕，有人说他业已卖身给凡尔赛，又有人提出了更为具体的说法——他实际上是个奥尔良派特务。这体现了城内新近出现的焦虑情绪。

原先担任克吕瑟雷参谋长的路易·罗塞尔被指派为战争部"临时"部长，暂时替代了他的老长官。罗塞尔完全不关心政治，这在公社追随者中可以说较为罕见，他对公社的拥护证明了国防政府的耻辱投降令许多忠诚的法国人感到何等悲痛，这次投降直接引发了三月暴动，使公社起初赢得了有力的支持。从后世角度远远回望公社时，可以看到他、瓦尔兰和德莱克吕兹以各自不同的方式成了公社中三位最具感染力的人物，不过，罗塞尔也是公社截至此时最能干的军人。要是他能够在 3 月掌握兵权，此后的历史很可能将有所不同，要是他能够活下来，就极有可能会在其他什么地方留下天才的痕迹。罗塞尔出生在布列塔尼，父亲是法国人，祖上曾是军人和胡格诺派教徒，母亲则是苏格兰人。他以全班第二名的成绩毕业于综合理工学校，后来在正规军工兵部队中服役。普法战争之初，罗塞尔是巴赞集团军中的一名上尉，他从一开始就憎恶法军高层的无能。当集团军被围在梅斯城墙里头时，他似乎早就漫不经心地有过"废黜"巴赞的念头。他试过一次逃离梅斯城，却被普鲁士哨兵抓住，就在双方安排投降进程时，罗塞尔伪装成农民成功逃跑，要是他被普鲁士人发现，极有可能会遭到枪决。他最终遇到了甘必大的军队，这支军队的懒散马虎令他震惊。当弗雷西内询问罗塞尔希望得到什么工作时，后者毫不犹豫地答道："要是所有职位都可以分配给我，我就应当选择唯一的行动方向。"甘必大立刻意识到了这位奇怪、凶悍、留着杂乱黑色八字须、眼神富有穿透力的年轻人的天赋，将此人提拔为上校，派遣他前往讷韦尔（Nevers）担任工兵主任。罗塞尔当时年仅26岁。

当休战消息传到身处讷韦尔的罗塞尔耳中时，他对此感到震惊。此人在《遗稿》（*Posthumous Papers*）中写道："我们缺乏耐心，就像匆忙投入战争一样匆忙媾和。"他还补充了辛辣的讽刺话语："一般而言，誓死防御永远不会伤到一个民族。"巴黎暴动次日亦即3月19日，他致信陆军部部长勒弗洛将军：

> 我的将军，
> 　　我有幸告知您我即将前往巴黎，让自己听从正在那里组建的政府军调遣。我从今天刊布的一则凡尔赛急件中得知两个派系正在争夺这个国家的主导权，**我毫不犹豫地加入尚未缔结和约、将军队伍中也没有人犯下投降罪行的一方……**

这封信想必会使它的收件人感到高兴。罗塞尔随即动身前往巴黎，他的真实想法显然是，考虑到巴黎现有的火炮和革命、好战的掌权派系，他们有可能设法从普鲁士人手中"抢回胜利"。社会主义、蒲鲁东、布朗基和马克思对他而言毫无意义，"我不知道造反者是谁，但我知道他们是在造谁的反，那就够了"。罗塞尔在就任新职时曾面临某种意识形态甄选，他坦陈："我不能告诉你我曾深入研究过社会变革，但我对刚刚以如此怯懦方式出卖法兰西的社会感到恐惧……"罗塞尔在公社里目睹的现状很快就比甘必大征集的新兵更令他震惊，克吕瑟雷在4月3日乞求他担任自己的参谋长，罗塞尔那时原本将会离开巴黎，不过，他最后还是坚持认为"巴黎革命党在我眼中是没那么邪恶的一方"。

罗塞尔有着自信的举止，他审慎周到的说话方式令一位《每日新闻》记者觉得，自己更像是在采访美国人或英国人，而且像克吕瑟雷一样，他原本希望给国民自卫军多少灌注一点扬基佬的效率。罗塞尔此时深知时间对他不利，其态势近乎绝望，但还是以克吕瑟雷从未展现出的精力着手重整巴黎防务。就在接替克吕瑟雷职务的那一天，罗塞尔便下令立刻在土堤后方修建一圈街垒，以此作为麦克马洪突破外围防线后的第二防线。他的工兵实践原本能够在这种场合派上大用场，斯坦利上校在4月27日以批判性的态度提到，"里沃利路末端街垒的射击孔建得非常蠢，竟然连协和广场的一半都压制不了"。更靠近城市中心的地方则修建了3座用于最后抵抗的"城堡"，它们分别位于特罗卡德罗、蒙马特尔和左岸的先贤祠。罗塞尔将巴黎的整条南部防线托付给另一位勇敢、能干的波兰人——时年34岁的瓦莱雷·弗罗布莱夫斯基，与此同时，东布罗夫斯基直接掌控右岸防务。厄德则不情愿地被派往伊西堡，在这个热点地段，他的大部分时间都花在寻找回城借口上。罗塞尔试图集中公社的强大火炮并对它们实施统一管理，这在公社史上还是头一回。直到此时为止，分散在城市各地的大约1100门火炮都派不上用场，其中许多正在围栏里生锈，它们的炮闩储存在别处，可面对凡尔赛方的海军重炮，土堤上那些遭到围攻的炮手多数时候只能使用轻型的7磅炮和12磅炮。*

而在战略方面，罗塞尔也明白单纯的消极防御将无力阻止堡垒最终沦陷，意识到这一点后，他起草了组建"战斗群"的计划，每个战斗群下辖5个营，由一位上校指挥，且拥有40门炮的火力支援，其作战目的就在于抓住呈现在巴黎面前的任何一个战机。但越发严重的兵力短缺阻碍了他的计划，曾于3月28日在一片胜利喜悦中接受检阅的200个营很快就消散了。[106]以各区域为基础征集的国民自卫军表现出古怪的固执情绪，他们不愿意前往自家城区以外的地方服役，而且他们说到底也不过是兼职的民兵。因此，罗塞尔就任后能依靠的只有3万出头的常备作战部队，却要对付梯也尔和麦克马洪此时集结起来的13万大军。

可这并不是罗塞尔唯一头疼的地方。为了提高手头部队的作战效力，他像克吕瑟雷一样希望推行正规军中的惩戒措施。他希望将那些拒绝对敌作战的人送上军事法庭，但执行委员会抱怨他的措施太过严苛，卡尔·马克思未来的女婿夏尔·隆盖更指责罗塞尔未能展现出正确的"政治精神"。某位营长拒绝向敌军推进，他因这一罪过被判处死刑，可又被减刑为仅在战时处以监禁，这

---

* "7磅炮"实为"1870年型7千克野战炮"，系后膛铜炮，口径85毫米，发射7.1千克重的榴弹。"12磅炮"实为"1853—1859年型12千克野战炮"，系前膛铜炮，口径121.3毫米，发射11.5千克重的榴弹。

让罗塞尔变得绝望且愤怒。他和克吕瑟雷一样，也发觉自己的双手被相互对立的公社机构束缚住了。根据公社的记录者之一马克西姆·维尧姆（Maxime Vuillaume）的回忆，当他有次拜访战争部部长时，罗塞尔"来到窗口，指向一群正在下面指手画脚且高声争辩的委员会官员，然后转向我们，眼神冷酷，从齿间嘟囔出几个词：'要是我能把他们枪毙，那就现在，下面院子里……'"。中央委员会趁着克吕瑟雷的离去加紧努力，想要夺回军事行动的控制权。（罗塞尔）与公社执行委员会的关系也越发糟糕，当他抗议这样的权责转移时，布朗基派就散布传言，怀疑他正在计划自立为军事独裁者。而且，就在罗塞尔上任一天后，又一个令他头疼的新问题出现了，这就是救国委员会的创立，这一机构尽管含有令人恐惧的专制主义意味，但在最初事实上仅仅意味着公社行政权力愈加分散和内部裂痕日益深化。

公社在整个4月中一方面为生存而战，一方面也对它那改造世界的热烈目标坚持不懈地进行努力，这种状况一直持续到了5月。从市政厅涌出了一大堆法律法规——这当中混合了难以置信的无用细节和纠正社会不公的真诚尝试。4月2日，它通过了限薪法令，规定所有政府官员的年薪均不得超过6000法郎，也就是大约与工人的薪水相当，这一举动日后将被列宁称颂为"从资产阶级的民主转变为无产阶级的民主"。16日，一则法令要求将资产阶级业主遗弃的所有工坊"国有化"（但它从未落实）。27日，公社废止了针对工人的罚款制度。28日，它立法禁止了面包房夜班制：面包工人们长久以来对此十分不满（负责这项工作的弗兰克尔认为这部法令是公社的重大成就之一，不过，有许多像身处帕西的拉菲内克夫人这样的人抱怨它只意味着"让整个巴黎都沦落到啃陈面包的地步")。公社严肃认真地打击卖淫,但其中也存在相互抵消的各自为战倾向,正如斯坦利上校所述:"非常可笑的是,第1区禁止妇女待在屋里,第2区又禁止妇女待在街上……所以我认为妇女将会睡在一个区,但在另一区到处散步。"至于"在捍卫巴黎权利"时牺牲的男子,公社宣称它将会"收养"这些人的所有妻儿,吉布森牧师震惊地发现,他们的妻子"不论已婚或未婚"都将得到600法郎的年金。

公社在文化事务上也不甘落后,它忙于准备使学校世俗化的法律,与此同时,库尔贝也在4月12日接下了"尽快"重开巴黎的诸多博物馆并恢复年度画展的任务。"什么?"社员加斯东·达·科斯塔(Gaston da Costa)哼了一声,"难道会有人认为这个教育法委员会要在这样一个时刻忙于教育改革……在已然被10万杆夏塞波指着的人群里,居然存在这样的气度、这样的宁静、这样的盲目,是自古以来历史学家所记录下的最令人惊骇的事实之一。"

4月19日,公社发布了或许是它最具气势也最重要的政治社会宣言,事实上这也将成为公社的遗嘱。无论如何,这都是公社的诸多计划中最近乎清晰连贯的一个。它在贴遍了巴黎的巨幅布告中宣布了自己所追求的目标:

……承认和巩固共和国……在法国全境实行公社的绝对自治……

公社应有的权力是:

批准公社的收支预算;确定和分配税收;领导地方机关;组织法院、警察和教育机构……

> 充分保障人身自由、信仰自由和劳动自由……

巴黎本身保留下列权力：

> 进行为本市居民所要求的行政改革和经济改革……根据形势的需要、有关人员的愿望和所积累的经验，创立相应的机构使政权和财富公有……

这份宣言继续将调门提高到一个强有力的、夸大的高潮：

> 3月18日人民主动发起的公社革命，为试验的、实证的、科学的政治学说开创了一个新纪元。
>
> 这是政教合一的旧世界的末日，是使无产阶级受奴役、给祖国带来不幸和灾难的军阀统治、官僚体制、剥削、投机、垄断和特权的终结。*

但是，公社并没有就众多巴黎爱国者起初站到它那一边时所考虑的议题发声或采取行动——耻辱和毁灭性的对普和约条款。毫无疑问，它没有投入此类行动的军事潜能。普军依然环布在巴黎东部边缘地区附近，公社一直担心他们或许会介入战事，帮助凡尔赛军镇压起义，因此竭力避免任何可能触怒原先敌人的事件。而且，公社不仅在面对普鲁士人时表现无能，在与凡尔赛军作战时也缺乏军事技能，因而失去了若干追随者，它同样因在言

---

* 本段译文引自巴黎公社第170号公告《告法国人民书》。参见《巴黎公社公告集》，罗新璋编译，上海人民出版社，1978年版，235—237页。

行方面暴露出远超过一个市政委员会的野心而丢失了诸多温和派支持者。

到了4月初，由于温和派委员辞职、死亡和其他形式的流失，公社总委员会发现它有了31个空缺名额，于是就选择在16日（讷伊战斗也在此时进行到了最高潮）举行补选。在新近选出的委员中，有喧闹又酗酒的老头子库尔贝；《公报》编辑、马克思未来的女婿隆盖以及马克思派来的联络员塞拉耶；英俊的浪子若阿纳尔——此人主要因他是公社的顶级台球手而闻名；此外还有倔强又驼背的韦西尼耶（Vésinier）。公社的新鲜血液并没有给它的内部事务带来什么改善。随着凡尔赛一再施压，公社的争论和分歧日益加剧，每一部法案的制定都给它带来了分裂成诸多异质单位的威胁。[107] 通常情况下都能够在风暴中心附近发现始终毫无责任感的辩论家费利克斯·皮阿。皮阿在市政厅的话语和在自家报纸上的言论自相矛盾，因而招致韦莫雷尔的抨击，他便退到《复仇者报》上用凶残的社论展开还击，攻讦韦莫雷尔曾是警方的密探。几乎没有人不曾沦为皮阿那恶毒怒气的发泄目标，罗塞尔自然也不例外，皮阿深知此人素来鄙夷自己。

德莱克吕兹曾尝试让公社事务多少有些条理，因而建议让其他九个委员会的代表组建某种战时内阁，以此取代已经基本丧失职能的执行委员会，4月21日，这一重组方案最终生效。但它实际上并未带来什么改变。争吵仍在日复一日地持续。"在公社核心里滋长的，"罗什福尔颇有道理地宣称，"是怀疑。市政厅怀疑战争部，战争部怀疑海军部，旺夫堡怀疑蒙鲁日堡，蒙鲁日堡又怀疑伊西堡。拉乌尔·里戈怀疑罗塞尔上校，而且费利克斯·皮阿怀疑我。"德莱克吕兹对这一切倍感厌恶，尽管他生着病又精疲力竭，但仍引人注目地以烈火般激情洋溢的演说向公社总委员会疾呼：

> 你们抱怨说，我们的法令没有执行。不过，公民们，你们自己难道没有助长这种错误吗？……当法令以 13 票反对、仅 18 票赞成的状况出现在《公报》上，如果不能得到我们的会议所应得的尊重，那你们有什么可奇怪的呢？……

"早就应该撤换我们"，他继续说了下去。但直到那时：

> ……尽管我们受到侮辱，可总有一些委员，过去留在这里，将来也要永远留在这里。如果我们得不到胜利，他们绝不是最后死在土堤或其他地方的人。

这些都是雄辩性的预言。

4 月 28 日，朱尔·米奥（Jules Miot）——他留着浓密的白胡子，是参与过 1848 年革命的老资格雅各宾派——提议设立救国委员会以接管公社的行政职能。这条议案具有太过浓烈的罗伯斯庇尔和恐怖气息，有关它的激烈争论持续了足足三天。社会主义者——特别是国际会员们——对此表示强烈反对。隆盖轻蔑地将它说成护身符，另一个记性不错的人喊道："我们在帝国治下主张自由，掌权后也不该弃绝它。"最后，公社总委员会以 45 票赞成、23 票反对的表决结果通过了米奥的提案。随后，它继续通过投票选出五人组成掌握大权的救国委员会，其中除不可避免的皮阿外，其余四人都是名声不显、无足轻重的人物，不过沃什伯恩倒是夸大其词地将他们描述为"公社中最孤注一掷、最危险的家伙"。这次投票中，多达23名少数派人士（包括贝莱、库尔贝、隆盖、马隆（Malón）、塞拉耶和瓦尔兰）选择了弃权。这是公社直至此时为止最重大的一次分裂，此后，它的总委员会将由多数派和少数派组成，前者由雅各宾派控制，想要像1793年一样实施专政和恐怖政策，并将公社的失败归咎于社会主义者的感情用事；后者希望通过理性的民主手段进行统治，想要有所节制以便像罗什福尔所说的那样，"至少留出半扇可供和解的大门"。考虑到20世纪的历史，民主和节制的倡导者居然主要是国际会员——亦即列宁麾下布尔什维克的先驱，这似乎颇具讽刺意味。

尽管救国委员会从一开始就被证明与它旨在取代的一切事物一样无能，这却是公社通往更阴森领域途中的里程碑。因为在可敬的人们眼中，这一背景下已经出现了某些最终将永远玷污"公社"一词的人物与倾向。至于塑造公社的最终形象，在它的所有领导人中，没有一位的责任会大过治安代表拉乌尔·里戈——此人后来也在救国委员会设立的革命法庭上担任检察官。里戈的个性中至少有一方面堪称放荡不羁的职业艺术家和留级学生——至今仍然可以在圣日耳曼德普雷（St.-Germain-des-Prés）的那些廉价小酒馆附近找到这种人——的典型，亦即秉持无神论、毫无道德准则、倾向左翼、反建制和轻易动摇。尤其值得一提的是，里戈是韦莱纳的朋友，在战前时常光顾马德里咖啡厅（Café Madrid）或其他任何一个罗什福尔、皮阿以及第二帝国另外那些激昂发声的敌人在左岸消磨时光的地方。尽管出身稳定的中产阶级家庭，但里戈就像激烈憎恶教会一样热烈支持布朗基。不过，就本能而言，他还是更像雅各宾派而非社会主义者，而且将大部分闲暇时光投入到阅读有关大革命（特别是恐怖时期）的书籍当中。里戈在战争爆发时还不到25岁，却已经因从事政治煽动而被分别判处三项徒刑，这表明他的确有潜力成为"闭门者"的真正门徒，而且，里戈在其中某次服刑期间还试图用令人心惊胆战的吼叫"断头台万岁！"掀起一场监狱暴动。

"我想要滥交，姘居是一种社会教条。"里戈曾经如此宣称，而且在那些肮脏的蒙帕尔纳斯阁楼内外也孜孜不倦地实践自己在闲暇时光中宣扬的教条。当可怜的利利·莫尔顿不得不前来向他申请离开巴黎的通行证时，里戈的淫笑可是吓坏了她。到了那时，他已经显而易见地衰老了，这与其说源自工作上的烦扰，倒更可能是因为放荡的生活，他"在我[莫尔顿]看来似乎是个大约35到40岁的男人，矮矮胖胖，有着一张浑圆的脸，浓密的黑胡须，肉感的嘴和一抹愤世嫉俗的微笑。他戴着玳瑁框架的眼镜，但这也无法掩盖狡猾眼睛中的邪恶神情"。他以充斥着煽动的声音对她正要离开这座城市感到遗憾，因为"我认为对您这样一位美丽的女性来说，巴黎将会是极具吸引力的地方"。里戈随后转向谦恭有礼的帕沙尔·格鲁塞（莫尔顿认为此人的出现或许将她从比只是拒绝签发通行证更糟的境地中解救出来，而且格鲁塞后来也为同僚的举止向莫尔顿道歉）总结道："我们可不会经常有这样的好运气，对吗，格鲁塞？"莫尔顿夫人担心自己可能会当场晕倒。

一位研究第二帝国的历史学家德拉戈尔斯（de la Gorce）声称，人们不知道究竟应当"将他列为危险的疯子还是腐败分子"。里戈远不止是左岸的一个无业闲人。他在这一形象外还增添了无比险恶的面孔。里戈和他的忠实副手费雷身上笼罩着一丝冷酷的20世纪专业精神，这在其他公社成员身上却非常罕见，以至于十分引人注目。里戈比其他任何人都更早地研习了自己将要扮演的角色，"区区一个野娃子却又是天才的警察"，这正是老布朗基对他下的结论。里戈在研究革命时深受马拉的影响，而且从自己的成果中得出结论：圣茹斯特在恐怖艺术领域不过是个软弱的业余爱好者。拥有上述背景知识后，里戈便着手研究当代警察技术。年轻的里戈本身就时常处于帝国警方的监视之下，因而需要通过反过来侦察警察翻转态势。据说他曾在某个塞纳河畔的书摊上架起一支望远镜，花了很长时间观察一水之隔的警察局，而且在外围部署了一组"特工"用以追查告密者和便衣警察的往来踪迹。罗什福尔讲述过里戈是如何通过精心谋划，使尤为严厉、放荡又乐于审判革命者的法官德莱沃（Delesvaux）落入圈套的。里戈派出一名女破坏分子与这位法官在一家咖啡厅邂逅，待德莱沃吞下诱饵后，里戈就指责此人勾引自己的姐妹，并在三个暴徒的帮助下打破了他的鼻子，还打青了他的两只眼睛。

路易-拿破仑倒台后，里戈立刻请求为警察局效劳，来"挖出波拿巴警方的密探，逮捕、起诉他们……"。时任警察局局长的埃德蒙·亚当曾含糊地回想起，10月31日夜间之前，他只注意到里戈是个忙于搜寻卷宗的"普通职员"，可就在那天晚上，这个普通职员以新上任的亚当后继者身份率领三百名国民自卫军出现在他面前。此次政变受挫后，里戈遭到解职，但在受到这一处罚之前，他显然能够拿走大批秘密文件。

3月20日，里戈得到了他从去年10月以来一直渴求的职位，并怀着某种热忱开始着手逮捕"共和国的敌人"——这当中许多人的名字是他在针对警方的反间谍活动中发现的。里戈和他的工作立刻成为公社内部争议的源头。像饱含怨愤的韦西尼耶这样的雅各宾派声称"从没有一个人拥有比他更好的正义感"，罗塞尔则指责他"引发了可耻的过度搜捕,被无用之辈包围,把大部分时间浪费在放荡生活里"。[108] 由于凡尔赛方的压力越来越大,像间谍躁狂症这样令人熟悉的围城神经过敏症状随之而来,里戈的逮捕步伐也越来越快,截至5月23日,被捕总人数已经超过了3000。许多人未经任何审讯就被长期羁押在监狱里。里戈和他手下"20岁的流氓"——这是克吕瑟雷对他们的称呼——不仅给巴黎的资产阶级带来恐怖,也让社员自身陷入恐怖之中,到了4月24日,针对这类随意逮捕行为的抗议达到顶峰,致使里戈及其副手费雷被迫辞职。可是,里戈的继任者、新任警察局局长库尔内(Cournet)事实上是他的盟友,而且仅仅过了三天,里戈就披着掌握更大权力的检察官——也就是新近创立的革命法庭里的国家检察官——外衣再度出现。它又是一个令人不快、会想起1793年的头衔,里戈在这一名义下拥有了比其他任何公社成员更大的实权。

如果说里戈身上还有什么东西能够博得社员们出于本能且近乎一致的支持,那就是他激烈地反对教权。巴黎左派仇恨、怀疑教会的传统可谓历史悠久。它将这座城市的诸多不幸归咎到教士门下,怀疑他们犯有种种中世纪的不端行为。[109] 当公社后来强行进入各家修道院时,令人难以置信的故事就开始广为流传——而且左派也渴望相信这些故事——以致在那里找到的用于矫正术的镣铐成了实实在在的刑具,修女地下墓室中的遗骨成了被迫害致死的受害者遗骸,以及被关在小木箱里的疯女人。书架上则出现了反宗教的色情文学,它们带有诸如《一个布列塔尼神学生的忏悔》或《一个原本堂神父的揭秘》之类的标题,已经开始取代以原皇后为受害者的淫秽作品。公社采取的头几项措施中就有一项是颁布要求政教分离并没收教会财产的法令,后来,公社将它接管的许多著名教堂"改造"成红色俱乐部。圣尼古拉德尚（St.-Nicolas-des-Champs）教堂——它的耶稣受难像上已经有了一条红色饰带——成了"蒙帕尔纳斯俱乐部"，沃什伯恩在圣厄斯塔什（St.-Eustache）教堂听到布道坛上有一位"编结者"怒吼着支持废除婚姻。随后，里戈在4月4日发动了一场令他的名字为人长久铭记的行动。他逮捕了巴黎大主教达尔布瓦阁下。

与大主教一起被捕的还有他的代理主教拉加德神父（Abbé Lagarde）和已经75岁高龄的马德莱娜区德盖里神父（Abbé Deguerry），后者也是欧仁妮皇后的告解神父，他似乎是在打算越过自家花园围墙逃跑时被捕的。这些逮捕事件过后，就是对教士的全面搜捕。[110] 在一位耶稣会士和审讯他的秉持无神论的里戈之间发生过一段著名对话：

里戈：你的职业是什么？

教士：主的仆人。

里戈：你的主人住在哪里？

教士：无所不在。

里戈（对书记员说）：记下：某人，自称是一个名叫主的流浪汉的仆人。

一位英格兰校长本杰明·威尔逊目睹了逮捕其中一位不幸教士的过程，对此大感愤怒，这位教士"被6名武装人员围住，后面还跟着一群正在大喊大叫的男孩，他正被带往马扎斯。[111] 这个人身材高大，外表高贵，面容投射出智慧，显然强烈意识到自己处境所带来的耻辱。他脸上有着压抑情绪的迹象，苍白得像一张纸。在欧洲最邪恶的暴民手中还能看到一个想必是绅士兼基督徒的人，这足以令人热血沸腾。我从公共马车上下来的时候询问旁观者他究竟做什么。他们的说法如下：'抓了个教士——仅此而已。'"。就在那位教士即将穿过马扎斯监狱那令人生畏的大门消失不见之际，威尔逊"穿过人群和他握手"，几分钟后，威尔逊自己也被关进了马扎斯。

逮捕的公开原因各有不同。据说逮捕大主教是因为他"敌视"公社（这绝对是事实）。也有人声称教士们按照大主教的指示将现已成为国家财产的教堂财物偷运到凡尔赛，从而违背了《4月2日政教分离法令》。不过，一本公社杂志上透露的意图倒是更接近事实："这只是公社采取的一项安全措施，以免发生杜瓦尔将军殉难那样的悲剧。"逮捕发生的时间恰好和通过《人质法令》的时间非常接近，而且里戈也顶着德莱克吕兹和其他公社大人物的反对意见强烈支持这部法令，虽然公社否认大主教及其教友弟兄被扣作人质，这之间的关联却明白无误。"人质"的具体选择显然带有里戈的色彩，尽管有几名社员以微弱的声音抱怨公社给予里戈实施逮捕的便利，可绝大部分人都在狂热的反教权氛围下不予反对。不过，里戈在选择目标时甚至还有比憎恶教士更重要的深层次动机。他从起义伊始就认为公社如果要生存下去，就必须拥有布朗基的领导。"布朗基，"里戈年仅21岁的"秘书"达·科斯塔表示，"一直是他痴迷的对象。没有布朗基，什么都做不了。有了他就有一切。"唯有布朗基能够解决公社的纷争，他却被迫滞留在梯也尔的一间牢房里。

考虑到逮捕大主教的消息将会给地处凡尔赛、主要由天主教徒组成的国民议会带来的影响，里戈于4月6日派遣达·科斯塔从大主教和德盖里神父那里拿到书信，其中对维努瓦和加利费执行的就地处决做法提出了抗议。到了9日，上述工作已准备完毕，这些书信便被交付给人质之一贝尔托神父（Abbé Bertaux），此人又被安全护送到凡尔赛，并在那里亲手将它们交给梯也尔，提议用大主教交换布朗基。这是一场残酷而大胆的赌博，可梯也尔不会参与。这位强悍的政坛老手后来声称大主教的书信令他"深受感动和震撼"，但是，根据他的估算，将布朗基交给公社就"相当于给它送去一个军"，因而无法接受这场交易。

随着巴黎周边的激战愈加狂暴，针对凡尔赛军暴行的指控促使人们一再要求立刻处决人质，甚至要求将人质移交给暴民。4月25日，一名凡尔赛军骑兵军官开枪打倒了三名业已投降的国民自卫军，不过其中一人却幸存下来讲述了这一经历。次日，市政厅中响起了嘹亮的报复号召，但当一名委员坚持认为"公社必须为自己的事业而生存"后，温和派意见还是占了上风。大主教在这时似乎还是安全的，只要还有释放布朗基的一线机会，里戈就不会容许大主教受到伤害。

* * *

尽管罗塞尔竭尽全力、用尽心智投入作战行动，但他领导下的状况并不比克吕瑟雷时期好多少。公社在5月4日又举行了一场激烈的会议，人身攻击和惯常发生的离题事件削减了严肃讨论所需的时间。皮阿再度占据了舞台中心，悲伤地抱怨他作为新闻记者时结下的私敌此时正在破坏自己在救国委员会里的工作。皮阿最近出现的私敌之一，受到侮辱的韦莫雷尔跳出来质问他是否有权将自己描述成"间谍"。争辩一直持续到罗塞尔派来的一名特使将它打断为止,此人冲进来宣布穆兰-萨凯(Moulin-Saquet)多面堡已然沦陷。这座多面堡位于维勒瑞夫和公社军据守的比塞特堡之间的正南方向上,至于穆兰-萨凯的令人不安之处,与其说在于它的战略重要性,倒不如说是在于其沦陷方式。大约800名沉浸在睡梦中的国民自卫军遭遇突袭,50人当场身亡,还有200人被俘,凡尔赛军的代价仅为36人伤亡。当时流传的丑陋说法(这些传言从未得到证实)声称是第55国民自卫营的营长"出卖"了口令。

但最重要的战斗仍然围绕着伊西堡的关键阵地展开。勒佩尔什上校要求堡垒投降,罗塞尔则在接替克吕瑟雷后做了如下回应:

我亲爱的战友,

如果您下次发出的要求像昨天的信件那样愚蠢,我将根据战争的惯例,枪毙携带它的人。

您忠实的战友
罗塞尔

等到凡尔赛军清算的时候,罗塞尔注定要被送到行刑队面前,这当中最主要的因素就是他那段针锋相对的回应,不过,至少在当时,他展现出来的这种意志以及改革措施的确正在开花结果。国民自卫军在伊西堡打得比以往任何时候都好,不过他们也处于极端困难的逆境。政府军的陆战队和猎兵在5月1日夜间夺取了位于堡垒左翼、相隔仅有300码左右的克拉马尔(Clamart)火车站。公社军在路易丝·米歇尔的重整和驱赶下夺回了车站,然后又一次丢失了它。伊西堡每时每刻都处于1916年般的炮击之下，幸存者声称这样的炮火比围城期间的任何一次普军炮击都凶猛得多。凡尔赛军的火力将堡垒里的大炮逐一击毁，内部监狱里据说堆积了超过300具尸体，它们摞到了整整6英尺高，伊西堡里没有医生，给养也耗尽了。龚古尔在巴黎注视着从伊西换防下来的部队回到城里："前方是欢快的乐队和花哨的表演，这与人们的可怜面容和行军时的筋疲力尽形成了鲜明对比……［队伍］后方是两辆装满了步枪的车。人群中有人说这是死伤者的武器……"

堡垒里的一名军官在日志中写道：

5月5日，敌人的炮火一刻不停，我们的射击孔都给打没了……罗塞尔来了。他对凡尔赛军的攻城工事观察了好久。在5号棱堡操作大炮的敢死队损失了许多人，他们仍然在自己的阵地上坚守着……我们所有的堑壕都被大炮粉碎，我们从那里撤了出来。凡尔赛军的平行壕距离我们的外壕只剩60米。他们越来越近。

5月6日，位于弗勒里的炮队有规律地每5分钟向我们开6炮。刚才有人把一个左胯中弹的随军女酒保送到急救点。4天来，有三名妇女冒着最猛烈的战火救助伤员。现在，这名垂死的妇女将她的两个小孩托付给我们。没有食物了，我们只有吃马肉。晚上，土堤已经支撑不住了……

5月7日，现在我们每分钟要挨多达10发炮弹。土堤完全敞开了……除一两门大炮外，所有大炮都毁了。现在，凡尔赛军的工事几乎能够触及我们……我们已经到了被包围的境地。

可耻的是，伊西堡名义上的守备司令厄德找到了置身事外的借口，让他的副手承担重任。罗塞尔在某一次造访堡垒时吃惊地碰上了自己的右岸指挥官东布罗夫斯基。东布罗夫斯基"刚刚从救国委员会接到了一份命令，让他去指挥所有野战军，只给我留下战争部"，而且这份命令完全瞒过了罗塞尔。公社又一次展现了自相矛盾的命令，这激怒了罗塞尔，但他和东布罗夫斯基（这两人关系极为友好）还是无视了皮阿及其同僚，径自缔结了私人约定。5月7日的战况已经恶化到了罗塞尔所宣称的地步，"作战态势正在变得十分险恶，只有一个机会能够改善它，那就是让部队就地突然转入攻势，使敌军陷入深重的焦虑，打乱其攻击进程"。可到了那天晚上，当罗塞尔赶赴前线指导反攻时，部队并没有集结起来，有的营正在抵达一线，有的营干脆消失了。

罗塞尔在狂怒中亲自惩戒了许多擅离职守的国民自卫军，剪断了他们的右袖，"从军官开始，他们都在啜泣，对围绕他们的卫兵而言，这种场景或许比处决还令人感触万分"。他的举动招致了激烈的厌恶情绪，这或许在一定程度上助长了次日的违约行为：很多许诺在罗塞尔攻势中投入兵力的营长（包括不幸的贝热雷，他在监狱里待了一段时间后已经返回岗位）并未履行诺言。这是压垮罗塞尔的最后一根稻草。5月8日，他在写下最后一道暴躁的命令后（这道命令大意为"应当用骑兵砍杀逃兵和那些在后方畏缩不前的人，如果这些人为数众多，就要用炮轰"），就要求辞去战争部部长职务。

> 公社的委员公民们，我觉得我没有能力继续承担指挥职责，这里人人可以讨论，却没有人服从……公社提出意见，但没有做出任何决定……中央委员会提出意见，但不能

去行动。在这段延误期间,敌人以大胆冒险的进攻包围了伊西堡,要是我手头还有最低限度的兵力,就能够给予敌人惩戒……炮兵委员会的无能妨碍了组织炮兵的工作,中央委员会的犹豫阻碍了行政工作,营长们的小心思导致部队动员陷入瘫痪。我的前任犯下了对抗这种荒谬情形的错误……我要引退,敬请你们在马扎斯[监狱]给我一个单间。

就在同一天,梯也尔从凡尔赛向巴黎人发出宣言,警告他们开始总攻巴黎:"减短你们苦难的时刻现已到来,[凡尔赛军]一定会亲自攻击堡垒。它不会",梯也尔在一则目的不大可能在于给帕西地区或埃图瓦勒地区居民留下深刻印象的旁白中补充道"轰击巴黎"。斯坦利上校在评论这一宣言时写道:"我对无用的屠戮、受了误导的可怜恶棍感到恶心,根据今晚的报纸,凡尔赛军似乎真的郑重其事了……"这一点立刻得到了证实:从默东到伊西一线的80余门重炮大大加强了火力。

对已有超过500人伤亡的伊西堡来说,这就是它的丧钟。梯也尔最终取得了毛奇未能实现的成就:夺取巴黎最大的堡垒之一。正当里戈在市政厅中因警方的过度举动招致多方攻击之际,德莱克吕兹带着公社有史以来最沉痛的消息打断了争吵。"你们还在争论不休,"他喊道,"当有人宣布三色旗已经在伊西堡上飞扬的时候!叛变正从四面八方威胁我们……今天,国民自卫军不愿意再战斗了,可是你们还在讨论程序问题。我们照样要拯救祖国,但是,如今也许只能到街垒里去拯救。"不过,他又乞求道:"大家要抛弃任何敌对情绪。"德莱克吕兹的激昂演说深深打动了公社,响亮的掌声经久不息。按照记录者利萨加雷的说法,公社"被这个严肃的人征服了,他就是责任的化身"。罗塞尔那封激烈的辞职信也令它震撼,持续到深夜的会议再度陷入了争吵和责难。皮阿趁着罗塞尔不在场对他大加攻讦,并宣称:"公民们,我早就向你们警告过,他是一个叛徒,但你们不肯相信我的话。你们还年轻,不像我们这些国民公会的老手,你们还没本事警惕军事当局。"雅各宾"多数派"中较为极端的成员呼吁逮捕罗塞尔和整个"少数派",国际派的马隆则以恰当的控诉反击皮阿:"你是革命的邪恶天才!闭嘴!停止传播你那有毒的猜疑,别再煽动不和。是你的影响正在摧毁公社!"

罗塞尔在军事委员会接待各式各样的代表团,这样的活动持续了一整个白天,傍晚时分,正当他即将去和东布罗夫斯基共进晚餐时,胡乱挥动双臂的罗塞尔遇到了来自中央委员会的五名代表,他们郑重其事地到来,告知罗塞尔委员会决定任命他为军事独裁者——这被认为是拯救巴黎和革命的最后机会。但罗塞尔比其他任何人都清楚,伊西堡的沦陷标志着末日的到来,麦克马洪闯入巴黎城内只是个时间问题,而且罗塞尔受够了皮阿,受够了公社内部无可救药的争论、自相矛盾的命令和自己职位的无能为力。他拒绝了中央委员会的请求,指出自己已经递交了不可撤销的辞呈。用完晚餐后,罗塞尔在返岗途中发现了带着一纸逮捕令等待他的德莱克吕兹和阿夫里亚尔——理由是他在征询公社前擅自发布了伊西沦陷的消息。经过一番讨论,德莱克吕兹宣布如果公社委员会全会未能先行听取罗塞尔的意见,他就不能将其逮捕。他们约定在次日亦即 10 日举行全会,但当这个议题出现在公社委员会时,皮阿及其盟友拒绝与罗塞尔这样一位令人印象深刻的人物正面对决,转而要求让一个名为科莱(Collet)的军官主持召开军事法庭审判他。罗塞尔的一位朋友趁机溜出来,告诉他正在发生的状况。"我无法忍受,"罗塞尔后来写道,"在科莱面前遭人起诉的想法,在伊西,我看到此人面对炮弹退缩,正是在那个时候,我决心逃避公社的审判。"起义者中最耀眼的一颗军事星辰——也是最后一颗——此刻跳上马车消失无踪,人们在公社存续期间再未见过他。

第23章
"共和七十九年花月"

正当公社委员会心不在焉地听取朱尔·阿利克斯的胡言乱语（他在自己选区犯下了若干奇异暴行，因此被捕）之际，高度激动的阿夫里亚尔突然闯入，此人之前被派去"保卫"罗塞尔，这时则是来报告他脱逃的消息。对巴黎其他区域而言，罗塞尔的陨落也带来了雷霆般的震撼。"他被所有人视为一个有才干的人，"吉布森牧师写道，"他的引退是公社的巨大损失……据说公社就要死了，但它还在顽固地挣扎。"

或许公社注定会失败，但它还远未消亡，此时，它将权力交托给了一个能够让公社在最后的痛苦中奋发的人物，那一个能够超越皮阿之流及他们的宗派主义的人物。德莱克吕兹！这位61岁的雅各宾派曾在10月31日领导针对特罗胥的暴动，不过他自己也因在魔鬼岛上长年遭受的磨难而濒临死亡，可是，即便在这片灰烬之中，他也依然能够闪现其他社员无法迸发的火焰。"他不再说话，几乎不能呼吸，是一具行尸走肉。"罗塞尔如是说。但当德莱克吕兹发言的时候，就连皮阿也得聆听。作为一位1792年革命者之子，德莱克吕兹早在青春期就已在街垒上学徒出师，他的总入狱年份纪录只有布朗基才能打破。沃什伯恩的秘书麦基恩曾在5月拜访过德莱克吕兹，麦基恩认为他代表了"最地道的雅各宾派兼1793年革命者。他做作地穿成马拉的模样，脖子上缠着一条粗糙的围巾，他的手是肮脏的，指甲下面有大量的'自由土壤'。他是个老人，留着长发，不整洁，不剃须，穿着破旧的外套"。对另一位同时代的观察者菲利贝尔·奥德布朗（Philibert Audebrand）而言，德莱克吕兹"身材矮小，[身体的各个部分]糟糕地拼合在一起，并不具备撒路斯提乌斯从那些渴望领导群众的人身上提炼出的特征。他的前额没有什么高贵之处，目光虽然坚定，却没有吸引力……他的面部被深深的皱纹和奇怪的锯齿线条侵蚀了，按照巴尔扎克的描述，这就是私生活失败的写照。曾经鲜红但此时已经灰到发白的胡须，遮盖了他既不高贵也不带笑意的嘴。嘴里会传出始终狂暴的颤抖声音，让人不时想起监狱大门的栅栏。他有着布鲁图斯（Brutus）的黄脸色……"。

这两种描述都不算特别美化，不过在他的某些画像中，那张饱经沧桑的脸上散发着一股林肯的气息。垂死的德莱克吕兹身上还有些奇特的高尚之处。他像罗伯斯庇尔一样不可腐蚀：当克吕瑟雷报称凡尔赛方曾提议给自己100万法郎以换取背叛公社时，德莱克吕兹冷冷地评论道："对你来说更糟的是，梯也尔先生绝对不会向德莱克吕兹公民提出这么一个建议。"而且每个社员都知道他会一直坚持到底。由于年龄和身体状况，德莱克吕兹原本不想在公社里担任任何职务，可现在，由于罗塞尔的失踪，他不可避免地要以公民代表的身份掌管战争部。与此同时，他还被指派为重组后的救国委员会成员，皮阿也终于被清洗了出去。公社在灾难前夕总算是多少将控制权交到了一双手里，而且这双手属于它最杰出的人物之一。这本是最后一个团结社员的机会，但德莱克吕兹掌权也彻底改变了公社的性质。因为德莱克吕兹是雅各宾之王，而对现已占据主导地位的雅各宾派来说，意识形态和社会变革都已居于次要地位，首要事务是按照1793年的英雄传统来生存——和死亡。雅各宾派以自己的方式行事，在这方面就和波旁王朝的复辟分子一样保守、反动。为了宣扬推动自己前行的精神，救国委员会从"共和七十九年花月十五日"开始，在公告上使用国民公会的古老革命历法。5月15日，救国委员会宣布公社将所有权力都移交给它。于是，两大对立观念中的专政公社战胜了民主公社。德莱克吕兹成了最有权力的人，可恐怖（雅各宾主义不可分割的伴随物）的象征里戈也就在他身后不远的阴暗处。

德莱克吕兹的降临并没有自动弥合公社内部的裂痕。与此相反，主要由国际会员组成的少数派又于5月15日公开发布了一份宣言（有22名委员签字），宣布它反对救国委员会刚刚确立的专政。宣言首次向公众揭示了公社内部存在这样重大的分歧。德莱克吕兹在行使他作为战争部部长的权力时也没有得到什么喘息空间。伊西陷落后，国民自卫军的士气再度骤然下降，另一方面，开小差和公然逃亡却与日俱增。德莱克吕兹一上任，就向国民自卫军发布了一份激情洋溢的命令：

> 你们知道情况相当严峻……因此，公民们，各就各位，坚定地直面敌人！我们的城墙和你们的手臂与心脏一样牢固。也不要忘记你们在为自己的自由和社会平等而战，这些承诺已经远离你们很久了。即便凡尔赛军的枪炮射穿了你们的胸膛，你们必定得到的战利品却是法兰西的解放、家园的

无恙和你们妻儿的生命……

然而,尽管德莱克吕兹可以依靠唤醒国民自卫军的革命、公民本能鼓舞军心,这是罗塞尔和克吕瑟雷这样的职业军人无法做到的,但他在军事细节方面却是一片茫然。正如利萨加雷所述,他带到自己岗位上的"仅仅有献身于事业的忠心"。德莱克吕兹或许可以在他亲自撰写的文章《正义》(*La Justice*)中尖刻地评论道"公社重演并加剧了 9 月 4 日政府在普军围城期间犯下的所有过错",可以谈论"没有特罗胥的特罗胥计划",但就算德莱克吕兹是历史上最伟大的统帅之一,现在才来纠正这些错误也为时已晚。

5 月 13 日,麦克马洪所部攻陷旺夫堡。曾在前一天拜访此地的斯坦利上校描述了一幅杂乱景象:"……混乱是可怕的。国民自卫军奋力进入巴黎,携带公文的军官被人**凶暴地逮捕**,还被指责为懦夫,几十名妇女正在竭力寻找她们的丈夫……**集合号**就在我们坐骑的鼻子底下响起,让它们变得无法驾驭。"布吕内尔曾在伊西村抵抗了整整 5 天——这也是公社军最顽强的防御战之一,但当他离开村庄出席作战会议时,伊西村还是在 15 日投降了。保护巴黎"阿喀琉斯之踵"的外围防御工事上已经出现了一个巨大的缺口。此刻,巴黎城本身就面临着直接威胁。梯也尔的目光紧盯着破晓山突出部,而在突出部北侧,克兰尚(Clinchant)将军已经越过塞纳河在隆尚站稳脚跟,此时正在挖掘横穿布洛涅森林、几乎一直延伸到拉米埃特门(Porte de la Muette)的平行壕。更偏北的拉德米罗(Ladmirault)依然深陷讷伊的废墟之中,面临苦战的东布罗夫斯基仍然据守此地。东布罗夫斯基的总部设在拉米埃特堡（Château de la Muette），根据利萨加雷的说法："所有房间都被炮弹炸得满是窟窿了……有人计算过，他的副官平均只能活8天……他虽然向战争部发了公函，却没有得到任何援军……"东布罗夫斯基深知这场战争即将以失败告终，他显然已经让自己顺从于斯拉夫人的宿命论。

有些平民虽然在城墙之内，但居所同样受到威胁，对他们而言，生活变得越发难以忍受。"我给你写信时对正从我们头顶上呼啸而过的炮弹不屑一顾。"朱尔·拉菲内克在一封写于5月15日、发自帕西的信中表示：

> 5分钟前，一发炮弹落在我们邻居家的花园里，但它并没有爆炸——这无疑让正在柳树间劳作的居利（Guli）和布朗什（Blanche）免遭破片袭击……目前，我毫无遗憾地看到病人数量在减少，因为帕西的街道并不安全，我是唯一留下的医生。

次日，他继续补充书信内容，提到此时的炮击迫使家人在白天前往其他地方避难，只能在晚上返回家中：

> 尽管我在此刻还能听到布朗什弹钢琴，但情况非常严峻。我真的要惊叹她和她母亲的勇气……今天上午，架设在特罗卡德罗的大炮奋力轰击布洛涅森林，成功地将炮弹打到了位于拉蓬佩街（Rue de la Pompe）和拉图尔街（La Tour）拐角的房子里[112]……好哇，好哇，公社的炮手喝得不错，可瞄得不准！

埃德温·蔡尔德在这几天里也"漫步"到特罗卡德罗观察炮击，他对此的评论是"'国民军'方面几乎不可能发起还击，他们的大部分火炮都失去了挽马，他们的士气整体而言也正在急剧衰退，以至于结局似乎并不遥远……"。利利·莫尔顿收到了她的朋友奥地利大使梅特涅侯爵从波尔多发来的简短告诫："建议你走。梯也尔就要来了。""凡尔赛军越来越近，"吉布森牧师在17日写道，"整体印象是他们很快会突入土堤以内。"许多巴黎人的印象也是如此，但依旧谨慎的梯也尔还是拖延了最后的突击，他正按照"正统的古典攻城法"在布洛涅森林中掘进。

沃什伯恩直到罗塞尔被人取代前都倾向于高估公社的军事实力，此时也已意识到"危机似乎真的正在迫近"。与此同时，正如他对国务卿菲什所说的那样，"状况越糟糕，公社就变得越不顾一切"。人们能够越来越频繁地听到私有财产面临没收威胁，抢劫案（里戈的警察似乎要么是无力阻止，要么是不想阻止）也变得越发普遍。斯坦利上校提到大饭店（围城期间的拉布歇雷曾在此纵情享受）遭到了有组织的洗劫，劫掠者"拿走了饭店声名远扬的所有银器、女靴、亚麻布等所有物品。他们从一位侍者挂在卧室的背心口袋里掏走了30法郎，他们吃掉了一切，也把自己灌醉，喝掉了200瓶葡萄酒"。5月5日，公社镇压了7家持敌对态度的报纸，11日镇压了6家，18日又镇压了10家。恐惧和仇恨携手并进，每当有人接连不断地指责前线出现暴行，就会激化这些情绪。交战双方互相谴责。政府军声称在旺夫堡找到了一名"被钉在木桩上"的己方士兵，参与克拉马尔战斗的公社领导人就像杜瓦尔一样惨遭当场枪决，凡尔赛的英国记者们听到正规军公开喊出"决不饶恕！"。公社方的盛怒中仍有很大一部分指向梯也尔本人,红色媒体在提到他的名字时经常贴上"毒蟾蜍""戴眼镜的大蛇""恶匪""老罪犯"和"国家的掘墓人"这样的标签;上述词汇中毫无亲热的爱意。还有张漫画描绘了梯也尔和俾斯麦之间存在并不自然的下流关系,当梯也尔于5月8日宣布战争全面打响,炮击也随之逐步升级后,针对梯也尔的恶感就达到了新的高度。

亨利·德·罗什福尔虽然拒绝投身公社,却仍然有能力激发出巴黎暴民的疯狂,此时,他在文章中写道:

> 梯也尔先生在圣乔治广场拥有一栋豪华宅邸,里面满是各类艺术品……对这些拥有财富的政治家来说,要是巴黎人民用镐来回应他们的肆意妄为,要是每有一栋位于库尔贝瓦的房屋被炮弹命中,就敲掉圣乔治广场上那座宫殿的一块墙砖,他们会说些什么呢?……我坚信梯也尔先生一听到门环受损的消息,就会下令停火……

这篇文章将让罗什福尔赢得一份终身流放南太平洋的判决书,因为人们以他无法预见的极大热情听取了建议。5月11日,新近改组的救国委员会颁布法令,要求将梯也尔的住宅"夷为平地"并没收其全部财产。20辆推车立刻开始清理房屋,将屋内的各种珍宝分配给巴黎城的图书馆和博物馆,亚麻布则分给医院。15日,里戈年仅21岁的助理加斯东·达·科斯塔爬上屋顶,掀翻了第一块瓦片,以此"树立了典范"。第二天,梯也尔在给友人的信中痛苦地写道:"我的房子被拆毁了。我既没有壁炉也没有住宅,过去40年间我款待、愉悦你的居所已经被连根毁灭。"对目睹了拆除过程的埃德温·蔡尔德来说,这是"引人注目的徒劳无功范例，或许任何一场革命都可能或必须产生它"。

接下来，沉溺于过去的雅各宾派发起了公社最令人难忘也最无谓的行动之一——他们深知即将灭亡，决心在巴黎留下自己的印记。暴民们曾在1792年毁掉一座路易十四的骑马像，拿破仑一世则在它的旧址上立起了旺多姆纪念柱。它的原型是位于罗马的图拉真纪功柱，二者非常相似，纪念拿破仑1805年战役的青铜浅浮雕（由敌军火炮熔铸而成）从基座到顶部环绕着纪念柱，总长达840英尺。柱顶原先还矗立着一座巨型的皇帝身着托加袍的雕像。第一帝国覆灭后，雕像就被移除了，虽然有人尝试过拆除庞大的柱体，但并未成功。路易-菲利普统治时期，纪念柱顶部又加上了一尊拿破仑像——这一次换上了他在奥斯特利茨穿过的制服。但在路易-拿破仑到来后，他的伯父又一次发生了改变，这一回是穿上了皇帝的礼袍。这次整修使人们对纪念柱的旧恨大为复苏，即便在第二帝国的温和左翼眼中，旺多姆纪念柱长久以来也代表了军国主义和帝国主义中最令人憎恶的一切。早在1870年9月，库尔贝（他声称纪念柱冒犯了自己的审美，以至于令他多了一个拆除它的动机）[113]就曾呼吁特罗胥拆毁纪念柱，最终，公社同意了他的请求，于4月12日颁布了拆除所需的法令。不过，除了在底座周围架设脚手架，并没有发生太多事情。即便不考虑其他因素，拉倒这个既高达155英尺又非常厚实的柱体时也会面临诸多技术难题。

在雅各宾派掌权的状况下，公社威胁了拆除工作的承包方，指出每延误一天就要罚款500法郎，以此开始敦促他们采取更积极的行动。根据龚古尔后来披露的一种说法，有位工程师拥有一个贪得无厌的情妇，并且一直在绞尽脑汁寻找赚钱的法子，他后来想出了拆毁纪念柱的主意：在底部进行斜角切割，让柱体像大树一样倒下。他依靠自己的灵感挣到了6000法郎（然后匆忙将它转给了自己的轻浮情人），工人们开始在青铜和石块间费劲地劈砍。一再延迟后，拆除工作最终定于5月16日亦即花月二十六日进行，这将是3月28日公社宣布成立以来最大的节日庆典——毫无疑问是希望用这样的景象将人们的注意力从城门外越发迫近的严峻现实中分散出去。如果想进入旺多姆广场（当时已易名为国际广场），就需要持有公社发放的印有弗里吉亚帽图案的特殊"邀请"卡。3支乐队和几个国民自卫营被塞进了广场里，变成了一个由红色围巾和金色穗带组成的密集团块，费利克斯·皮阿裹在他那富有阴谋色彩的黑色斗篷当中，腰带上插着一对手枪，来到广场中央附近某处大摇大摆。为了预防剧烈震动的影响，周遭的窗子上粘了纸带。与此同时，由于害怕倒下的纪念柱可能会直接穿破路面砸进下水道，地面上还撒了成吨的粪肥、稻草和欧洲蕨以减轻冲击。

工程师们已经安装了绞盘，绳子从绞盘一路延伸到柱顶，因此，由于柱体已经被部分切断，此时剩余的全部工作就是转动绞盘并拉倒纪念柱。下午3时过后不久，乐队奏响了《马赛曲》。掷弹兵团的斯坦利上校和他的两名同胞在他位于广场的自家阳台上一览无余地观察了拆除过程：

> 街道上水泄不通，总共约有1万人。国民自卫军已经将暴民驱赶回和平街中段，这些闹哄哄的暴民真是一幅奇妙景象，我们都在期待……仅仅那位在街上洒水的军官就值得注视……这是恶棍的汪达尔主义，但鉴于它即将倒下，我就不

想错过太多……第一次尝试始于3时15分。有根双股绳固定在地面的锚具上,它就是从那时开始收紧的。3时36分,开口滑车出了事故,两三个人受了伤,虽然不算很严重……

"叛国"的吼声出现了,随后是一段漫长的停顿,在此期间,乐队用爱国气氛吸引不耐烦的人群的吸引力。与此同时,在纪念柱底部:

工人们从已经锯过的圣奥诺雷街一侧额外塞进了若干楔子。另一侧已被大体切开,放上了楔子般的镐,柱顶还额外绕上了绳索,和平街两边各有50人拉着绳子,最终在6时导致纪念柱倾斜的并不是绞盘,而是这些人。

广场上的庞大人群有一部分陷入恐惧,开始惊慌奔逃,随后,纪念柱:

倒在了事先准备好的沙堆上,发出了巨大的崩碎声响。地面上并没有发生震动,纪念柱在触及底部之前就几乎四分五裂,落在地上的是一大堆废墟。从石堆和皱巴巴的黏土中扬起了浓密的烟雾,紧接着就有一群人冲向了它,包括国民自卫军、公社社员和观光的英格兰人,他们开始从那里拿点残片作为纪念,但人们太过激动,以至于就像做梦一样四处走动。

巨大的喧闹声迸发出来。公社领袖们试图在"公社万岁!"的咆哮声中按照惯例发表演说,但由于从纪念柱残余部分上传来的声音，没有人能够听到。国民自卫军自己都忙着用枪托砸碎青铜残片。有位老太太花了 500 法郎从一名水手手中买来了"光荣"（La Gloire）的一块碎片，后来，这个水手又向公社检举了老太太，又拿到了 500 法郎。人群中的其他人则冲过去朝着那位伟大皇帝的雕像残骸吐口水，它已支离破碎，落入尘埃之中，让吉布森牧师想起了他曾经站在"孟菲斯不成形状的废墟之中，身旁是一尊庞大的卧像，或许就是伟大的拉美西斯"。那位沉浸在爱情中的工程师还得到了一份额外奖赏：拿破仑手中所持的地球仪上的小小自由女神像。即便在很远的地方，也能够听到纪念柱倒塌时的回响，甚至在瓦莱里安山上望去，也能明显发现它消失了，而在布鲁塞尔，维克多·雨果对公社的汪达尔主义大加斥责。

如今，温和的巴黎人开始越发担心公社的下一批过激举措将导致何种后果。断头台已经在伏尔泰像脚下被公开焚毁；为抵偿处决路易十六而兴建的赎罪礼拜堂（Chapelle Expiatoire）也已被公社明令拆毁，它之所以能够在最后时刻保留下来，仅仅是因为公社本身已经垮台。置于先贤祠顶端的十字架两臂已被切断，取而代之的是一面红旗，教堂和 1793 年一样，被再度献给"伟人们"。龚古尔在 5 月 4 日因韦莱纳曾披露"他不得不和呼吁摧毁圣母院的提议做斗争"而感到恐慌。而当龚古尔听说米洛斯岛的维纳斯（Venus de Milo，即断臂维纳斯）已被隐蔽在警察局的一堆档案下方，即便库尔贝都不能注意到后，他也感到极度欣慰。

旺多姆广场的节日过后，就在次日傍晚 6 时前不久，正和一位朋友聊天的埃德温·蔡尔德突然被"一场令房屋颤抖的恐怖震动，我们认为这是一次从蒙马特尔打来的恐怖齐射"震惊了。身处帕西的拉菲内克医生几乎被冲击波打倒在地，他看到塞纳河对岸升起一个巨大的烟柱，医生冲回家后，发现枝形吊灯已经落到了地板上，他的妻子和女儿也隐蔽起来。一个半小时后，他的儿子加斯东抓着一捧发黑的子弹回了家，那都是拉普大道（Avenue Rapp）上巨型军火库（它距离战神广场上举办世博会的地点很近）的遗留物。参观爆炸现场后，蔡尔德"几乎无法相信我的耳朵和眼睛。屋顶被掀翻，看不到一扇窗，遮阳帘还挂在一根破碎的铰链上，商店门面被砸得粉碎，4座5层楼房已然倒塌。冲击波甚至击碎了咖啡馆的玻璃杯和醒酒器，格罗·卡尤（Gros Caillou）军医院的伤员发生了许多严重事故"。曾在第一次围城期间担任美国救护队助理外科医师的刘易斯·温菲尔德（Lewis Wingfield）是斯坦利上校的友人，他报告："遗体约有200具，看到半个人从邻居家房顶上被炸开的地方落下来……可怜的妇人一边哭号，一边搜寻她们女儿的遗骸……"

这场灾难几乎可以肯定源于围城期间极为普遍的粗疏大意，但公社立刻大呼这是叛变行为，还逮捕了4名不幸的过路人。有许多社员在高度紧张的状况下不假思索地认为这就是梯也尔的特工干的，而且觉得这无疑是为了报复公社毁坏旺多姆纪念柱。正当少数派和雅各宾多数派陷入新的争执之际，爆炸的消息传到了市政厅，它立刻促使后者呼吁加速实施恐怖。于尔班是个圆滑、缺乏魅力的人物，他因曾在4月5日建议即刻推行《人质法令》而见诸报章，不过，公社在这之前仍未采取任何后续措施。此时，于尔班引用了凡尔赛军最近在旺夫堡附近杀害一名女救护的事件，要求立即处死10名人质，其中5名应当在凡尔赛军前哨阵地的视野内处决。里戈立刻跳出来支持于尔班，他拿出了一份早已起草完毕的法令，以便从速从简判决囚犯，宣称与其抽签处死人质，倒不如处决那些已被证明有罪的人。但他随后又做了具体说明，表示在自己眼中同情凡尔赛方或在早先的第二帝国时期与官方同谋就足以构成犯罪。司法代表普罗托（Protot）质疑了里戈对犯罪的解释，就它的合法性提出异议，于尔班的野蛮提议也被驳回。但公社最终还是通过了一份法令，组建了"起诉法庭"，目的在于尽快判决任何被控与凡尔赛"共谋"的人，其判决应当于24小时内执行。被判有罪者将被扣作"人质"，从中会根据原有的《人质法令》选出若干受害者进行报复性的处决。

显而易见，巴黎大主教及狱友的生命现已处于最危险的关头。直到此时，公社仅仅处决了3个人（都是因为在军事方面犯下各种罪行），尽管暴民偶尔会要求对人质动用私刑，但大主教似乎还是安全的——只要他还是能够用于交换布朗基的宝贵抵押品，就会得到保护。4月18日，教廷大使基吉（Chigi）阁下致信沃什伯恩，要求他作为唯一仍旧（部分）留在巴黎的高级外交官为大主教求情。于是，沃什伯恩设法与克吕瑟雷进行了会晤，尽管克吕瑟雷相当友善地接待了他，却还是表示自己无能为力，并且带着他去见了里戈。虽然那时已经是中午11点，里戈仍旧待在床上，沃什伯恩注意到房里放着一顿足够大约30人食用的精致早餐。然而，克吕瑟雷直接闯进了里戈的卧室，给沃什伯恩带回来一张前往马扎斯监狱探视大主教的许可证。沃什伯恩体贴地给大主教带去了"一瓶陈年马德拉白葡萄酒和几份报纸"，发现他就像是个被安置起来的普通重罪犯，身处"一间阴暗、光秃秃的小牢房"里，它仅仅宽约6英尺，长约10英尺：

> 这位长者的外表令我深受触动……他身材苗条，身形有些弯曲，留着长胡须——因为自从被囚禁以来就显然没有刮过胡须，他的脸上透露出不健康的憔悴……他的开朗精神和风趣谈吐令我着迷。他似乎估计到了自己的危急处境，而且做了最坏的打算。一方面，他对自己的迫害者没有任何怨恨和责备的话语；另一方面，他也指出世界对这些人的裁决会比他们的实际表现更糟。他正在耐心地等待世事的道理。

沃什伯恩一从监狱归来，就极力敦促梯也尔接受里戈的提议，用布朗基交换大主教，他的理由是"让布朗基获得自由并不能让法国政府损失什么，而且这么做或许能够拯救大主教的性命。我还需要强调，我认为他面临着迫在眉睫的危险……"沃什伯恩的干预仅仅换来了梯也尔的厌恶。"他们在这里对沃什伯恩先生感到非常愤怒，"莱昂斯勋爵（他也与梯也尔接洽过，不过或许没有那么蛮干）在4月28日致信格兰维尔，"因为他干预了大主教问题，而且在巴黎待了这么久，这就令他们更为不悦。事实上，尽管他在这里有个房间，他在巴黎的时候还是比在凡尔赛多得多。[114] 昨晚，梯也尔对我评论道，我的美国同僚有着非常怪诞的举动。倘若这人是欧洲的外交代表，他们就不会容忍此举。"勋爵阁下以居高临下的腔调补充道："但他们容许美国人获得较大的自由度，这一定程度上是因为他和他的政府对欧洲政治毫无发言权，一定程度上是因为他们也不能大大改善这种状况。"沃什伯恩像莱昂斯一样发现梯也尔仍旧相当固执。公社军就是叛军，他们不可能指望得到真正的交战方拥有的任何特权，他也不可能和公社方交易。除此之外，如果他同意用布朗基交换大主教，孤注一掷的叛军难道不会抓捕更多的人质，以此作为迫使合法政府继续让步的方法？这就是梯也尔的主张。不过，后来许多反对公社的人也认为梯也尔本可以为拯救大主教付出更多努力。沃什伯恩的助手威克姆·霍夫曼认为他察觉到了这当中错综复杂的状况："法国当局必定会冷淡处理此事。大主教是个高卢派，是个自由派天主教徒，这一点尤为明显。如果他是个越山派，我认为国民议会里的极右派——正统派——就会极力发挥自己的作用，他的性命也就能够保住了。"*

代理主教拉加德神父和大主教一同被扣为人质，但拉加德的举动并没能改善大主教的前景。公社此前已经释放了这位神父，以便让他继续将谈判文书带到梯也尔那里，但释放条件是完成任务后就即刻返回巴黎。可是，拉加德一抵达凡尔赛避难所，就找到了种种借口，让自己不再被送回里戈的掌控之中。按照霍夫曼的说法，大主教提及这次逃亡时"悲伤、无可奈何但并无怨恨"。5月19日，星期五，沃什伯恩再度探视大主教，这一回是要带给他坏消息：事实证明，用他交换布朗基的做法终究是不可能实现的。"我遗憾地说，"沃什伯恩向菲什报告，"我发现他非常虚弱。上一周，他因某种肋膜炎而只能躺在草垫上，没有食欲，体力也大大下滑。不过他还是很开朗，显然已经顺从于任何一种可能在等待他的命运。"沃什伯恩和他握了手，"向他道别，结果证明这是最后的告别"。

就在同一天，里戈开始着手运作从速从简的公诉法庭。他将人质分成两类：一类是大人物，包括大主教和其他教士，被

---

* 高卢派是法国天主教会中的一个反对教宗控制法国教会、干涉法国政治事务的派别，越山派则是天主教会中强调教宗权威和教会权力集中的一派。

控需要为1月22日市政厅外"屠杀"负责的朱尔·费里副手肖代,名叫耶克尔(Jecker)的第二帝国银行家;第二类是小鱼小虾,多数是警方密探和宪兵。第二类人物首先遭到审讯。在里戈本人(他会询问极为"相关"的问题,比如说"你会在1851年12月做什么")面前进行的14人审讯仅仅持续了3个多小时,其中12人被判为人质,返回监狱等待自己的命运。大主教和第一类人质的审讯原本定于下一周进行,其他事件却突然降临了。里戈的审判让公社丧失了一个虽然强大却也难以揣度的盟友:罗什福尔(他早先曾尝试让其中一位被捕教士获释)在他的《口令报》(*Mot d'Ordre*)上攻击了处决人质的原则。次日早晨,一位来自警察局的年轻人拜访了还在床上的罗什福尔,告诫他可能会在当天被捕。和罗塞尔一样,罗什福尔认为他是时候走了。罗什福尔刮了胡子,剪掉了易于暴露身份的浓密头发,在秘书的陪同下轻松地离开了巴黎。他一路向东,抵达了莫车站,之后就被一名政府密探认出,继而遭到逮捕。这些囚犯随后被押送到凡尔赛,在那里,似乎整座城镇都冒出来见证这位已被上了脚镣的煽动家的到来。妇人们拥挤在他周围,挥舞着拳头发出尖叫:"杀了他们!杀了他们!当场杀掉他们!"罗什福尔声称他们并没有被立刻送进牢房,而是被驱赶着"花了一个多小时"穿过城镇"让人们大饱眼福",他躲过了私刑,这看起来相当幸运。与合法政权抓到的其他囚犯在不久后面临的遭遇相比,罗什福尔的待遇要好上不少,这表明了凡尔赛当时的普遍情绪。

随着巴黎局势越发紧张,第一次围城期间常见的状况也再度出现,热衷于疯狂发明就是其中之一。"科学代表团"负责人是个名叫帕里塞尔(Parisel)的博士,他连珠炮般给公社提供了"装甲神射手"、携带爆炸物的气球——不但要用它们扫除凡尔赛军和普鲁士人，还要额外消灭可恶的英国佬，因为他们"正在觊觎苏伊士"——之类的主意。有人讨论在巴黎的下水道里布雷，更多的人在考虑反复出现的幻想：希腊火。在里戈充满激情的煽动下，间谍躁狂症再度成为生活的常态。吉布森牧师曾目击过艾劳大街（Avenue d'Eylau）上有6个人"因为朝着瓦莱里安山张望，这些人的手势让一些国民自卫军认为他们在向堡垒发信号！"而被捕。斯坦利上校曾被一名喝醉的国民自卫军逮捕，他被押解到监狱，塞进一间"长两步宽一步……地上覆盖着厚厚一层滑腻污垢"的陋室。然后又来了个匆忙想要解手的醉汉，"我在他头上轻敲了一下……警告他要是敢碰英国人——不是他想象中自己曾对付过的懦弱法国佬——会发生什么"。斯坦利最终在英国大使馆干预下获释，但他入狱期间还碰到了"两个可怜的市政警察，他们都有家人，也都可能会被枪决"以及"另外两个所谓的间谍"。

或许很少有人能够像奥古斯特·雷诺阿一样幸运逃脱。对周遭世界无动于衷、正在绘制一幅塞纳河素描的他招致了一些国民自卫军的注意。他们确信此人是正在为凡尔赛军绘制河防地图的间谍。雷诺阿被捕，一群人聚了过来，其中一个和蔼可亲的老太太提议把这"间谍"立刻扔进河里。"你们淹死小猫，"她说，"它们就弄不出多少破坏。"不过，雷诺阿最后还是被拖到了最近的区政府里，那里（根据他的儿子兼传记作者让·雷诺阿的说法）"有支一直在岗的行刑队"。对雷诺阿及其后裔来说堪称幸运的是，里戈也正好在那里，就在几年前，当里戈正在逃避路易-拿破仑的警察时，有位艺术家在枫丹白露为他提供了避难所，这时，里戈认出雷诺阿正是那位艺术家，从而为文明做出了巨大贡献。里戈感动地拥抱了这位"间谍",立刻将他释放。

但是,里戈显然正在热心逮捕错误的间谍和人质。正如利萨加雷所论,公社迄今为止最好的人质是法兰西银行,"通过它,他们就掌握了凡尔赛的生殖器,就可以嘲弄它的专业经验和大炮。公社都不用损失一个人,只需要对它说'屈服或死亡'"。与此同时,普勒克侯爵在殷勤的老贝莱近视眼下继续从银行后门运走巨款,在扩军经费方面极大地帮助了梯也尔。但除银行问题外,巴黎无疑还充斥着真正的间谍,这些人悄悄穿过了里戈张开的网。梯也尔无数次尝试"收买"公社领导人,他的密探似乎也导致了公社内部的几起阴谋和分裂。有个特工曾接近东布罗夫斯基(就像之前的克吕瑟雷那样),提议用100万法郎换取他"打开"自己手中的一座城门。东布罗夫斯基立刻告知了公社。其后不久,一个"农民"强行闯入东布罗夫斯基的总部,自称带来了前线的消息,可随后就从罩衫底下拿出了一把匕首,但东布罗夫斯基的贴身警卫还是抢先用刺刀捅死了"农民"。这样的努力至少成功助长了公社内部的焦虑、猜疑和不信任。到了5月14日,公社已经决心分发身份证。

与第一次围城相比,巴黎此时仅仅是被部分围困,这一事实为梯也尔的"第五纵队"工作提供了难以估量的帮助。巴黎一半以上的周界仍被应当中立的普军占据,但他们出于自身利益考量,越发倾向于凡尔赛一方。因此,尽管激战发生在巴黎的西面和西南面,通过圣但尼或普军控制的其他中心地段出入巴黎也毫不困难。正如前文所见,沃什伯恩在巴黎和凡尔赛之间定期往返,路易丝·米歇尔能够化装进入凡尔赛并安全返回,而在4月下半月,埃德温·蔡尔德也决心纯粹出于消遣目的完成凡尔赛之旅。他起初打算带上自己的一位女性朋友拉萨尔（Lassalle）小姐，但后来明智地改了主意。他乘坐一辆公共马车前往植物园，从那里步行到意大利门（Porte d'Italie），然后前往位于通往奥尔良道路上的索（Sceaux），"我在那里遇上了凡尔赛军的第一个据点，出示了我的护照，然后一直赶到普莱西（Plessis），到了那里，我得横越一座军营，才能抵达总部，获得一张前往凡尔赛的通行证，在这儿，我被扣留了长达3个小时，除了我是个陌生人，我都说不出这还有什么理由"。蔡尔德在步行大约16英里、先后被捕5次后，最终于晚上9时抵达凡尔赛，"花了大约3个小时把城镇搜了个遍之后，终于找到一张床而不是一间客房，也就是说，房里有4个床位，其中一个还被一位妇人占据，但我已经累得无法继续搜索了"。次日白天，他从巴黎北面绕了一个大圈子回城。

更多的人希望溜到外面并待在外面。4月21日，龚古尔在他的《日记》中发出了抱怨，他听说公社即将通过一道法令，要求"19到55岁间的每个男人（不论是否已婚）都将被征召入伍，送去对抗凡尔赛军。我就在这里，受到这法令的威胁！我就在这里，不得不在几天内就如同恐怖时期那样藏起来！"在《征兵法》通过，公社强行闯入房屋征召"所有无法证明自己是外国人的人"（按照沃什伯恩的说法）进入国民自卫军后，又有成千上万的巴黎人躲藏起来或逃亡出去。各种技巧都得到了运用。鲍威尔医生用他的英国护照偷运两个朋友出城，第三个朋友"像福斯塔夫一样藏在一篮肮脏的亚麻布里逃脱"。阿方斯·都德描述了看到一个小衰仔子爵化装成马车夫，领着一队挽马穿过樊尚离开。都德自己也逃避了强制兵役，但他还是略带鄙视地回忆起一同逃跑的家伙，那人在十足的静默中越过了公社的据点，"越是远离工事，就变得越发张狂、挑衅、成了真正能够引起社员恐怖的人，甚至还威胁要把许多人送到刺刀上"。雷诺阿在死里逃生后，也利用自己对里戈的影响力弄到了前往卢韦谢讷（Louveciennes）的安全通行许可。左拉靠着一张普鲁士护照出城。12岁的修拉（Seurat）则和父母一道逃到枫丹白露。自公社成立以来，又有数十万巴黎人离开城市。[115] 到了5月中旬，巴黎开始看起来像是一座死城。古列尔玛·拉菲内克注意到"所有的商店都歇业或半歇业，少数几个看上去很疲倦的人衣着破旧……"。仍旧营业的商店也没有顾客，就连默里斯酒店（Hôtel Meurice）也关了门。卡尔·马克思在伦敦搓了搓手："公社简直是奇迹般地改变了巴黎的面貌！第二帝国的那个荒淫无度的巴黎已经消失得无影无踪了。巴黎不再是不列颠的大地主、爱尔兰的在外地主、美利坚的前奴隶主和暴发户、俄罗斯的前农奴主和瓦拉几亚的封建贵族麇集的场所。"*

至少在一个基本层面，人们大规模离开巴黎对公社来说是桩变相的好事。早在4月中旬，吉布森牧师就在他的日记中写道：

> 尽管这座城市还没有真正被围，但是供应问题已经开始变得严峻起来。乡下人并不愿意把他们的食物带到一座满是大炮、街垒遍地的城市。出于天然的审慎想法，他们倾向于将食物卖给普鲁士人……因此，食物价格正在迅速上涨。小牛肉原先售价是每磅1.4法郎，现在已是2法郎……我们的屠夫说，一周之内就会再也没有牛肉了。

---

* 译文引自马克思《法兰西内战》第三章，参见《马克思恩格斯全集》，人民出版社，1956—1986年，第17卷，368—369页。

截至当月月底，由于普军同意在自己控制的地段提供合作，梯也尔已经卓有成效地组织起了针对巴黎的食品封锁。埃德温·蔡尔德再一次开始贮存饼干、炼乳等应急物资。斯坦利上校给他的母亲写了一份绝无近卫军气质的供认状："我主要是为洗一件未上色的丝绸衬衫就得支付75生丁而争吵，作为对自己的报复，我穿了它3天。"物价飞涨和食品短缺再次唤醒了人们对第一次围城的沮丧回忆，又促使成千上万的人离开巴黎，但这反过来也推延了严重的食物危机，因此，即便当5月进入灾难性的第三周时，巴黎仍然没有体验过去年冬天那样的匮乏。

随着第二次围城接近高潮，巴黎的生活在诸多次要层面还处于正常状态，这不断令依然居于此地的英美人士感到惊讶。第一次围城——或许尤其是普军的轰击——的经历令许多巴黎人陷入并不自然的冷静状态，不管是凡尔赛军的轰击还是公社的新雅各宾派恐怖都不能真正打动他们。本杰明·威尔逊在4月3日的第一轮交战期间从凡尔赛返回巴黎，他震惊地看到"劳工们平和地在开满鲜花的小块白色土地上劳作，好像对他们周遭发生的一切毫无所知"。第一次围城期间，什么都无法让塞纳河上的垂钓者分心，即便在炮击讷伊达到顶峰的时候，就在实心弹在头顶上隆隆呼啸而过的时候，依然能看到他们平静地、一动不动地站着，手也仍旧毫不颤抖地握着鱼竿。到了4月中旬，吉布森牧师也高兴地发现了玛大肋纳教堂外面的奇观，"一个男人站在宽阔的柏油人行道当中，旁边有一群人围着他，这人在表演举重，把重物举起来扔过头顶，就像你可能会在假日的外省农村草地上看到的样子"。一个多月后，他又在评论巴黎"从没有比现在更清洁、更健康"，城里那习以为常的"酸味"已经大有改善，他将这一点归因于大批市民的离开（而非公社的任何举措）。

在这一切忧虑、痛苦和犹豫之下，依然洋溢着巴黎那种无法抑制的欢乐。早在4月初，公社就已重新开放了8家剧院，"博物馆不久将向公众开放，并且会按惯例举办一年一度的现代派画展！"，这样的消息也令吉布森牧师不由自主地兴奋大叫起来。5月6日，就在伊西堡摇摇欲坠之际，公社开放了杜伊勒里宫，举办了为伤员筹集善款的一系列音乐会中的第一场。一大批好奇的巴黎人涌入整座宫殿，他们停下来瞪大眼睛注视着前任皇帝的豪华私人浴室，对它尤为着迷。第二帝国的美人们曾在宏伟的元帅厅（*Salle des Maréchaux*）里跳起华尔兹，而现在，第一位波拿巴麾下元帅的14幅等身画像已经被小心地遮盖起来。他们拼命挤过去聆听阿加尔（Agar）小姐按照惯例吟诵雨果的《惩罚集》（*Châtiments*），为正在演唱时下热门歌曲的博尔达斯（Bordas）夫人欢呼鼓掌，歌曲结尾如下：

> 他们是暴民，
> 啊哈！我就是其中一个！[116]

这一幕的参与者主要是无产阶级听众，为了取悦他们，旧时的宴会厅餐桌上摆满了奶油蛋卷和啤酒，《伦敦新闻画刊》抱怨这些人"举止并不算很有秩序"，而斯坦利上校也以讲究的态度不以为然地提到"气味变得十分糟糕，我无法置之度外"。但对组织者而言，这一消遣大获成功，类似的做法也在14日和18日一再重复。

显而易见，最终的灾难已经越发迫近，但随着杜伊勒里音乐会的举行，一种非同寻常的兴奋感——几乎可以说是正式告别的欢庆——似乎攫住了公社的支持者。大道上再次人满为患，这一回却充斥着来自巴黎城内那些较为阴暗的地区的陌生人。他们以如此富于占有欲、如此具有破坏性的骄傲热爱着这座城市里那些并不熟悉的部分，此时几乎像是最后一次出来享受那些地方的丰饶和宏伟。春光盛极，社员们在协和广场上用鲜花祭品取代了斯特拉斯堡雕像上已经枯萎的月桂花环。对许多人来说，似乎从没有哪一个春天有这么多的鲜花。"在青翠幼嫩的草木和勃发的春季灌木中，"龚古尔以抒情方式观察到某些国民自卫军，"躺在阳光下闪耀的武器一旁，一位金发随军女酒保以她的巴黎风度给一名士兵倒了一杯。"但他也无法将目光从与这田园诗般景象混在一起、不可分割，也让人想起战争的讨厌事物上挪开："一具尸体被吊到车上，那里有个人用双手捧住，不让脑浆从敞开的头盖骨里流出。"5月14日，星期日，龚古尔兴高采烈时就没那么多扫兴事了："依然留在巴黎的所有人都来到了香榭丽舍大道的尽头，在第一片树木下，坐在木偶戏表演前方的孩子们发出吵吵嚷嚷的快活笑声，不时盖过了遥远的炮击声。"就在同一天，鲍威尔医生观察到：

> 巴黎人穿着最好的周日盛装（一般是晨礼服）出来了，饶有兴致地观赏着在里沃利路和皇家路（Rue Royale）上方竖立的庞大土垒，里面的火炮打算用来荡平协和广场入口处的部队，喷泉表演就像往日一样，水龙带被折叠了起来；而在街垒上，越发流行的是香草糖浆，是令人厌恶的《迪歇纳老爹报》，是与拿破仑、欧仁妮、梯也尔相关且配有插图的

粗俗讽刺文章……在朝着土堤方向的远处，或许还能见到一只风筝高飞在空中……

下一个周日，也就是5月21日晚上，公社在杜伊勒里花园举办了1500名乐手参与的大型露天音乐会，以此展开了它迄今为止最雄心勃勃的娱乐活动。"莫扎特、梅耶贝尔（Meyerbeer），"利萨加雷声称，"和那些伟大的经典作品撵走了帝国的猥亵音乐。"它再次取得了巨大成功。音乐会结束之际，一名公社军参谋军官在热烈的掌声中跳上了乐队指挥的高台，发布了简短的声明："公民们，梯也尔先生在昨天保证要攻入巴黎。梯也尔先生没有进城，他未来也不会进城。因此，我会在下周日邀请你们来到这里，来到老地方……"

但就在同一时刻，梯也尔先生的军队开始涌入这座城市。

第24章
"五月流血周"（一）

直至最后一刻，灾难性的对抗到来之前，克列孟梭、他的区长同僚们、组成了"巴黎权利共和联盟"（League of Republican Union for the Rights of Paris）的巴黎代表们，以及其他各个机构仍在焦虑地寻求巴黎和凡尔赛之间是否存在调停妥协的可能。巴黎共济会（Freemasons of Paris）在4月底聚集，他们头戴高顶礼帽，手持共济会的令状和横幅，勇敢地攀上城墙，要求与凡尔赛方谈判。代表团虽得以被接见，但对共济会（也对其他所有人）而言，梯也尔公式化的回复颇为强硬："你是否以公社的名义而来？若如此，我拒绝谈判……我不接受任何条件，也不做出任何让步。法律是至高无上的，务必使其完整重建……如同任何一座百人规模的小村一般，巴黎必须服从国家权威。"他无意，也从未考虑过，与任何叛乱城市进行妥协。而现在，他掌握的力量足以毫不留情地摧毁整个公社。但在攻陷伊西堡后，他采用了所谓的"正规传统的攻城方法"，以土工作业的方式逐渐穿越布洛涅森林。事与愿违，他缓慢而有条不紊的准备陷入了困境。和第一次围城战中对毛奇的态度一般，俾斯麦失去了耐心，他威胁梯也尔如果不能加紧破城的脚步，普鲁士军将径直踏入巴黎。

这本是一场严重的政治灾难，正如梯也尔所坦诚的那样，"这就是为何我们如今还在绞尽脑汁地去买一张进入巴黎的门票"。凡尔赛军几次试图利用"第五纵队"打通进入城市的道路，均以失败告终。"一位自称曾每天出入巴黎的勇者"所提出的计划却有几分成功的可能。5月13日晚，不少于8万人的军队于布洛涅森林集结备战，等待这位当代的奥德修斯带领他们入城，梯也尔本人也亲临一线。可直到凌晨4点，什么都没有发生，军队只能带着失望离开。那时起，梯也尔怀着撞大运的希望在前线挨过了一天又一天。时间来到5月21日，星期天，城墙没有被占领的迹象，城门也无法突破，无奈下梯也尔只得于瓦莱里安山召集了战争会议，以推迟并调整攻占巴黎城墙的时间。他已站在堡垒的入口，突然，一位激动的参谋疾驰而来，向他汇报杜艾将军无法准时参加会议，因为他的部队正在攻入巴黎。梯也尔赶忙走入堡垒，他发现麦克马洪元帅正在用望远镜观察着杜艾所部的行动。起初他们看起来好像因进攻受挫而退却，然而，大约一刻钟后，梯也尔看到"两条黑色长蛇，在地面蜿蜒着扑向破晓门，然后顺利入城"。

破城的过程如下：在蒙勒图这个作为特罗胥1月最后一次进攻的目标之一的阵地上，凡尔赛军部署了威克汉姆·霍夫曼（回忆自己在尤利西斯·格兰特麾下于维克斯堡围城中的战斗时）所描述的"也许这是当今世界所能架设的最强大的炮兵"。这样的形容可能略有夸张；然而，正是它对破晓山数日以来的持续炮击摧毁了一部分壁垒，并迫使守军撤离。5月21日，星期天下午，一位巴黎公社的反对者，名叫杜卡特（Ducatel）的路桥局（Department of Roads and Bridges）工程师恰好在破晓山城墙附近散步。他惊讶地发现阵地上没有任何守军。经过短暂的确认，他发现守军已经离开，大门无人把守。（霍夫曼上校声称，为何麦克马洪元帅的部队没有意识到守军的异常，"只能用法军的堕落来解释"。）他便登上城墙，并挥舞白旗。一位凡尔赛军少校出面，听杜卡特讲述了他的发现并加以证实；随后，杜艾的部队开始从不设防的大门涌进巴黎。自此，从去年9月开始的一切都结束了，如霍夫曼所言，反革命高潮已到来。

梯也尔如今返回凡尔赛设宴，"和家人并三五好友一起分享自己的喜悦"。

在巴黎市政厅，公社正忙于制定最后的法律。公社下令，让那些被抓到还在和高级妓女鬼混的参谋们带着镐头铁锹被送上前线（那些女子则被派到沙袋工厂）。公社并用了4天时间，颁布了一项关于教育世俗化决定的法令，一项有关剧院的法令。此时，公社委员会正审理克吕瑟雷失职一事。周日晚约7点左右，救国委员会委员比利奥雷忽然猛地喊了起来。"都停下！停下！"他吼道，"我这边有个非常紧急的情况，必须立刻召开秘密会议！"待门关上后，比利奥雷宣读了一封来自东布罗夫斯基的报告，凡尔赛军已进入巴黎。据利萨加雷回忆，一阵"愚蠢的沉默"后，会议室炸锅了。拉乌尔·里戈在其继任警察局局长费雷的支持下，提议公社应炸毁塞纳河上的桥梁，撤入旧城区做最后防御，焚烧弃守区域并坚壁清野。同时，他建议将所有人质一起带走，"他们将与我们一起毁灭"。克吕瑟雷被释放，一小时后休会；这是巴黎公社在市政厅所举行的最后一次全体会议。

德莱克吕兹在战争部听到这个消息时面色凝重，但他冷静地命令手足无措的公社第一主席阿西,对受威胁地区展开侦察。这位憔悴的雅各宾派老人发布了逐街防卫城市的命令。他对又一次失势的布吕内尔委以重任,让这位昨天晚上才从监狱中释放出来的军官负责协和广场周边的防卫,这是整条防线的要害。德莱克吕兹当晚就完成了部署,并向巴黎市民发出了激动人心的宣言:

> 我们受够了军国主义!不会再有戴着军阶肩章、军服上满是金穗的总参谋部了!让他们为人民!为赤手空拳的战士们让路!革命的战争已经到来!

这是对街垒的召唤,是对自发、无组织、如洪流一般的普遍征兵的古老呼吁,德莱克吕兹和赤色分子们在第一次围城中已做过多次。尽管在过去几天里,1500 名妇女被安排至废弃的国民议会大楼以 8 生丁一份的工钱缝制沙袋,可罗塞尔所建议的第二道街垒依旧没有完工。而且迄今为止,依然没有一份有条理的防御计划。就战术上而言,比起整个城市的综合防御,德莱克吕兹设计的街垒更适合区域守备。罗塞尔用他作为工兵的眼光,精确地理解了奥斯曼男爵修建的巴黎斜交街道的军事意义,尽管他经常警告,奥斯曼的设计让正规军攻克街垒变得轻而易举,可雅各宾派仍固守 1848 年起义的做法,对此置之不理。凌晨 5 点,还未来得及销毁文件,德莱克吕兹离开了他的办公室并来到街垒。

在骚动的公社会议厅外,巴黎仍沉醉在闪耀五月星期天的欢愉里。在吉布森牧师看来,整个城市"似乎是在欢庆。除了如帝国时代 8 月 15 日的庆祝活动这样的特殊场合外,协和广场从未有过这样多的人群，每个人都身着节日服装"。埃德温·蔡尔德在他的日记中记下了他的一天：

> 8点起床，11点去教堂。1点在马德莱娜和克莱尔夫人碰面（约见），先在赫尔德咖啡馆享用早餐……然后于香榭丽舍大街漫步。下午大部分时间都在那里休息。5点左右，她看到了自己家（弗里德兰大道），随后去了我家，喝茶，接着坐公车去了约翰逊家，在那里度过了晚上。美好的一天。

夜幕降临，生活继续。在文体学校，《可怕的女人》(Les Femmes Terribles)首映礼开幕，剧院从未如此座无虚席。庞贝城在它陨灭的前一天晚上，仍在醉生梦死中。龚古尔从自己在欧特伊危险街区的房子搬到巴黎市中心暂住，在他的"日常的观测地点"，看到一名男子因高呼"凡尔赛军已入城"而被捕。

> 我四处寻觅了许久，想要了解更多的情况，可没有，什么都没有……又一个谣言罢了。最后，我只能回家，绝望地躺在床上，无法入眠。透过拉紧的窗帘，我仿佛听见远方飘来令人困扰的杂音。不远的一条街上，如往常一般，两家商团正在调解，每晚都是这样。我告诉自己，那只是幻想，再回到床上……可这一次没错，那是战鼓与号角声！我冲向了窗户。巴黎四处都是枪声，很快，枪声淹没了鼓声、号角声、尖叫声以及"武装起来"的呐喊！与此同时，所有的教堂回荡着巨大的、悲剧的、洪亮的轰鸣，这阴暗的声音却让我感受到了愉悦，并敲响了压迫巴黎可恶暴政的丧钟。

直到第二天清晨，大多数巴黎市民才知道凡尔赛军已入城，埃德温·蔡尔德写道：

> 8点半左右，巴布（Barbe）的敲门声吓到了我，他大喊军队已经袭击了城市。我马上换好衣服，锁好门和他还有巴尔菲尔德（Balfield）穿过拉法耶特街，他们打算离开巴黎，不过我和他们在圣但尼郊区（Faubourg St. Denis）道别，并前往约翰逊家；穿过斯特拉斯堡大道（Boulevard Strasbourg），经过圣马丁街（Rue St. Martin）和教堂，安全地到达了布拉克街（R. de Braque），但也有几次被要求帮忙修建街垒，换而言之，把我的铺路石带到各处。我搬迁到此，约翰逊非常亲切，而他的妻子十分欢迎我。

因出众的文学才华而受雇于公社出版局（Commune Press Office）的保罗·韦莱纳，昨日一整天都在圣但尼教堂（Church of St.-Denis-du-St.-Sacrément）参加俱乐部会议。晚上他被妻子大声的梦话吵醒，她梦见凡尔赛军已进入巴黎。不一会儿，美丽的女仆进来告诉女主人这不是梦。韦莱纳夫人立刻收拾行装，前往自己父母处避难，留下丈夫去思考如何勾引女仆。

凡尔赛军在欧特伊入城打了东布罗夫斯基所部一个措手不及。在环城铁路线上有过一次绝望而短暂的防御战；然后就是惊慌失措。一个从失守城墙上撤下来了的少校向东布罗夫斯基保证，他已经认真整顿过逃兵，"用剑脊抽打，手臂酸疼"；只是他无法控制恐慌的蔓延。东布罗夫斯基还未失去冷静，他向德莱克吕兹紧急求援。但麦克马洪的军队，从帕西的友方区域进军，已取得初步进展。星期天晚 11 点左右，阿西在执行侦察任务时到达了特洛卡德罗（Trocadéro），但在转移到黑暗中的贝多芬街时，他的马在一大片血泊中滑倒，动弹不得。阿西看到墙边倒着许多国民自卫军，仿佛是睡着了。突然，正规军从阴影中冲了出来，俘虏了阿西；他是第一个被俘的公社领袖。凡尔赛军害怕陷阱（据说，公社已布下了地雷，并准备炸毁整个区域），他们像平常一样谨慎，在占领特洛卡德罗上那些关键的高地之前就停了下来。但到了凌晨 3 点，他们占领了此地，而麦克马洪的 7 万大军也已通过帕西门和圣克卢门之间的 5 个缺口进入城内；已有约 1500 名国民自卫军放下了武器。中路，杜艾和维努瓦所部直奔埃图瓦勒（Étoile），右翼一个纵队在西塞将军的指挥下穿过欧特伊，偷偷通过了格勒内勒桥，从而打开了通向左岸的通道。克兰尚和拉德米罗沿着城墙内侧向左机动，从后方占领了讷伊的公社阵地，然后右转向蒙马特尔的大要塞推进。拂晓来临时，第 16 区的欧特伊和帕西全境，以及塞纳河对岸的第 15 区的大部分都被"解放"了。对于像拉菲内克一家这样的居民来说，他们对凡尔赛军队几乎充满了喜悦和感激，过去几周的苦难似乎已经结束；当帕西的战斗结束时，他们家宠物鸟的蛋中孵出了一只雏鸟，这几乎是一个预兆。

5 月 22 日周一早上，一股绝望的氛围笼罩了整个公社。几星期前就该完成的街垒如今仍在四处赶工，像埃德温·蔡尔德这样的市民在刺刀的威胁下从路上挖出每一块石头。鲍威尔医生试图走到他工作的地方，距离弗里德兰大道 500 码远的博容医院，却未能成功。他好几次都被迫去建造街垒，他这样形容：

> 如有条件的话，会用两三辆手推车、公共马车或拉货

马车作为街垒的基础；所有的缝隙都用沙子、立方体的铺路石、沙袋、砖或者其他任何东西填满……在如同皇室街这般宽阔的大街上，街垒则由工兵搭建，这些街垒带有布置了大炮的小型碉堡，颇为坚固。

在市政厅前的里沃利街上，新盖起了一个数米高的巨大街垒。斯坦利上校在剧院过夜时醒来，他发现在自己入住的和平路的酒店外，在这条街尽头的新歌剧院处，竖起了一道由水车组成的横跨林荫大道的街垒。艾伦·赫伯特医生当时在马德莱娜，距离前进的凡尔赛军约四分之一英里，他从窗后向外望去时，不高兴地看到："几名国民自卫军和打扮邋遢的家伙一起商讨是否应该在我的窗户对面设置街垒；实际上，他们已经开始了"。然而，他回想起了几个月前，一位前途无量的年轻切尔西宪兵，查尔斯·迪尔克爵士（Sir Charles Dilke）来拜访他时的事，此人年纪轻轻却已有了敏锐的战术眼光，迪尔克曾提到，想要有效掩护马德莱娜广场，街垒应建在他家再过去三户的位置。想起此事，他松了一口气。果不其然，一个高级军官（赫伯特认为是东布罗夫斯基）来了，命令把街垒立刻改建到迪尔克指出的地方！和其他许多现实的巴黎人一样，赫伯特在家中静候事态发展。蔡尔德也一样，他在还未受到威胁的巴黎东部地区，与他的朋友约翰逊一家安坐于家中。"一天中最美好的时光是一起打牌。我们不时能听见炮声，但总体来说这里很安静。"对许多立场"中立"的英国人和美国人来说，未来几天的战事在他们住宅周围如潮水般涨落，这使得他们可以近距离目睹在一座伟大的西方城市爆发的战争，这种观察因过于靠近而令人惊骇，同时又是近乎独一无二而有历史意义的。在法国目击者中，许多人和路易·佩居雷一样，曾在早期热心支持公社，但现在毫不犹豫地躲了起来，以避免参与街垒修建，并在逃避在公社需要时的强征入伍。因此在危机来临时，那些边缘化的支持者在逐渐消失。

然而，龚古尔的好奇心一如既往占据了上风："今天我在家里待不住，必须要出去看看发生了什么。"在马德莱娜附近，他发现激动的人群"已鼓起勇气向骑兵发出嘘声"。在歌剧院附近，他看到一名国民自卫军因大腿骨折被抬走。广场上，聚着几组人交头接耳，他们说凡尔赛军已经打到了工业宫。国民自卫军溃散成几小股从前线退下来，看起来既疲惫又沮丧，显然士气低落、灰头土脸。接着，龚古尔去拜访了艺术评论家比尔蒂（Burty），他住在第2区国家图书馆后面。龚古尔意识到自己如同囚犯般被困在公寓里，"因为我不知道还要在家里待多久，出去不安全"。数小时过去，"比尔蒂开始摘抄在杜伊勒里宫中找到的信件，而我则沉浸于他收藏的德拉克鲁瓦（Delacroix）的画作，不去想越来越近的炮弹爆炸声。本杰明·威尔逊"说来奇怪，竟因邻居持续挥手惊醒"，好奇心使他把头伸到外面，那里有两位国民自卫军："他们看上去阴郁而沮丧。我询问是否有新情况发生，其中一个人回答：'天哪，先生！凯旋门上有人在挥舞三色旗，和从前一样，我们再一次被彻头彻尾地出卖了。'尽管这个消息让我欢欣鼓舞，但出于对这些事业失败、生命已一文不值的人的同情，我无法感到欣慰。"

尽管凯旋门如今已经被重重沙袋武装成了一个小型临时堡垒，其顶部安放了一门野战炮，并存有两周的补给，但杜艾将军还是占领了埃图瓦勒。

在上午结束之前,凡尔赛军就可以用他们的火炮开路,一直推进到被再次放弃的香榭丽舍大道。到目前为止,他们几乎未遇到任何抵抗。他们满怀信心;也许有些太过自信。他们现在沿着河岸,向寂静的协和广场前进。就在不到 12 个小时前,协和广场上还挤满了欢乐的人群。但突然之间,杜伊勒里宫花园的露台上射来阵阵密集的火力。走在前列的凡尔赛军在近距离被击中,在猝不及防下损失惨重;幸存者一路撤退到了工业宫。由坚强能干的布吕内尔指挥的公社前卫通过了他们的第一次考验,而在当天剩下的时间中,杜艾的部队巩固了埃图瓦勒周边地区。现在,美国大使馆位于政府军控制的地区,却发现自己再次受到炮击;这次开炮的是公社军于蒙马特(Montmatre)的大炮。美国公使当然也在使馆里(威克汉姆·霍夫曼有次提及过:"如若我们听闻巴黎某处炮火轰鸣、子弹呼啸,那么沃什伯恩肯定因重要事务待在那个地方。")。那天下午,他不慌不忙地跨上马,去查看他在太子妃门(Porte Dauphine)附近的住所。"除了玻璃碎了一地,没有其他物质损失。"沃什伯恩松了口气,房子并未遭受劫掠。顺着城墙,他看到许多身穿国民自卫军制服的尸体,每时每刻,凡尔赛正规军都在向城内涌。"估计会有 8 万到 10 万人沿着这条线路在明早之前入城。这座城市里,我们生活的地方,留下来的人都会以无比的喜悦迎接他们。"

当天晚些时候,沃什伯恩骑马去见麦克马洪元帅,后者所部已在帕西站稳脚跟。"我告诉他关于大主教达尔布瓦的事,并希望政府军能够搜救他。这次会面让我很担心,我离开了元帅总部,感觉大主教的命运已注定。"

尽管中路遇到了阻碍,麦克马洪所部在两翼的迂回机动推进很快。左翼，朗古里安攻占了军校，缴获了100多门无用地放置在户外的公社火炮。而在右翼，西塞沿着巴黎最长的沃日拉尔街（Rue de Vaugirard）进军，逼近蒙帕尔纳斯车站。镇守这一重要阵地的只有几十名国民自卫军队员，但他们奋力作战，直到耗尽弹药，随后他们沿着雷恩街（Rue de Rennes）撤往圣日耳曼方向，进入了一个仓促搭建的街垒组织防御。一位勇敢的公社成员掩护他们撤退，他独自一人在一个报摊内沉着冷静地向车站射击。在麦克马洪的前线的另一侧，公社所犯的两个典型错误导致拉德米罗和克兰尚推进到了蒙马特尔。令全城战士们大为沮丧的是，截止到那天早上9点，部署在蒙马特尔公社主要塞的大量火炮甚至还没有对政府军开过火。德莱克吕兹派拉塞西利亚（La Cécilia）前来调查，他发现了那些在3月被缴获的引发了灾难性内战的著名大炮："那里散落着肮脏的85门大炮和不少机枪，在过去的8个星期里，没人想过让它们发挥作用。那里还有很多7磅炮弹药，但没有尾闩。在煎饼磨坊阵地，只有3门24磅炮配备了炮架；那里没有护墙、没有侧翼防护，也没有发射台。"当这些火炮终于第一次开火时，"后坐力把炮尾夯进地里，花了很长时间才把它们挖出来"。

因此，拉德米罗所部未遇太多抵抗就推进到了蒙马特尔山脚下的巴蒂尼奥勒（Batignolles）地区，在他的右侧，克兰尚所部，则因公社第二个重大决策失误而获益。国民自卫军误将自己前方的友军当成敌人而开了火，误射引发了友军恐慌，这使得蒙梭公园（Parc Monceau）被攻破。克兰尚占领了这个公园并向东横扫马勒塞布大道和奥斯曼大道，以及圣奥诺雷郊区。代表法律和秩序的部队现在已经深入巴黎。还不到中午，鲍威尔医生在今天早上未能如愿抵达的博容医院就已在政府军手中了。他几次被拦下来被要求帮助修建街垒，之后他到达了旺多姆广场附近的圣-奥诺雷街，在他身前已没有街垒了，他仍然有能够到达目的地的希望。"但我还没走多远，几颗子弹就在我的头上飞过……玛大肋纳教堂旁横跨皇家街的大街垒处，战斗正在进行，这座教堂遭到了不幸的破坏。"鲍威尔无法继续前进了，他停下脚步在皇家街设立的一座临时救护站中提供帮助。在那里，他发现卷入战争平民的痛苦与困惑。"许多妇女儿童也在这所房子里寻求庇护，他们和伤员混在一起，因巴黎部分地区起火而惊慌。即便已经接近断粮，也没有人敢离开屋子。子弹频频敲着合起的百叶窗，感觉这会是我生命的最后几小时。"

吉布森牧师已经离开了巴黎，在尚蒂伊与他的妻子家人团聚，但在罗屈埃潘街（Rue Roquépine）的卫理公会教堂（靠近圣奥古斯丁广场和马勒塞布大道），他的图书管理员 M. 沙泰尔（M. Chastel）仍发现自己处于战斗的中心。在给吉布森的一封详细的信中，他写道：

> 从今天早上 8 点开始，我们街上就开始了猛烈交火……早上，我们被国民自卫军包围，我们听到了朝着圣-奥诺雷郊区和香榭丽舍大道方向的炮火声。过了一会儿，战斗接近圣奥古斯丁（Saint-Augustin），然后是马勒塞布大道，最后士兵们到达了我们所在的街道。我们甚至连鼻子都不敢伸出窗外，生怕被飞来的炮弹击中。在我们的礼拜堂旁边有座房子，士兵在里面冲着马蒂兰新街（Rue Neuve des Mathurins）方向射击（在从我们罗屈埃潘街到另一边的马勒塞布大道的

线上)。他们在楼门口和每层窗户前。你可以想象我们听到的噪声和混乱。大约9点钟，我们在房间里做礼拜，屋里的人都来了，我们恳切地祈求上帝帮助我们。我听到一个可怜的伤员在哭，从百叶窗往外偷看。他被带走了。不一会儿，一名士兵在离我们很近的图书馆被杀……

下午晚些时候，凡尔赛军的一名工兵进入罗屈埃潘礼拜堂，告诉M.沙泰尔，"他们已经包围了巴黎，即将把我们从公社解救出来。喝完一杯酒后，他在我们礼拜堂的门口放哨，开始射击……"。

战火很快就烧到了再向东约四分之一英里的艾伦·赫伯特的家。在外面筑起街垒的公社成员一度威胁说要搜查所有的房子，让还有行动能力的人参加战斗，但"事态发展太快，使他们没机会这么做"。之后赫伯特医生想在马德莱娜广场市场的急救站帮忙，却没有被接受；这个市场离房子很近，"这点非常有用，因为食物可以从我屋内俯瞰市场的窗子里送进来"。守在外面的两名国民自卫军告诉赫伯特"他们打算逃跑，脱下制服，躲起来"。然后，时间来到了上午10点左右。

交火变得十分惨烈，大炮也推到了大道上……没人敢出门，而哨兵也对战况一无所知。下午，街上的战斗呈现另一种特质。政府军成功占领了我们肖沃·拉加德街（Rue Chauveau Lagarde）尾的房子。他们通过在墙壁上爆破出的洞口，一栋房子一栋房子地移动，直到来到街尾的建筑，然后向街垒射击。叛军从马德莱娜广场开火还击，可无法进入街道。

艾伦·赫伯特发现自己现在处于一个特殊却别扭的位置，倒是能让他见证随后的战斗。当正规军在他这一侧街道的房屋穿梭前进时，公社的战士只有在街角的掩护下，才能进行得力的还击。而这个街角恰好正对着赫伯特的家门。在这一天剩下的时间中，赫伯特既焦虑又着迷地看着双方的战斗：

> 开第一枪的是位头发胡子灰白的老人，他嗜血疯狂的样子为我生平所未见。他决心杀死在窗口看到的每一个人，不管他是不是一名政府军士兵，为此与其他人激烈争论，包括和他的长官——至少我在家门口听到的是这样。叛军开了二三十枪，场面一度十分恐怖。他们争论谁应该开最多枪，轮到谁开枪，不时听到有人说："哦，打中了！"这就像小男孩们在猎兔子。然而我并不相信他们杀了很多人，但火力太过密集所以没人能穿过街道。每时每刻我都期待着其中一方能够占领我的房子，但它仍暴露在枪林弹雨之中。战斗一直持续到晚上，煤气灯没有点亮，夜晚的黑暗让我们有了短暂的喘息。

在市政厅，今年3月的那种热情、迷茫与兴奋又回来了。国民自卫军中央委员会、炮兵委员会和所有的军事主管部门都集中在那里，在匆忙中下达着相互矛盾的指令。喧嚣焦虑的恳求者围着救国委员会和战争委员会，中央委员会则抨击着各个公社成员的无能。一大早约20个公社成员聚在一起围着令人尊敬的费利克斯·皮阿，他的《复仇者报》刚刚发出了激动人心的呼喊："备战！"这真是非常典型的"皮阿"时刻。为了向后人证明，费利克斯·皮阿已尽到责任，他要求对所有在场人员点名。然后，按一如既往的作风，他溜了。任何一座街垒都看不到他的白发，事实上，直到皮阿流亡伦敦确认安全，他才敢再次露面；他的政治生涯并未结束，反而幸免于难并于16年后被赦免，还成功当选了法国议员。

混乱中，在里昂的自由民主大会（Liberal-Democratic Congress）组织的代表团赶来，在最后一刻向凡尔赛军提出调解。他们没有得到热情的接待。一切都太晚了，在市政厅的其他地方，拉乌尔·里戈正急于执行救国委员会的其他两项命令。其中一项命令是派他执行5天前最终批准的人质法令；另一项，则是日期为"共和七十九年牧月四日"的命令，要求立即将大主教和其他重要人质从马扎斯监狱转移到拉罗凯特（La Roquette）的单人牢房。他将人质的实际运输工作交给了他的副手达·科斯塔，他为这次行动征用了两辆运货马车，如同当年雅各宾的囚车一样。

对处境艰难的国民自卫军而言，从市政厅下达的军事指令几乎没有任何意义。公社在预判凡尔赛军的进攻时，认定敌人会从正面进攻，而不是像后来一样靠迂回机动绕到精心准备的防御工事和临时街垒的侧翼和后方，轻松将其攻陷。具有讽刺意味的事实是，拿破仑三世和奥斯曼男爵为重新占领巴黎所做的贡献，不亚于他们的老对手阿道夫·梯也尔。协调一致的机动防御是应对这种迂回战术的唯一手段。但此时的巴黎公社已经没有罗塞尔，甚至是克吕瑟雷这样的人来部署军队；无论如何，国民自卫军此时只愿保卫自己的城区，对前往其他地区作战表现出了内在而狭隘的抵触。所以，就像1848年的老雅各宾派战斗到被围捕或屠杀一样，巴黎的防御仍和以前一样，由一个又一个街垒组成。

无论拥有何种军事背景，对那些战斗人员来说，从市政厅下达的指令毫无方向，这让局势变得异常绝望。5月22日晚10点左右，一些情绪激动的国民自卫军队员把东布罗夫斯基带到了市政厅。据说自那天早上之后，在没收到任何命令的情况下，他试图通过在圣旺（St.-Ouen）的普鲁士防线逃跑。东布罗夫斯基被带到救国委员会，他极力否认曾计划叛国。救国委员会"亲切地安抚了他"；东布罗夫斯基和周围的人握了手，用一个无可争议的手势告别，然后大步走向战场。利萨加雷写道："火光与炮声笼罩着巴黎，轰鸣使夜晚更加喧嚣，闪电在黑色的天空肆意摇曳，更添几分壮丽。只是不再有任何一个夜晚，能像今晚这样，把悲伤拓入灵魂。"

然而，尽管保守和混乱充斥着公社，第一天下午过后，凡尔赛军进攻的势头已经开始减弱。在和平街，艾伦·赫伯特的家距离前线只有几百码远，斯坦利上校午餐前所有的报告内容只有他的朋友奥斯汀（Austin）在卢浮宫附近，被"子弹击中，伤势轻微。今早在旺多姆广场，弹片带走了一条性命，另一发炮弹则落在了酒店的院子里"。下午3点，他又写道：

> 战线已经推进到了圣拉扎尔（St. Lazare）车站，不过他们似乎进展不快。我听到一位市民对国民自卫军员毫无意义地打破窗户的行为提出抗议。一个畜生命令我帮忙修建街垒。我叫他见鬼去吧，并坚持要和我的朋友一起离去……两具国民自卫军的尸体从拐角处被运出来，并运向旺多姆广场，可怜的魔鬼，高唱着"为祖国而死"。那之后便是一阵完美的寂静。我想稳固的战线已经跨过了半个巴黎。这是种

有趣的状态，又响起了枪炮声，方才我被命令离开阳台。我充满怨念的眼神直视着旺多姆广场的铜牌，[117]看来还需要一点时间，麻烦才会结束。

晚上10点，他继续记录道：

国民自卫军比以往任何时候都骄傲。我想他们是喝多了。他们坚持从房子里开枪，这会导致报复。我的阳台上挂着一个巨大的米字旗。枪声依旧，战马嘶鸣；战斗还在继续。

斯坦利的估算问题不大。那天下午唯一的进展就是占领了位于圣奥诺雷街的英国大使馆附近地区。四处都能发现抵抗力量加强的迹象。四散成小股的公社成员开始了前所未有的战斗——困兽之斗。克兰尚将军曾预计，只要能够进入巴黎，3天就足以占领整个城市，可他的计算被"解放城市"的部队的谨慎程度打乱了。部队的指挥官担心整条街道都设有地雷和诱杀的谣言；担心（不必要地）着是否能够承受那些在3月18日被缴获的大炮的炮火；并从1848年的经历中意识到，在巴黎对政府不友好的地区，绝望的人们会在街垒中奋战，给他们造成大量的损失；以及他们仍然怀疑，在他们的指挥下，这些由战败的前战俘和稚嫩的年轻军队混编而成的部队究竟能展现出多少战力。最重要的是，梯也尔下定决心，应当谨慎、系统和彻底地进行镇压工作。

当晚，在欢腾的凡尔赛军全体大会上宣布"正义、秩序、人类、文明的事业已胜利在望。指挥进入巴黎的将军们是伟大的功臣"。梯也尔不祥地补充道："要让他们彻底赎罪。这将遵循法律的名义，依从法律并在法律的范围内进行。"

在即将到来对巴黎的最终审判中，也许可以感知到"秩序"；但是，正义、人性或文明却少得可怜。

第25章
"五月流血周"（二）

5月23日，星期二的黎明，又一个迷人的五月天。自昨晚起，战线已经稳定下来，它基本上形成了一条南北向的纵轴，起点位于巴蒂尼奥勒站，穿过圣拉扎尔站、英国大使馆、工业宫，跨越塞纳河到众议院，沿着荣军院大道到蒙帕尔纳斯站。战线西侧，巴黎的三分之一牢牢掌握在政府军手中。另一侧，因为麦克马洪元帅放缓了进攻的脚步，500个以上的街垒正开始逐步建立。但天亮之前，他麾下的军队又开始前进了。不一会儿，龚古尔仍然不得不作为"囚犯"，待在朋友比尔蒂家，爬上观景台，眺望"阳光照耀下那大规模的战斗"。他认为"（政府军）集中了主要力量展开在蒙马特尔的行动"。

当天凌晨3点左右，拉德米罗又展开了一次长距离的侧翼机动，其所部沿城墙内侧一路前进到圣旺门，并攻占沿途所有城门。在到达巴黎最北端的克里尼昂古尔门（Porte de Clignancourt）后，他兵锋右转，直指东北方向的蒙马特尔高地。与此同时，克兰尚攻破了巴蒂尼奥勒的街垒，推进到了蒙马特尔高地的正面。很快，他的军队到达了克里希广场，而拉德米罗指挥的右翼占领了蒙马特尔公墓,从而对公社最壮观的堡垒形成了三面包夹的态势。当政府军越过巴蒂尼奥勒时,一场个人悲剧被记录下来,这也许是平民在两军交火中被困时所遭受的典型痛苦。就在佩雷尔大道旁住着一对姓帕里斯的夫妇(M. and Mme Paris),据他们的同事,吉布森牧师说,他们以在巴黎这一地区的拾荒者中布道传教而闻名。星期一整整一天,他家附近爆发了激烈的战斗,大量士兵在他们周围倒下,帕里斯夫人第二天一早醒来,发现外面的街垒全部被放弃了,感到万分欣慰。"她很开心,看到我们这一区的战斗结束。"帕里斯先生记录,"她把我叫醒,注视着占领巴蒂尼奥勒站士兵的到来。每个人都站在他们的窗口……不幸的是,我妻子的兄弟,在一种致命好奇心的驱使下,从左侧走了过来,掀开窗帘的一角;此时,一声枪响,子弹击中了他的下腹部,他向后倒进了房间。"子弹穿过他的身体,也夺走了帕里斯夫人的性命,她那时正端着一杯热巧克力走进房间。

伯努瓦·马隆,在巴蒂尼奥勒组织了一次有力的后卫战斗,现在却发现自己被包围在第 17 区的区公所中。穿过凡尔赛军的警戒线,他设法回到了蒙马特尔高地,那里迎接他的是令人沮丧的景象,街垒尚未完工,枪炮也无法使用。防御部队中许多人在夜间逃亡,只剩下约 100 人在北部山坡上防守,拉德米罗正指挥着至少一个师的部队向前推进。唯一显示出战斗精神的公社部队,是妇女营中的一支 25 人的小分队,由可敬的路易斯·米歇尔率领。她们沿着克里希大道,一个街垒接着一个街垒退守奋战;经过了布朗什广场,经过了那些当代巴黎更为污秽的夜游胜地,撤到了皮加勒广场,不少人在那里被迫投降。此时只有大概 15 位妇女还在战斗,包括路易斯·米歇尔和叶卡捷琳娜·季米特里耶夫。路易斯接到命令，如有必要，就炸掉蒙马特尔高地。可已经太晚了。那天下午2点左右，她在巴尔贝斯大道附近遇到了东布罗夫斯基，后者刚从克里尼昂古尔撤回来。"我们失败了！"他告诉她，随即，他在米哈街受了致命伤而倒下。当这位波兰流亡者的遗体被运回市政厅时，街垒上的战士们都以公社前所未有的一丝不苟的态度，向他举枪致敬。

同龚古尔一起在比尔蒂家的观景台上的人中，"有些人认为他们透过观剧望远镜，看到蒙马特尔上空飘起了三色旗。就在那时，我们被子弹的呼啸声从玻璃观景台上赶了下来"。观测结果看来是准确的。到了下午1点，克兰尚的猎兵在索尔费里诺塔上升起了旗帜，那里是3月18日暴动的发起地，那一百多门大炮也被政府军再次夺走。现在，在蒙马特尔，对公社的镇压开始变得残酷起来。"我下达了最严格的命令，"事后，梯也尔在他的笔记和回忆录中说，"士兵务必控制他们的愤怒……"但凡尔赛军并不是这样解读他前一天晚上所说的"彻底赎罪"的。就流血事件而言，强加于公社的"赎罪"，远远超过了第一次法国大革命的恐怖时期，甚至超过了1917年在圣彼得堡爆发的革命。在蒙马特尔的抓捕开始后，约有49名公社成员（利萨加雷声称其中包括3名妇女和4名儿童）被逮捕，运送到蔷薇路6号，那里是勒孔特将军和托马将军被杀的地方。他们被迫跪在同一堵墙前，未经审判就被枪杀。

在政府军前方的另一侧，瓦尔兰、弗罗布莱夫斯基和利斯博纳（Lisbonne）领导下的公社军现在进行了更加强硬的抵抗。瓦尔兰坚决地无视了从市政厅传来的相互冲突的命令，他在自己位于左岸的阵地组织了最接近协调防御的行动。在拉斯帕伊大道和圣日耳曼大道交会的红十字路口，他保留了一支有力的预备队，可以随时支援河岸边的大学路或是蒙帕尔纳斯的瓦万路（Rue Vavin）上守备森严的街垒。随后连续两天，政府军在此地损失惨重，进展甚微。

随着时间推移，在整条战线的中心能看到最残酷的战斗。克兰尚的军从蒙马特尔和皮加勒向山下扫荡，拥向公社歌剧院在的侧翼。在他的右侧，杜艾将军正朝着马德莱娜方向巩固着自己前一天的战果，并对协和广场的布吕内尔保持最大的正面压力。那天一早，战斗的浪潮终于涌过了罗屈埃潘街的卫理公会礼拜堂："午夜……我们听见炮弹跃过屋顶。感受到生命的无常，宛若我们的存在只悬于一根可能随时断掉的线。"M. 沙泰尔记录，之后他又写道：

> 上帝保佑我们平安度过这一夜……一粒子弹打中了我的窗户，穿过玻璃，在途中击碎了一块石头，落在我的办公桌下……还好，我不在那里。5点，士兵们把叛军赶出了街垒，所以我们可以把鼻子伸到外面去了。我看到了一些士兵战死，其他人受伤……6点，士兵们撤离了我们的街道，向马德莱娜前进。

随着凡尔赛军向两翼压上，位于马德莱娜的公社阵地成了皇家街和布吕内尔要塞的关键堡垒。"我家对面哨兵整夜都处于警戒状态。"艾伦·赫伯特说：

> 黎明早些时分，双方重新开始交火，持续了一上午，但激烈程度不如昨天。对于过往，我们一无所知；只晓得那些

透过我家窗户所看到的一切。悬念很大,单调乏味的程度亦然,我们感觉街垒是守不住的,守卫它们的力量过于弱小。我开始认为攻占这些街垒也许和战争中其他事件一样,耗费的时间将是预期的10倍。

然而到了晚上,枪声愈发密集起来,经过一个半小时的观察后,我们看到叛军从不同的街垒中撤退,并穿过这个地方。接着,军队拿下了这些街垒。发生了一些恐怖屠杀与流血的场面,然后这些街道被正规军拿下……我因为正规军所展现出来的强烈报复倾向而恐惧,这令人感到非常遗憾。

当杜艾所部逼近马德莱娜时,鲍威尔医生仍在圣奥诺雷街附近的临时急救站工作,一些"公社高级干部"找到他,并希望在马德莱娜街垒失守时,能使用这个临时急救站作为"撤退点"。他对此提出抗议,并指出他们都会因为违反《日内瓦公约》而付出生命。"[他们]给我的回答是'好吧公民,但在这样的情况下,我们只能一同下地狱……'"然而,公社的干部们显然被说服了。突然,炮火停止了,鲍威尔从窗口向外张望,看见穿着红裤子的法国兵站在被攻占的街垒前。和他一起的一些妇女"高兴得晕倒了"。他走到外面,发现位于马德莱娜所有的柱子都被打成了碎块,"门楣上的人像不幸地被肢解,栏杆被扭曲,街上的路灯也是,成了奇怪的形状"。

杜艾为了支援克兰尚的右翼迂回行动,率部沿着奥斯曼大街进军,占领了著名的春天百货对面的街垒,并用几轮炮击把国民自卫军从三一酒店赶了出去。奥斯曼未完成的歌剧院很快就被三面包围。海军陆战队的神枪手爬到周围建筑物的顶层,居高临下向街垒中暴露的公社成员开火；但这里他们遇到了奋不顾身的反击。下午6时，在交战双方均遭受重大损失后，歌剧院被攻克；一名士兵爬上入口处的阿波罗雕像，并撕毁红旗。一位《每日新闻》的记者在那里目睹了这一事件，大约在同一时间，他看到另一个正规军，"一个活泼的家伙"跑到了树后面，开始向奥斯曼大街射击。

他"气定神闲"地开火；"镇定自若"地装填；又装模作样放了一枪，并赢得了观众们的欢呼掌声。然后，他夸张地挥手，企图向拉法耶特街开枪，但他又改变了主意，再次向奥斯曼大道开火。接着，他转身向同伴挥手，仿佛站在剧院的舞台上，子弹削掉了他周围的树皮树叶。

几秒钟之后，这位英国记者看到"他的头被子弹命中，然后倒在地上"。

克兰尚在侧翼的右回旋机动很快就穿过了最近重命名的9月4日街。来复枪射击的声音逐渐靠近，把希望带给了龚古尔，他和比尔蒂仍然被囚禁在国家图书馆，而焦虑的普勒克侯爵被困在法兰西银行。在龚古尔周围，撤退迹象变得明显。先是一辆马拉救护车经过；然后是一辆装满国民自卫军的巴士，紧随其后的是骑马飞驰的参谋人员，他们提醒比尔蒂家周围驻扎的公社成员，跟上队伍不要掉队。接着过来的是炮兵，后面跟着担架手。有些人在外面心不在焉地构筑好了街垒，但立刻放弃并悄悄撤退。晚上6点不到，一大群正在撤退的国民自卫军进入了视野，"他们抬着一具尸体，头上沾满鲜血，四个人抬着他的胳膊和腿，就像拿着一捆脏衣服,他们一扇门一扇门地敲——可没人理会"。不一会儿,凡尔赛军的子弹就开始在比尔蒂的房子旁飞舞。龚古尔仍然无法抑制他的好奇心,他跪在餐厅里,透过窗帘的一角向外看:

> 在大道的另一边,一个人躺在地上,我只能看到他的鞋底和衣服上的金穗。尸体旁站着两个人,一位国民自卫军队员和一名中尉。子弹击打着他们身旁的一棵小树,树叶似雨般落下,掉落的树枝打在他们头上。我险些忘记一个戏剧性的细节:在他们身后,一扇紧闭的车门前,一个女人平躺在地上,手里握着一只尖顶帽子。
>
> 那个国民自卫军队员,声嘶力竭地喊着,激动地对他的同伴比画手势,他要移走这具尸体。子弹继续把树叶打落在他们身上。然后,我看到那位队员,因愤怒而脸色发红,他把枪猛地挂在肩膀上,枪托冲天,走到弹雨中,大声骂着粗话。突然,我看他停住了,手捂在前额,用头和手倚靠在小树上,瞬间过后,他仰卧倒地,伸展开来。
>
> 中尉在第一具尸体旁一动不动,平静得像在花园里沉思的人。子弹击落了一小段树枝落到他身上,他将树枝扫开,但这并没有把他从静止状态中拉回来。有那么一瞬,他想到了自己死去的战友。然后,他不紧不慢地把佩剑扔在身后,好似面带轻蔑地弯下腰,想把死人抬起来。尸体又大又沉,和任何无生命的物体一样,避开了他的努力,在他怀里从左边滚到了右边。最后,他举起了尸体,紧紧抱在胸前,当一颗子弹打在他的大腿上时,活人死人一起丑陋地单脚旋转,同时倒在地上。我想很少有人能目睹如此英勇却异常简单地

蔑视死亡。那天晚上他们告诉我，躺在地上的女人，是三个男人中一个的妻子。

尽管龚古尔厌恶公社，但他不能不钦佩这种勇气和毫无意义的同志情谊，也许只在这一件小事中表现出来，他也不能扼杀自己对伤者苦难的同情。当凡尔赛军逼近时，"我耳畔长久回荡着一位受伤士兵撕心裂肺的哀号，[118] 他拖动着自己的身体挪到我们门前，门房出于怯懦害怕暴露自己，拒绝放他进来"。夜幕降临，这条街已落入凡尔赛军手中。"我们冒着风险，从阳台上看着他们，一颗子弹恰好击中了我们的头顶，就因为一个白痴房客决定在窗口点燃烟斗。"

即便是凡尔赛军的英国战地记者也被巴黎这一地区迎接"解放者"的喜悦所打动。人们兴奋地载歌载舞。一瓶瓶酒和钱被塞到士兵手中，妇女拥抱着他们。可杜艾将军所部仍然无法击破布吕内尔在协和广场和皇家街的抵抗；而且，尽管歌剧院已被攻占，克兰尚部也在9月4日街转了一圈，斯坦利上校发现自己仍身处旺多姆广场附近的公社阵地的包围之中，这里是前国民自卫军司令部。下午3点，他为母亲匆匆记下：

这是荣耀的一天，只是我感到失落。我们被包围着。和预期不同，凡尔赛军的推进速度没有那么快，但他们仍在前进；毕竟还有许多地方需要攻克。在和平街的尽头，距离酒店300码远的林荫大道上，有一个赤色分子的炮兵连，震得窗户咔嗒作响。步枪连续射击，声音异常沉重。很多国民自卫军成员正在撤退……我恐怕今天不会有信件寄出了。

第 25 章 "五月流血周"（二）

[下午5点] 45分钟前发生了一场可怕的火灾。这巨大的麻烦迫使大量赤色分子从和平街逃跑……这景象非常壮观，可这场枪战是最可怜的，这也是属于人的懦弱。我们很快就会在大街上看到那些穿红裤子的法国兵，我不敢像吓唬赤色分子那样吓唬他们。

[下午5时30分] 道路尽头，20分钟前赤色分子撤出而空置的街垒已被封锁，他们占据了一栋房子，正在沿街开火射击，战斗制造了极其恐怖的噪声。他们把战火带到靠近旺多姆广场的区域……

在旺多姆广场的另一侧，斯坦利注意到国民自卫军"飞一般地穿过里沃利路和圣奥诺雷路，而他们在卡斯蒂格里奥街的大型炮台方向是反的，理所当然炮台无法发挥作用，里面也没有驻军"。随后，晚8点，上校记录道：

经过40分钟的交火后，赤色分子离开了旺多姆广场。一刻钟后，6个人回到战场，并自那之后一直开枪射击。两边战斗的噪声都很可怕，因为这6人（听起来像是个笑话）使用鼻烟盒步枪射击时，仿佛发出了6磅炮的声响。我只看到两个人受伤。天色渐黑……当然愈发难以瞄准……

一小时后凡尔赛军"厌倦了这种无意义的对射"，拉来了几门大炮，然后在逐渐昏暗的情况下迅速射击了5轮。斯坦利接着说：

效果好极了，一下子就安静了下来。可怜的街道被打得一片狼藉，玻璃和灯全部掉落在地……我赶开了那位像个傻瓜一样要往外看的女仆。

当晚10点，斯坦利可以听到人们开始在街上走动："可怜的和平路。我想它现在的情况很糟糕。"一小时后，他写下了5月23日最后的记录：

好吧，多事的一天平静地结束了。射出的实心炮弹呼啸着划过凝重的空气，很远的地方都能听到……我看着自己插在窗外的英国国旗。上面散布着几个弹孔。

在远处，他看到了一场大火的红光，他认为这可能是杜伊勒里宫在燃烧。

* * *

整整一天，布吕内尔和他的部下一直顽强坚守着皇家路和协和广场的街垒，以及在圣弗洛朗坦路（Rue St.-Florentin）的尽头的那个守卫着里沃利路的坚固街垒，这条街道直指市政厅和公社的中心。杜艾动用了不下60门大炮来对付布吕内尔，后者仅有12门，数量少而质量差。政府军用密集的火力将街垒夷为平地，击毙了数十名守军，公社阵地的侧翼来自歌剧院方向迂回的政府军的威胁越来越严重。在位于马德莱娜广场的重要工事被攻陷后，一个新的威胁出现了，先前歌剧院内的公社社员就是这么被赶出来的：在皇家路沿线的高楼顶部部署着狙击手，他们提供了致命步枪火力，直射街垒后暴露的守军。但布吕内尔是一位冷酷的战士,他足智多谋并有能力应对当前局面。在第一次围城中,他就因摧毁了一座阻挡射界的房屋而获得了"纵火者布吕内尔"的绰号,现在他迅速下令点燃任何可能危及他防御的屋子。火焰以惊人的速度在这条街道上蔓延,昂贵的珠宝店和优雅的咖啡馆都化为灰烬。

巴黎已开始燃烧;这将成为公社传说的一部分,正如第一次围城时的老鼠与热气球。然而,对布吕内尔而言,这场大火只是推迟了那不可避免的结果。他的部下(斯坦利上校在旅馆里看到)开始小股小股地沿着里沃利路逃走,旺多姆广场的陷落让他的处境变得毫无希望。威克汉姆·霍夫曼的一位美国朋友在一座可以俯瞰协和广场的公寓中,目睹了"纵火者"站在那里的最后几分钟。在那巨大的、16英尺高的圣弗洛朗坦街垒上,他看到了一幕如同德拉克鲁瓦画中的场景:

> 一位年轻漂亮的女人猛地跃上街垒,手中的红旗向着部队放胆挥舞。她立刻被射杀……

当横跨现今巴黎最繁华街道的街垒终于被攻陷时,霍夫曼的朋友看到"一位老妇人被拖出去枪决。她背靠着杜伊勒里花园的墙,当行刑队举枪瞄准时,她把手指放在鼻子上,做出各个时代通用的挑衅手势……"。政府军在街垒中收集了四五十具公社士兵的遗体,然后把它们扔到挖掘工事材料时形成的深沟里。之后加入生石灰,填满沟渠,这样杜艾的部队就可以直接把大炮推过去了。

沿着至关重要的里沃利路,布吕内尔和他的残兵急忙向市政厅撤退。当他们经过卡斯蒂廖内街时,遭到了从旺多姆广场赶来的政府军的纵向火力射击,他们的撤退路线险些被切断。布吕内尔逃走了,尽管如此,斯坦利上校注意到的那场大火,还是把他和他部下的轮廓勾勒了出来。公社成立之初的军事指挥官朱尔·贝热雷,现已从监狱中获释,他的指挥权得到了一定程度上的恢复,他部署了一种绝望的行动,这次行动动机更多是出于报复而非战术上的需要;这次行动也许轻而易举地造成了整个内战中的最大悲剧——卢浮宫被焚毁。在杜伊勒里宫的元帅厅内,就在最近才举行了最后一场著名音乐会的地方,贝热雷一桶接一桶地堆积着火药。大厅里华丽的帷幔见证了第二帝国时期的荣耀、那些令人骄傲的胜利,这些帷幔也被他一概涂抹上了焦油和石油,然后社员们便撤离了。刚过晚上10点不久,火焰点燃了整个宫殿。伴随着巨大的轰鸣,元帅厅被付之一炬。当杜艾的属下无动于衷地注视着这场烟火表演时,人们对烟火的迷恋和恐惧交织在一起,使当年皇帝在大博览会时为吸引客人的注意而安排的任何东西都相形见绌。贝热雷给救国委员会写了一张简短的便条:

皇室最后的遗迹刚刚消失了。

尽管事态已完全失去掌控,公社如今无疑要开始在法兰西的脸面上留下一道永恒的印记。在周二深夜的市政厅,越来越多的迹象表明失败即将到来。在同一个市政厅外宣告公社成立的那个幸福的日子,如今似乎已无比遥远;当时对于许多受压迫和心怀不满的巴黎人来说,意味着乌托邦最终紧紧被他们抓在手中!两个月前的那个辉煌和自信的日子如今已经荡然无存了吗?现在,杜伊勒里宫腾空而起的火焰,宛若魔鬼般的暗红,映在市政厅中世纪的外立面上，同时也给急匆匆进出大楼的国民警卫队惊恐的面孔增添了一种不自然的色彩。步枪声明显愈来愈近。市政厅的走廊里满是受伤的人，呻吟着要水喝；墙壁上布满了伤员的斑斑血迹。在人们眼中流露出了一种真正的恐惧，这超越了他们过去短暂的恐慌。他们意识到，尽管凡尔赛军的前进速度有所放缓，但就军事上而言，23日是决定性的一天，这一认识并不局限于公社的领导人。那天晚上市政厅的公社成员都意识到自己面临死亡或者逃亡的选择。有些人已经做出了选择，比如逃亡的皮阿。东布罗夫斯基也做出了他的选择，他的尸体躺在市政厅里一张蓝色绸缎的床上。即便是在公社最后的几个小时里，也会如往常一般，有人做着不合时宜之事；在东布罗夫斯基遗体身畔，一位国民自卫军队员正忙着画下这位将军的面容。

在德莱克吕兹的临时办公室外，一个警惕的卫兵拦住了成群结队的请愿者。办公室里，散发着一种奇异而不同寻常的平静。根据利萨加雷的描述："德莱克吕兹正在签署命令，他脸色苍白并像幽灵一样沉默。过去几天的痛苦耗尽了他余生的精力。他的声音沙哑。只有他的目光和心灵还保有生气。"再次参考据通常可靠的利萨加雷的说法，在那晚凌晨3点左右，一位参谋从巴黎圣母院匆匆赶来，向救国委员会做了自我介绍。随即，他报告说，他发现了一支国民自卫军，正匆忙用椅子和教堂中的长椅搭建一个巨大的"火堆"；但这位参谋又警示道，在附近的主宫医院（Hôtel Dieu hospital）中有800名公社的伤员，如果大教堂被纵火，那么火势一定会蔓延到那里。安全委员会急忙派他孤身前去圣母院疏散那里的人。正因为这微不足道的偏差，巴黎圣母院作为最著名的名胜古迹得以保全。

可是没有人去阻止拉乌尔·里戈,他即将实施早已谋划好的暴行。没有任何的命令授权,也没有和自己的同事商议,里戈来到了圣佩拉吉监狱,声称接到命令马上处决人质古斯塔夫·肖代,此人作为朱尔·费雷的副手,曾于1月22日下令向市政厅外示威的人群开火。里戈通知肖代:"你杀掉了我的朋友萨皮亚;所以你只剩最后5分钟。"肖代指出他只是履行自己的职责;在没有任何经过证实的命令下,里戈将要做的不是处决,而是谋杀。他对此不屑一顾,肖代最后提出抗议,说自己还有妻子孩子,里戈冷冰冰地回复:"比起你,公社会把他们照顾得更好。"于是匆忙组建了一支不情愿的临时行刑队,里戈亲自负责,但在第一轮枪击只打中了肖代的手臂。肖代展现了令人钦佩的勇气,他挥舞着另一只手臂,高声呼喊:"共和国万岁!"直到监狱看守们用左轮手枪完成了自己的工作。

里戈未对晚上的工作感到满足,又下令提出3名没那么重要的人质,他们是于3月18日被捕的普通宪兵。他的行刑队对于处决肖代感到不安,并申请某种形式的正式授权。里戈顺从地用蹩脚的法律术语口述了一份滑稽的起诉书,内容涵盖了这4个人。"鉴于,"它写着,"凡尔赛军从窗户向我们开火,现在是结束这些事情的时候了;因此,他们已经在这座建筑中的法庭被处决。"一个可怕的仪式随后发生。只有一个宪兵被三心二意的行刑队当场击毙;另一个打算逃跑,像那些被猎杀的啮齿类动物一样躲在院子的阴影中,直到被拖出来枪毙。就连里戈的助手和崇拜者,认为解决肖代"既是最致命的报复,也是最正当的行动"的达·科斯塔,也对此事感到震惊。

5月24日,一位住在圣日耳曼-昂莱(St.-Germain-en-Laye)

的妇女在日记中写道，今天是维多利亚女王52岁的生日。她又补充："愿上帝保佑女王，让她长久统治我们。巴黎正在燃烧。"最后一句话中如此简明扼要的事实，让那天尤为深刻地停在人们的记忆中。埃德温·蔡尔德，还待在公社控制的马雷区（Marais），在那里他继续和自己的朋友约翰逊打牌，当听到杜伊勒里宫在燃烧时，他第一反应是"难以置信"。但在24日，"看起来整个城市都起火了，感觉地狱所有的力量都被释放到了这座城市"。从远处看这一景象更加恐怖。牧师吉布森已经从尚蒂伊返回圣但尼，以确定是否可以重新安全地进入这座城市，由于所处位置所提供的独特有利的视角，他看到了"我们永远不会忘记的景象"。城市中多处终日燃烧着，但到了夜晚9点，这座命途多舛的城市方向的天空已被火光完全照亮。他立刻想起了《启示录》中关于巴比伦毁灭的那段描述：

> 祸哉，祸哉，这大城！她穿着细麻、紫色、朱红色的衣服，用金子、宝石、珍珠为妆饰。一时之间，这么多的财富就归于无有了。所有的船长和到处航海的，水手以及所有靠海为业的，都远远地站着，看见烧她的烟，就喊着说："有哪一个城能跟这大城比呢？"

圣经中记述的相似之处，也引发了鲍威尔医生的想象，尽管他回忆起的更多是关于所多玛和蛾摩拉的毁灭。回到欧特伊的龚古尔发现自己家的房子还未倒塌，只是房顶破了一个洞，以及花园中多了一个弹坑，回头望去"一片通常会在煤气厂上方见到的烟云笼罩在巴黎上空。我们身边环绕着仿佛黑雨一样从天而降的烧焦的碎屑，这便是对法兰西的记录"。这让他回忆起埋葬庞贝城的灰烬，当晚他再次想起了这一画面，将巴黎的大火形容为"黑纸上描绘维苏威火山喷发的那不勒斯式树胶水彩画"。另一名法国人回忆起了在圣日耳曼露台上那雅致的亨利四世亭中用餐的情形，他的同行者以超然的愤世嫉俗的态度指点着那些因燃烧而明亮的建筑。当有人指出卢浮宫可能在那些燃烧的建筑物中时，一位大个子女士惊呼道："但愿烧的不是百货公司！"

截至24日晚，已被纵火焚烧的建筑名单令人震惊；其中包括杜伊勒里宫、皇宫的大部分、司法宫、警察局、审计法院、荣誉军团和议会所在地。里尔路等街道整条路都在燃烧或已被烧毁，里沃利路也被烧了大半。在卢浮宫旁边的财政部正在猛烈地燃烧，它被杜伊勒里宫的大火所波及，或许也是被故意点燃的。正是在这里，被烧毁的碎片从官僚机构的建筑上脱落，打在龚古尔身上；外面，一个巴黎人遇到了一位慌张的公务员，他拖着一个巨大的皮箱，并要求他帮忙看着这些皮箱，里面是"税务档案"（令他恼怒的是，下个月他收到了一份纳税申报表！）。那天一早，公社已经对巴黎最好、最具有历史意义的建筑之一——市政厅本身进行了纵火。上午8点，约有15位公社成员聚集在一起开会并讨论撤离的问题，只有德莱克吕兹和另一人提出抗议。焦土政策已经成为公社在绝望中撤退的自然反应，到了上午11点，市政厅已是一片火海。

对纵火而言，这样的天气堪称完美。在过去一个月中，干旱几乎没有中断；24日热得如同盛夏，更加糟糕的是，第二天突然猛烈地刮起了大风，强度接近飓风。大火以令人心碎的速度从一个街区跳到另一个，这往往是在梯也尔的部队占领燃烧区并采取灭火措施前。当他们这么做时，发现可用的设备少得可怜。"想象一下，"埃德温·蔡尔德写给父亲的信中提到，"要靠水桶去扑灭一栋燃烧着的 7 层高的房子。"正如之前公社使人印象深刻地要求路人帮助修建街垒一样，政府军此时也号召所有人参与到拯救巴黎的工作中来。5 月 24 日，从和平路前往英国驻法大使馆的路上，斯坦利上校三次被消防队"征用"。在伦敦，格拉德斯通先生通过莱昂斯勋爵询问，是否可以在适当时候派遣一些英国消防员前来帮忙；在尚蒂伊外，牧师吉布森宣读了一份通知，恳求"善意"的年轻人来巴黎操作消防车。

毫无疑问，如果不是因为天气干燥，许多建筑物不会被烧毁，以及有一些建筑可能是被凡尔赛军的炮弹击中，偶然被点燃的。然而，在公社进行的纯粹报复行为中，有些行为可能是出于战术原因而可以理解的，例如布吕内尔最初在皇家路的行动。[119]可大量的谣言开始在政府军和反对公社的巴黎社区中散播，有谣言表明绝望中的公社特工计划将巴黎夷为平地。谣言落在了能滋养其生长的肥沃土地，因为巴黎人清楚记得，早在第一次围城时，所有关于希腊火的传言都是从红色俱乐部传来的，而最近又接连有公社成员威胁要在巴黎的下水道中布雷。早在 5 月 19 日，沃什伯恩向国务卿菲什报告了一则他所知的假新闻："救国委员会决定炸毁巴黎，宁可把所有人埋到废墟之下也不投降。"而且的确，两天前在《官方公报》上出现了一项险恶的要求，所有的石油产品拥有者都需要去市政厅登记。军队里流传着这样的说法，焚烧巴黎的命令是伦敦那个神秘的国际发布的，就在火灾发生的第二天，斯坦利上校听到传言："人们都纷纷指控是外国人焚烧了杜伊勒里宫，因为法国人的虚荣无法接受这是法国人所为。"作为英国的丝绸商人，爱德华·诺布尔（Edward Noble）大部分时间都在他的卧室里折腾,他蜷缩在一架翻过来的床架后面,声称他找到了"一小段电线,可以用来炸毁整个圣日耳曼郊区"。[120]内战结束后,大量标着"好烧的""要烧的房子"并盖有公社印章的"指示"被曝光;但这些似乎都是伪造的,旨在进一步抹黑公社的名声。

最广为人知的传说莫过于"火油女":来自某些邪恶地区的可怕女性在城市四周游荡,有时在她们子女的陪伴下,向资产阶级的地下室窗户投掷火球或石油瓶。

5月25日,斯坦利记录道:

> 昨晚三个妇女在街上因向地窖口投掷小火球而被捕。此事毫无疑问。几个地下室已经冒烟了。所以她们被押到街角枪决,脑袋都被打穿了。

据报道,前一天一名妇女在巴克街被捕,她的裙子下围着一条皮带,上面挂着几瓶燃油。罗屈埃潘卫理公会礼拜堂的沙泰尔先生也认为"特别是那些女人参与了房屋纵火。许多人被当场抓获并开枪打死"。一位《每日新闻》的"特约记者"用大量篇幅描述了"火油女"和她们的三种不同技术:"在这一行业中,女性所扮演的角色是引人注目的,阿利克斯先生说他打算在塞纳河畔建立一支亚马孙部队进行战斗时,他可不是在吹牛。"为更加贴合他的主题,这位记者描述了在马德莱娜区这些凶残的女人引诱前线的士兵和她们一同饮酒,然后"在他们的杯子里下毒"。(尽管《泰晤士报》对火油女的传说持怀疑态度,但它重复了一个几乎同样不可能发生的故事:不明身份的破坏者用汽油替换了消防车中的水以此来增加火势。)即便是平日不轻信谣言,也不残忍嗜血的埃德温·蔡尔德也写信给他的父亲说:"这些女人的行为如同猛虎一般,到处扔燃油。"他补充道,有40名士兵被她们毒害,并评论说:"对这些魔鬼而言,枪决简直太便宜她们了。"

火油女的传说是如何出现的,仍然是个谜。被抓获的可怜妇女大部分遭到枪决,也没有任何可接受的证据在法庭上出现。这可能基于某些事实;火气冲天的巴黎如今充斥着狂躁的情绪,一例女性纵火被当场抓获的真实案例(例如斯坦利提到的)就可能轻而易举地催生出整个传说。毫无疑问,凡尔赛军的这种想法是毫无道理的:公社为这项邪恶的任务"组织"了不少于8000名火油女。首先,这种程度的组织超越了公社本身的能力。那些非常理智的见证者,如沃什伯恩、威克汉姆·霍夫曼、艾伦·赫伯特医生等人仍然持非常怀疑的态度。对霍夫曼而言,火油女的传说是"时下的疯狂"。

> 每一个拿着瓶子的妇女都被当作是火油女……我不相信火油女的故事,我也不相信会有三分之一的人相信它。然而在那些日子里,猜忌的力量如此之大,出于对邻居的不信任,每一个古板而冷静的管家都会用砖头堵住地下室的窗户,在美丽夏日的几个星期内,底层都看不到开着的窗户。

可巴黎的大火已经让忠于政府的部队对起义者的极度愤怒上升到了新的高度;这种愤怒冲垮了理智和正义的束缚。在5月24日发给国务卿菲什的一封信中,沃什伯恩报告了他的一位助手"当天下午,在安坦大道见到了8名儿童的尸体,其中最大的不超过14岁,他们在分发纵火物的盒子时被抓到,并被当场枪决"。

处决的数量成倍增加。究竟有多少老妇人在还空奶瓶的时候被杀害，我们永远无从得知。沃什伯恩给菲什的报告上继续写道："巴黎弥漫着难以形容的恐惧感。"

双方的激愤都上升到了危险的高度，在24日晚，公社一方最终犯下了他们最令人发指且无意义的罪行：谋杀巴黎大主教。如前所述，5月22日，里戈21岁的副检察官加斯东·达·科斯塔奉命将大主教达尔布瓦和其他50名人质从马扎斯监狱转移到更加更加安全的拉罗凯特监狱。一些可怜而困惑的牧师显得很开心，认为他们即将被释放。当人质穿过肮脏的巴士底监狱地区的圣安托万郊区时，一大群暴徒围着马车狂叫："死！死！把他们交出来，现在就毙了他们！"达·科斯塔回忆说："一如既往，最嗜血的是女人。"然而，在一支由50人组成的分队的看守下，他成功将自己的犯人安全地带进了拉罗凯特监狱。到了24日，这个极为艰苦和肮脏破旧的地区被国民自卫军第66营占领了。一天前，第66营在歌剧院附近的一个防御薄弱的街垒进行了一场绝望的战斗；几个人被俘后遭到射杀。整个营满腔怒火，渴望复仇。现在，24日上午，营里的随军女商贩，一个被称为"妇女拉雪兹"的泼妇，指控一位名叫德·博福尔的上尉要对这次屠杀负责。她声称，她无意中听到他宣布要"清洗"这个营；而这次屠杀就是其结果。博福尔是一位30岁左右的优雅年轻人，作为一名伯爵，他投身公社运动的动机至今不明；他自然受到了猜疑。伯爵被捕后押送到营部，在营部外，"妇女拉雪兹"召集了一帮"编结者"，高喊着要德·博福尔的脑袋，并威胁如果要求得不到满足，就用私刑处死关押他的警官。正如国民自卫军在3月18日因受暴徒的压力而杀害两位将军一样，德·博福尔也被带到街上处决了。

随着步步推进的凡尔赛军的威胁在不断上升,关于草率处决的报告也越来越多。第66营和其凶恶愤怒的女性拥护者已经尝到了血的味道。"愤怒达到了顶峰,"达·科斯塔解释道,"第一次杀戮后,第66营的幸存者认为自己的复仇并未被满足。而他们知道,那些'重要的'囚犯已经被转移到了拉罗凯特监狱……"日子一天天过去,那些沮丧的伤兵步履蹒跚地从不断后退的前线返回,不满的情绪在积压。该地区的防御集中环绕在一个商店,这里正是第66营指挥部的所在地。泰奥菲勒·费雷已到达这里并协调行动。作为克列孟梭在3月18日时的副手,在勒孔特和托马被枪决时,作为极端派的费雷做了许多削弱这位蒙马特尔区区长权威的事情。5月14日起,他接替里戈担任警察局局长,作为最纯粹意义上的恐怖主义者,他完全胜任这一职位。他约25岁,有着一头蓬乱的黑发,猛禽般的脸上长着浓密的络腮胡,脸色极度苍白,神情忧郁。鹰钩鼻上架着一副厚厚的眼镜,那双在镜片之下的眼睛如希姆莱一样近视而温和。相对上身而言,他的腿短得近乎畸形;他走起路来踮着脚尖,肩膀紧张地抽搐。他羡慕里戈对女人的吸引力,而他身体上的缺陷(外加年轻时作为贫穷职员所遭遇的悲惨经历),让他极度愤世嫉俗。他和里戈手段之残忍,行动之果决,在公社里是罕见的;美国驻法公使馆的麦基恩声称,他"从未见过有人能如此迅速、轻易地处理事情"。现在他拥有了充分发挥才能的机会。

夜幕降临,第66营的成员开始向费雷施压,要求处决人质。尽管里戈及其追随者预想中的把这些牧师正式定为"人质"的"审判"尚未开始,里戈的追随者费雷也无须劝说就同意了。他派出福尔坦(Fortin)和让东(Genton)两位军官,并给拉罗凯特监狱的负责人写了封简短的便条,命令处决6名人质,而并未指定具体人选。半路上,他们被"妇女拉雪兹"拦住,她因早上的杀戮流下了悔恨的泪水,并徒劳地恳求军官们不要继续执行任务。监狱中,福尔坦和让东向负责人弗朗索瓦移交了命令,并和他一起讨论囚犯的挑选事宜。福尔坦坚持让大主教的名字出现在处决名单的第一个,可弗朗索瓦害怕承担责任,没有费雷的具体授权,他拒绝移交他。福尔坦返回并向费雷汇报,费雷漫不经心地回答道:"好吧,如果他们想杀大主教,那就杀好了。"他收回了原始命令,并用大字在上面写道:"以及大主教。"在外面的街道上,福尔坦召集了第66营的几十名志愿者,再次前往拉罗凯特。

在晚上7点到8点之间,因生病而身体虚弱的大主教,被带到监狱内的一条窄巷中。与他一同的还有担任过前皇后欧仁妮的告解神父的75岁的德盖里教士、邦让(Bonjean)法官,以及三位耶稣会会士。大主教展现出了极大的勇气与尊严,并依次向五位人质进行了祝福。国民自卫军的射击瞄准一如既往地不准确,在第一次齐射后,大主教仍然站着。行刑队里一位叫洛里夫的少年高声喊道:"天啊,他一定穿着铠甲!"然后行刑队再次开火。这一次,达尔布瓦先生倒下了,这是在19世纪的革命中被枪决的第二位巴黎大主教。[121]国民自卫军极为粗暴地为大主教"结束痛苦",用刺刀挑开了大主教的身体,然后把他抬走,扔到了拉雪兹神父公墓的一条明渠里。

当晚11点,大主教的死讯传来。根据利萨加雷的说法,这位老雅各宾"倾听而不停地写着……"。军官走后,德莱克吕兹转向那些和他一起工作的同事,用手捂住脸,说:"这是怎样的战争!这是怎样的战争啊!"

第 26 章
"让我们不再杀戮"

处决大主教时，显然有一位重要人物缺席了——拉乌尔·里戈。那天他脱下检察官的文职制服，换上国民自卫军少校的军装，去他的老猎场拉丁区协助指挥战斗。24日下午，西塞军已经突破防线闯入，看上去用不了多久，左岸的整个先贤祠区就会陷落。大约3点，里戈撤退，去盖伊-吕萨克路（Rue Gay-Lussac）上他租住的一家旅馆避难。他在那里用的是假名，与一位女演员同居。凡尔赛军很快就到了这条路上，似乎是有人告诉过他们一位国民自卫军少校溜进了那家旅馆。里戈的旅馆老板被拖了出来，凡尔赛军威胁要立刻杀掉他。在旅馆老板娘的恳求下，里戈挺身而出救了他，暴露了自己的身份。据说他在被捕时还大喊"公社万岁！"，然后一名正规军中士对着他脑袋开了好几枪。整整两天，检察官的尸体躺在阴沟里，身上的部分衣服也被这个区的妇女扒走了，过路人又是踢踹又是吐口水，直到他的一名情妇过来，将一件外套抛到尸体上。

这可怖两天里的大部分时间，瓦尔兰和利斯博纳依托蒙帕尔纳斯的瓦万路，冒着众寡悬殊的劣势进行顽强抵抗。到了24日中午，他们显然已经无法坚持下去。此时，他们炸掉了卢森堡宫花园里的巨大火药库并向后退却。凡尔赛军紧追在后，沿途射杀了一群又一群投降的公社战士。瓦尔兰后方只有三道保护战略要地先贤祠的街垒，再没有任何成建制的预备队。夜幕降临时，西塞所部已经夺占先贤祠，扫清了大半条圣米迦勒街。瓦尔兰逃脱了，但仍在战斗。左岸的战斗差不多告一段落。唯一的例外是在最左翼，弗罗布莱夫斯基尽管同其他公社军队相隔绝，却依然在位于意大利桥附近的鹌鹑丘（Butte-aux-Cailles）顶上的堡垒里进行着强硬而专业的防御。依托伊夫里堡和比塞特堡给予的火力支援，他违背了德莱克吕兹的命令，顽固地拒绝撤退。

24日，右岸麦克马洪所部已经夺取了巴黎北站、圣但尼门、国立音乐学院、银行和证券交易所。普勒克侯爵和手下400名雇员在银行极度热情地迎接凡尔赛军，过去几个钟头里，他们据守着这些建筑物，差不多可以说是被包围了。救援差点就来晚了，因为银行里已在严肃讨论是否要将副行长送到拉罗凯特充当人质。银行建筑物本身完好无损，附近的国家图书馆也是，这多亏了公社军撤退时没工夫烧掉它们。在菜市场，圣厄斯塔什教堂——被改成了一家红色俱乐部——附近发生了恶斗，公社军筑起了防御工事，配备了大炮和机枪。通向市政厅的道路此时已然敞开，当晚9时，凡尔赛军占领了炽热的废墟。德莱克吕兹、救国委员会和中央委员会的幸存者全聚到了11区的区政府，它位于伏尔泰大道（Boulevard Voltaire）中间，变成了公社的临时所在地。德莱克吕兹在那里对幸存者发表演说，声音比耳语大不了多少："我建议公社委员披上肩带，在伏尔泰大道上检阅所有能够集结的营。然后我们可以带着他们去要夺回的那些地点。"

只有巴黎的东半部还在公社手中；然而它此后将在主场作战，周围都是同情它的人。在别处，巴黎市中那些已经被政府军夺占的区域，斯坦利上校震惊地记录道，出现了生活恢复正常的最初一点迹象；他所住的和平街上的旅馆外，"一名活跃的法国女子正清扫人行道和门上的垃圾"。同一天，有人带他去参观皮阿的住处，在那里只看到了那位无影无踪的领袖的马刀和厚外套。

25日星期四，巴黎城内开战的第四天，麦克马洪的计划是令西塞攻击鹌鹑丘，维努瓦攻击巴士底狱，克兰尚和杜艾攻击巴黎东站附近的水塔（Château d'Eau）地区。[122] 弗罗布莱夫斯基带着第101营依然据守着鹌鹑丘，事实证明它可能是公社最让人印象深刻的作战单位，虽说接到了德莱克吕兹才发下的命令，也坚决不撤回11区。周边的次要堡垒一座又一座地沦陷或弃守，驻守部队的幸存者一小股一小股慢慢后撤，同山顶的弗罗布莱夫斯基会合。破晓时起，西塞集中了50门大炮的强劲火力，不停轰击狭窄的防御圈。炮击持续了整整一上午。弗罗布莱夫斯基却依然坚守着，他的抵抗多少让人想起1944年华沙起义的那种自杀性的勇气。下午3点左右，他意识到敌军的钳子就要在他身后闭合，因而决定且战且退，沿左岸而行，然后过河。随着第101营的幸存者退出，另一场悲剧和毫无意义的罪行上演了，弗罗布莱夫斯基对此似乎并不承担直接责任。营部里原先关押着一群多明我会僧侣，这些人是里戈在聚拢神职人员期间逮捕的。此时一名军官前来，告诉他们可以自由离开，然而当困惑的僧侣们走出建筑物时，被某些国民自卫军一个接一个地射杀，他们正因投降的战友遭到立刻处决而怒不可遏。

弗罗布莱夫斯基奇迹般地抵达了将近1.5英里之外的奥斯特利茨桥，进入安全区。同身边剩下的几个幸存者一起，他在11区的区政府向德莱克吕兹报告了情况。德莱克吕兹让他全权指挥公社的残余兵力。"你有几千坚毅的人吗？"弗罗布莱夫斯基问道。德莱克吕兹那天上午视察了手头的部队，回答道："最多几百人。"弗罗布莱夫斯基打定主意，不能在这种状况下接受指挥部队的责任，并要求德莱克吕兹允许他"像普通士兵那样"战斗。他拿起一支步枪，消失在街垒中。

公社领导人一个接一个倒下。受伤的弗兰克尔自守卫巴士底狱的街垒中返回，搀着他的是同样负伤的叶卡捷琳娜·季米特里耶夫。利斯博纳重伤倒地，后来被截肢。"纵火者"布吕内尔自站在协和广场上起就一直坚持战斗，此时他率领一个"青年营"占领着水塔区域，被一颗子弹打穿了大腿。他手下那些忠诚的男孩将他抬到了后方的安全地带。整整一天，德莱克吕兹看上去就像一个即将被判死刑的人，匆匆自一座街垒冲往另一座，监督、鼓励、劝诫。然而，强大得多的凡尔赛军此时带来了势不可当的压力，他明白，协同防御的假象破灭只是时间问题，公社军被拆成了一个个孤立的小群。他坐下来，给姐姐写了封绝笔信：

我的好姐姐，

我不希望，也没有能力扮演受害者和反动势力得胜的玩物。原谅我在你之前离开，为了我，你牺牲了一辈子。然而我不觉得在经历了那么多挫败之后，还有勇气接受下一次。怀着我全部的爱拥抱你一千次。关于你的记忆将是我休息前脑海里最后出现的念头……再见，再见……

当晚 7 时前不久，利萨加雷看见德莱克吕兹和平日一样，仍是 1848 年的革命者打扮，戴着高顶礼帽，靴子擦得锃亮，穿着黑裤子和双排扣长礼服，腰上系着红色饰带，全身大部分重量压在手杖上，他带着大约 50 人，向水塔走去。就在抵达伏尔泰大道对面的街垒前，德莱克吕兹遇见了皮阿的老对头韦莫雷尔，此人已经受了致命伤。握紧他的手、以寥寥数语道别后，德莱克吕兹独自向约 50 码开外的已经被放弃的街垒走去。在利萨加雷和他带来的那队人眼前，德莱克吕兹缓慢而艰难地登上街垒顶端。他在那里站了一会儿，落日勾勒出他的侧影；然后扑倒在地。4 个人冲过去要扶起他，其中 3 个也中枪倒地。战败的那一刻，这位老雅各宾派的高尚表现，不管是在色当的路易-拿破仑还是大出击时的迪克罗都无法企及。

此时公社群龙无首。在夜色掩护下，它放弃了大部分巴士底区和如今的共和国广场（当时是水塔广场），撤回了孕育它的"子宫"——贝尔维尔狭窄的街道和肮脏的贫民窟。在那后面，塞纳河依然倒映着燃烧的巴黎，闪耀着红色微光。自近 4 天同朋友约翰逊一家困在一起、只能打牌以后，埃德温·蔡尔德终于可以走出房间，来到朗比托路（Rue Rambuteau）上。前一天他们听到了"可怕的嘈杂声，一刻不停，不知道我们的日子什么时候到头"。一时冲动之下，他语无伦次地记录下 25 日之前的那一夜：

> 我不敢睡在楼上，炮弹几乎落在附近的所有房子上。幸运的是，这幢楼里住着个皮货商，他好心地让我们过去避难（10 女 5 男）。睡在熊皮上，几乎和睡在我自己床上一样好，其他人非常惊讶，他们不能合眼，因为炮弹不祥的呼啸声。

美好的一天。

第二天下午恢复自由以后,蔡尔德的第一个念头是去看看自己的店铺和住所是否安然无恙:

> ……但是没走多远我就被拦下了,要去水泵那里干活,我眼前是怎样一幅景象;到处都是破坏。从沙特莱(Châtelet)到市政厅,全毁掉了,一间房也没剩下;干了大概半个钟头,然后继续往前走。看到三辆马车拉着共产分子(原文如此)的尸体,打一个院子里出来……

到了抄写员路(Rue Scribe),他发现珠宝店完好无损,自己的房间看上去也是安全的,不过,他其实没法进去,因为边上的房子还在着火。

在巴黎另一端,历经三天痛苦的等待,帕里斯先生设法找来了木匠,替他死去的妻子和妻子的兄弟制作棺材。虽然没有灵车,但在 25 日,一辆丧礼马车上了门。车里已经有了三具尸体,还要在同一条街上再拉三具。由于公墓在城墙外,而凡尔赛当局此时严格禁止任何巴黎人在镇压结束前离城,帕里斯先生没能获准陪这支可怜的小队伍一起走。公社蹒跚走向末日,类似情形在巴黎各处都上演着。在水塔附近的房间里,公社新闻负责人保罗·韦莱纳(过去战斗不断的几天里,他在不光彩地引诱韦莱纳夫人的女仆,以此取乐)突然撞见了埃德蒙·勒佩勒捷和另一名公社社员,"因为尘灰一身漆黑,自相当近的街垒里逃出来,要到我这里避难":

自然而然，我放他们进来，一把火烧掉了裤腰带和平顶帽。我们把金属纽扣扔进了厕所，还采取了别的预防措施，应对可能的搜查。不用担心武器和弹药的问题：他们把这些都丢在街上了。

然后，三个人坐下来好好吃了一顿，都去逗弄那个漂亮女仆。那晚他们听到，麦克马洪所部的机枪声逐渐逼近，从窗口看到一个营的弗路朗斯复仇者展开部署：" 十五六岁的青少年，衣着类似帝国近卫军轻步兵，穿着黑绿两色的裤子，样式像是朱阿夫兵的，还有宽大的白色饰带；他们大摇大摆，大摇大摆得过头了，但第二天在奥斯特利茨桥那里的街垒全都被杀了……" 第二天凌晨4点，门铃响起，韦莱纳发现是他母亲，她花了一整夜自巴蒂尼奥勒出发，横穿巴黎。"不久前，就在普瓦西路（Rue de Poissy）附近，她目睹了对'叛乱分子'的大屠杀，死者中男人、女人、孩子都有。"

5月26日，星期五，对两边而言都是残酷杀戮的一天。正是在这天，对巴黎的争夺由全面交战变成了扫尾行动，也是在这天开始下雨。"大雨倾盆"，埃德温·蔡尔德以一丝不苟的笔调记录道。巴黎人很少会像这样欣喜若狂地迎接下雨。它很快阻止了大火蔓延，疲惫不堪的凡尔赛消防队员开始控制住了火势。财政部的大火熄灭了，卢浮宫博物馆险之又险地得救。世界放松地长出一口气。然而大雨并不能浇灭过去五天里得胜之师心中累积的愤怒和仇恨，他们不少是外省人，对巴黎人有一种本能的憎恶。第25期凡尔赛公报重复了冷酷的警告："正义很快就会得到伸张。"在巴黎的指挥官已经很少注意梯也尔和麦克马洪的诸多指示——

镇压需要严格遵照法律进行,沃什伯恩也震惊于他遇到的一名军官,此人声称接到了这样的命令:"枪决所有拿起武器反抗政府的人。"根据威克汉姆·霍夫曼的说法,"任何一名中尉都可以随心所欲地下令枪决犯人,不问(犯人)任何问题"。根据凡尔赛军发布的命令:所有窗子必须关上,护窗板必须打开,任何违抗这些规定的房屋居民都可能以包庇狙击手的罪名被处置。威克汉姆·霍夫曼的一名朋友"看到一队士兵进了马勒泽布大道上的一幢房子。他们问门房,这里有没有窝藏共产分子。她回答说没有。他们搜查了房子,找出一个,就把他带出去枪杀了,然后又毙了她"。几乎没有时间会浪费在权衡证据上;本杰明·威尔逊目睹了小队凡尔赛军搜查房子、寻找躲藏的叛乱分子,他指出:"他们根本不清楚要抓谁,正如其中几个人告诉我的那样,'分拣'或者说筛选可以在凡尔赛进行。"

但是,很大一部分被捕的公社社员从未抵达凡尔赛,而且对许多其他人来说,"分拣"过程是当场随意进行的。吉布森牧师的一名布道者从蒙马特尔报告了他怎样"刚刚目睹了处决 25 名被逮到将开水倒在士兵们头上的女子"。26 日上午,一位名叫让-巴蒂斯特·米利埃的左翼代表被拖到西塞军中的几名军官面前,这些人正在先贤祠附近吃早饭。米利埃是在议会上投票反对和约及《清偿法》的巴黎代表之一。他卷入了 10 月 31 日的动乱,但是从未加入公社,事实上是克列孟梭的同道之一,参与了他的众多调停努力。然而,西塞手下的宪兵头子加尔桑(Garcin)少校宣称,他读过米利埃撰写的文章,它们让他"反感",这就足够了。米利埃被押到先贤祠,强迫跪倒在台阶上("请求社会原谅他所犯下的罪行",后来加尔桑解释道),遭到枪杀。在附近的圣叙尔皮斯,一名 27 岁的非公社社员法诺（Faneau）医生负责一家满是国民自卫军伤员的清扫站。被凡尔赛军审问时，他解释道"只有伤员，他们已经在这里很长一段时间了"。根据（一定程度上靠不住的）凡尔赛方记载，正规军随后遭到一名伤员射击，他们开展报复，杀死了法诺医生和多名伤员。在别处，处决受伤公社社员一事也得到了鲍威尔医生的证实，他悲痛地指出，政府军到来时，自己在博容医院的骇人环境中成功救下的几名伤员"大多遭到枪杀"。

随着越来越多——数以千计——被俘的公社社员或嫌疑人落入凡尔赛军之手，垂头丧气的长长队伍在加利费将军的骑兵监视下穿过巴黎向西行进，变成了让人悲伤的日常景象。26 日走过帕西时，龚古尔遇上了"407 人，包括 66 名女子"：

> 男子被分成八列，用陷进手腕的绳索捆在一起。他们就是被捕时的模样，大多数人没有礼帽或软帽，头发被那天清晨开始就没停过的大雨打湿了，贴在前额上和脸上。有些人用蓝方格手帕给自己做了头巾，另一些人被淋得浑身湿透，拿着一大块面包。他们来自社会各阶层：其貌不扬的工人、戴着社会主义帽子的中产阶级、没时间换掉制服的国民自卫军……
>
> 女子也多种多样。围着方巾的女子旁边是身着丝绸晨衣的女子。我注意到了家庭主妇、女工和妓女，其中一个穿着国民自卫军的制服。在她们所有人中间，一个野兽般的脑袋格外突出，半张脸覆盖着巨大的青肿。这些女子没有一个表现出男子那种冷淡麻木的顺从……

其中一个女子让龚古尔产生了怜悯和钦佩，

......她异常美丽,带着年轻命运那种不能调和的美丽。她是个有着深色卷发、钢铁眸子的女孩,两颊红润,染上了干涸的泪水。她一动不动地站着,摆出目中无人的姿态,想要吐出侮辱军官和那些男人的话语,然而喉咙和嘴唇因为愤怒绷得太紧,一声都出不了......"她就像那个用刀捅死巴尔比耶的女孩!"有名年轻军官对朋友说。

有些女子试图用裙子裹住头,免得被大雨浇透。队伍准备向前走时,一名上校在侧翼占了个位置,残暴地大声喊道,龚古尔觉得这是在制造恐怖:

"放开旁边人胳膊的,不管谁都得死!"这个可怕的"**得死**"在他短短的发言里重复了四五次;这段时间里,人们听到了押送者给步枪上膛的尖锐声音。

对鲍威尔医生来说,第一批犯人——约有1000名——徒步前往凡尔赛的景象"我永远不能忘记"。它延伸开去:

自协和广场到香榭丽舍大道拐弯处,由老年男人、女人、女孩和男孩组成的队列接近四分之一英里,甚至更长......有些人几乎衣不蔽体,都被骑兵队催促着——他们怎么能到凡尔赛是个谜,必然有些人会死在路上,或者昏迷,而且并没有救护马车跟着......在圣雅克塔(Tour St.-Jacques)附近,我看到一支队伍,士兵们押送着两个年轻人,人群对他们发出嘘声,忽然士兵们用步枪托砸倒了这两个人,将手枪顶在耳朵里开火，处决了他们。

犯人们经过巴黎那些反对公社的区域时，押送者能做的往往只有不让他们被愤怒的人群撕成碎片。在巴黎的英国人和美国人因看到的景象而格外怒不可遏。"巴黎暴民呵斥犯人的那种懦弱方式，"在斯坦利上校看来，"确实让人憎恶，然而必须记得，他们的房子被烧塌了一半。"给他留下最深刻印象的是那些女人的残忍；他不止一次试图制止她们的野蛮行为，那一周里许多在巴黎的其他人都同意伏尔泰的名言：巴黎女人"一半是老虎，一半是猴子"。一名未来的法国大使始终没有忘记那些可怜的犯人离开巴黎时的模样："有些人在流血，耳朵给扯掉了，脸颊和脖子上全是伤口，像被野兽的爪子划过。"

将公社犯人押往凡尔赛的责任主要由侯爵加利费将军手下的骑兵承担。这位色当的英雄、第二帝国时期光彩夺目的英勇人物——他创口的细节曾让利利·莫尔顿异常震惊——曾在巴赞麾下学习如何对待墨西哥的"非正规军"，此时为自己建立了巴黎人永世不忘的残酷名声。在布洛涅森林边缘处的拉米埃特门外，他设立了总部，在那里私下进行自己的"筛选"过程。"我是加利费，"犯人抵达时，他告诉这些人，"你们这些蒙马特尔人可能觉得我残忍，可我甚至比你们能想象的还残忍。"一名《每日新闻》供稿人目睹了将军怎样工作，证实他并非夸口。加利费沿着停下的队伍慢慢往前走，注视着犯人，"就像在视察"，他"不时停下来，拍拍哪个人的肩膀，或者招手让他从后面队伍里出来。大多数情况下，没有进一步的商谈，这样选中的人被押到路中间，那里很快又形成了一支小队伍。被选中的人显然非常清楚，他们的最后时刻到了,目睹他们的不同举动,有趣到让人胆战心惊……"。一名被加利费挑出来的可怜女子"跪倒在地,伸开双臂乞求怜悯,激动地声明自己无辜"。加利费的回应无动于衷,这相当出名且经久不衰:"女士,我常去巴黎的每一家剧院,你的表演对我没有半点影响。"加利费挑人的原则显然很简单:头发灰白的男人被下令上前,认定他们也在1848年的街垒里战斗过;戴着手表的那些人被拎出来,认为可能是公社的"官员";其余的则是些相貌异常丑陋或粗劣的倒霉鬼。不用说,任何被发现曾是正规军成员的公社社员都必定会遭到枪杀。

永远无法确切得知,前往凡尔赛的路上被加利费将军在布洛涅森林这样"除掉"的公社社员到底有几百人。避开了这位将军注意的那些人当中,还有许多身体虚弱的——像鲍威尔医生预测的那样——永远没能抵达凡尔赛。掉队者丝毫不受怜悯。蒙马特尔的一队犯人里,本杰明·威尔逊注意到一名女子,"不能或不愿继续往前走,坐在路边,立刻被一名押送者射杀了,尸体放在乐器商隔壁的马车门廊里"。他补充道:"我听说她是英国人。"可能没什么举动比阿方斯·都德在克利希街上目睹的更残暴了:

> 一个大块头男人,真正的南方人,又是流汗又是喘息,跟不上队伍。两名骑兵过来,用绳子拴着他两条胳膊,缠着他身体,放马疾驰。那个男人想跑,却摔倒了;他被拖着往前,一团流血的肉,发出嘎嘎声;人群中发出怜悯的低语:"不如给一枪!"一名猎骑兵勒马停下,过来用马枪对那团呻吟、踢蹬着的肉射击。那人没死……另一名猎骑兵跳下马,重新开火。这一次完事了……

斯坦利——骑兵在他面前反复攻击掉队者,"而且用的不是刀背"——在听到朋友温菲尔德告诉他,在犯人中看到一对不良于行的老夫妇时,大感震惊:

> 老太太是个瘸子。她说:"开枪打死我吧,我走不动了。"老头子站在她身边。左轮手枪开火三四次后,他们倒下了。我庆幸没有亲眼见证;我觉得,要是那样我会病倒的。他们是个懦弱的民族,这些法国人……

斯坦利快要受够了。在这座"光明之城"里看到和经历的一切都让他厌恶。他自己坦白承认,"吓坏了,神经衰弱"。26日下午,他打点行装回了英格兰。给家里的最后一批信当中,他写道:"今天有5000人(在被俘之后)遭到枪杀。他们正在挖掘深沟……"然而最后,他怀着希望补充道:"我真的觉得抵触已经来了。"

他错了。杀戮还要持续很长一段时间。

* * *

26日,普鲁士人热心地将1万兵力调到公社后方,以封锁他们向东逃脱的路线;也压制住了他们在樊尚仅存的堡垒。然而,尽管公社处于走投无路的困境,那一天事实上是麦克马洪占领地区最少的一天。到夜幕降临时,他将公社逼入了半圆形的包围圈中:自北边工人区拉维莱特的乌尔克(Ourcq)运河,沿着伏尔泰大道,到巴黎最东端的樊尚门。这个半圆形当中,唯一完整控制在公社手中的区就是第20区，包含贝尔维尔和梅尼勒蒙唐。在这里，公社社员们真的到家了。像第二次世界大战时的华沙和列宁格勒一样，此时所有人都在战斗。区内的每一个男人、女人、孩子都准备好了在街垒上效力和死去。蜂巢般狭窄昏暗的街道和迂回曲折的巷子——奥斯曼的改造之手没有触及它们——成了最后一搏的理想地形。这里的街垒并不像主干道上的那些一样容易攻克。而且，在肖蒙山丘和著名的拉雪兹神父公墓这几个突出点上设有大炮，尽管与麦克马洪的那些相差甚远，却依然具有相当显著的阻敌价值。然而最重要的是，守卫者清楚他们此时完全不能指望敌人发慈悲，绝望地进行困兽之斗。在贝尔维尔，一名英格兰医学生心怀钦佩地观察着一个妇女营（可能是路易丝·米歇尔的那个）的表现："她们像魔鬼一样作战，比男人强得多；甚至在她们被军队包围并缴械的时候，我还痛苦地看到52个中枪倒下。与此同时，我看到大约60个男人被击中。"他无意中听到，一名被活捉并指控杀死两名袭击者的妇女告诉质问她的人，她的两个儿子在讷伊被杀，还有两个在伊西战死，丈夫也死在了她先前守卫的街垒里。她同样被立刻处决。

绝望，加上公社社员对新鲜出炉的报告——其中描述了政府军犯下的种种暴行——的狂怒，让还在公社监狱里的那些人质面临着异常严重的生命危险。那天上午，一队五名国民自卫军闯进拉罗凯特，用枪口威胁狱长弗朗索瓦交出耶克尔（Jecker）——瑞士银行家，他的金融操控被认为是路易-拿破仑灾难性的墨西哥冒险的原因之一。耶克尔被带进了拉雪兹神父公墓附近一条叫中国路（Rue de Chine）的小巷，在那里遭到射杀，被丢进沟里，帽子上用针别了张草草写着他名字的纸条。埃米尔·古瓦（Émile

Gois）——里戈某个"法庭"的主席，此时可能是已故检察官排名首位的继任者——碰巧在附近吃中饭，被枪声引到了处决现场。得知有人背着他伸张"正义"后，古瓦被激怒了，决心一较高下。古瓦从厄德那里强征了一帮他的敢死队员，亲自向拉罗凯特行军，命令完全吓坏了的弗朗索瓦交出50名人质。其中包括36名宪兵，大部分3月18日起就被捕了；10名神父，还有4名各类平民——被宽泛地描述成帝国"警方间谍"。在一群暴徒——同撕扯被俘公社社员队伍的那些人一样恶毒嗜血——的押送下，人质们被带往第20区的区政府。在这里，贝尔维尔长官朗维埃已经建起了德莱克吕兹死后公社最后的总部。瓦尔兰坚决反对采取任何孤注一掷的手段，而朗维埃软弱地洗手不干了。无论如何，公社立法机构的残余已然不能再对其最后一批狂热信徒行使多少权力。公社治下最后也最大的杀戮发生了，同最开始两位将军被处以私刑、之后的所有罪行一样，它并没有得到公社这个权力机关的官方认可。

古瓦和他的50名人质继续前行，后面依然缀着一群糟糕的乌合之众——醉醺醺的、嘻嘻哈哈，叫嚣着立刻展开杀戮。沿着如今的甘必大大道（Avenue Gambetta），他们走到一座绵长山丘顶上，在阿克索路（Rue Haxo）停下。在这里，他们距城墙近得能听见德国人就在外面几百码用手风琴演奏的华尔兹片段。瓦尔兰又一次试图替人质求情，要不是声望卓著，他可能遭遇和人质相同的命运——暴徒的情绪就是这样。大屠杀在小庭院里发生了，杂乱无章、丑恶可怖。没有协调一致的行刑队。任何有武器的人似乎都朝挤成一团的教士和宪兵开了火。在随意的齐射中，厄德的几名敢死队员自己也受了伤。杀戮结束时，收拾出了51具而非

50具尸体。"当然多了一个",据说古瓦轻描淡写地评点道。多余的那名受害者可能是离得太近的国民自卫军士兵;事实上后来发现,在当时的狂怒中,一具尸体中了69发子弹,另一具则被刺刀捅了大约70次。

27日星期六,又是阴雨绵绵的一天。在拉罗凯特监狱,这种天气同幸存人质心中的痛苦和恐怖正好相称。自从古瓦前一天押走了50名难友,幸存者对等待着他们的命运几乎毫无幻想。它看上去只不过是时间问题;然而,麦克马洪所部的枪炮声听起来近得多么让人着急!28日上午,可怕的费雷来了,这加剧了人质们的绝望感。根据其中一位拉马祖(Lamazou)神父的说法,费雷"冲进来,四处乱跳,像害怕失去猎物的豹子",拿着一柄左轮手枪,肩上挂着步枪。但是,前线发生的事情好像让他将注意力自猎物身上转开了,上午余下时间里,人质们都无人理睬。下午3点,拉马祖神父听到他囚室的门闩被抽开。他觉得自己的死期到了。事实上,出于几乎像个奇迹的原因,外面正在上演的是自由,而不是死亡。看守之一是个叫皮内(Pinet)的人,他接到命令将因犯两两带出去,立刻处决。然而,这些日子以来的杀戮让他厌恶,他已经受够了。此时他匆匆释放了所有人质——大约10名教士,40名宪兵,大约80名被俘的正规军,并且催促他们在监狱内据垒自卫。忍受了巨大的精神折磨之后,许多人质不相信皮内,认为这是某种阴险的陷阱。最终他们被皮内说服了,疯狂地开始用铁床架和扯下来的地板筑垒。

下午稍晚,国民自卫军的行刑队到来了。他们无法强行开辟入口,便试图通过点燃床垫把犯人们熏出来。然而人质们进行了反击,其绝望程度只有在外面最后一道街垒上垂死抗争的公社社员才能与之相提并论。一些教士晕头转向试图逃跑，立刻被枪杀。与此同时，公社社员自己的处境变得无望起来。朗维埃已经签署了公社的最后一份公告，第395号："××区市民，如果我们屈服，你们知道会有什么下场！拿起武器！警戒，特别是在晚上！我要求你们忠诚执行命令……前进！共和国万岁！"那天上午11点，一小群人（所有剩余的公社领袖）在第20区的区政府集合。朱尔·阿利克斯比往常都要疯狂，他喜不自禁地到来，拟定了一个计划，准备发动反攻，冲入巴黎中心城区。此时那里没多少凡尔赛军，因此可以自后方袭击敌人。讨论非常乏味，就像之前在市政厅时那样，直到朗维埃出现为止。他唐突地下令"出去战斗，别争执了！"，将能用上的所有人手都派往肖蒙山丘。利萨加雷指出，这是"永远的深思熟虑者们最后一次相遇"。公社在肖蒙山丘上所剩的最坚固阵地正受到麦克马洪最后一次包抄的威胁。拉德米罗自北边摇摆过来，穿过熊熊燃烧的码头和拉维莱特的牲畜市场，目的是楔入土堤上的棱堡防御工事和肖蒙山丘后方之间。取得一些进展后，他的推进因殊死抵抗而受阻。在拉德米罗右边，此时克兰尚从正面攻击让人望而生畏的山丘。下午大部分时间里，他麾下士兵端着刺刀攀登陡峭的山坡，遭受了沉重损失。公社社员一直坚守到当晚10点，他们的弹药用尽了。

　　破晓时的大规模炮击后，维努瓦展开进攻，战线中央的公社社员就没这么成功了。下午4点，正规军已经到达拉雪兹神父公墓，它在公社所剩的据点中排名第二。这片巨大的公墓拥有全巴黎最美的景色之一，到今天依然如此，俯瞰着它以西整片区域；整座阴燃着的城市似乎都躺在它脚下。守卫它的是两个炮位和约200名国民自卫军。然而他们是一群无纪律可言的人，由于惯常的粗心大意，忘记了在又厚又高的外墙上戳出枪眼或搭建用于射击的胸墙。维努瓦麾下士兵不费吹灰之力就绕过了这些墙，从而包围和孤立了公墓。清早6点，他的大炮在直接瞄准距离上打碎了正门，步兵蜂拥向前。弹药几乎耗尽的公社炮兵无法阻止他们拆走保护入口的路障。在资产阶级宏大的家族墓室和法国著名诗人、画家、音乐家没那么壮观的坟墓之间，展开了一场可怕的大屠杀。子弹打裂了圣洁的雪白大理石，反弹开去；鲜血玷污了自命不凡的墓碑。就在纪念碑——竖立没多久，纪念的是路易-拿破仑同母异父的庶出弟弟莫尼公爵——前的炮位上，大炮打出了自公社军炮膛里倾泻出的最后几发炮弹之一。随着这个骇人战场上的残酷肉搏战接近尾声，拉雪兹神父公墓的最后几名守卫者在巴尔扎克（Balzac）墓附近被逐出。

第20区的区政府变成了未受照料的伤员、歇斯底里的女人、被吓坏了的低声饮泣的孩子的避难所；然而甚至在彻底扫清拉雪兹神父公墓之前，凡尔赛军就向前推进，以夺占这里——公社最后的总部。在拉罗凯特，那天晚上人质们还在固守，被咆哮的暴徒包围着。他们凑合搭建的路障一部分被烧掉了，当某些国民自卫军拖来两门大炮和一门臼炮时，结局似乎已经到来。可是他们开始炮轰监狱之前，传来了这样的消息——敌军已经突破，正迅速向拉罗凯特推进。国民自卫军在恐慌中四散，救赎却还没有到来。当天早些时候，逃亡者遭到枪杀，那之后谁也不敢离开监狱。人质们在极端焦虑中过了一夜，等待、祈祷，不确定清早是否能带来拯救——或者只是疯狂的公社暴徒回来。然而，公社的生命之火开始慢慢熄灭。27日快结束时，公社社员已经被挤压进一个被紧紧围困的四边形，位于拉雪兹神父公墓和肖蒙山丘之间，横跨第 19 区和第 20 区的边界。士气正在崩溃。尽管他们清楚将遭到严酷对待，数千人还是放下了武器。领导人当中，只剩下费雷、瓦尔兰、朗维埃、茹尔德和特兰凯，他们和一些被驱散的其他忠实追随者继续战斗。

在巴黎以外大约 15 英里的尚罗塞（Champrosay），阿方斯·都德——他在 25 日逃到了那里（发现门上方依然写着巨大的哥特字母"第 5 连，伯姆上士和 3 名士兵"）——能清楚听见公社垂死挣扎的声音。自巴黎吹来的风无时无刻不带着"大炮和机枪的隆隆声……撼动着地平线，无情地撕破早上的玫瑰色雾气，用它的风暴扰乱了五月美好、晴朗的夜晚，那些夜莺和蟋蟀的夜晚"。27 日夜间，噪声似乎格外"绝望"，像"一条遇难的大船，狂暴地发射告警号炮"。这个比喻让他想起了一艘满载意大利哑剧演员的船失事，那是他差不多 10 年前在巴斯蒂亚（Bastia）看到的。他不禁将公社的末日同那些在科西嘉（Corsica）岩礁附近淹死的小丑和丑角加以比较：

> 我觉得即将沉没的公社正在发射它最后的遇险信号火箭。每分每秒，我都能看见沉船被抛起，其中的裂缝越来越大，然后在里面我能看见市政厅那些人被牢牢挂在舞台上，在狂风暴雨的喧嚣中接着一道又一道颁布法令。然后，最后一个凶猛浪头卷来，大船沉没，这一切都被吞噬——它鲜红的旗帜；它金黄的饰带；它身着法官长袍和将军制服的代表；它打着绑腿、戴着羽饰的亚马孙女兵营；它马戏团般的士兵，戴着西班牙式平顶帽和加里波第式帽子；它的波兰枪骑兵和古怪的土耳科兵，大肆灌酒，唱着歌到处转悠……

第二天（5月28日）上午，梯也尔的军队展开了致命一击。那天是圣灵降临节。整整一周里，公社克服巨大困难进行反击，然而此时一切都结束了。随着太阳升起，被围困在拉罗凯特的人质们惊骇地看到，外面的战斗重新开始，然而清早5时30分，政府军的陆战队攻占了这座建筑物。就算到那时，有些因过去几周的精神创伤而陷入半疯癫状态的教士照样拒绝相信，陆战队员不是披着伪装的公社社员，几乎无法说服他们离开监狱。到上午10点，公社的最后一批幸存者在瓦尔兰领导下被围进了巴黎的一小片方形地带。上午结束时，贝尔维尔的朗波诺路（Rue Ramponneau）上只有一座街垒了。在这里，凭借冷静而致命的瞄准，有位无名守卫者孤身阻挡了攻击者一刻钟。打出最后一颗子弹后，他平静地走开，消失了。光是在阿克索路就有约2000名公社社员投降，还活着的领袖们竭尽全力试图脱逃。瓦尔兰战斗到最后一刻，一直走到拉法耶特路，在那里被一名凡尔赛军官认出。他双手被捆在身后，押送到蒙马特尔，一路上遭到步枪托殴打，被大声嘲笑他的巴黎人群私刑折腾得半死。到达不祥的蔷薇路——已经变成了常规的"赎罪"中心——时，他的脸血肉模糊，一只眼球脱了眶，在外面晃晃悠悠。他再也站不住，被拖进了花园，坐在椅子上被枪决。崩溃到来时，路易丝·米歇尔到一个朋友那里避难，然后去找她母亲。得知母亲被凡尔赛军擒去替路易丝本人顶罪、生命危在旦夕时，路易丝挺身而出。她被押送到城外的凡尔赛，等待审判。

那天下午，埃德温·蔡尔德读到了一份麦克马洪元帅的布告，它是致"巴黎居民"的：

法兰西军队来拯救你们了。巴黎已经得到解救。[123] 4点时我们的士兵夺下了叛乱分子占据的最后一处阵地。今天战斗结束了；秩序、工作和安全将重新恢复。

整场军事行动——包括4月3日之后的预备阶段——中，政府军损失了83名军官和790名士兵。光是在"流血周"的战斗中，公社就承受了超过3000人的伤亡。然而这只是个开始。在拉雪兹神父公墓，维努瓦所部找到了遭到杀害的大主教未掩埋的尸体。那个圣灵降临节清早，他们将147名被俘的公社社员押往公墓，沿着东边角落处的墙排成一列，像割草那样全部枪杀。

最后一批公社社员投降后，梯也尔承诺的"赎罪"热切地开始了。给了叛乱分子48小时，交出所有武器。在那之后，如果任何巴黎人被发现持有武器，就要被判罪。社会要求采取无情措施。《费加罗报》写道："过去20年里，巴黎一直忍受着道德坏疽的折磨，这样治愈她的机会从来没有出现过。巴黎人必须服从战争法，不管可能有多么残忍。今天，仁慈等于疯狂……"不需要什么劝告。朱尔·拉菲内克医生给身在英格兰的内弟路易·哈克写信——在五月底弥漫的情绪氛围当中：没有"一个年轻姑娘因人们被立刻且公正地在墙边枪毙的景象而心烦意乱。每个人都想要杀死恶棍，而目前，怜悯女神给自己脸上蒙了非常厚的面纱"。这种情绪具有传染性，甚至一名年轻英格兰人爱德华·诺布尔（过去一周里，他大部分时间躲在床下）听说500名犯人被机枪打死后，评价道："这是对付卑鄙之徒的唯一法子。"一场积极举报的狂欢上演了，6月头两周里，当局收到了超过35万封告发信。正如1944年法国解放后再次出现的那样，不少这类举报被证明带有个人报复的可悲要素。公社崩溃后，对嫌疑犯身份的验证简单粗暴：右肩变色，可能是步枪托造成的，或者穿了一双军靴——这就足够了。然而最受欢迎的手测法本身就非常简单。任何手熏黑了的人都被假定要么参加了纵火行动，要么曾经用鼻烟盒枪射击，这种步枪常常会留下标志性的火药污渍。一位著名法国作家告诉笔者，他祖母，一个关心家事的法国女人，在长达几个月的忽略之后，怀着本能的渴望要将自己在圣奥诺雷街的房子打扫干净。甚至在巴黎另一端的战争实际上结束前，她就雇了个清洁工来扫烟囱。当这个被熏黑的清洁工离开时，她惊骇地看到，凡尔赛军逮住了他，检查了双手，将他拎到一堵墙——就在如今高雅的爱马仕店面附近——边，枪杀了。这段记忆让她余生不得安宁。

有多少无辜者像这个可怜的清洁工一样，在最初几天歇斯底里的镇压中丧命，只能通过被错误地报道为已死的公社"领导人"数量来猜测。一个被人指为比约雷的人立刻被凡尔赛巡逻队打得脑浆迸裂，甚至被过路的艺术家画成了死相速写；真正的比约雷不久后被捕，受害者原来是一个不幸的袜商，名叫康斯坦（Constant）。《费加罗报》不时宣称，克吕瑟雷、瓦莱斯、费雷、隆盖、冈邦、勒法兰西、于利斯·帕朗和库尔贝遭到处决，事实上他们一个都没有。朱尔·瓦莱斯（他早已越过边境逃脱）的死讯至少被报道了三次，一名英国通讯记者声称亲眼见到瓦莱斯和隆盖被枪决，他们是在街垒里被捕的。卡尔·马克思听说过一两个"纵火者"布吕内尔同他的情妇一道，在旺多姆广场被枪决的版本。然而布吕内尔也早就动身了，去英格兰安享晚年。

野蛮而偶然的杀戮在巴黎街道上又继续了几天；吉布森牧师的一名布道者惊骇地看到，有些可怜人"被士兵冷冰冰地刺死，然后挑在刺刀尖上举起来，供旁观者检查。没有谁同情这个可怜的老人，两名女士还建议士兵，应该'把这只耗子脑袋砍下来！'"。然而，真正的镇压工作是在监狱和临时性拘留中心朴素的墙壁后进行的。像蒙帕尔纳斯这样的公墓、巴黎人周日下午经常去散步的公园（像蒙梭公园和美丽的卢森堡公园）、像市政厅附近的洛鲍兵营（Casernes Lobau）这样的军营，甚至火车站，都成了大规模枪决的场所。28日龚古尔走过洛鲍时，一队26名犯人被押进了大门，大门接着在他们身后猛然重重关上。龚古尔声称，不知道后面会发生什么，直到他听见一名曾平静地清点犯人数量的"资产阶级"对邻居评论道：

"不会多久的。你很快就能听见第一波咔嗒咔嗒声。"
"什么咔嗒咔嗒声？"
"哎，他们要枪毙那些人！"
几乎与此同时，响起了一声爆炸，像是封在那些大门和墙里的猛烈噪声，一阵齐射，加上机枪的某种带有机械规律性的声音。第一声，第二声，第三声，第四声，第五声杀气腾腾的啦啦声——然后长长的停顿——还有第六声，最后是两声咔嗒咔嗒，离得很近……

几分钟后，大门打开了：

两辆封闭式马车进了院子，溜出来一名教士，他沿着营房的外墙挪动，靠的是单薄的脊背和雨伞，双腿走不了路。人们好长一段时间都能看到他。

马克西姆·维尧姆自己就是名被俘的公社社员,提供了一幅恐怖而难以忘怀的画面:犯人"排好队",在卢森堡宫6个一批地被枪杀。枪声在整个巴黎又连续回荡了好几天;在公社人质留下如此糟糕回忆的拉罗凯特,据说约1900名犯人在两天内被处决,在马扎斯监狱还有400名。[124]

在这些残酷的镇压日子里流淌的鲜血甚至进入了塞纳河;《小新闻》(被公社打压的报刊之一)写道:"昨天在塞纳河上能看见一道长长的血痕,随着水流经过杜伊勒里宫那边的第二座拱桥……"一整夜,运货马车在街道上咔嗒咔嗒走着,忙着处理尸体这项让人毛骨悚然的工作。在巴黎城外的堡垒和肖蒙山丘顶上都搭起了巨大的火葬柴堆,焚烧血肉的可怕气味一连几天污染着空气。许多遭到处决的人被匆匆埋葬在夷平的街垒下,吉布森牧师并不是唯一回到巴黎后被这条消息震惊的人:"新铺好的路底下有死人……"对俘虏的清算和处理如此仓促,以至于可怖的故事(显然并非无中生有)流传开来:人们被活埋;手臂自圣雅克塔广场(Square de la Tour-St.-Jacques)那里挖下的浅浅墓坑中露出来。

对那些足够幸运、事实上抵达了凡尔赛的人来说,恐怖并没有结束。数千公社社员被塞进凡尔赛的马厩和橘园旁边的萨托里军营里准备的"接待中心"。他们一直缺少饮水、食物和医疗照顾。无望的拥挤氛围中,不少人死于窒息。枪杀也在这里继续。萨托里军营(公社的妇女和儿童露天睡在地上,这里已然变为一片黏土沼泽)成了凡尔赛仕女喜欢的郊游地,她们来观看其中关着的奇怪野兽。直到20世纪,欧洲才再次看到人类被关在如此悲惨的环境里;或者他们的苦难被如此缺乏人性地看待。只有当疾病广泛传播的威胁显露出来时,因犯们才逐渐被分类拣选、分散到法国各地的众多堡垒和监狱船里,依然等待着审判。

恐怖似乎无穷无尽。在国外,它已然招来了尖锐的评论。伦敦举行了抗议集会,约翰·斯图尔特·密尔(John Stuart Mill)发表了演说;梯也尔宣称英国报社"断言从来没有对更大的罪犯表现出更大的仁慈",他没完全说实话。《泰晤士报》5月29日惊呼:"战争法!与非人道的复仇法相比,这些法律就是温和而基督教的。在复仇法下,过去6天里凡尔赛军射杀、用刺刀捅以及撕裂囚犯、妇女和儿童。就我们能记起的而言,历史上还没有出现过这样的事情……"两天后:

> 法国人正在填满他们自己或世界史书上最黑暗的一页。残酷无情的指控已经不再局限于某个党派,或某个阶层的人。凡尔赛军似乎想要在对人类鲜血的纯粹浪费上胜过共产分子(原文如此)……他们应该记得,凡尔赛军造成的流血不能归咎于他们的邻居;因为加利费侯爵和其他在巴黎发号施令的军官无疑是法国人……

终于,在6月1日:

> 在巴黎上演的那些行为让人性在恐惧中萎缩。叛乱分子的罪行已经超过了最黑暗的预感——在红旗下将会完成什么。对巴黎的焚烧无异于恶魔;射杀人质是"没有道理的行为"。然而,我们似乎注定要在报复这些疯狂野蛮人的场面中忘记他们的所作所为。凡尔赛士兵执行的大规模处决,人

们的狂喜和幸灾乐祸，以及"秩序党"的下流言语，都让灵魂作呕。

就连法兰西自己也开始因屠杀而作呕。许多人和阿方斯·都德一样担心，凡尔赛的"马拉们"正在证明自己比公社的"马拉们"更可怕。6月2日，《巴黎报》恳求道：

让我们不再杀戮，哪怕是谋杀犯和纵火犯！让我们不再杀戮！

* * *

工作差不多完成了。据估计，"流血周"当中和之后的"赎罪"过程中被杀的巴黎人数量在荒诞疯狂的极值之间：从6500到4万。可是，法国政府自己随后披露了一个平台数据：光是巴黎市政府就支付了埋葬或处理1.7万具尸体的费用。如今，可信的法国历史学家似乎多多少少同意，这个数字在2万到2.5万之间。[125] 不管接受的是哪一组数据，总量都是惊人的。法普战争中单独哪一场战斗都没给法国带来如此之大的人命损耗。那短暂的几天里所流的血，甚至远远超过了大革命中长达一年以上的恐怖统治时期。[126] 甚至列宁1917年在圣彼得堡的十月革命（不包括后来席卷俄国的内战）都不会导致这么多人丧生。然而最让人难以想象的是，这场黑暗的大屠杀不是发生在遥远的非洲领土上，或者是源自某个早已死去的东方暴君的心血来潮，却是在或许比我们自己的年代更开明的近代，在这样一座不久之前还以文明的**唯一大**

本营自居的城市里。回想起3月份梯也尔的军队异常不情愿向巴黎进军,"流血周"提供了一个让人毛骨悚然的案例——一场文明、都市的冲突能多么迅速地堕落成如此无法无天的暴行。[127]

第 27 章

余　波

1871年6月29日，麦克马洪麾下得胜之师的12万名士兵在隆尚赛马场列队接受检阅。仅仅几个月前，这片地方还回荡着德语的"好哇"之声，当时威廉一世皇帝正检阅军队，为举行胜利入城式做准备。对在场的人来说，6月这壮丽的一天在他们心中唤起了过去4年里——自路易-拿破仑以另一场6月的盛大阅兵款待前来参观世博会的宾客开始——所有最甜蜜、最痛苦的回忆。然而与此同时，它似乎给若干事件贴上了"封条"。下午1时30分，梯也尔抵达，站到了看台上，退位的皇帝曾经就伫立在那个位置，身边是沙皇和普鲁士国王。看台被匆匆忙忙重新装饰，以掩盖第一次围城战留下的伤痕。现场并没有前两次阅兵时的狂热欢呼，当加利费将军率领骑兵队策马经过时，在场的外国人集体沉默，这格外让人不安。1867年那些光彩夺目的军服也消失了。梯也尔解释道，士兵们"还没有换上新装，然而名副其实地全副武装；拥有自信的神气，并以强行攻破了曾阻止普鲁士人前进的城墙而自豪……"。迪卡泰尔走在一个师前头，他是为麦克马洪所部打开破晓门的土木工程师，也被授予了荣誉勋章。麦克马洪骑着一匹乌黑的阿拉伯马走来,坐进了梯也尔的总统包厢。两个人默默伏在对方肩头落泪。少数观看这场阅兵的普鲁士占领军军官觉得它有种给人深刻印象的严肃特质,因此对未来产生了无可名状的忧惧。[128] 梯也尔对这个场合的描述是"对于在风和日丽的日子里,看到可喜的康复的喜悦"。

康复!这的确是梯也尔评论的基调。法国这位病患康复能力惊人,尽管她因可耻地战败、分裂和内战、德国人的赔款要求和修复巴黎的费用破产了,但此时她会用复原的速度来震惊世界、警醒敌人。

公社的失败意味着巴黎永远失去了特有的独立要求,可依然是巴黎的复苏为整个国家的康复定下了步调。5月底,城市看起来一塌糊涂。协和广场上,喷泉里的特里同(Triton,希腊神话中人身鱼尾的海神)被扭曲成了怪异的形态;枝形大烛台被扯下、掰弯;里尔的雕像身首异处。泰奥菲勒·戈蒂埃回到这座城市时,寂静令他倍感压抑;他的同道梅里美曾住过的左岸的里尔路(Rue de Lille)的状况格外让他惊骇:"整条路好像都荒废了,如同庞贝的街道。"梅里美的旧居只剩下四壁,他著名的图书馆化为劫灰。"死亡的寂静笼罩着这些废墟,在底比斯(Thebes)的大坟场里或金字塔尖上都不可能更加深刻。没有车辆的喧闹声,没有孩子的喊叫声,甚至没有鸟儿的歌声……无可救药的悲伤入侵了我们的灵魂。"然而在市政厅,戈蒂埃发现了关于废墟的某种哥特浪漫主义和美感。高热赋予石头和金属再奇异不过的色彩:"全都是粉红、灰绿和白热钢铁的颜色,或者变成了闪光的玛瑙——那里的石雕被煤油的火烧化了,看起来就像意大利宫殿的废墟……"龚古尔叹息道。走过被征服的贝尔维尔时,他面对的是"空荡荡的街道。人们在卡巴莱酒馆里喝酒，以一种不祥的方式保持沉默。这片城区看起来被征服了，却没有屈服……"。埃德温·蔡尔德同样在废墟上转悠，去瞻仰了被谋杀的大主教的遗容。其他英国人注意到，很长一段时间里巴黎人都走在路面上，而不是人行道上，以避免被人怀疑是想要将纵火的小包丢进地下室窗子里的火油女。这种做法进一步提醒人们，恐怖只是刚刚过去。

然而，大部分城区的保存状况要强于人们的想象。卢浮宫和它的珍宝被救了下来，可谓险之又险。戈蒂埃回忆道，米洛斯岛的维纳斯自她的藏身之所（警察局遭到纵火，但一根爆裂的水管奇迹般地保护了她）被带回来时，他兴奋得难以自制。她被从"棺材"里请出来的时候，"所有人都热切地向前倾身，凝望着她。她依然微笑，如此柔软地躺在那里……这个微笑暧昧而温柔，她双唇轻启，像是有了生命，为了更好地呼吸……"。它就像巴黎本身复活的标志。6月给个人带来了许多惊喜；据说在街垒或镇压中丧命的人们，像路易·佩居雷的邻居，其实还活着；拉菲内克家族的所有贵重物品和朱尔的医学笔记（他们将这些疏散到了里尔路的安全地带，听说都被付之一炬）其实也完好无损。

最后的战斗在头顶激烈进行时，画家乔治·鲁奥（Georges Rouault）在地下室里降生。如今看来，这像是城市再生的标志。此时生活正以惊人的速度恢复正常。6月2日，沃什伯恩已经指出"不可思议的变化……阴燃的火熄灭了，摇摇欲坠的墙被拽倒"。女装设计师沃斯买下了杜伊勒里宫的一部分残骸，在自己花园里建起了假废墟，重建巴黎的工作已经开始了。在6月12日写给父亲的信中，埃德温·蔡尔德评论道："过上大概6个月，我们就会搞不清楚，所有火灾曾发生在哪里。"然后接着表达对工作没有加薪的不满。15日，他在日记中记录道："自围城以来，商店第一次开门，但是没看到多少主顾……闷热的一天。"对这个英格兰年轻人来说，过去一年里的非凡事件已经结束了，他曾那样近地目睹过。

没过多久，连著名的巴黎门面景观也恢复了原貌。公共马车和出租马车又出现在街道上，塞纳河上"苍蝇船"熙熙攘攘。早在6月初，富有事业心的托马斯·库克就安排了参观巴黎"废墟"的短途旅行，英格兰观光客很快就开始成群到来，寻觅巴黎所能提供的不朽消遣，而且找到了。丑角（*polichinelle*）回到了大街上，吉布森牧师有点愤愤不平地指出，这个现代巴比伦根本没有因降到它头上的"灾难而感到悲伤"。石油和所有易燃物一段时间里禁止销售，咖啡馆被要求晚上11点打烊，然而到了6月3日，剧院便重新开门。6月6日，龚古尔评论道："人群重新出现在意大利大道（Boulevard des Italiens）上，即使在交通要道，仅仅几天前也不见人影。这天晚上第一次，人们开始难以在百无聊赖的男人和出卖自己的女人之间推挤出一条路。"虽然就在前一天，他还抱怨巴黎人（他们此时纷纷自乡下拥了回来）看上去有多么过时、土气。巴黎迅速恢复着元气。

1873年7月，国民议会投票同意建造一座巨大的长方形教堂（"这是悔改的证据，也是希望的象征"），其定名为圣心堂（Sacré-Cœur），选址在蒙马特尔，1871年3月公社起义的地点。[129]然而，在这座公社的宏大墓志铭奠基前，依然有残余问题要处理。正义需要在政府关押着的4万多名犯人中得到伸张。26个军事法庭陆续组建，这项工作一直持续到1875年。第一次审判在凡尔赛宫附近的马术学校举行，开始于8月。15名前公社社员和两名中央委员会成员出庭受审。其中泰奥菲勒·费雷和吕利耶被判死刑。尽管维克多·雨果介入，费雷却还是遭到处决，吕利耶后来则被赦免。《人质法令》的作者于尔班被判终身苦役，阿西、比约雷、帕沙尔·格鲁塞和其他4个人被送往一处堡垒监禁。最后一任财政部部长茹尔德被判流放——他在职时异常小心谨慎，妻子直到最后都只是洗衣女工，被捕时还将携带的9770法郎公款正式上交当局。[130] 库尔贝被判6个月监禁，而且（如果说还有个罪刑相当的案例）要支付25万法郎，用于修复旺多姆纪念柱。他凑不齐这笔天文数字的款项，逃往瑞士，在那里度过余生。

许多审判是缺席进行的，原因是有相当数量的公社领导人设法逃到了国外。总共执行了23份死刑判决；72份得以减刑，包括年轻的加斯东·达·科斯塔，他在死囚牢房里等了7个月，才得到缓刑；251人被判终生劳役；1160人被判送往堡垒监禁；3417人被判流放，主要目的地是南太平洋上的新喀里多尼亚（New Caledonia），1867年那名向沙皇开枪的波兰年轻人贝雷佐夫斯基正在那里服刑；还有5000人被判更轻的刑罚。

暴民们的宠儿罗什福尔，虽然最终逃离了公社，也被判终生流放新喀里多尼亚。他请求前上司特罗胥伸出援手，却徒劳无功。第一次围城期间，他曾效力于特罗胥政府。女性当中，路易丝·米歇尔（直到1871年12月才出庭受审）戴着黑色面纱以哀悼刚刚就刑的费雷，以她目中无人的精神给法庭留下了深刻印象，全然不进行自我保护。是的，她协助了焚烧巴黎，因为"我希望用火焰这种障碍对抗凡尔赛侵略者"；她希望同朋友们一道死去，喊道，如果你们让我活下去，"我将永远不会停止复仇的呼吁"。对她的判决是驱逐到努美阿（Nouméa）的流放地。然而，对罗塞尔的审判激发的情绪最多。他是在为了躲避公社审判而逃离藏身之处时被捕的。许多爱国的法国人将自己比作英勇却误入歧途的罗塞尔,第一次审判时有人目睹,就连检察官在要求判处死刑时都热泪盈眶。发起了一场维护罗塞尔的运动,他的死刑判决被撤销,并下令重审。然而,罗塞尔身为正规军前高级军官的背景和他对想要夺占伊西堡的那些人发出的傲慢威胁,导致了他的毁灭。10月7日他重新受审,在给相邻牢房里罗什福尔的一张潦草便条上,他写道:"亲爱的邻居,又是死亡。我已经开始习惯了。"这一次,不存在缓刑。11月28日,罗塞尔(他一直勇敢到最后)和冰冷的恐怖主义者费雷一道被领出去,前往风声呼啸的萨托里平原,绑在柱子上枪决。第二年2月,三个人因被控共谋杀害勒孔特、托马两位将军而遭到处决;3月,一个人因杀害肖代而遭到处决;4月,让东因参与射杀大主教而被杀;接下来7月是拉罗凯特长官弗朗索瓦;9月是年轻的洛利夫和另两个同大主教之死有关的人(洛利夫之前已经因轻罪而被判刑,可后来有人无意中听到,他失言称自己是处决大主教的行刑队员之一)。直到1874年6月,最后一批官方刽子手才完成了工作,这次是枪决一名被控1871年2月参与淹死温琴佐尼的士兵。

超过2万名公社犯人在监狱船里度过了一个漫长而糟糕的冬天,终于在1872年被无罪开释。然而随着前一年的杀戮、流放和那些侥幸逃脱的人自愿放逐,巴黎的面貌以一种古怪的方式改变了,持续数年;半数房屋油漆工、水管工、贴瓷砖工、鞋匠、镀锌工消失了。在贝尔维尔,有些街道的租户似乎全是老太太。巴黎的工业瘫痪了一段时间。这个事实有着苦涩的讽刺意味:尽管公社进行了那么多社会改革努力,它的失败却起到了同样的作用——

工匠阶层变得如此稀缺，使得他们能够获得更好的雇用条件。

庭审之后，被判流放的公社社员被像牲口一样赶进牛车，前往瑟堡（Cherbourg）或布雷斯特（Brest），旅途经常持续 48 小时。刑罚船上的条件看上去属于植物湾＊的年代。有时犯人整整 3 个月都不允许登上甲板。许多人在前往南太平洋的路上死于坏血病或中暑衰竭。在最终的流放地，生活仍异常艰辛。不少公社社员试图逃亡，结果淹死或葬身鲨口。最后，罗什福尔（他尝试过自监狱脱逃，没有成功）、茹尔德和帕沙尔·格鲁塞经历了可歌可泣的冒险传奇，设法身无分文地逃到了澳大利亚。他们给在特罗胥手下一度出任警察主官的埃德蒙·亚当拍电报，请求寄钱。他和甘必大组织了一场颇受欢迎的募捐，帮助这些逃亡者回到欧洲。罗什福尔对悲惨流放的记述感动了法国人，他们请求赦免公社社员。然而直到 1880 年，在甘必大的提议下，大赦令才终于通过。

不过，数量相当惊人的公社领导人逃脱了庭审、死刑判决和流放。贝热雷被缺席判处死刑，先是逃到泽西（Jersey），又前往美国，1905 年在那里去世。克吕瑟雷在凡尔赛军进城前夕就要遭到公社审判，他并未参加"流血周"的战斗，而是竭力设法脱身。他在一名教士那里躲了几周，乔装成神职人员离开法国，（以美国公民的身份）向美国驻比利时公使要求保护。遭到拒绝后，他四处流亡，足迹遍及瑞士、土耳其、英国、美国；大赦令后回到法国，当选（社会党）议员。美丽的叶卡捷琳娜·季米特里耶夫在公社最后的日子里受了伤，前往瑞士避难，然后回到俄国，嫁

＊ 植物湾（Botany Bay），位于今澳大利亚新南威尔士州，1788 年起，植物湾成为英国政府将犯人流放到澳大利亚的下船点。

给了一名西伯利亚流放犯，在那里去世。保罗·韦莱纳（他没有被捕）酗酒越来越严重，在他1871年10月被兰波迷住后，他的妻子也离他而去。

许多公社社员流亡伦敦，在那里生活时，他们联系相当密切。隆盖和拉法尔格各娶了卡尔·马克思的一个女儿。皮阿一直待在伦敦，谴责政府，直到大赦令出台。他回到了法国，最终当上了参议员。1888年时，英国大使描述，在众议院看见他"白胡子飞舞，形象让人肃然起敬"。他登上讲坛，称两院议员为"公民们"，"异常严肃而激烈地发表了一篇演说，迎来的却是哄堂大笑"。弗罗布莱夫斯基同样被缺席判处死刑，他拿着波兰同胞提供的假护照设法逃往伦敦，大赦令出台以后也返回法国，在尼斯附近安静地生活。在努美阿服刑以后，路易丝·米歇尔1880年回到法国，成了激进的无政府主义者。她又上了三次法庭，因革命活动而被判监禁，最终前往伦敦避难。在那里，她给一名具有无政府主义倾向的年轻艺术生奥古斯塔斯·约翰（Augustus John）留下了深刻印象。此人回忆：她是"一身黑衣的小个子年长女士，用谴责的利爪指向一个崇拜金钱的社会……"。她于1905年去世，原因是听说俄国革命的消息欣喜若狂。所有移居英格兰的前公社社员当中，生涯最让人惊叹的是"纵火者"布吕内尔。虽然身受重伤，他还是自凡尔赛的天罗地网中溜掉了（逃脱了死刑判决），4年后在达特茅斯皇家海军学院找到了工作，一直留在那里，1904年去世。他成了备受尊重的体面人物，被上过他法语课的学员们（其中之一是未来的乔治五世国王）称作"布吕内尔先生"。

另一位在英国的流亡者则全然不同——前皇帝路易-拿破

仑，被德国人释放后，他在肯特（Kent）郡的奇斯尔赫斯特（Chislehurst）度过了郁郁寡欢的两年痛苦余生。他的皇后欧仁妮比他长寿许多，1920年才去世。那时作为王朝最后希望的年轻的皇储早就在南非死于祖鲁（Zulu）人的一根长矛。路易-拿破仑在色当的元帅、后来巴黎的征服者麦克马洪继梯也尔之后成了第三共和国总统。迪克罗继续效力军中，然而在1878年被开除，原因是表达"反共和国"观点，4年后去世。特罗胥既拒绝了梯也尔授予的元帅杖，也不接受表彰他在第一次围城期间贡献的荣誉军团勋章，消失了，同他常常承诺的那样，全然默默无闻，撰写了两卷冗长的回忆录。与之相反，维克多·雨果在晚年照样一直大出风头。他大声聒噪，替被流放的公社社员说情，让布鲁塞尔变得过于热闹嘈杂。此后他带着18岁的新情人玛丽·梅西耶（Marie Mercier）隐退到卢森堡的菲安登（Vianden），据说她给他关于公社的巨著《凶年集》（*L'Année Térrible*）提供了灵感。莱昂·甘必大继续在法国政界充当右翼的烦恼之源、真正共和主义的喉舌，直到1882年除夕，一个妒火中烧的女人射出子弹，让他聪明而善变的性情画上了句号。回到法国后不久，急躁的罗什福尔就参与了布朗热主义者建立军事独裁的尝试，不得不再次逃离。他于19世纪末回到法国，在法英两国关于法绍达（Fashoda）的争端后告诉维多利亚女王不要再每年例行前往尼斯。他几乎活到了"大战"前夕。龚古尔接着写他的《日记》，直到去世前（1896年）12天，这部作品之后分卷出版。他的同时代人，不管是敌是友，都相当沮丧。让人畏惧的加利费侯爵出任陆军部部长，德雷福斯（Dreyfus）案就发生在他的任上。

至于《凶年集》讲述的那段时间里生活在巴黎的英国人和

美国人，理查德·华莱士因在围城期间的贡献而受封从男爵，他对梯也尔新政府的幻想破灭了，就像之前厌恶公社一样，开始准备将他举世无双的绘画收藏搬去伦敦，这对英国来说好处不可估量。离开巴黎时，他又捐出了 100 万法郎救济穷人、建立可饮水喷泉——那个喷泉至今还以他命名。他因风湿而不良于行，最终于 1890 年去世。艾伦·赫伯特医生继续在巴黎生活，1907 年被安葬于克利希公墓。然而，他的宠物母鸡尤娜（它活过了第一次围城）去了英格兰，在桑伯里（Thornbury）城堡安享受人尊敬的晚年。公社灭亡 4 年后，埃德温·蔡尔德结了婚，回到伦敦经营一家钟表店，最终以一家亚眠制帽公司代表的身份来到兰开夏郡的斯托克波特（Stockport）。那家公司的所有者是他朋友约翰逊，"流血周"期间，两个人一起待在避难所里。他在 85 岁高龄去世，正好死于希特勒掌权那年。伊莱休·沃什伯恩又当了 6 年美国驻巴黎公使。"围城居民"拉布歇雷像之前提过的那样，回到了英国政界。他的朋友们注意到，围城明显让他变得苍老，外表一定程度上更加可敬了。可能是因为在巴黎目睹的种种，他一生都厌恶沙文主义。和他的那位记者同事一样，汤米·鲍尔斯也进入了政界。30 年后，他作为经验丰富的议员，在一位也当过战地记者的紧张年轻议员即将于下院首次发表演讲时，鼓励呵护了他。此人的名字是温斯顿·丘吉尔。

巴黎一恢复过来，法国本身的复苏就不远了。在街垒给死去的公社社员画过速写后，马奈回到布洛涅，绘制《槌球游戏》(*La Partie de Croquet*)。雷诺阿和德加回到巴黎，寻找工作室。在伦敦避难的莫奈和毕沙罗也回来了。忽然，就像是对围城和公社的冷酷单调做出回应，印象派画家迸发出一种新的、热情洋溢、光彩照人的色彩，抒发着对简单平凡生活的爱意。法国又恢复了生机。她的工业在新复兴中蓬勃发展，这一次的基础比第二帝国时期更加坚实。公社崩溃后才过了一个月，法国就交给了德国第一笔5亿法郎的赔款（总额为50亿），这震惊了世界。随后的赔款速度之快也超出了欧洲任何银行家的猜测：到1873年8月，毁灭性的高额赔款就付清了，最后一批德军自法国领土上撤走。1872年，法国议会通过了一部旨在恢复蒙羞军队效能的法律，后面还有好几部；一种新的精神随之而来。1871年6月15日，吉布森牧师就已经怀着阴郁的远见写道：

> 我遗憾地发现，巴黎人再一次表现出了迟早要对普鲁士进行报复的决心……唉，法国，唉，欧洲和平的希望！……德国，接下来几年里要是又遇上武装起来的法国，将会发现她是个同1870年的法国非常不同的敌人；谁知道呢，本世纪结束前，巴黎会不会取得同柏林现在正庆祝的胜利一样的大捷？我徒劳地希望，法国觉得她已经被打得够惨，愿意接受自己的弱势地位……

接下来43年里，法国人会默默掂量埃德加·基内（Edgar Quinet）在争论俾斯麦的和约条款时的评论：

> 割让阿尔萨斯-洛林，是和平面具下的永恒战争！

像法兰西这样的国家不可能接受在欧洲的"弱势地位"；长期来看，这也不可能被欧洲所接受。

* * *

围城和公社既一道又分头,以各自的方式让旧世界的结构发生了根本性改变。一切都不再全然相同。以围攻巴黎为其核心与高潮的普法战争,颠覆了自拿破仑一世垮台以来存在于欧洲的整个权力平衡。英国人还沐浴在维多利亚时代灿烂的午后阳光下,内向地专注于自由实验,而美国人还在从南北战争中恢复,即将冲入财团时代,他们此时都没想到,有一天他们都会被请来重建被路易-拿破仑和俾斯麦颠覆的平衡,而且是两次。由于同新复苏的德国这一前敌手相比,1871年后的法国具有长期、普遍的劣势,德国注定迟早要被进一步的宏大观念所怂恿,这将不可避免地使她同世界上当时最强大的英国海军发生冲突。另一方面,在阿尔萨斯和洛林这两个强大的工业区回到手中之前,法国显然无法自行重建平衡;她同样无法在不求助于别国的情况下赢回它们。

物质层面上,法国自己会以惊人的速度从战争和内战的后遗症中恢复。就连割让阿尔萨斯-洛林都被证明不一定致命;也许,谁能预料到呢,甚至可能有一天,失去的领土会通过谈判取回?然而对一个如此骄傲的国家来说,看不见的创伤要严重得多;耻辱、无法忍受的命运逆转、她男子气概上的污点。当巴黎陷入垂死挣扎时,德意志皇帝在"敬法国所有荣光(*à toutes les gloires de la France*)"的宫殿里加冕,没有人会忘记这样的严重侮辱。很快,新一代人会在法国成长起来;对这一代人来说,失败将是不可想象的,在凡尔登这个难以言表的泥潭中,他们会将甘必大的口号"抵抗到底"变成可怕的现实。1870年12月,《伦敦新闻画刊》以不可思议的准确预测道:"……正在观看这场冲突的年轻军官们将来到前线,重新开始元帅们的竞赛。"费迪南·福煦一直记得,他十几岁时,吃了败仗的路易-拿破仑拖着病体穿过梅斯的场景;贝当那时候是个学童,已然立志投身军旅;霞飞是巴黎防御工事上的一名见习炮手……成长期间,所有人都会确立一个想法:洗雪耻辱,重新买回失落的荣光——不管要付出多少代价。"法国的一切都在腐烂,"战争期间,梯也尔告诉军官们,"只有军队保持着洁净和荣誉。"因此,就精神上的大扫除而言,还有比军队更好的起点吗?全军上下弥漫着一种新的献身精神,同全国上下的虔诚浪潮携手并进;随后是影响深远的改革,以德国这一成功案例为模板的新纪律规则,和新计划——旨在应对获胜的德国人发动新战争的威胁。就在德意志贵族曾山呼万岁的那座镜厅里洗雪耻辱之前,在法国乃至整个世界付出高到几乎无法忍受的代价前,福煦、贝当和霞飞已然老迈。

公社造成的回声是另一种,就历史意义而言,它们的回响甚至比第一次围城和法兰西败于普鲁士人之手的长期影响更加强烈。公社存续的那短暂而动荡不安的两个月里,它的社会成就微乎其微,在主要改革者之一弗兰克尔看来,公社最重要的贡献是结束巴黎面包店的夜间工作制。可是,尽管采取的那些行动短命且大多愚蠢,公社的形象将长久而有力地留存。

有一个人断定,公社的形象不会褪色,其决心无人能比。它刚刚爆发时,卡尔·马克思担忧其作为一场革命,不大可能成功。在晚年,他又回顾了这些担忧。然而他立刻感觉到,公社的真正重要性在于别处;早在4月17日,梯也尔刚刚开始重重撞击巴黎城门时,他就向朋友库格尔曼预言:

工人阶级反对资本家阶级及其国家的斗争，由于巴黎人的斗争而进入了一个新阶段。不管这件事情的直接结果怎样，具有世界历史意义的新起点毕竟是已经取得了。

马克思要自公社的框架中编织出具有巨大预示意义的社会和革命神话。他在几天里写出了《法兰西内战》。在马克思撰写的小册子中，它的影响力可能数一数二，仅次于《共产党宣言》，也是即时新闻报道的非凡杰作。通过哈弗斯托克（Haverstock）山上的情报站，他准确了解了关于公社的大部分事件——加上它失败的原因。"在1871年的圣灵降临节以后"，马克思得出结论：

……法国工人和他们的劳动产品的占有者之间，已经既不能有什么和平，也不能有什么停战了。雇佣兵痞的铁腕可能暂时把这两个阶级都压服一下。但是，它们之间的斗争定会一次又一次地爆发，并且规模愈来愈大，所以归根到底谁将取得胜利——是少数占有者还是绝大多数劳动者将取得胜利，那是毫无疑义的。而法国工人阶级不过是整个现代无产阶级的先锋队罢了。

"工人的巴黎及其公社，"他预测，"将永远作为新社会的光辉先驱受人敬仰。它的英烈们已永远铭记在工人阶级的伟大心坎里。"《法兰西内战》立刻吸引了关注。6月18日，马克思致信库格尔曼："它引起了一片疯狂的叫嚣，而我目前荣幸地成了伦敦受诽谤最多、受威胁最大的人。在度过20年单调的沼泽地的田园生活之后，这的确是很不错的。"马克思对公社全心全意的支持导致了第一国际的分裂。这种分裂一方面间接催生了温和的英国工党和德国社会民主党，另一方面则促生了列宁的极端布尔什维克党。一夜之间，马克思不再是依然默默无名的德国-犹太学究，而成了全世界闻之色变的"红色恐怖博士"。不过，他成功创造了一个壮烈的社会主义传奇。关于公社的"殉难者"，他是正确的。直到如今，每年5月28日，依然有大批左翼人士前往公社社员墙朝圣——147名公社幸存者正是在拉雪兹神父公墓的这面墙前遭到枪杀。尽管马克思的小册子造成了第一国际分裂，但是它的支部数量开始增加，实力也开始上涨。

在法国，尽管公社的失败也意味着巴黎独立这一"神圣事业"的死亡，这场斗争却取得了一个成果：现在毫无疑问，法国不会冒险以任何形式的君主复辟取代共和国。幸存的公社社员可以不乏理由地宣称，他们"拯救"了共和国。梯也尔可以同样不乏理由地表示，他将法国从无政府状态中拯救出来。他还宣称，"我们已经摆脱了社会主义"。当然他大错特错，历史证明，公社的死亡——和马克思为它留下的所有神话——要比它的生命重要得多。法国资产阶级和大众、职业军人和左翼之间已经开掘了深深的鸿沟，这比1848年冲突留下的影响要深远得多，将远远延伸开去，在此后若干年里的许多关键时刻忽然张开大口，给法国带来麻烦。[131]尽管接下来的20年里，解放工人的社会改革进程严重减缓了（当然是与英国和德国的发展相比），可公社的崩溃实际上只是推迟了社会主义"抵达"法国。等到它的确抵达时，其形式可能比任何其他西方国家都要激进。马克思决不允许关于"流血周"和殉难者的记忆褪色，这些被注入了至今仍未愈合的法国政治裂痕，带着在英国和美国都从未出现的苦涩。就像斯坦利上校在巴黎停留的最后一天（1871年5月25日）所言："让我恼火的是，似乎没有人抒发过中立观点。"近百年后，在法国依然难以找到对公社的"中立观点"。许多法国社会主义者后来转而信奉马克思共产主义，这种接受度就是源于1871年5月以后无产阶级的"分裂"。20世纪30年代的社会主义-共产主义联盟"人民阵线"（Front Populaire），自1871年产生的尖锐敌意中涌现，这令法国大大衰弱；再次令她在面对新的德国威胁时，成为可以轻易捕杀的猎物——这次是在1940年。

然而通过弗拉基米尔·伊里奇·乌里扬诺夫（Vladimir Ilyich Ulyanov）这一媒介（他比公社年长一岁，后来被称作列宁），公社和马克思对它的诠释才产生了最广大的影响。列宁终生都在研究公社，崇拜它的英雄主义、分析它的成功、批评它的过失、将它的失败同1905年流产的俄国革命的失败进行比较。在他心中，公社犯下的两个错误最为突出，并在一篇他写于1908年3月18日这个纪念日的常被援引的文章里断言：

> 无产阶级在中途停了下来，没有"剥夺剥夺者"，而一味幻想在国内树立一种最高的公理……没有夺取像银行这样的机构……第二个错误是无产阶级过于宽大。本来应当消灭自己的敌人，但是它竭力从精神上去感化他们。它贬低了国内战争中纯军事行动的意义，没有向凡尔赛坚决进攻，以便在巴黎取得彻底的胜利，而是行动迟缓，使凡尔赛政府有时间纠集黑暗势力来准备五月的流血周……

当革命的时刻——列宁毕生都在为此准备——到来时，他不会重复公社"在中途停了下来"和"过于宽大"的错误。正如公社已经证明的那样,接受"可用的现成国家机器"并改造它是不可能的;一切都必须被粉碎,然后以新的无产阶级的形式重新创造。对列宁及其追随者来说,公社最重要的教训是,通向成功的唯一道路是彻底冷酷。

第一次世界大战爆发前夕,列宁在1914年11月1日宣称:"变当前的帝国主义战争为国内战争,是唯一正确的无产阶级口号,这个口号是公社的经验所启示的……"这是他在整场战争中的目标。胜利前夕,他被迫短暂逃亡芬兰,最后这一次流亡中,他带了两本书,其中就有马克思的《法兰西内战》。当他回国时,试图通过一场革命将共产主义带给俄罗斯,如果没有德莱克吕兹和他那些殉难者进行的"试演",这场革命不可能成功;其冷酷的风格也源自那些野蛮的日子。列宁似乎一直担忧十月革命会重蹈公社覆辙;据说它每比公社长命一天,他就会计数:"公社加一。"为了确保革命不会因令其不能正常运作的争吵——就像在同公社一般软弱无力的民主机构中产生的那样——而消磨殆尽,列宁与他更加温和的盟友孟什维克分道扬镳,然后毫不留情地镇压左翼制宪会议,直到极端布尔什维克专政完全建立。"公社失败了,"列宁解释道,"是因为它妥协和解。"他的红军政委托洛茨基(Trotsky)批评公社没有"用无产阶级的红色恐怖来面对资产阶级的白色恐怖",而且当内战爆发时,不管是托洛茨基还是列宁在运用恐怖上都毫不手软。俄国红军为生存而进行的战斗中,有多少残酷暴行是关于1871年5月的长久记忆造成的?这或许可以通过回顾一位老布尔什维克的评论来判断:

在那些重要关头,我们说:"看吧,工人们,看看巴黎公社社员们的例子,要知道,假如我们失败了,我们的资产阶级会用比那糟糕一百倍的方式对待我们。"巴黎公社的例子激励了我们,我们胜利了。

列宁去世后,遗体被恰如其分地盖上了公社的旗帜,他的这个覆盖物传到了斯大林手中。斯大林曾经将公社描述为"不完备而脆弱的专政",他在克里姆林宫当政期间,绝对不会让这一指控对自己成立。如果说公社走过的道路可能要为俄国布尔什维克政权的特点负责,我们或许也可以推测,斯大林在决定对那些同他自己观点不合的共产党人进行大规模清算时,多大程度上考虑到了这个教训——皮阿和在市政厅与他争论的那些人造成的不和,是具有毁灭性的。

公社成员的墓志铭当中,这篇可能最意味深长,它是由非马克思主义者奥古斯特·雷诺阿(在那些日子里,他死里逃生)创作的:

他们是疯子,然而他们体内有永不熄灭的小小火焰。

关于路易-拿破仑在消失的杜伊勒里宫举行的那些华丽盛大化装舞会的记忆,已经被过去的迷雾吞噬了;人们对特罗胥毫无生气地守卫巴黎的记忆也微乎其微;在法国,甚至连在俾斯麦手中蒙羞的记忆也很大程度上被遗忘了。然而,公社社员的"小小火焰"却长明不灭。巴黎英勇的乘气球飞行者和95年后那些宇航员的联系似乎相当薄弱。不过,历史进程经常沿着奇怪而意想不到的河道向下流淌。1964年,当苏联第一支由三名宇航员组成的队伍乘"上升"(*Voskhod*)号进入太空时,他们携带了三件圣物:一幅马克思画像、一幅列宁画像,还有一根出自公社旗帜的布条。

注　释

1. Zeldin, T, p. 105. Oxford 1973–7.
2. 关于此事有个例子，1870年8月，麦克马洪军团通过长距离机动来到了色当，然而普鲁士人读了《泰晤士报》的相关报道才发现他的动作。
3. 鉴于斯皮尔斯少将本人在两次世界大战中都是法国方面事件的关键目击者，他同巴黎围城和公社的联系——通过他祖父和拉菲内克（Rafinesque）家族——或许会别有趣味。
4. "阿尔卡萨"（Alcazar）的著名歌舞杂耍明星。
5. 16万英镑或80万美元（此为1870年的汇率，后同）。
6. 也有说法称，皇帝同母异父的弟弟，也是他最有才干的顾问莫尼公爵有一个小匣子，里面装着自己征服的所有女人的肖像，她们来自社会各阶层。肖像是裸体的，通常用鲜花装点私密处。
7. 伯特兰·罗素的母亲。
8. 'Dis-moi, Vénus, quel plaisir trouves-tu
À faire ainsi cascader ma vertu?'
9. 'Ainsi que la vertu, le vice a ses degrés.'
10. 'C'est una frénésie, une contagion,
Nul n'en est à l'abri, dans nulle région...'
11. 《路灯》第一期的开篇词常被引用："根据《帝国年鉴》（Almanach Impérial），法国包含3600万臣民，心怀不满的臣民不计在内。"有估算称它的发行量是4000份，然而实际上，它迅速卖出了10万份。
12. 德·莫尼也是路易-拿破仑的同母异父弟弟，他曾经这样描述自己："我是一个非常复杂的人。我是王后的儿子，皇帝的弟弟，另一位皇帝的女婿，而且所有的这些关系都是不被法律认可的。"
13. 俾斯麦版本的埃姆斯电报表示国王已经"不再接见大使，令值日副官转告后者，其他消息无可奉告"。
14. 'Votre Rhin, Allemand...
Où le Père a passé, Passera bien l'enfant.'
15. Eugene Weber, pp. 102–4. 519. *Peasants into Frenchmen, the Modernization of Rural France 1870–1914.* 1977.
16. 在路易-拿破仑的1851年政变后，法军已经被承认为等级制度的捍卫者，它的这种状态合乎资产者的想法，却让第二帝国的共和派对手感到疏离，他们将这时的军队视为独裁政权的镇压工具。事实上,在路易-拿破仑治下,军队代替警察被广泛用于镇压罢工和革命。相应地,军队也认为它要扮演支撑现政权的角色,不会去尝试以任何方式改变或影响政治局势,虽然事实上有大约30%的军官团成员来自贵族(或至少声称自己是贵族),这些人可以视为君主制复辟的支持者,但与此同时,还有许多人至多只是冷淡的波拿巴主义者——从一件事中可见一斑,在路易-拿破仑的诸多公民投票当中,军方投出了许多反对票。

因此,军队的骨干人员(他们对政府合法性的问题并不如人们假想的那么焦虑)在第二帝国时期自始至终都保持着"忠诚"和"可靠"。另一方面,军队在1851年政变中的角色导致政坛出现分裂,这给法国在1870年之前的备战状况造成了十分严重的后果。就像毛奇在莱茵河对岸所做的那样,路易-拿破仑的军事法律对建立现代化的普遍兵役制和提供预备役人员至关重要,它却遭到了政客们的抵制,可以说是尤为有害的。无论如何,普遍兵役制在法国都只是一出滑稽戏,依靠替身兵制度,稍微有点钱的资产者都可以花费不算多的金额(大约1500法郎)买到一名替身兵。结果与美国在越南战争中允许大学生暂时服役不无类似之处,社会底层加入了军队,精英则置身事外。

在外省,征兵制度依然遭到激烈的抗拒,而在巴黎,出于显而易见的政治因素,右翼人士并不信任散发着全民皆兵气息的征兵制军队,他们大声鼓吹建立一支强大的职业军队,这支军队不仅应当成为对抗外敌的堡垒,也要用于对抗内部敌人。左翼人士看到了这一点,发现枪口正在对准他们,因而做出了相应的举动。历史学家梯也尔将自己描述为"实践共和主义的君主主义者",他曾研究过第一帝国的历史教训,始终坚信职业军队的优越性。可是,大部分共和派人士都同意他们的同僚朱尔·西蒙(Jules Simon)的观点,此人在1867年(也就是开战前仅仅三年)就征兵法展开辩论时宣称:"我们希望拥有一支公民军队,它在本国土地上不可战胜,但无法发动对外战争。"西蒙激烈反对创立国民别动军——它是或许能够应对普鲁士预备役部队的地方部队,他指责政府打算创立,"战争的组织机构,我们专注于防御的组织机构则是和平的"。普雷沃-帕拉多尔批评反对"强大军队"的左翼人士,指出"防御性"战争和"攻击性"战争一样需要作战技能熟练的士兵,可他还是徒劳无功。

17. N'ayant pas pu mourir au milieu de mes troupes, il ne me reste qu'à remettre mon épée entre les mains de Votre Majesté. Je suis de Votre Majesté le bon frère.
18. 在这一语境下意为"退位"。
19. 在中世纪,河滩广场(现在的市政厅广场)是对现状不满或失业的工人们的传统集会场所,因此"去河滩"这种说法就意味着罢工。
20. 他在上一年因撰文攻击当局而被关押。
21. 炮艇主要是由客轮改造而成的,它们在1867年的世博会上首次展出。
22. 许多巴黎堡垒至今仍被军队或安全部门用作兵营,其中一座在更晚近的时候曾被用于处决被定为秘密军组织(O.A.S.)成员的军官。
23. 顺便一提,它或许可以和苏联人在列宁格勒被围之前采取的措施展开对比,那场历史上最漫长、最恐怖的围城战持续了整整900天。早在1941年7月中旬,也就是列宁格勒实际上被围之前两个多月,苏联人就实行了严格的食品配给制度,到了8月24日,全城超过五分之一的人口已被疏散。
24. 维勒朱夫战斗结束后,一首过早出现的乐观短诗流传开来:
"俾斯麦,要是你继续,

你的所有普鲁士人就只剩下一个,
俾斯麦,要是你继续,
你的所有普鲁士人就一个不剩。"

25. 关于法夫尔的眼泪,冷嘲热讽的俾斯麦给出了这样一个版本:"他似乎是在哭,我竭力摆出一副安慰他的样子,可是,当我凑近一点观察时,我无疑可以确信他没有流出一滴眼泪。他可能是打算用一点戏剧性的表演内容影响我的感受,就像巴黎的律师影响公众一样。"
26. 2.25 法郎的总额相当于战前巴黎普通工人工资的一半多,不过,这当然没有考虑到围城期间食物价格的快速上涨。
27. 即便如此,这位吹牛大王还时常倾向于夸张他的业绩:在沙蒂永战后,汤米·鲍尔斯声称他曾看见弗路朗斯谈论战事,"就好像他指挥了所有行动,是当天的唯一主角;事实上,他只是在一切都已结束后抵达现场,在那里根本毫无作为"。
28. 时至今日,这座可怜的小教堂依然矗立在前往机场的路旁,普军留下的弹痕依然存在,它的墙上还挂着纪念此战的简陋壁画。
29. 巴赞面临着政府合法性的问题,英美军官团有幸不必面对这一点,但在法国,从二战到 20 世纪 50 年代的阿尔及利亚战争都深受此事困扰。巴赞对被废黜的皇帝保持着可能错误的忠诚,他清楚地表达了对新共和政府的厌恶,并拒绝承认它的权威。他在受审时宣称:"我没有政府。可以说,我就是自己的政府。"
30. 罗什福尔在他的回忆录中给出一个不同的版本,然而看起来并非完全可信。他声称,一名闯入者对他说"他们在贝尔维尔打起来了,你去就能阻止一场灾难",之后强行把他拉走了。
31. Florence, ma vieille, tu faiblis!
32. 'bruyant'.
33. 'Audace humaine! effort du captif! sainte rage!
    Effraction enfin, plus forte que la cage!
    Que fault-il à cet être, atome au large front,
    Pour vaincre ce qui n'a ni fin, ni bord, ni fond,
    Pour dompter le vent, trombe, et l'écume, avalanche?
    Dans le ciel une toile et sur mer une planche.'
34. 这意味着,仅仅一个气球就消耗了约 7 吨煤,而巴黎的总库存也只有约 7.3 万吨。
35. 在《泰晤士报》历史上,有一则颇受珍视的神话认为信鸽在围城期间将缩微摄影后的该报头版带入城内。这则特殊的美丽传说最终被《泰晤士报》在 100 年后通过学术研究否定了。英国技术部约翰·海赫斯特(John Hayhurst)先生对巴黎收到的所有缩微胶卷进行的分析表明,其中并不包括《泰晤士报》的头版,这就实质性地否认了该报在围城结束后不久宣称的说法。[The Times, 4/2/70.]
36. 普军使用隼作为反制措施,针对这一做法,许多巴黎"发明家"主张给信鸽配备鸽哨,以此吓跑那些掠食者!
37. 事实上,圣克卢宫在之前的围城中,因被法军在瓦莱里安山上的大炮射来的一发炮弹命中而损毁。
38. 不切实际的重装"陆地重炮舰"可以追溯到 1854 年,它由意大利工程师巴尔比(Balbi)发明,计划采用蒸汽动力,这个建议实际上曾被递交给蒙马特尔区区长克列孟梭,所以有人传说当克列孟梭在第一次世界大战期间担任法国总理时,他曾打算动用公众捐款建造一辆大型"重炮舰"和两辆小型"重炮舰"，计划以此突破德军的压制，但早在任何一个模型投入实战之前，战争就已经结束了。[见 Mid-Week Pictorial: an Illustrated Weekly, Vol. VII, No. 13. 3. May 1918. p. 23. Letter from M. Rosen, 30/4/72.]

39. 皮阿在《战斗报》中抒发了他对这种武器的炽热感情："它附着在肌肉上，能够侵蚀肉体，迫使人员在极度疼痛下撤出阵地逃跑。"

40. "亚马孙人"似乎可以追溯到1848年革命中的"维苏威人"（Vésuviennes），她们装备"希腊火"，要为了女性的权利发动可怕而激烈的斗争。

41. 芭蕾舞女演员小朱塞平娜·博扎基（Giuseppina Bozzacchi）是天花的第一批受害者之一，她受到了人们的广泛悼念。这一年5月，在第二帝国的最后一场盛大首演中，博扎基饰演德立勃（Delibes）的《科佩利亚》（Coppélia）中的斯万尼尔达（Swanilda），令整个巴黎感到欢悦。她逝世时年仅17岁。

42. 'Je sais le plan de Trochu,
    Plan, plan, plan, plan, plan!
    Mon Dieu! Quel beau plan!
    Je sais le plan de Trochu;
    Grâce à lui rien n'est perdu.'

43. 人们或许会设想，假如甘必大在巴黎为特罗胥指挥部队，而让精力充沛的迪罗克坐气球去图尔会怎么样；无疑，在甘必大的指挥下，巴黎的"大疏散"将有机会在为时已晚之前实现。

44. 'Ils viennent à nous; allons à eux!'

45. 贝齐耶是一位天生的冒险者，他在一个月后再度尝试步行突破封锁，想要携带公文冲入巴黎。他被抓住后关入地窖，得知自己将会遭到枪决，但他还是设法逃脱了。

46. 'Nous arrivons au bord du passage terrible;
    Le précipice est là, sourd, obscur, morne, horrible;
    L'épreuve à l'autre bord nous attend; nous allons,
    Nous ne regardons pas derrière nos talons;
    Pâles, nous atteignons l'escarpement sublime,
    Et nous poussons du pied la planche dans l'abime.'

47. 凯特是勋爵夫人的儿媳，也是伯特兰·罗素的母亲。

48. 有些运煤船船员在伦敦举行抗议游行，他们举起一面布满了泥斑的联合王国国旗，上面还写着"被德国人践踏"。

49. 这一描述源自伯纳德·福尔克（Bernard Falk）。

50. "ambulance"这一术语在1870年的词义要比现在宽泛得多。它通常指一所野战医院和该医院运输伤员的工具。华莱士的一所医院就拥有至少50张床位。

51. 大约相当于10万英镑或50万美元。

52. 围城期间，巴黎城内的英国人大约有4000名之多，与此相比，美国人只有250名。

53. 这似乎是一种家族缺陷，赫特福德的子孙后代也都无法避免这一点。围城结束几年后，华莱士得到了准男爵爵位并成了个完全体面的正派人，他的儿子（也是非婚生的）宣布自己打算娶一个已经和他生了不少孩子的女人。这个打击对华莱士而言太过剧烈，据说他表示："难道这个家里的私生子就没个尽头吗？"这导致他和他的继承人产生了无可弥补的裂痕。

54. 拉布歇雷将"小衰仔"定义为"那些最好描述方式就是英语短语'午后小茶会里的漂亮小伙儿'的年轻人"。

注　释　563

55. 龚古尔以或许太过严厉的笔调将其中某些人描述为："老婊子、肥胖、过气的交际花，高高兴兴地随时准备用淫荡的手玩弄伤员，想要在截肢手术中寻求性爱的愉悦。"
56. 有些法国军官会把卡片放在身上显眼的位置，上面印着请求旁人将他们送到这里的文字。
57. 'Je vous aurais offert un repas sans rival:
J'aurais tué Pégase et je l'aurais fait cuire
Afin de vous servir une aile de cheval.'
58. 根据美国人在同时代的估算（尽管这一估算并没有表明它基于何种资料），整个围城战期间一共只吃掉了 300 只老鼠，与此相比，人们吃掉了 6.5 万匹马、5000 只猫和 1200 条狗。
59. 主要摘自谢泼德教授详尽记录的每周价格。
60. 马铃薯价格在下一周已经上涨到每蒲式耳 28 法郎。
61. 1870 年的官方汇率大约是 25 法郎折合 1 英镑或 5 法郎折合 1 美元。很难准确地用当今的币值估量当时的币值，不过还可以用非常粗略的标准进行折算：1870 年的英镑购买力大约相当于 1965 年的 4 倍。或许更有用的标准是这样的事实：1870 年的巴黎工人平均日薪不到 5 法郎。
62. "尤娜"在围城战中幸存下来，后来还以家养宠物的身份跟随主人返回英格兰。她死后被填充起来放在一只玻璃罐里，时至今日仍然留在艾伦·赫伯特的旧住所特顿宅邸（Tetton House）里。
63. 按照乔治·奥威尔（George Orwell）在《巴黎伦敦落魄记》（*Down and Out in Paris and London*）中的说法，自巴黎围城战以来，人们还没有在塞纳河里抓到过一条雅罗鱼。
64. 他的情妇朱丽叶·德鲁埃（Juliette Drouet）。
65. 'Les cercles de l'enfer sont là, mornes spirales;
Haine, hiver, guerre, deuil, peste, famine, ennui.
Paris a les septs nœuds des ténèbres sur lui.'
66. 'Il y a plaisir d'être dans un vaisseau battu par l'orage, lorsqu'on est assuré qu'il ne périra pas...'
67. 福布斯将会成为他那个时代最著名的战地记者，还会为路易-拿破仑和德国皇帝威廉一世撰写传记。
68. 在战争当中，他曾向一位德国作家宣称："我讨厌屠戮，我从不渴望在战争中获得荣耀，我乐意把这样的荣耀留给其他人……"这令后者大为震惊。
69. 'Allez jusqu'à votre dernier coup de canon, c'est peut-être celui-là qui sera le salut.'
70. 王储的内弟、未来的爱德华七世在得知王储逝世时致信他的儿子乔治："努力……永远不要忘记弗里茨姑丈。他是我所知道的最善良、最高尚的人物之一，如果说他有什么错误，就是好得不容于这个世界了。"
71. 'Ce chic exquis
Par les Turcos acquis,
Ils le doivent à qui?
A Bourbaki!'
72. 英国记者内部似乎也感染了一定程度的冷漠情绪，他们对轰击造成的苦难漠不关心。拉布歇雷有一天和《泰晤士报》的记者一道在街上行走，遇到了一个"双腿被炸烂，脑袋搁在一个正在痛哭的女孩大腿上"的男人。他们竭力帮助此人，但这个人显然已经没救了。随后，他们的职业本能开始发挥作用。"是否应该由你描述一下我们看到的状况？"《泰晤士报》记者礼貌地问道，"它发生在我这一侧。"拉布歇雷答道："不，我们都看到了它，它属于我们两人。"最终，两位记者用掷硬币决定了独家报道权的归属，《泰晤士报》记者取得了胜利。

73. 可供比较的是，在 1941—1942 年冬季，德军针对列宁格勒的炮击共导致 519 名平民死亡、1447 名平民负伤。
74. 特罗胥抱怨他因为雾气无法看到部队，据说罗什福尔在听到这种说法之后激烈地评论道："感谢主！要是他能够看见部队，就会把他们召回了！"
75. 不过拉布歇雷似乎和此前多个场合一样，并没有靠近真正的战场，所以这一"场景"虽然得到了其他目击者的证实，却可能并非拉布歇雷的第一手目击材料。
76. 字面意思是"读得太多"和"败得太多"。
77. '... Soldat brave, honnête, pieux, nul, Bon canon, mais ayant un peu trop de recul ...'
78. 未来的威廉二世皇帝。
79. 'le Garde Child, volontaire étranger, a été rayé de la compagnie, sur sa demande.'
80. 这里或许最后还有必要将巴黎围城战和列宁格勒围城战做一个类比，根据莱昂·古尔（Léon Goure）的说法，"至少有 100 万到 125 万人，或者说列宁格勒战时人口的大约三分之一消失不见，或许可以推断他们死于饥饿、寒冷和疾病，其中大部分死亡出现在 1941 年冬季到 1942 年早春之间"。就连亨利四世于 1590 年围困巴黎（当时的巴黎要小得多）3 个月后，据说也有 1.2 万人死于饥饿和疾病。
81. 福布斯也发觉他被处于新闻荒的英国人围住了，他们用"爱尔兰是否平静？"这样的问题轰炸他。
82. 结果梯也尔在 26 个不同选区当选，甘必大则在 10 个不同选区当选。
83. 确切地说是塞纳河省。
84. 加里波第尽管是意大利人，却出生在原为萨伏依领土（后归属法国）的尼斯，因而具备参与选举的资格；理查德·华莱士的情况与他类似，也是出生在法国领土上的外国人，后者同样希望参与议会选举，却遭到了不言而喻的侮辱：不管他在围城期间做了多少慈善工作，都未能获得提名。这令华莱士感到忿忿不平。
85. 一位妇人对着梯也尔的吼叫（按照马克西姆·迪康的说法）说明了无产者是如何看待他的："她带着浓重的波尔多口音说道：'梯也尔先生，您是个有才干的人，能够撰写著作，拥有高超的智慧，可因为您是个有产者，而且并不爱人民，于是终究还是个恶棍……'"
86. 'un enterrement de première classe'.
87. 相当于当时的 2 亿英镑或 10 亿美元。
88. 尽管国民议会将要迁至凡尔赛，但大部分政府部门依然留在它们从未离开过的巴黎。
89. 'Coup sur coup, deuil sur deuil, Ah! L'épreuve redouble.'
90. 勃朗在中央委员会中并未发挥任何作用。
91. 不要将围城开始后才组建的国民自卫军中央委员会和早在去年 9 月就已组建的二十区中央委员会混淆起来，后者基本上由极左派组成。
92. 她似乎是把枪声夸张成了炮声。
93. 加里波第已经受够了法国人的内斗，因而明智地拒绝了邀请。

94. Cassell's *History of the Franco-German War*.
95. 为了避免混淆，这里或许应当指出，"红色"这个词早在马克思的共产主义出现前就已被用于指代左翼革命者。
96. Georges Laronze, *Histoire de la Commune de 187. d'après des documents et des souvenirs inédits*.
97. 与此同时，并未当选公社委员的克列孟梭却辞去了凡尔赛国民议会的议员职务，这是为了抗议凡尔赛当局在和解问题上优柔寡断。
98. 由于帝国治下生活成本高昂，公营当铺成了巴黎穷人生活中必不可少的一部分，许多人不得不时常质押床垫以换取食物。围城期间，穷人们在当铺的魔爪里越陷越深，被迫以 9.5% 的利息将他们珍视的大部分财产抵押出去。
99. 根据另一份（凡尔赛方）记载，维努瓦向杜瓦尔发问："若是我沦为你的战俘，你会对我做什么？""我会枪毙你。""很好。你已经签发了自己的判决书。"
100. 但杜瓦尔和弗路朗斯的遗体未能寻回。
101. 罗伯特·图姆斯在他的出色著作《1871年对抗巴黎的战争》(*The War against Paris 1871*，伦敦，1981年）中很好地描述了凡尔赛军内部的微妙状况（他对梯也尔所获成功的评价似乎要比此前历史学家的看法好得多），图姆斯摘引了一位猎兵在3月底的说法："如果他们要我去对付巴黎人，那我还是会进军……但我无论如何都不会向他们开火，军队里的其他每一个人也必定会这么做。"另一方面，如果公社军发起进攻，据说还是有许多士兵表示"他们会展开自卫……但不会向巴黎进军"（Tombs, pp. 69-70. 144）。但公社在4月3日发起的攻击改变了一切。然而，图姆斯也指出："即便是在战斗当中，将领们也一直无法确信士兵会做何反应。"即便是在5月份开始总攻巴黎后，也始终有人担心公社方会将士兵争取过去。
102. 在英格兰，实证哲学家弗雷德里克·哈里森（Frederic Harrison）是少数几个同情公社的非马克思主义者之一，而且就连国际领导人内部也存在严重分歧。
103. 可以将这个军衔标识的问题和1917年的俄国十月革命做个有趣的对比，当时，肩章先是被当成沙皇时代的残余遭到废除，后来又被重新引入。
104. 根据他的后裔南希·米特福德（Nancy Mitford）小姐的说法，他还认为"毫无疑问，这些人……会乐于得到一位绅士的护理！"。
105. 凡尔赛军指挥官勒佩尔什（Leperche）上校显然曾要求伊西堡投降，但由于空无一人的堡垒并未给出回复，他认为这意味着对方拒绝投降，因而未能利用守军撤出堡垒的时机。
106. 据《公报》透露，国民自卫军5月3日的总兵力为19 425人，其中至少有2774人离队，这当中又有1335人属于未经许可离队。
107. 卡尔·马克思依然在伦敦仔细研究公社的每个动作，他在5月给瓦尔兰和弗兰克尔这两位身为国际会员的公社领导人写了一封旨在告诫的信，并在信中指出："公社浪费在琐碎事务和私人争执上的时间太多了……如果你们来得及弥补已失去的时间，那么这一切就不会造成什么损害。"
108. 外部观察者沃什伯恩在描述里戈时毫无外交官应有的节制，他表示此人是"……有史以来最丑恶的家伙之一……最恶毒的仇恨社会和最饥渴的嗜血吞噬了他。此人的所有杀手同伙都屈服在他的专制意愿面前……"，后续事件无疑加深了他的观感。
109. 在经济层面，也存在一些针对教会的明确抱怨。比如说，超过一半的巴黎女工是各式各样的裁缝，可女修道院也能够产出精美的产品，而且时常能够展开削价竞争，她们的产品要比"世俗"工人的便宜25%。

110. 马克思挖苦地评论道:"教士们应当重新过私人的清修生活,像他们的前辈即使徒们那样靠信徒的施舍过活。"
111. 马扎斯监狱。
112. 大约位于特罗卡德罗和布洛涅森林的中点。
113. 至于与此相关的艺术鉴赏力,蒲鲁东主义者库尔贝的审美观相当简明,他曾经宣称:"我根本没有主人,我的主人就是我自己。除了我自己,没有也从来没有任何一个画家。"
114. 沃什伯恩的外交官身份让他能几乎畅通无阻地横穿两军战线。
115. 威克姆·霍夫曼估计仅仅在第一个月里就有 30 万人离开。
116. 'C'est la canaille,
    Eh! bien, j'en suis!'
117. 倒下的圆柱上的装饰残骸。
118. 可能就是之前提到的中尉?
119. 卡尔·马克思在为《法兰西内战》中为公社的行为辩护时,指出了英军在 1812 年战争中烧毁华盛顿的行为,并写道:"妨碍世界上任何正规军作战的一切房屋,都是不免要被烧毁的……公社把火当作最严格意义上的防御工具来使用。"
120. W.M. 德纳姆夫人还曾把这段电线的实物交给笔者查看,诺布尔先生的女儿将这段电线和他的笔记本一起传给了她。
121. 1848 年时,另一位巴黎大主教阿弗尔在斡旋时被杀死在街垒中。
122. 水塔广场即现在的共和国广场(Place de la République)。
123. 在城墙之外的樊尚,一支公社分遣队事实上在堡垒里坚持到了周一(5 月 29 日)。这支分遣队投降时,24 名军官中有 9 名立即在法国最著名的刑场之一遭到射杀,处刑地接近 1804 年处决昂吉安公爵(Duc d'Enghien)和 1917 年处决玛塔·哈莉(Mata Hari)的地点。
124. 相比之下,公社治下执行的死刑加起来不足 500 例。
125. 超过 4 万名公社社员还在等待受审,尽管实际上其中只有 23 名被处决。
126. 当时被巴黎革命法庭处决的略多于 2500 人。
127. 在《对抗巴黎之战》[pp. 107–11. 187] 中,关于这一野蛮蜕变,罗伯特·图姆斯给出了三种颇有帮助的解释:第一,政府军认为自己代表秩序,同公社日益严重的无政府状态相对抗。1871 年的军官们主要是资产阶级,害怕且仇恨公社社员对私人财产的夺取或摧毁,这与"流血周"当中席卷巴黎大部分区域的蓄意纵火告终。第二,它代表国家反对内讧。第三,它自诩为反对暴政的自由斗士。
128. 仅仅两周前,在柏林的勃兰登堡门举行了一场凯旋阅兵,老皇帝从一个由白衣少女组成的代表团手中接过了城门钥匙。他对年轻的孙子(将来的威廉二世)评论道:"这是你会永志不忘的一天。"
129. 事实上它直到 1919 年才完工。
130. 老贝莱(他顺从普勒克侯爵,挽救了法兰西银行,使之免遭公社劫掠)从未出庭受审,政府满怀感激,悄悄将他送去了瑞士。
131. 法普战争和公社的噩梦带来的直接后遗症之一是说服法国的政坛领袖,让他们确信需要以最亲切的慈爱照顾军队。图姆斯如此描写它的后果 [Tombs, op cit, p. 200]:

> 军队被内战拖进了政治,极右翼将它视作社会的壁垒……但即便

是在麦克马洪总统时期,不论军官多么想要尝试介入,军队都没有采取阻遏左翼潮流的动作。人们似乎汲取了 3 月 18 日的教训:卷入内部斗争将导致军队本身的凝聚力面临风险……军队在 1871 年赢得了一场军事层面的胜利,但也不得不意识到军事胜利的局限性。

这在未来许多年里同样适用。

出版后记

本书是作者阿利斯泰尔·霍恩的法德战争三部曲中最后写成的一部（前两部分别讲述了一战中的凡尔登战役和二战中法国在战争初期的失败），却是整个故事的起点。法国在普法战争中的屈辱战败，拉开了这两个宿敌近百年争斗的悲惨序幕。普鲁士挟战胜之威建立了一个统一的德意志国家，而战争的失败给社会严重割裂的法国带来了又一场惊天动地的革命：巴黎公社起义。

作者的一大创举，是搜集了众多巴黎围城亲历者留下的海量原始文献，包括了许多此前从未公开过的私人书信、日记等。这些宝贵材料构成了本书的坚实基础，它们有助于我们揭开历史的重重面纱，让我们得以借助亲历者的双眼，近距离观看那些震惊世界的重大事件。

建立第二帝国的路易-拿破仑并非无能的庸人或丑角。他大大推进了法国的工业化，将古老破旧的巴黎建设成了我们今日心中的时尚之都，更是让拿破仑战争后一度沉寂的法国重新成为国际舞台上有声有色的强权。然而讽刺的是，在历史的逻辑之下，这一切的努力却并未巩固他的帝国，反而让他的皇冠摇摇欲坠。高速工业化带来了严重的阶级对立，他对工人福利的关心也并未给无产阶级的处境带来多大改善。他对巴黎城区的改造更是使得无数原先蜗居在城中的穷人流离失所，城市边缘的贫民区成了革命的火药桶。他对荣誉的追求和过分的野心，也带来了外交的失败，置法国于危险的孤立境地。他的最后一次军事冒险，终结了他的帝国。

当我们在书中读过了巴黎上层人士的纸醉金迷与底层的悲惨处境，就不难理解，当由穷人组成的国民自卫军被迫投入这场荒诞的战争，经受了无能的上级强加给他们的众多无意义的牺牲与苦难之后，为何会将武器对准那些原本对他们发号施令的人了。尽管这场革命因其仓促、混乱、孤立而迅速失败，但仍留下了不灭的火种。

阿利斯泰尔·霍恩的三部曲中另外两部，《凡尔登战役：荣耀的代价，1916》与《输掉一场战役：法国1940》，我们也会为读者献上中文版，敬请期待。

后浪出版公司
2021年4月

© 民主与建设出版社，2021

图书在版编目（CIP）数据

巴黎陷落：围城与公社：1870-1871 /（英）阿利斯泰尔·霍恩（Alistair Horne）著；王宸，田方舟译. -- 北京：民主与建设出版社，2021.10

书名原文：The fall of Paris:the siege and the commune（1870-71）

ISBN 978-7-5139-3676-7

Ⅰ.①巴… Ⅱ.①阿…②王…③田… Ⅲ.①巴黎公社—史料 Ⅳ.①K565.440.6

中国版本图书馆CIP数据核字(2021)第159200号

The Fall of Paris
Copyright © The Estate of Sir Alistair Horne 1965
Translation copyright © 2021, Ginkgo (Beijing) Book Co., Ltd.
All rights reserved.

中文简体版权归属于银杏树下（北京）图书有限责任公司。

版权登记号：01-2021-3620
审图号：GS（2021）2747号

巴黎陷落：围城与公社：1870−1871
BALI XIANLUO WEICHENG YU GONGSHE 1870−1871

著　　者	[英]阿利斯泰尔·霍恩
译　　者	王宸　田方舟
出版统筹	吴兴元
责任编辑	王颂
特约编辑	袁震
营销推广	ONEBOOK
封面设计	徐睿绅
装帧制造	墨白空间
出版发行	民主与建设出版社有限责任公司
电　　话	（010）59417747　59419778
社　　址	北京市海淀区西三环中路10号望海楼E座7层
邮　　编	100142
印　　刷	北京汇林印务有限公司
版　　次	2021年10月第1版
印　　次	2021年10月第1次印刷
开　　本	889毫米×1194毫米　1/32
印　　张	18.75
字　　数	390千字
书　　号	ISBN 978-7-5139-3676-7
定　　价	106.00元

注：如有印、装质量问题，请与出版社联系。